新编21世纪
高等职业教育精品教材

经贸类通用系列

经济法基础

主　编　柳国华　刘　明
副主编　刘诗琪　李　纯　常慧萍

JINGJIFA
JICHU

中国人民大学出版社
· 北京 ·

前言 PREFACE

社会主义市场经济本质上是法治经济，市场的运行及正常秩序都需要相应的法律制度做保障。中国经济能经受住国内外各种经济危机的冲击，原因有很多，其中一个，就是中国在引入市场经济的同时，充分注意并发挥了经济法在发展市场经济中的重要作用。在市场经济运行过程中，一些人尽管懂得“国有国法，家有家规”“没有规矩，不成方圆”的道理，却往往不能准确地守住法律红线与道德底线，从而导致在市场交易过程中目无法纪、徇私枉法。因此，培养经世济民、诚信服务、德法兼修的高素质人才尤为重要。

“经济法”课程在财经商贸类专业群中处于专业基础课的地位，高等职业院校应坚持“实际、实用、实践”的原则，培养学生“重法德、明商规、强商技”的职业能力。通过本课程的学习，学生能够比较全面、系统地掌握经济法学的基本理论、基本知识和基本方法，认识经济法在社会主义市场经济中的重要作用，明确社会主义法治的价值引领，弘扬社会主义法治精神，传承中华优秀传统法律文化，做社会主义核心价值观的践行者。

本书以省级职业教育课程思政示范项目为建设基础，融入了省级课程思政教学创新大赛二等奖作品，构建“三位一体、一课三融”思政育人新模式。编者依据 2020 年 5 月 28 日第十三届全国人民代表大会第三次会议通过、2021 年 1 月 1 日施行的《中华人民共和国民法典》引用了经济法相关法律知识，如合同和物权等，并对全书内容做了完善，使内容更加实用。基于经济法教学“应用性”的要求，本书采用“以案说法”的形式编排理论内容，实现了理论与实践、法律与案例的有机结合，培养学生尊崇法治、依法维护权利和依法履行义务的素质和素养，从而实现“立德树人”的根本目标。本书的编写具有以下特点：

1. 以“经世济民、诚信服务、德法兼修”为编写理念

本书坚持国家最新的教育方针，突出经济法课程的“思政元素”，树立“立德树人”育人目标，每个模块的“学习导入”部分引入依法治国的最新论断，融入党的二十大精神，结合社会热点、贴近学生生活选取教学案例，引导学生做社会主义法治的忠实崇尚者、自觉遵守者、坚定捍卫者。编者以“新商科”职业元素 +“德智体美劳”通用元素 +“德法兼修”

特有元素“三融合”为主线设计课程思政编写体系，并在每个教学单元里设计了“法治素养”和“思政点滴”教学内容，将思政之“盐”溶入课程之“汤”，以期实现课程思政与思政课程的同向同行。

2. 以“实用、求精、创新”为内容选取原则

本书打破了传统的学科知识体系，突出问题导向，优化课程模块，同时抛弃了传统教材章节式的教学内容安排，以“德法兼修”特有元素设计每个模块和专题的教学主题，趣化教学内容，提升学生的共情能力。编者在选择与设计教材内容时，紧紧围绕学生就业、自主创业及职业后续能力的提升，对现实中经常遇到的法律问题进行筛选，所选用的案例均结合教材涉及的重点理论知识，并在每一讲结束都有“协作创新”环节，培养学生解决实际问题的能力，为学生毕业后走向社会打下良好的基础。同时，在编写过程中，编者注重吸收最新的科研成果和法律法规，如自 2019 年 1 月 1 日起施行的《中华人民共和国电子商务法》，紧跟国家立法步伐，同时结合自 2024 年 7 月 1 日起施行的《中华人民共和国公司法》修订公司法律制度，将最新的立法成果融入教材中，让学生职业素养提升与社会经济发展与时俱进，彰显教材的先进性。

3. 以“典型、生动、有趣”为体例设计原则

本书以“互联网 +”的模式，实现了由传统型教材向创新型教材的跨越。本书以二维码为媒介，通过微课、时事热点等方式植入了大量实用的法律知识，极大地增加了教材的信息量，提供了传统教材所不具备的全新视角，有助于提升学生的学习趣味性，更适合学生的学习特点。编者设置了“学前思考”“学以致用”“法治素养”“头脑风暴”“协作创新”等教学环节，不仅打破了经济法传统“法条罗列式”课堂教学的沉闷气氛，而且给教师教学提供了宽广的发挥空间，与高职课堂教学所倡导的“学中做、做中学”的理念高度契合，教学做合一，理论实践一体化，强调“理论知识为业务操作服务，边讲边做，把知识作为一门技艺来传授”。

本书编写团队成员多元化特色明显，既有具备学科教改经验的资深一线精英教师，又有从事多年法律事务工作的知名律师。本书由济源职业技术学院柳国华担任第一主编，潍坊职业学院刘明担任第二主编，济源职业技术学院刘诗琪、李纯、常慧萍担任副主编，具体编写分工为：常慧萍（专题一、专题二、专题三）、李纯（专题四）、刘诗琪（专题五、专题八）、柳国华（专题六、专题七）、刘明（专题九、专题十一）、张红克（专题十、专题十二）、王懿睿（专题十三、专题十四）。

在编写过程中，编者参考和引用了国内外相关的文献资料，并听取了许多资深专业人士的建议。在此谨向对本书编写、出版提供过帮助的人士表示衷心的感谢！

由于编者水平有限，编写时间仓促，书中难免存在不妥之处，敬请广大读者批评指正。请将您的宝贵意见反馈到电子信箱 lgh2008beijing@163.com，不胜感激。

编者

目录 CONTENTS

模块一　增强法律意识　规范经济行为

——经济法基础知识

学习导入

党的二十大报告指出："坚持全面依法治国，推进法治中国建设……弘扬社会主义法治精神，传承中华优秀传统法律文化，引导全体人民做社会主义法治的忠实崇尚者、自觉遵守者、坚定捍卫者。"党的二十届三中全会审议通过的《中共中央关于进一步全面深化改革　推进中国式现代化的决定》强调："法治是中国式现代化的重要保障。必须全面贯彻实施宪法，维护宪法权威，协同推进立法、执法、司法、守法各环节改革，健全法律面前人人平等保障机制，弘扬社会主义法治精神，维护社会公平正义，全面推进国家各方面工作法治化。"法律是我们每一位公民的基本行为准则，要做社会主义法治的忠实崇尚者、自觉遵守者、坚定捍卫者，就必须尊崇法治，弘扬社会主义法治精神，学习相关的法律制度，以便在实践中运用法律知识妥善处理法律问题，培养经世济民、诚信服务、德法兼修的职业素养。

法是什么？法是一种行为规范，是一种规则，告诉我们什么可以做、什么不可以做。法律已经渗透到我们生活中的方方面面，衣食住行都有法律约束，更有法律为我们保驾护航。在各种法律中，经济法与我们的日常生活密切相关，创业有企业法和公司法为我们提供支持，就业有劳动合同法和社会保险法保障我们的合法权益，购买房产有民法典合同编和物权编助力我们的交易全过程，网购有消费者权益保护法为我们保驾护航。可以说，经济法贯穿我们工作和生活中的方方面面，学好经济法，不仅能让我们的生活更加美好，而且有助于我们更好地培育和践行社会主义核心价值观。

学习目标

【知识目标】

1. 了解法与经济法的概念

2. 了解经济法的渊源

3. 了解代理的概念和特征

4. 掌握经济法律关系构成要素

5. 掌握经济纠纷解决途径

6. 熟悉经济法律关系中不同的民事主体

7. 熟悉在经济活动中所应承担的不同的经济法律责任

8. 熟悉民事诉讼时效

【技能目标】

1. 能够辨析宏观调控与市场规制主体行为

2. 能够初步判别社会关系是否属于经济法律关系

3. 能够应用经济法律责任的理论解释对经济违法行为进行处理

4. 能够运用经济法基本理论解决现实中存在的相关法律问题

【素养目标】

1. 培养经世济民、诚信服务的职业素养

2. 培养坚定走中国特色社会主义法治道路的理想和信念

3. 培育尊崇法治、依法维护权利和依法履行义务的守法意识

4. 弘扬社会主义法治精神，传承中华优秀传统法律文化

5. 自觉做社会主义法治的忠实崇尚者、自觉遵守者、坚定捍卫者

专题一　树立法治观念　强化法律责任——经济法概述

第 1 讲　良法善治为经济社会高质量发展保驾护航——认识经济法

学前思考

党的二十大报告指出，必须更好发挥法治固根本、稳预期、利长远的保障作用，在法治轨道上全面建设社会主义现代化国家。金融法治建设是维护经济秩序、保障国家经济安全、实现中国式现代化的基石。社会主义市场经济本质上是法治经济，法治是最好的营商环境。习近平总书记深刻指出，“贯彻新发展理念，实现经济从高速增长转向高质量发展，必须坚持以法治为引领”①，要“以良法促进发展、保障善治”②，“运用法治思维和法治方式解决经济社会发展面临的深层次问题”③。党的二十届三中全会审议通过的《中共中央关于进一步全面深化改革　推进中国式现代化的决定》（以下简称《决定》）第 18 条“深化金融体制改革”中提到一项重要的金融立法任务——“制定金融法”。《决定》指出：“制定金融法。完善金融监管体系，依法将所有金融活动纳入监管，强化监管责任和问责制度，加强中央和地方监管协同。”金融法的制定与实施，有助于全面改革金融体系，促进金融业健康发展，为经济高质量发展提供有力支持。

思考：作为一门法律学科，经济法不仅关乎经济和法律的根本，更是影响国家经济发展和实现中国式现代化的重要因素之一。随着高水平社会主义市

> **知识链接**
>
> 《决定》延续了党的十八届三中全会、党的二十大“充分发挥市场在资源配置中的决定性作用，更好发挥政府作用”的提法，在此基础上，强调“必须更好发挥市场机制作用”。一方面，市场机制有助于实现资源配置效率最优化和效益最大化；另一方面，也需要政府发挥作用维护市场秩序、弥补市场失灵。市场与政府相互配合，才能既“放得活”，又“管得住”。

① 习近平总书记 2018 年 8 月 24 日在中央全面依法治国委员会第一次会议上的讲话。

② 党的二十大报告。

③ 习近平总书记 2020 年 11 月 16 日在中央全面依法治国工作会议上的讲话。

场经济体制的建立，我国经济法律体系包含的内容也越来越广泛。我国的经济法律体系主要包含哪些内容？

知识链接

在法学理论中，法与法律是两个内容不同但又紧密联系的概念，经济法主要面向非法学专业学生，故对法和法律并不加以严格区分。

社会主义市场经济以良法善治为内在要求，本质上是法治经济。推动经济高质量发展，必须构建高水平社会主义市场经济体制，使市场在资源配置中起决定性作用，更好发挥政府作用。这就要求以良法善治为基础，将市场运行及政府行为全面纳入法治轨道，尽快建立健全一整套完备的市场法律规则，进一步完善社会主义市场经济法治体系，从而有效保障市场的公平有序与良性运行，推动有效市场和有为政府更好地结合。要回答案例的问题，我们首先要学习法与经济法的相关知识。

一、法和法律的概念

（一）法的概念

微课

你知道“法”字的由来吗？

法是由国家制定或认可的、反映统治阶级的意志和利益、由国家强制力保证实施的行为规范的总和。法是统治阶级的国家意志的体现，这是法的本质。法具有以下特征：

（1）法是经过国家制定或认可才得以形成的规范，具有国家意志性。

（2）法凭借国家强制力的保证而获得普遍遵行的效力，具有强制性。

（3）法是确定人们在社会关系中的权利和义务的行为规范，具有规范性。

（4）法是明确而普遍适用的规范，具有普遍约束性和明确公开性。

（二）法律的概念

“法律”一词有狭义和广义之分。狭义的法律专指拥有立法权的国家机关（国家立法机关）依照法定权限和程序制定颁布的规范性文件。我国最高国家权力机关是全国人民代表大会。在我国法律体系中，狭义的法律是指全国人民代表大会及其常务委员会制定的规范性文件，如民法典、会计法等。广义的法律则是指法的整体，即“法”。广义的法律不仅包括狭义的法律，还包括其他机关制定的规范性文件，如国务院制定的行政法规等。

法治素养

2020 年 5 月 28 日，第十三届全国人民代表大会第三次会议表决通过了

《中华人民共和国民法典》(以下简称《民法典》)，自2021年1月1日起施行。婚姻法、继承法、民法通则、收养法、担保法、合同法、物权法、侵权责任法、民法总则同时废止。

《民法典》被称为“社会生活的百科全书”，是新中国第一部以法典命名的法律，在法律体系中居于基础性地位，也是市场经济的基本法。《民法典》共7编、1 260条，各编依次为总则、物权、合同、人格权、婚姻家庭、继承、侵权责任，以及附则。通篇贯穿以人民为中心的发展思想，着眼满足人民对美好生活的需要，对公民的人身权、财产权、人格权等作出明确、翔实的规定，并规定侵权责任，明确权利受到削弱、减损、侵害时的请求权和救济权等，体现了对人民权利的充分保障，被誉为“新时代人民权利的宣言书”。

启示：通过对上述话题的讨论，让学生了解，拥有一部为实现中华民族伟大复兴中国梦保驾护航的《民法典》，是新中国几代人的夙愿。《民法典》彰显了中国特色社会主义法律制度成果和制度自信。《民法典》对生命健康、财产安全、交易便利、生活幸福、人格尊严等各方面权利平等予以保护，体现了人民至上的发展理念，彰显了中国特色。

微课

法是为统治阶级的利益服务的吗?

二、经济法的概念和调整对象

经济法是调整经济关系的，但经济法并不调整所有的经济关系，如财物赠与关系、财产继承关系等虽然是经济关系，但不属于经济法调整对象的范围。经济法调整特定的经济关系，即国家在协调经济运行过程中所发生的经济关系。经济法的调整对象具体可概括为以下四个方面：

(一)企业组织管理关系

市场主体是市场经济最基本的要素，企业是最主要的市场主体。国家为了协调本国经济运行，对企业的设立、变更和终止，企业内部机构的设置及职权，企业的财务、会计管理等进行了必要的干预。在企业的设立、变更和终止过程中发生的经济管理关系和在企业内部管理过程中发生的经济管理关系，简称企业组织管理关系。公司法、企业法、破产法等属于市场经济主体法律制度。

(二)市场管理关系

市场经济鼓励自由竞争，但自由竞争常会伴有不正当竞争且容易滋生垄断，这会损害消费者的权益和破坏市场经济的健康发展，因此国家必须依法管理和协调市场经济秩序。在市场管理过程中发生的经济关系，简称市场管理关系。产品质量法、反不正当竞争法、消费者权益保护法等属于市场规制法律制度。

（三）宏观调控关系

计划经济以微观调控为主，市场经济以宏观调控为主。同时，自由竞争所带来的负面效应也要求国家加强宏观调控。在宏观调控过程中发生的经济关系，简称宏观调控关系。税法、预算法、会计法等属于宏观调控法律制度。

（四）社会保障关系

要实行社会主义市场经济，必须建立多层次的社会保障体系。社会成员在遇到风险后的基本生活应给予保障，但市场本身无法解决这个问题，因此需要国家出面进行干预，建立强制实施、互济互助、社会化管理的社会保障制度。在社会保障过程中发生的经济关系，简称社会保障关系。保险法、劳动合同法等属于社会保障法律制度。

基于以上对经济法调整对象的分析，我们可以将经济法的概念归纳为：经济法是调整国家在协调经济运行过程中发生的经济关系的法律规范的总称。经济法的概念是对经济法调整对象的科学概括和总结。

头脑风暴

经济法与民法、行政法的主要区别有哪些？

三、经济法的渊源

经济法的渊源是指经济法律规范借以存在和表现的形式，它主要表现在各国家机关根据其权限范围所制定的各种规范性文件之中。

我国现有的经济法渊源及其制定机关如表 1–1 所示。

表 1–1　我国现有的经济法渊源及其制定机关

序号	法律类型	制定机关
1	宪法	全国人民代表大会
2	法律	全国人民代表大会及其常务委员会
3	行政法规	国务院
4	地方性法规	省、自治区、直辖市的人民代表大会及其常务委员会
5	自治条例和单行条例	民族自治地方的人民代表大会
6	特别行政区的法律（基本法由全国人民代表大会制定）	香港特别行政区、澳门特别行政区的立法机关

续表

序号	法律类型	制定机关
7	部门规章	国务院各部、委员会、中国人民银行、审计署和具有行政管理职能的直属机构
8	地方政府规章	省、自治区、直辖市和设区的市、自治州的人民政府
9	国际条约	主权国家、国际组织在与其职能有关的方面，可以成为国际条约的缔结者；正在争取独立的民族在它们获得独立之前也被承认具有一定的国际条约缔约权

（一）宪法

宪法是我国的根本大法，由全国人民代表大会制定，具有最高的法律效力，是经济法的基本渊源，是经济立法的基础。经济法以宪法为渊源，主要是从宪法中汲取有关国家经济制度的精神和基本规范，如“中华人民共和国的社会主义经济制度的基础是生产资料的社会主义公有制，即全民所有制和劳动群众集体所有制”等。

（二）法律

法律是指由全国人民代表大会及其常务委员会颁布的规范性法律文件，其地位和效力仅次于宪法。法律分为基本法律和一般法律（非基本法律、专门法律）两类。基本法律是由全国人民代表大会制定的调整国家和社会生活中带有普遍性的社会关系的规范性法律文件的统称，如刑法、立法法、诉讼法以及有关国家机构的组织法等法律。一般法律是由全国人民代表大会常务委员会制定的调整国家和社会生活中某种具体社会关系或其中某一方面内容的规范性文件的统称，其调整范围比基本法律调整的范围小，内容较具体，如商标法、专利法、产品质量法等。

（三）行政法规

行政法规是最高国家行政机关——国务院在法定职权范围内为实施宪法和法律而制定、发布的规范性文件，通常冠以条例、办法、规定等名称。

（四）地方性法规

省、自治区、直辖市的人民代表大会和它们的常务委员会，在不同宪法、法律、行政法规相抵触的前提下，可以制定地方性法规，报全国人民代表大会常务委员会备案。

知识链接

我国第一部宪法于1954年制定，现行宪法于1982年制定，并先后经过了1988年、1993年、1999年、2004年和2018年共五次修正。2014年11月1日，第十二届全国人民代表大会常务委员会第十一次会议通过决定，将12月4日设立为国家宪法日。2018年第十三届全国人民代表大会第一次会议通过的《中华人民共和国宪法修正案》具有重要的意义，将习近平新时代中国特色社会主义思想载入宪法，把党的指导思想转化为国家指导思想。这是党和国家事业发展的迫切需要，也是我国宪法完善发展的内在要求。

设区的市的人民代表大会和它们的常务委员会，在不同宪法、法律、行政法规和本省、自治区的地方性法规相抵触的前提下，可以依照法律规定制定地方性法规，报本省、自治区人民代表大会常务委员会批准后施行。

同步思考

经济法的法律渊源都有哪些？并各举一例，说明这一法律渊源的制定机构以及法律效力的划分。

（五）自治条例和单行条例

自治条例和单行条例是民族自治地方的人民代表大会依照法定的自治权，在其职权范围内制定的、带有当地民族的政治、经济和文化的特点的规范性法律文件。自治州、自治县的自治条例和单行条例，报省或者自治区的人民代表大会常务委员会批准后生效，并报全国人民代表大会常务委员会备案。

（六）特别行政区的法律

全国人民代表大会制定的特别行政区基本法以及特别行政区依法制定并报全国人民代表大会常务委员会备案的、在该行政区域内有效的规范性法律文件，属于特别行政区的法律。

香港、澳门特别行政区实施的法律，包括与基本法不相抵触的原有法律，是我国法律的一部分，也是我国法律的一种特殊形式。

（七）规章

规章是法律、行政法规的补充，包括部门规章和地方政府规章。

（1）部门规章。部门规章是指国务院各部、委员会、中国人民银行、审计署和具有行政管理职能的直属机构，根据法律和国务院的行政法规、决定、命令，在本部门的职权范围内制定的规章，如中国人民银行颁布的《贷款通则》等。

（2）地方政府规章。地方政府规章是指省、自治区、直辖市和设区的市、自治州的人民政府根据法律、行政法规和本省、自治区、直辖市的地方性法规制定的规章，其种类繁多。

（八）国际条约

国际条约是指两个或者两个以上国家之间规定相互间权利和义务的各种协定。我国签订和加入的国际条约对我国的国家机关、社会组织和公民都具有法律约束力，也是我国经济法的渊源之一，如《国际民用航空公约》。

协作创新

国家统计局公布的数据显示，初步核算，2023年全年国内生产总值（GDP）为1 260 582亿元，按不变价格计算，比上年增长5.2%。继2020年、2021年、2022年连续突破100万亿元、110万亿元、120万亿元之后，我国GDP又跃上新的台阶，稳居世界第二。联合国发布的《2025年世界经济形势与展望》报告显示，2025年全球经济增速预计为2.8%。报告预计，2025年我国和美国的经济增速分别为4.8%和1.9%，欧洲和日本的经济将复苏。我国的经济增速快于主要经济体。从各国数据可以看出，西方国家放任型市场经济无法解决经济衰退的难题，那种私有制的盛行和剥削少数人利益的行径不会带来真正的繁荣和普惠的繁荣。中国走具有自身特色的社会主义道路，实行中国特色社会主义经济制度，在诸多不确定因素影响下，强调“有形的手与无形的手”结合，出台一系列经济干预政策，这些政策措施也体现了经济法的秩序、效率、公平和正义价值。经济法治为中国经济发展保驾护航。（资料来源：根据人民网等资料整理）

思考：经济法为什么能为中国经济发展提供重要制度支撑？

思政点滴

“立善法于天下，则天下治；立善法于一国，则一国治。”决胜全面小康，运用好法治力量，才能为落实新理念、引领新常态、实现新跨越提供保障。不断提高立法质量，让公平正义的阳光普照，我们就能开创全面依法治国新局面，为实现中国梦筑牢法治基石。

第2讲　法律面前人人平等
——经济法律关系

学前思考

2021年，网络主播黄某偷逃税款被追缴并处罚款13.41亿元的事件上了各大媒体的头条。浙江省杭州市税务部门经税收大数据分析，发现网络主播黄某涉嫌偷逃税款，在相关税务机关协作配合下，依法对其开展了全面深入的税务检查。经查，黄某在2019年至2020年期间，通过隐匿个人收入、虚构业务转换收入性质进行虚假申报等方式偷逃税款6.43亿元，其他少缴税款0.6亿元。在税务调查过程中，黄某能够配合并主动补缴税款5亿元，同时主动向税务机关报告尚未掌握的涉税违法行为。国家税务总局杭州市税务局稽查局依据《中华人民共和国个人所得税法》等相关法律法规规定，按照《浙江省税务行政处罚裁量基准》，对其追缴税款、加收滞纳金并处罚款，共计13.41亿元。（资料来源：根据国家税务总局网站资料整理）

思政点滴

本杰明·富兰克林曾说过："只有税收和死亡，是人生无法避免的两件大事。"纳税是人一生中必须经历的事情，也是每位公民都要履行的义务。

思考：法律面前人人平等，网络主播在充分享受了网络时代红利的同时，也应依法承担纳税义务，做有社会责任感的人。请分析案例中的经济法律关系。

纳税是每个公民的法定义务。相关部门对网络主播偷逃税款的违法行为依法处罚，维护了国家税法权威，也是对一些新兴业态从业者的警示——网络直播不是法外之地，主播"带货"必须遵纪守法。要回答案例中的问题，我们首先应了解什么是经济法律关系。

一、经济法律关系的概念

法律关系是指经过法律规范调整形成的法律主体之间具有权利和义务性质的社会关系。调整平等主体之间的财产关系和人身关系而形成的法律关系，称为民事法律关系。调整行政管理关系而形成的法律关系，称为行政法律关系。

经济法律关系是指经济法主体在进行经济管理和经济活动过程中所形成的，由经济法加以确认的经济权利和经济义务的关系。经济法律关系与经济关系不同，经济法律关系是一种意志决定的关系，属于上层建筑的范畴；经济关系是一种物质利益关系，属于经济基础的范畴。但经济法律关系与经济关系又有密切联系：没有经济关系，经济法就没有了调整的对象；经济关系被经济法调整，就上升为经济法律关系。

二、经济法律关系的构成要素

经济法律关系是由主体、内容和客体三个要素构成的。三个要素在经济法律关系中具有不同的作用范围，必须同时具备、缺一不可。如果变更其中一个要素，便会引起经济法律关系的变更。

（一）经济法律关系的主体

经济法律关系的主体，又称经济法的主体，是指在经济管理和协调过程中依法独立享有经济权利和承担经济义务的当事人。经济法律关系的主体一般包括国家机关、社会组织（包括企业、公司、事业单位、社会团体等）、内部组织（主要是指企业、公司等经济组织的内部组织）、个体工商户、农村承包户和其他公民个人。

判断当事人能否成为经济法律关系的主体，应把握以下几点：

（1）经济法主体能够以自己的名义独立地参与经济法律关系。

（2）经济法主体必须是经济权利的享有者和经济义务的承担者。

（3）经济法主体能够独立或相对独立地承担经济法律责任。

经济法律关系的主体必须具备一定的主体资格。主体资格是指当事人参加经济法律关系、享受经济权利和承担经济义务的资格或能力。只有具备经济法律关系主体资格的当事人，才能参与经济法律关系，享受经济权利和承担经济义务。经济法对经济法主体资格的认可，一般采用法律规定一定条件或规定一定程序成立的方式予以确认。未取得经济法主体资格的组织不能参与经济法律关系，不能从中享有权利和承担义务，也不受法律保护。具有经济法律关系主体资格的当事人只能在法律规定或认可的范围内参与经济法律关系，超越法律规定或认可范围内的，则不具有参与相应经济法律关系的主体资格。

头脑风暴

分小组讨论经济法律关系主体分类，并从现实生活中寻找出具体的经济法律关系主体，明确其属于哪种主体。

（二）经济法律关系的内容

经济法律关系的内容是指经济法律关系主体所享有的经济权利和承担的经济义务。它是经济法律关系的核心，是联结经济法主体之间及主体与客体之间的桥梁，直接体现了经济法主体的利益和要求。

经济权利是指经济法主体在国家管理与协调社会主义市场经济运行过程中，依法具有的自己为或不为一定行为或者要求他人为或不为一定行为的资格。不同的经济法主体享有不同的经济权利。例如，国家行政机关有权运用利率、税率、汇率等经济杠杆和价格政策，调控和引导企业行为；企业有权拒绝任何机关和单位乱摊派等。经济权利主要有经济职权、财产所有权、经营管理权和请求权。

头脑风暴

这一生你将享有哪些权利，又要承担哪些义务？

经济义务是相对经济权利而存在的。它是指法律规定经济法律关系主体必须履行的某种经济责任，表现为经济法律关系主体必须作出一定的行为或被禁止作出一定的行为。其中作为公民的义务主要有：第一，贯彻国家的方针和政策，遵守法律、法规；第二，服从合法的经济调控；第三，依法缴纳税金和其他费用；第四，全面履行协议和经济合同。不作为的义务主要是不侵犯其他经济主体的利益等。一般主体享有的经济权利与承担的经济义务是相辅相成的，法律主体在享有权利的同时应承担相应的义务；法律主体承担义务意味着对应方享有相应的权利。经济义务具有强制性，如不履行或不适当履行，都要受到法律的制裁。

头脑风暴

公民在法律面前一律平等，在享受法律赋予的权利的同时，也应该承担相应的义务。近年来，国家网信办对网上谣言采取零容忍的态度，加大了对各类谣言和违法信息的打击力度。这对公民的启示是什么？

法治素养

陈某某，男，20岁，淮滨县马集镇人，河南省某大学大二在校生。2022年3月1日经淮滨县人民政府征兵办公室批准，陈某某入伍到四川武警服役。入伍后，陈某某以不适应部队生活为由，多次向所在部队申请，明确表示不愿意在部队服役。经部队和兵役机关及其家人亲属反复教育劝导，讲清利害关系和严重后果，陈某某仍坚持拒服兵役。因此，所在部队依据《中国人民解放军纪律条令》给予陈某某除名处理并退回原籍。陈某某拒服兵役，其行为违反了《中华人民共和国兵役法》，已构成拒服兵役的违法事实。为切实维护依法服兵役的严肃性，警示教育全县适龄青年，依据《中华人民共和国兵役法》《河南省征兵工作条例》等法律法规，当地政府决定对陈某某拒服兵役行为依法实施相关处罚。

启示：生于现在的和平年代，我们应感谢先辈们一代代血与泪的付出。新时代的大学生，是祖国国防建设的后备军。天下兴亡，匹夫有责，在知祖国、爱祖国的基础上，我们应立报国之志、学报国之才、践报国之行。我国的《宪法》及相关法律详细规定了公民的国防权利与义务，我们要深刻认识自己的国防责任，牢记国防权利，并能够自觉履行应该承担的国防义务。（资料来源：根据信阳讯资料整理）

思政点滴

权利与义务是相互依存、相互对应的，正如马克思所说，“没有无义务的权利，也没有无权利的义务”[①]。法律规定的权利，必然有相应的义务作为权利实现的保证；而法律规定的义务，也必然是为了保证某项权利的实现。法律关系主体既享有权利，也承担义务，是权利主体和义务主体的统一。

（三）经济法律关系的客体

经济法律关系的客体是指经济法律关系主体的经济权利和经济义务所共同指向的对象。没有客体，经济权利和经济义务就失去了目标，经济法律关系就不能成立。能够作为经济法律关系客体的东西应当具备的特征是：能为人类所控制并对人类有价值。经济法律关系的客体主要包括以下三类。

1. 物

物是指人类能够控制和支配、具有一定经济价值并可通过具体物质形态表现存在的物品。物可以是自然物，如土地、矿藏、水流、森林等；也可以是人造物，如建筑物、机器、各种产品等；还可以是财产物品的一般表现形式——货币资金及有价证券，如股票、国库券和债券等。物是经济法律关系中存在最广泛的客体。

2. 智力成果

智力成果是指人们通过脑力劳动创造的能够带来经济价值的精神财富，如著作、发明、设计、专有技术、技术改进方案等。智力成果是一种精神形

同步思考

通常我们认为空气不能成为经济法律关系客体。由于雾霾的影响，有些商家在网上售卖“瓶装新鲜空气”。清洁的“瓶装新鲜空气”是经济法律关系的客体吗？你会买吗？

① 马克思．国际工人协会共同章程 // 马克思恩格斯文集：3卷［M］．北京：人民出版社，2009.

态的客体，是一种思想或技术方案，不是物，但通常有物质载体，如书籍、录像、录音等，就是记载、承载智力成果的物质形式。

3. 行为

行为是指经济法律关系主体为实现经济权利、履行经济义务所进行的活动，包括完成一定的工作或提供一定的劳务。所谓“一定的工作”，是指能够取得某种具体成果的工作。经济法主体的一方利用自己的资金、技术和设备为另一方主体完成一定的工作，另一方主体根据工作的质量和数量支付一定的报酬，如勘察、基建工程等。所谓“一定的劳务”，是指能够取得某种具体结果的劳务。经济法主体的一方利用自己的设施与条件为另一方主体提供一定的劳务，另一方主体支付一定的酬金，如货物运输、物资保管、加工承揽等。

学以致用

2019 年 11 月，一名 25 岁女孩因在自己生日当天立下的遗嘱而引起人们的关注。该女孩在遗嘱中，除了对动产、现金存款等现实财产进行了说明，还对其拥有的微信、支付宝等网络账号继承问题进行了说明。

据中华遗嘱库工作人员介绍，截至 2019 年 8 月底，全国范围内订立遗嘱的“90 后”达 236 人，多为白领。很多年轻人会将手机支付里的电子财富、游戏账号等写入遗嘱。由于这些年轻人大多数还未成家，财产的继承人多为父母。

进入互联网时代，虚拟财产逐渐被人们重视起来。虚拟财产能不能成为法律关系的客体？

分析：现在网络游戏已经普及到大众，其中有不少玩家会将人民币充值到游戏中变成虚拟财产。以往虚拟财产的保护规定往往模糊不清或是忽略不计，而随着时代的进步，《民法典》对虚拟财产有了相关的保护规定。《民法典》第一百二十七条规定：法律对数据、网络虚拟财产的保护有规定的，依照其规定。该条款内容虽然简单，但意义重大，因为其弥补了我国法律在虚拟财产保护问题上的空白，明确了数据、网络虚拟财产的财产属性，迈出了法律全面保护虚拟财产的第一步。（资料来源：根据澎湃新闻和律图网资料整理）

微课

雾霾袭来的法律思考——经济法律关系

三、经济法律关系的确立

（一）经济法律关系确立的概念

经济法律关系的确立，是指由经济法律规范所确认的、经济法主体之间的经济权利与义务关系在社会经济生活中的实际实现。它包括经济法律关系的发生、变更和终止三种情况。

经济法律关系的发生，是指根据经济法律规范在经济法律关系主体之间形成一定的经济权利和经济义务关系。经济法律关系的变更，是指原有的经济法律关系中，部分或全部要素发生改变，即经济法律关系主体、内容、客体的变化。经济法律关系的终止，是指特定经济法律关系主体之间原有的经济权利与经济义务关系不再存在。

经济法律关系的发生、变更和终止要求具备3个条件：一是有相应的法律规范依据；二是有经济法律关系主体；三是有法律事实出现。

（二）经济法律事实

经济法律事实，是指由法律规范所确定的，能够产生法律后果，即能够直接引起经济法律关系发生、变更和终止的情况。经济法律事实依照其发生与当事人的意志有无关系，可以分为两大类：行为和事件。

同步思考

2018年8月21日，一段"女乘客在G334次列车上遇'霸座'"的视频在网上热传。视频内容显示，在由济南开往北京的高铁上，一名男子强行霸占女乘客座位，不听列车工作人员劝阻。该事件经网络曝光后，引发舆论关注。2018年8月22日晚，涉事男子孙某发布视频，公开向当事人道歉，表示悔恨和自责。济南铁路局方面回应男子高铁"霸座"事件时称，涉事男乘客的行为属于道德问题，不构成违法行为。你能分清行为和事件吗？

1. 行为

行为是指以经济法律关系主体意志为转移，能够引起法律关系发生、变更和终止的人的有意识的经济活动。

行为可分为合法行为和违法行为。合法行为是经济法律关系主体在法律所认可的范围内对权利义务关系的协商、变更或消灭的活动。合法行为受到经济法的确认和保护，如经济管理行为。违法行为不受法律的确认和保护，当经济法律关系主体不履行经济义务，违反法律、法规或未恪尽职责时，要追究其法律责任，如偷税漏税行为。

2. 事件

事件是指能够引起经济法律关系发生、变更和终止，不以人的意志为转移的客观事实。事件可以是自然现象，如地震、洪水、战争等；事件也可以是社会现象，如因战争导致的合同违约。事件具有经济法主体自身不可抗拒、无法避免的特征。

协作创新

2023年1月，上海某酒店与一家酒水饮料生产商签订合约，约定由该生产商作为酒店的唯一酒水饮料供应商。合同约定：生产商赞助酒店20万元，进场时支付50%，其余50%在前四个月的货款中扣除，结款方式为月结。合同有效期从 2023 年 10 月起至 2024 年 9 月 30 日止。

2024 年 1 月，酒店因城区规划接到行政命令而中止营业，与生产商协商停止供货。但是截至 2024 年 8 月，酒店方仍欠生产商货款 13 万元。最终，该生产商向法院提起诉讼，要求解除合同并要求酒店返还进场费 17.5 万元，以及支付拖欠货款和利息。

思考：如何分析案例中的经济法律关系？城区规划调整是否构成“不可抗力”？如果是不可抗力导致的违约，酒店是否可以不承担违约责任？

第 3 讲 违反经济法的行为要担责
——经济法律责任

学前思考

年轻的刘某在龙华开了家名叫“砂锅粥王”的粥铺。为了能增加花生酱的香味，他找到了一条“捷径”，从网上多次购买罂粟籽，和花生、芝麻碾成粉后与其他酱料一起进行搅拌，然后将酱料拿到店铺里，在制作砂锅粥时，将已添加过罂粟籽的酱料加到砂锅粥里进行销售。事情终有暴露的一天。民警在店铺将刘某抓获时，在其店铺、住处还扣押了粥、花生酱、罂粟籽等。经鉴定，从扣押的罂粟籽中检出蒂巴因、可待因、吗啡、那可丁、罂粟碱成分，从扣押的花生酱中检出吗啡、那可丁成分。刘某对自己的违法犯罪事实供认不讳、认罪认罚。

法院经审理，作出一审判决：以生产、销售有毒、有害食品罪，判处刘某有期徒刑一年，并处罚金人民币 1 万元；判令被告人刘某向民事公益诉讼起诉人支付赔偿金人民币 9 296 元，并在国家级新闻媒体上就本次销售有毒、有害食品的行为向消费者赔礼道歉。（资料来源：根据法治中国网资料整理）

思考：这种“判刑 + 十倍赔偿金 + 赔礼道歉”的追责，能警醒、教育食品领域的很多从业者提供安全的食品。案例中刘某承担了哪些法律责任？

全面依法治国、建设社会主义法治国家需要不断完善法律体系，但写在纸面上的法律条文要真正发挥作用，需要我们每个人自觉尊法、学法、守法、用法，需要每一个行为主体牢固树立法治信仰和法律意识。案例中的问题涉及经济法律责任的形式。要回答案例中的问题，我们需要熟知经济法律责任。

思政点滴

认真遵守法律是广大人民群众实现自己根本利益的必然要求。在我国，法律是工人阶级领导的全体人民的共同意志和根本利益的体现。只有严格遵守法律，才能使体现在法律中的人民的根本利益得到实现，真正实现立法的目的。

一、经济法律责任的概念

经济法律责任是指经济法主体因实施了违反经济法律、法规的行为，而应承担的法律后果。经济法律责任具有以下特点：

（1）经济法律责任具有单向性。从法律上讲，权利和义务是对等的，但经济法律责任只是违法主体的单项义务，不存在对等性。

（2）经济法律责任具有因果性。经济法律责任不是凭空产生的消极义务，而是与经济法主体的先前行为存在因果关系。没有经济法主体的违法行为，就不可能产生经济法律责任。

（3）经济法律责任具有经济性。经济法律责任同其他法律责任的主要区别或根本区别就在于它是在国家干预和调节社会经济过程中产生的责任。这就决定了责任的内容具有经济性。

（4）经济法律责任具有强制性。从本质上讲，经济法律责任同其他法律责任一样，是一种法定的强制性义务。

二、违反经济法律责任的形式

违反经济法的法律责任分为民事责任、行政责任和刑事责任，亦可将前两项责任中涉及经济内容的部分称为经济责任。

（一）民事责任

民事责任是指由于违反民事法律、违约或者依照民事法律的规定所应承担的法律责任。民事责任主要是财产责任。在法律允许的条件下，民事责任可以由当事人协商解决。民事责任大体可分为违约责任和侵权责任。在我国，公民和法人承担民事责任的主要方式有：停止侵害，排除妨碍，消除危险，返还财产，恢复原状，修理、重作、更换，继续履行，赔偿损失，支付违约金，消除影响、恢复名誉，赔礼道歉（见图 3–1）。

学以致用

孙某在新浪微博通过用户名为“作业本”的账号发文称：“由于邱少云趴在火堆里一动不动，最终食客们拒绝为半面熟买单。他们纷纷表示，还是赖宁的烤肉较好。”邱少云烈士之弟邱少华向大兴区人民法院提起诉讼，要求判

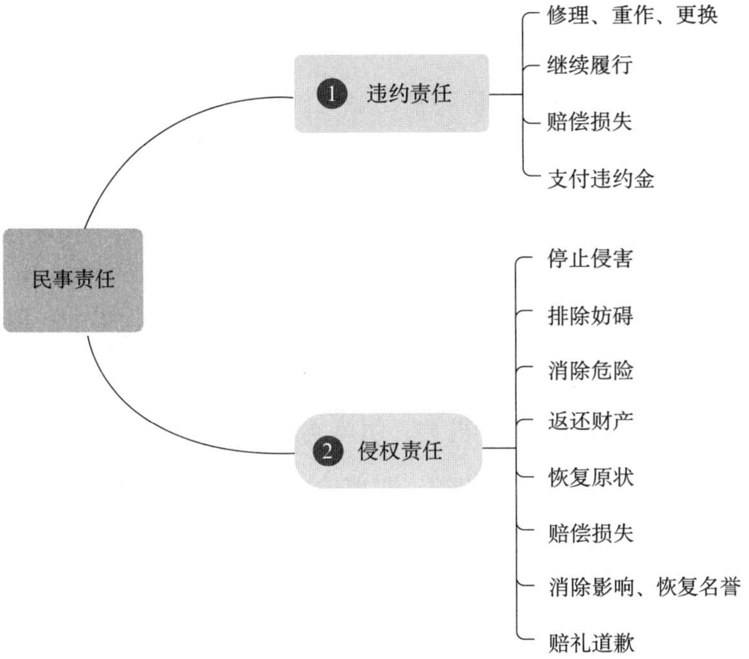

图 3-1　民事责任种类

令被告立即停止侵害，消除影响、恢复名誉，赔礼道歉，并赔偿原告精神损失费人民币 1 元。

分析： 法院认为，邱少云烈士生前在战斗中表现出的舍生取义、爱国为民的精神，在当代中国社会有着广泛的道德认同，是中华民族宝贵的精神财富，同时也是邱少云享有崇高名誉和荣誉的基础。我国法律规定，公民享有名誉权、荣誉权，禁止用侮辱、诽谤等方式损害公民的名誉、荣誉等民事权益。公民的姓名、肖像、名誉、荣誉受到侵害的，相关当事人有权要求侵权人停止侵害，消除影响、恢复名誉，赔礼道歉，并可以要求赔偿损失。（资料来源：根据澎湃新闻资料整理）

（二）行政责任

行政责任是指由国家行政机关或者国家授权的有关单位对违反经济法的单位或个人依法采取的行政制裁。行政责任大体可分为行政处罚和行政处分。行政处罚包括：警告，罚款，没收违法所得、没收非法财物，责令停产、停业，暂扣或者吊销许可证，暂扣或者吊销营业执照，行政拘留，法律、行政法规规定的其他行政处罚。此外，国家机关、企事业单位还可根据法律、法规，按照行政隶属关系对违法者实施行政处分。行政处分的种类有警告、记过、记大过、降级、降职、撤职、留用察看、开除等。

微课

高空抛物危害大——抛物人须承担法律责任

法条链接

《民法典》第一千一百九十四条规定："网络用户、网络服务提供者利用网络侵害他人民事权益的，应当承担侵权责任。法律另有规定的，依照其规定。"

思政点滴

现代网络信息传播速度飞快，网络资讯信息量巨大，任何一个人都可以在网络上发表各类言论及信息，但是如果言论、信息的真实性并未经过核实，难免造成对社会公众的误导，或者对他人隐私的侵犯。因此，发布、传播言论、信息应当避免误入法律禁区。造谣传谣，严重扰乱社会秩序的，涉嫌犯罪最高可判 7 年有期徒刑。

（三）刑事责任

对违反经济法，造成严重后果，触犯国家刑事法律，构成犯罪的行为，要依法追究刑事责任，由国家审判机关依法给予行为人以相应的刑事制裁。根据《中华人民共和国刑法》（以下简称《刑法》）的规定，刑罚分为主刑和附加刑。主刑有管制、拘役、有期徒刑、无期徒刑、死刑；附加刑有罚金、剥夺政治权利、没收财产。主刑可以独立适用，附加刑可以单独或附加适用。对于犯罪的外国人，可以独立适用或者附加适用驱逐出境（见图 3–2）。

公司、企业、事业单位、机关、团体实施危害社会的行为，应当负刑事责任。法律明确规定为单位犯罪的，对单位判处罚金，并对其直接负责的主管人员和其他直接责任人员判处刑罚。

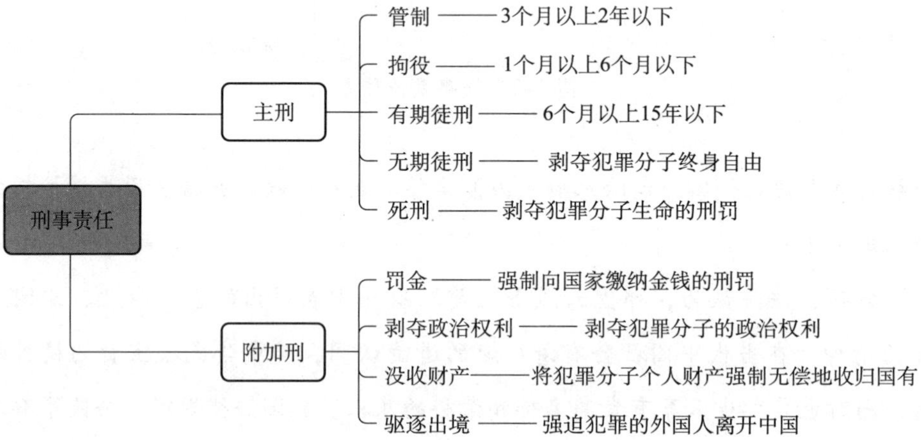

图 3–2　刑事责任种类图

法治素养

2021 年 11 月 17 日，广东省佛山市中级人民法院对某药业原董事长、总经理马某等 12 人操纵证券市场案进行公开宣判。马某因操纵证券市场罪，违规披露、不披露重要信息罪以及单位行贿罪数罪并罚，被判处有期徒刑 12 年，并处罚金人民币 120 万元；某药业原副董事长、常务副总经理许某及其他责任人员 11 人，因参与相关证券犯罪被分别判处有期徒刑并处罚金。

英国《金融时报》发文称，中国有能力让商界巨头为其不当行为承担责任，如某药业原董事长、总经理马某就在 2021 年因操纵证券市场等犯罪行为被判处有期徒刑 12 年。然而，美国却基本做不到这一点——在近年来无数次的金融危机和公司丑闻中，有多少美国企业高管得到了同样的“待遇”。中国能让违法商界巨头承担责任，美国行吗？（资料来源：根据凤凰网资料整理）

启示：在中国，人人平等地享有法律规定的权利和承担法律义务，不允许任何人享有超越法律的特权。我们应更加理解法是为谁服务的，坚定不移走中国特色社会主义法治道路，增强法治观念，弘扬社会主义法治精神，做社会主义法治的忠实崇尚者、自觉遵守者、坚定捍卫者。

协作创新

张某于2023年8月在某电商平台购买了两部小米13至尊版手机，在收到货后的第二天就发布了两条虚假的商品评价。张某谎称“用了一个礼拜了，死机了七八次，玩手机发烫起码50℃，充电速度虽然快，但是耗费的电量也很快，两小时就没电了，手机质感一般般，续航不太好，很卡顿，拍照不清楚，充电慢，手机不防水”等。

实际上张某并没有使用小米13至尊版手机，一部未拆封，收货当日转售卖出；另一部过了一两日也转售卖出。此等恶意评价通过网络进一步扩散，使小米公司的商业信誉严重受损、品牌的社会评价降低，并给小米公司造成了较大的经济损失。（资料来源：根据凤凰网科技资料整理）

思考：随着互联网深入我们的生活，网购平台飞速发展，催生了一种新兴“职业”——差评师，导致出现了恶意差评的情况。恶意差评者需要承担哪些法律责任？

思政点滴

树立“诚信为本、操守为重，守信光荣、失信可耻”的信用意识和道德观念，养成“诚信立身、诚信待人、诚信处事、诚信学习”的良好习惯。

专题二 化解经济纠纷 促进社会和谐 ——经济仲裁与民事诉讼

第 4 讲 房屋买卖合同纠纷能否申请仲裁? ——经济仲裁

微课

解决经济纠纷的有效途径——经济仲裁

学前思考……

张某与某房地产开发公司签订商品房买卖合同，约定张某购买房地产开发公司建设的预售商品房一套，合同约定交房时间为 2022 年 6 月 30 日前，交房条件为“经综合验收合格”。合同签订后，张某将购房款全部支付给房地产开发公司，房地产开发公司于 2022 年 7 月 29 日通知张某收房。张某以开发商无法证明该楼盘已通过“综合验收”为由拒绝收房，且双方就逾期交房违约金、返还面积差价等事宜协商未果。2023 年 7 月，张某依据合同中约定的仲裁条款向仲裁委员会提起仲裁，要求房地产开发公司承担逾期交房违约责任。（资料来源：根据华律网资料整理）

思考：买卖房屋肯定会涉及房屋买卖合同，合同签订时难免会发生纠纷，那么房屋买卖合同纠纷能否申请仲裁呢？

生活是由衣食住行组成的，其中住是生活的核心。房子是每个家庭都极为关心的，很多房屋买卖双方在订立合同时约定了仲裁条款。那么，房屋买卖合同纠纷能否通过仲裁解决？这需要我们学习经济纠纷如何解决相关知识。

一、仲裁及仲裁法

仲裁法中所称的仲裁，是指当事人双方根据仲裁协议，自愿将可能发生或已经发生的经济纠纷提交仲裁机关处理，仲裁机关作出的裁决对双方当事人都有约束力的一种法律制度。

仲裁法是调整在仲裁关系中发生的各种社会关系的法律规范的总称。广义上的仲裁法一般包括《中华人民共和国仲裁法》（以下简称《仲裁法》）、《中华人民共和国民事诉讼法》（以下简称《民事诉讼法》）以及我国同其他国家缔结的双边条约中涉及的通过仲裁解决投资争议及相互承认与执行仲裁裁决的有关规定。狭义的仲裁法是指 1994 年 8 月 31 日通过的我国第一部专门调整仲裁关系的法律，即《仲裁法》，包括总则、仲裁委员会和仲裁协会、仲裁协议、仲裁程序、申请撤销裁决和执行等。

根据《仲裁法》规定，只有平等主体的公民、法人和其他组织之间发生的合同纠纷和其他财产权益纠纷，才可以由仲裁机构进行仲裁，即属于仲裁委员会的受理范围，除此以外的纠纷，均不属于仲裁委员会的仲裁范围。根据《仲裁法》规定，下列纠纷不能进行仲裁：

（1）婚姻、收养、监护、扶养、继承纠纷。

（2）依法应当由行政机关处理的行政争议。此外，劳动争议的仲裁和农村集体经济组织内部的农业承包合同纠纷的仲裁，由国家另行规定，不适用《仲裁法》。

经济仲裁是指通过仲裁方法解决经济合同纠纷、技术合同纠纷、国际经济贸易纠纷、海事纠纷的活动。它是相对于劳动争议仲裁、国家间争端的国际仲裁而言的。

法条链接

《仲裁法》第二条规定：“平等主体的公民、法人和其他组织之间发生的合同纠纷和其他财产权益纠纷，可以仲裁。”

同步思考

“打官司，进法院”，往往是人们面对纠纷时的第一反应。然而，解决纠纷尤其是民事、商事还有一个重要途径：仲裁。仲裁能解决所有争议吗？

二、经济仲裁的原则

经济仲裁的基本原则贯穿于仲裁的整个过程，是仲裁机构和当事人必须遵守的准则。

（一）自愿原则

自愿原则，又称当事人意思自治原则，是仲裁法最基本的原则，是仲裁制度赖以建立的基础。

当事人发生经济纠纷时，既可以协商解决，也可以通过调解或仲裁，还可以直接向人民法院起诉。当事人决定采用仲裁方式解决纠纷，应当双方自愿，达成仲裁协议。没有仲裁协议，一方申请仲裁的，仲裁委员会不予受理。

头脑风暴

某税务局向某百货商场购买了一批办公用品，因办公用品质量问题与该百货商场发生纠纷。同时，该税务局又因向该百货商场征收房地产税而与其发生争议。这两项争议是否可以通过仲裁方式解决？

当事人达成仲裁协议，一方向人民法院起诉的，人民法院不予受理，但仲裁协议无效的除外。仲裁委员会应当由当事人协议选定。

（二）以事实为根据、以法律为准绳的原则

仲裁机关受理经济纠纷案件后，应当认真调查研究，查清事实，根据法律法规，严格依法办事，作出正确裁决。

（三）仲裁独立原则

仲裁独立是现代仲裁制度的核心。《仲裁法》明确规定仲裁应依法独立进行，不受行政机关、社会团体和个人的干涉。仲裁委员会独立于行政机构，与行政机构无隶属关系；仲裁庭独立裁决案件，仲裁委员会以及其他机关、社会团体和个人不得干预。

（四）一裁终局原则

仲裁是双方当事人自愿选择的解决经济纠纷的途径，仲裁裁决结果具有法律效力，双方当事人必须履行；裁决一经作出，当事人就同一纠纷再申请仲裁或者向人民法院起诉的，仲裁委员会或人民法院不予受理。裁决被人民法院依法裁定撤销或者不予执行的，当事人就该纠纷可以根据双方重新达成的仲裁协议申请仲裁，也可以向人民法院起诉。

知识链接

1994 年 8 月 31 日第八届全国人民代表大会常务委员会第九次会议通过了《中华人民共和国仲裁法》，自 1995 年 9 月 1 日起施行。该法根据 2009 年 8 月 27 日第十一届全国人民代表大会常务委员会第十次会议通过的《全国人民代表大会常务委员会关于修改部分法律的决定》第一次修正，根据 2017 年 9 月 1 日第十二届全国人民代表大会常务委员会第二十九次会议通过的《全国人民代表大会常务委员会关于修改〈中华人民共和国法官法〉等八部法律的决定》第二次修正。

头脑风暴

仲裁是“一裁终局制”，仲裁裁决能否申请撤销？

法治素养

党的第十六届中央委员会第六次全体会议审议通过的《中共中央关于构建社会主义和谐社会若干重大问题的决定》中明确提出：在构建社会主义和谐社会中要发挥仲裁的积极作用。这是我们党第一次在全会决定中肯定仲裁的地位和作用。构建和谐社会，是党从中国特色社会主义事业总体布局出发和全面建设小康社会全局出发提出的重大战略任务。构建和谐社会是一项系统工程，涉及方方面面，而社会公平正义则是基本条件。同样，公平正义也是现代仲裁制度的灵魂和生命。可见构建和谐社会和仲裁的宗旨是一脉相承的，发挥仲裁的积极作用是构建和谐社会和践行社会主义核心价值观的客观要求。

启示：通过对上述话题的讨论，了解仲裁在构建和谐社会中的重要作用。我们应通过法律途径解决经济纠纷，化解利益矛盾，构建社会主义和谐社会，培育和践行社会主义核心价值观。

三、仲裁协议

仲裁协议是当事人申请进行经济仲裁的法律依据。没有仲裁协议，仲裁委员会不受理任何一方的仲裁申请。当事人达成仲裁协议后，一方向人民法院起诉的，人民法院不予受理。因此，尽管争议当事人可以自由选择仲裁或诉讼，但一旦选择仲裁，实际上就排除了诉讼的适用。但是当事人一方向人民法院起诉时未声明有仲裁协议，人民法院受理后，对方当事人又应诉答辩的，视为该人民法院有管辖权。

（一）仲裁协议的形式

在实践中，仲裁协议通常有两种形式：一种是仲裁条款，即双方当事人在签订的合同中表示愿意将其将来可能发生的争议提交仲裁解决的条款；另一种是仲裁协议书，即当事人在纠纷发生前或者纠纷发生后签订的采用仲裁方式解决纠纷的独立协议。

（二）仲裁协议的基本内容

仲裁协议的基本内容是仲裁协议的核心。仲裁协议应包括三项主要内容：请求仲裁的意思表示、仲裁事项、选定的仲裁委员会。由于仲裁的自愿原则，仲裁协议中必须包含这三项主要内容。

如在合同中订立如下仲裁条款：

因本合同引起的或与本合同有关的争议，当事人协商解决，协商不成提交 ×× 仲裁委员会仲裁。如合同中无仲裁条款，纠纷发生后需达成如下补充仲裁协议：双方同意，就 ××× 争议提交 ×× 仲裁委员会仲裁解决。

（三）对仲裁协议效力异议的处理

仲裁协议一经依法成立，即具有法律约束力。仲裁协议具有独立性，不受主合同是否有效的影响。当事人对仲裁协议的效力有异议的，可以请求仲裁委员会作出决定或者请求人民法院作出裁定。一方请求仲裁委员会作出决定，另一方请求人民法院作出裁定的，由人民法院裁定。当事人对仲裁协议的效力

思政点滴

仲裁在规范市场行为的同时，也在以特有的方式和作用促进资源配置的市场化程度。它已成为现代文明社会的重要载体和构成要件，既是促进经济交往、维护市场秩序的基础保障，也是完善社会机制、构建和谐社会的有效手段。

知识链接

仲裁事项，即当事人提交仲裁的纠纷范围，例如将“合同解释”“违约责任”等明确规定为仲裁事项。但在实践中，当事人往往概括仲裁事项为“与合同有关的争议”。根据司法解释的规定，基于合同成立、效力、变更、转让、履行、违约责任、解释、解除等产生的纠纷都可以认定为仲裁事项。

法条链接

《仲裁法》第十八条规定：“仲裁协议对仲裁事项或者仲裁委员会没有约定或者约定不明确的，当事人可以补充协议；达不成补充协议的，仲裁协议无效。”

法条链接

《仲裁法》第十九条规定：“仲裁协议独立存在，合同的变更、解除、终止或者无效，不影响仲裁协议的效力。”

有异议，应当在仲裁庭首次开庭前提出。仲裁协议效力异议处理流程如图 4–1 所示。

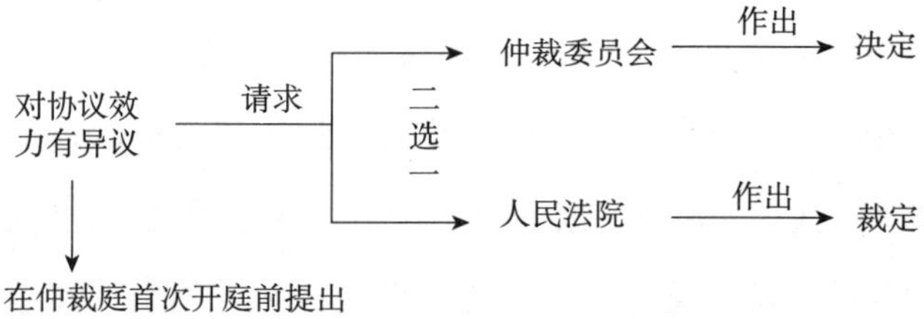

图 4–1　仲裁协议效力异议处理流程

学以致用

厦门某服饰有限公司（需方）与浙江某股份有限公司（供方）签订了《产品采购合同》。合同第十二条约定：“本合同一式二份，供方、需方各执一份，未尽事宜或发生纠纷，由双方协商解决，协商无效，在需方所在地申请法律仲裁。”

申请人厦门某服饰有限公司认为双方所签订的《产品采购合同》第十二条未约定具体的仲裁机构，且双方未就仲裁机构达成补充协议，故应依法确认该仲裁条款无效。被申请人浙江某股份有限公司认为《产品采购合同》是申请人厦门某服饰有限公司提供的格式合同，经双方协商一致后签署；双方所约定的仲裁机构是确定的、唯一的，即厦门仲裁委员会，申请人要求确认仲裁条款无效缺乏依据。究竟案例中的仲裁条款是否有效呢？

分析：有下列情形之一的，仲裁协议无效：约定的仲裁事项超出法律规定的仲裁范围的；无民事行为能力人或者限制民事行为能力人订立的仲裁协议；一方采取胁迫手段，迫使对方订立仲裁协议的。仲裁协议对仲裁事项或者仲裁委员会没有约定或者约定不明确的，当事人可以补充协议；达不成补充协议的，仲裁协议无效。以口头方式订立的仲裁协议无效。选择的仲裁机构不存在的，仲裁协议无效。案例讼争仲裁条款未明确约定仲裁机构，事后双方也未就此问题达成补充协议，故该仲裁协议应依法确认无效。（资料来源：根据文书帮资料整理）

四、仲裁程序

当事人申请仲裁应当符合以下条件：

（1）有仲裁协议；

（2）有具体的仲裁请求和事实、理由；

（3）属于仲裁委员会的受理范围；

（4）受理仲裁的仲裁机构有管辖权。

当事人申请仲裁只能以书面方式进行，应当向仲裁委员会递交仲裁协议、仲裁申请书及副本。

仲裁委员会受理仲裁申请后，应当按照法定要求组成仲裁庭。仲裁庭在作出裁决前，可以先行调解。当事人自愿调解的，仲裁庭应当调解。调解不成的，应当及时作出裁决。调解达成协议的，仲裁庭应当制作调解书或者根据协议的结果制作裁决书。调解书与裁决书具有同等法律效力。仲裁庭根据多数仲裁员的意见作出裁决，并制作裁决书，裁决书自作出之日起发生法律效力。仲裁不公开进行。当事人协议公开的，可以公开进行，但涉及国家秘密的除外。

裁决作出后，当事人应当履行裁决。如果一方当事人不履行裁决的，另一方当事人可以依照《民事诉讼法》的有关规定向人民法院申请执行。

法条链接

《仲裁法》第二十四条规定：“仲裁委员会收到仲裁申请书之日起五日内，认为符合受理条件的，应当受理，并通知当事人；认为不符合受理条件的，应当书面通知当事人不予受理，并说明理由。”

知识链接

当事人应当在仲裁规则规定的期限内约定仲裁庭的组成方式或者选定仲裁员，没有约定的或未选定的，由仲裁委员会主任指定。仲裁庭可以由三名仲裁员或者一名仲裁员组成。由三名仲裁员组成的，设首席仲裁员。仲裁庭组成后，仲裁委员会应当将仲裁庭的组成情况书面通知当事人。

协作创新

石家庄市某健身房与广州市某健身器械公司签订了一份购销合同。两个月后，双方发生争议，健身房向其所在地的石家庄仲裁委员会递交了仲裁申请书，但健身器械公司拒绝答辩。又过了两个月，双方经过协商，重新签订了一份仲裁协议，并商定将此合同争议提交该健身器械公司所在地的广州仲裁委员会仲裁。事后，该健身房担心广州仲裁委员会实行地方保护主义，偏袒健身器械公司，故未申请仲裁，改向合同履行地人民法院提起诉讼，且起诉时说明此前两次约定仲裁的情况。人民法院受理了此案，并向健身器械公司送达了起诉状副本，该健身器械公司向人民法院提交了答辩状。人民法院经审理判决被告健身器械公司败诉，被告不服一审判决，提起上诉，理由是双方事先有仲裁协议，法院判决无效。

思考：被告健身器械公司的上诉理由是否正确？为什么？

第 5 讲　恋爱中赠与信物能否追回?

——民事诉讼

学前思考

李先生和张小姐于 2020 年开始恋爱，2022 年二人准备结婚，李先生支付首付款 28 万元购买了一套商品房，但是房产登记在张小姐一个人的名下，之后每月的按揭款也是由李先生来偿还的。买房后不久，张小姐提出要和李先生分手，但张小姐既占有房屋，又不愿意退还李先生购房首付款和按揭款，共计 31 万元。张小姐认为李先生买房，性质是赠与，其无须还款给李先生。李先生认为将房产登记在张小姐名下，是一种附条件的赠与，即张小姐应与其结婚，如双方不能结成婚姻关系，张小姐应当返还购房款。（资料来源：根据找法网资料整理）

思考：李先生和张小姐的纠纷应选择仲裁还是诉讼？恋爱期间因赠与财物产生纠纷是比较常见的，张小姐是否应该返还购房款？

思政点滴

年轻人在谈恋爱时应树立正确的择偶观和婚恋观，自觉抵制拜金主义，树立正确的金钱观；自觉抵制享乐主义和个人主义，树立正确的人生观和价值观。同时，恋爱中在“豪赠”前一定要三思而后行。如果“彩礼”是房产、汽车，购买时应尽量通过转账形式付款；如果是现金、金银首饰，可在有他人见证的正式场合交付，有条件的可录制视频。

我们在生活中经常会遇到经济纠纷，有些涉及利益小的通常由当事人之间通过协商自行解决。但是对于无法自行解决的经济纠纷，当事人可能就会选择民事诉讼解决方式。下面我们来学习民事诉讼相关法律规定。

民事诉讼，是指人民法院在双方当事人和其他诉讼参与人的参加下，依法审理和解决民事案件的活动，以及由这些活动所产生的各种诉讼关系的总和。在经济活动中，平等主体的公民、法人、其他组织之间的经济纠纷，如果不能通过协商、协调解决，当事人之间又没有达成仲裁协议的，可以向人民法院提起民事诉讼，通过诉讼方式处理争议。

法条链接

《民事诉讼法》第八条规定：“民事诉讼当事人有平等的诉讼权利。人民法院审理民事案件，应当保障和便利当事人行使诉讼权利，对当事人在适用法律上一律平等。”

平等主体当事人之间发生经济纠纷提起诉讼，适用《民事诉讼法》解决纷争。1991 年 4 月 9 日第七届全国人民代表大会第四次会议通过，历经 2007 年、2012 年、2017 年、2021 年、2023 年五次修正的《民事诉讼法》是民事诉讼活动得以进行的法律依据。

一、民事诉讼适用的范围

公民之间、法人之间、其他组织之间以及他们相互之间因财产关系和人身关系发生纠纷，可以提起民事诉讼。《民事诉讼法》的受案范围如表 5–1 所示。

表 5–1　《民事诉讼法》的受案范围

具体范围	举例
1. 因《中华人民共和国民法典》调整的平等主体之间的财产关系和人身关系发生的民事案件	合同纠纷、房产纠纷、侵害名誉权纠纷等案件
2. 因《中华人民共和国劳动法》或其他经济法律规定调整的社会关系发生的争议，法律规定适用民事诉讼程序审理的案件	企业破产案件、劳动合同纠纷案件
3. 适用特别程序审理的选民资格案件和宣告公民失踪、死亡等非讼案件	
4. 按照督促程序解决的债务案件	
5. 按照公示催告程序解决的宣告票据和有关事项无效的案件	

头脑风暴

在市场经济中，市场主体会遇到诸多的经济纠纷。平等主体是一种解决方法，不平等主体是另一种解决方法。平等主体：也称为“横向关系（地位相同）”主体，解决经济纠纷的方法有仲裁和民事诉讼。不平等主体：也称为“纵向关系（地位不同）”主体，解决经济纠纷的方法有行政复议和行政诉讼。什么是行政复议和行政诉讼呢？

二、民事诉讼的基本制度

（一）合议制度

合议制度（合议制）是指由 3 名以上审判人员共同组成审判组织，代表人民法院行使审判权，对案件进行审理并作出裁判的制度。合议制的组织形式是合议庭。合议制度是相对于独任制度而言的，后者是指由一名审判员独立地对案件进行审理和裁判的制度，其组织形式是独任庭。法院审理第一审民事案件，由审判员、人民陪审员共同组成合议庭或者由审判员组成合议庭进行审理；适用简易程序、特别程序、督促程序、公示催告程序审理的民事案件可以独任审理。法院审理第二审民事案件全部由审判员组成合议庭。合议庭的成员人数应当是 3 人以上的单数。大多数的民事案件是通过合议庭进行审判的，合议制是审理民事案件最基础、适用最广泛的形式。

思政点滴

民事诉讼应当遵循诚信原则。当事人有权在法律规定的范围内处分自己的民事权利和诉讼权利。

法条链接

《民事诉讼法》第四十条规定：“适用简易程序审理的民事案件，由审判员一人独任审理。基层人民法院审理的基本事实清楚、权利义务关系明确的第一审民事案件，可以由审判员一人适用普通程序独任审理。”

（二）回避制度

回避制度是指为了保证案件公正审理，在审判人员和其他有关人员遇有法律规定的不宜参加案件审理的情形时，主动退出案件审判，或者由当事人请求而退出该案件审判的制度。根据《民事诉讼法》的规定，回避的对象包括：审判人员、法官助理、书记员、司法技术人员、翻译人员、鉴定人、勘验人。相

法条链接

《民事诉讼法》第四十一条规定："中级人民法院对第一审适用简易程序审结或者不服裁定提起上诉的第二审民事案件，事实清楚、权利义务关系明确的，经双方当事人同意，可以由审判员一人独任审理。"

同步思考

张三因经济纠纷将李四诉至南山区人民法院。法院判决张三败诉。后来，张三无意中发现审理自己案件的审判长居然是李四的表兄。张三顿时感觉自己吃了亏，自己由于没能提前发现这个关系而申请回避。请问：张三能提出回避申请吗？为什么？如果你是张三，你会怎么做？

知识链接

向群众公开，是指案件的审理和宣告判决的过程都允许群众旁听；向社会公开，是指允许新闻媒体对案件庭审过程作采访，允许对案件审理过程作报道等。

法条链接

《民事诉讼法》第一百三十七条规定："人民法院审理民事案件，除涉及国家秘密、个人隐私或者法律另有规定的以外，应当公开进行。离婚案件，涉及商业秘密的案件，当事人申请不公开审理的，可以不公开审理。"

关人员有下列情形之一的（见表 5–2），应当自行回避，当事人有权用口头或者书面方式申请他们回避。

表 5–2　回避情形

序号	回避情形
1	是本案当事人或者当事人、诉讼代理人近亲属的
2	与本案有利害关系的
3	与本案当事人、诉讼代理人有其他关系，可能影响对案件公正审理的
4	审判人员接受当事人、诉讼代理人请客送礼，或者违反规定会见当事人、诉讼代理人的

回避的提出，既可以是当事人提出申请，也可以是审判人员或其他人员主动自行提出。回避申请应当在案件开始审理时提出，回避事由在案件开始审理后知道的，也可以在法庭辩论终结前提出。提出回避申请应当说明理由。回避申请提出后，是否准许申请由人民法院决定。

（三）公开审判制度

公开审判制度是指法院的审判活动依法向群众公开、向社会公开的制度。公开审理案件，应当在开庭前公告当事人姓名、案由和开庭的时间、地点，以便群众旁听。公开审判包括审判过程公开和审判结果公开。不论案件是否公开审理，宣告判决一律公开。

（四）两审终审制度

两审终审制度是指一个诉讼案件经过两级法院审判后即告终结的制度。我国法院分为最高人民法院、高级人民法院、中级人民法院、基层人民法院四级，除最高人民法院外，其他各级人民法院都有自己的上一级人民法院。按照两审终审制，一个案件经第一审人民法院审判后，当事人如果不服，有权在法定期限内向上一级人民法院提起上诉，由该上一级人民法院进行第二审。第二审人民法院的判决、裁定是终审的判决、裁定。

但是以下案件实行一审终审：（1）适用特别程序、督促程序、公示催告程序审理的案件；（2）按照小额诉讼程序审理的案件；（3）最高人民法院所做出的一审判决、裁定。对于终审的判决和裁定，当事人不得再次提起上诉，如确有证据证明原判决、裁定有误的，可以通过审判监督程序予以纠正。

学以致用

唐某驾驶无号牌三轮摩托车载两人，与李某驾驶的小轿车发生碰撞后，经交警大队认定，唐某负事故的主要责任，李某负次要责任。

对于唐某及两位乘车人的损伤，经判决后，李某投保的保险公司已依法赔偿该损失。但关于李某小轿车的修理费及施救费 10 775 元，双方之间未达成协议，故李某诉至法院。

分析：该案事实清楚、责任明确，在诉前调解无果的情况下，为高效、便捷地解决当事人纠纷，南漳县人民法院依法适用小额诉讼程序审理该案，判决唐某赔偿李某 7 775 元。该判决为终审判决。宣判后，唐某随即将赔偿款主动打入法院执行账户。（资料来源：根据南漳县人民法院官网资料整理）

三、诉讼管辖

民事诉讼管辖，是指各级人民法院和同级人民法院之间，受理第一审民事纠纷案件的分工和权限。对于提起诉讼的公民、法人和其他组织来说，也就是应当向哪一级人民法院起诉的问题。诉讼管辖主要包括级别管辖、地域管辖。

（一）级别管辖

级别管辖，是指划分上下级人民法院之间受理第一审民事纠纷案件的分工和权限。

1. 基层人民法院管辖的第一审民事案件

除法律规定由中级人民法院、高级人民法院和最高人民法院管辖的第一审民事纠纷案件外，其余的第一审民事案件都由基层人民法院管辖。

2. 中级人民法院管辖的第一审民事案件

中级人民法院管辖下列第一审民事案件：（1）重大涉外案件；（2）在本辖区有重大影响的案件；（3）最高人民法院确定由中级人民法院管辖的案件。

3. 高级人民法院管辖的第一审民事案件

高级人民法院管辖在本辖区有重大影响的第一审民事案件。

4. 最高人民法院管辖的第一审民事案件

最高人民法院管辖的第一审民事案件是在全国有重大影响的案件和它认为应当由本院审理的案件。

法条链接

《民事诉讼法》第一百六十五条规定："基层人民法院和它派出的法庭审理事实清楚、权利义务关系明确、争议不大的简单金钱给付民事案件，标的额为各省、自治区、直辖市上年度就业人员年平均工资百分之五十以下的，适用小额诉讼的程序审理，实行一审终审。基层人民法院和它派出的法庭审理前款规定的民事案件，标的额超过各省、自治区、直辖市上年度就业人员年平均工资百分之五十但在二倍以下的，当事人双方也可以约定适用小额诉讼的程序。"

知识链接

依照法律规定，最高人民法院管辖的案件实行一审终审，所作判决、裁定一旦送达即发生法律效力。

（二）地域管辖

地域管辖，是指确定同级的不同区域的人民法院受理第一审民事纠纷案件的分工和权限。地域管辖又分为一般地域管辖、特殊地域管辖、专属管辖、协议管辖、共同管辖。

1. 一般地域管辖

一般地域管辖，又称普通管辖，是指按照当事人所在地与人民法院辖区的隶属关系来确定管辖法院。一般地域管辖的一般原则是原告就被告，即民事案件应由被告住所地人民法院受理。当事人是法人或组织的，由法人机关或组织所在地人民法院管辖；被告的住所地与经常居住地不一致的，由经常居住地人民法院管辖。除依特殊地域管辖和专属管辖确定管辖法院的案件外，其余民事案件都适用此原则来确定管辖法院。特殊情况下允许变通适用被告就原告原则。我国《民事诉讼法》规定了四种特殊情况可由原告住所地人民法院管辖，具体见表 5–3。原告的住所地与经常居住地不一致的，由原告经常居住地人民法院管辖。

知识链接

公民的住所地是指该公民的户籍所在地；公民的经常居住地是指公民离开住所地至起诉时已连续居住满 1 年的地方，但公民住院就医的地方除外。

表 5–3 由原告住所地人民法院管辖特殊情况

序号	特殊情况
1	对不在中华人民共和国领域内居住的人提起的有关身份关系的诉讼
2	对下落不明或者宣告失踪的人提起的有关身份关系的诉讼
3	对被采取强制性教育措施的人提起的诉讼
4	对被监禁的人提起的诉讼

2. 特殊地域管辖

特殊地域管辖，又称特别管辖，是指以被告住所地及诉讼标的或者引起法律关系发生、变更、消灭的法律事实所在地为标准，确定管辖法院。《民事诉讼法》规定了 10 种属于特殊地域管辖的诉讼，具体如表 5–4 所示。

表 5–4 特殊地域管辖案件类型和管辖法院

案件类型	管辖法院
合同纠纷	被告住所地或者合同履行地人民法院
保险合同纠纷	被告住所地或者保险标的物所在地人民法院
票据纠纷	票据支付地或者被告住所地人民法院
公司设立、确认股东资格、分配利润、解散等纠纷	公司住所地人民法院

续表

案件类型	管辖法院
铁路、公路、水上、航空运输和联合运输合同纠纷	运输始发地、目的地或者被告住所地人民法院
侵权纠纷	侵权行为地（包括侵权行为实施地、侵权结果发生地）或者被告住所地人民法院
铁路、公路、水上和航空事故请求损害赔偿纠纷	事故发生地或者车辆及船舶最先到达地、航空器最先降落地或者被告住所地人民法院
船舶碰撞或者其他海事损害事故请求损害赔偿纠纷	碰撞发生地、碰撞船舶最先到达地、加害船舶被扣留地或者被告住所地人民法院
海难救助费用纠纷	救助地或者被救助船舶最先到达地人民法院
共同海损纠纷	船舶最先到达地、共同海损理算地或者航程终止地人民法院

3. 专属管辖

专属管辖，是指法律强制规定某些案件只能由特定的人民法院管辖，其他人民法院无管辖权。专属管辖案件主要有 3 类，如表 5–5 所示。

表 5–5　专属管辖案件类型和管辖法院

案件类型	管辖法院
不动产纠纷	不动产所在地人民法院
港口作业中发生纠纷	港口所在地人民法院
继承遗产纠纷	被继承人死亡时住所地或者主要遗产所在地人民法院

4. 协议管辖

协议管辖，是指双方当事人在纠纷发生前或纠纷发生后，以书面的方式约定管辖法院。合同或者其他财产权益纠纷的当事人可以书面协议选择被告住所地、合同履行地、合同签订地、原告住所地、标的物所在地等与争议有实际联系的地点的人民法院管辖，但不得违反《民事诉讼法》对级别管辖和专属管辖的规定。

5. 共同管辖

共同管辖，是指对同一诉讼依照法律规定两个或两个以上的人民法院都有管辖权。两个以上人民法院都有管辖权的诉讼，原告可以向其中一个人民法院起诉；原告向两个以上有管辖权的人民法院起诉的，由最先立案的人民法院管辖。

法条链接

《民事诉讼法》第十六条规定：“经当事人同意，民事诉讼活动可以通过信息网络平台在线进行。民事诉讼活动通过信息网络平台在线进行的，与线下诉讼活动具有同等法律效力。”

四、民事诉讼程序

民事诉讼程序主要包括第一审程序、第二审程序、审判监督程序和执行程序。

（一）第一审程序

第一审程序，是指人民法院审理第一审民事案件、经济案件所适用的程序，分为第一审普通程序和简易程序。第一审普通程序是指人民法院在审理第一审民事争议案件时通常适用的审判程序。它是民事诉讼法中体系最完整、内容最系统的程序，是审判程序中最重要的一个程序，主要包括起诉与受理、审理前的准备、调解、开庭审理等几个步骤。下面介绍第一审普通程序。

同步思考

退休工人刘某去电影院看电影，散场时因出口拥挤被人挤倒摔伤，住院治疗共花了1 000元。刘某向人民法院起诉，要求人民法院为他寻找被告并由被告赔偿损失，但刘某说不出是谁挤倒他的。人民法院是否应受理刘某的起诉？

1. 起诉与受理

起诉是审判程序发生的根据。原告起诉应当同时具备以下四个法定条件：原告是与本案有直接利害关系的公民、法人和其他组织；有明确的被告；有具体的诉讼请求和事实、理由；属于人民法院受理民事诉讼的范围和受诉人民法院管辖。

符合起诉条件的，人民法院应当在7日内立案，并通知当事人；不符合起诉条件的，应当在7日内作出裁定书，不予受理；原告对裁定不服的，可以提起上诉。

2. 审理前的准备

在开庭审理前，承办案件的审判人员要做好必要的准备工作，包括：人民法院应当在立案之日起5日内将起诉状副本发送被告，被告应当在收到起诉状副本之日起15日内提出答辩状；人民法院应当在收到答辩状之日起5日内将答辩状副本发送原告；依法组成合议庭；审判人员审阅案卷，制定调查提纲；查清案件的来龙去脉，核实证据，提出处理案件的初步方案。

3. 调解

调解原则贯穿民事案件审理的始终，无论是第一审程序、第二审程序还是审判监督程序都可以适用。人民法院在调解时，必须坚持合法和自愿原则，不得以任何形式施加任何压力，迫使当事人接受调解。达成的调解协议也不得违背法律的精神。调解未达成协议或者调解书送达前一方反悔的，人民法院应当及时判决。实践中，人民法院一般在开庭审理前要对当事人进行一次调解，在开庭审理过程中作出判决之前还要进行一次调解。调解书一经双方当事人签收后，即发生法律效力，当事人不服也不得再次起诉或者上诉。

4. 开庭审理

开庭审理，是指审判人员在当事人和其他诉讼参与人的参加下，在法庭上对案件进行审理直至作出裁判的全过程。开庭审理的程序包括开庭审理的准备工作、法庭调查、法庭辩论、判决与裁定。人民法院在审理过程中要按照《民事诉讼法》规定的步骤有秩序地进行，同时要充分保障当事人诉讼权利的实现。人民法院在查明案件事实的基础上，结合法律的规定作出判决。当事人不服地方人民法院的一审判决的，可以在文书送达之后的法定期限内向上一级人民法院提起上诉。

法条链接

《民事诉讼法》第一百五十二条规定："人民法院适用普通程序审理的案件，应当在立案之日起六个月内审结。有特殊情况需要延长的，经本院院长批准，可以延长六个月；还需要延长的，报请上级人民法院批准。"

（二）第二审程序

第二审程序，是指当事人不服第一审裁判，在上诉期内提出上诉，由上一级人民法院对案件进行审理的程序。

法条链接

《民事诉讼法》第一百六十四条规定："人民法院适用简易程序审理案件，应当在立案之日起三个月内审结。有特殊情况需要延长的，经本院院长批准，可以延长一个月。"

上诉应当符合以下法定条件：一是必须是符合条件的上诉人对符合条件的被上诉人提起上诉。二是必须在法定的上诉期限内提出，对判决提起上诉的期限为 15 日，对裁定提起上诉的期限为 10 日，逾期不提起上诉，第一审人民法院的判决、裁定便发生法律效力，当事人不得再上诉，案件即告终结。三是必须提交书面的上诉状，上诉状除正本外，还应提交与被上诉人数相同的副本，以便人民法院通知被上诉人答辩。

第二审人民法院审理上诉案件，首先应由审判员组成合议庭，根据案件的具体情况决定是否进行开庭审理，也可以进行调解或判决。第二审人民法院应当对上诉请求的有关事实和适用法律进行审查。在第二审人民法院审理上诉案件期间、宣判之前，上诉人可以申请撤回上诉，由人民法院裁定。如果裁定准予撤回上诉，上诉人不得再就此案提起上诉，案件即告终结。

思政点滴

《民事诉讼法》的任务，是保护当事人行使诉讼权利，保证人民法院查明事实，分清是非，正确适用法律，及时审理民事案件，确认民事权利义务关系，制裁民事违法行为，保护当事人的合法权益，教育公民自觉遵守法律，维护社会秩序、经济秩序，保障社会主义建设事业顺利进行。

第二审人民法院对受理的上诉案件经过审理，根据不同案情应作出不同的处理，具体如表 5-6 所示。

表 5-6 第二审审理结果

认定的案件情形	审理结果
认定事实清楚，适用法律正确	以判决、裁定方式驳回上诉，维持原判决、裁定
认定事实错误或者适用法律错误	以判决、裁定方式依法改判、撤销或者变更
认定事实不清、证据不足或违反法定程序可能影响案件正确判决的	依法改判或者裁定撤销原判决，发回原审人民法院重审

第二审人民法院的判决、裁定是终审的判决、裁定，一经送达即发生法律效力。

（三）审判监督程序

审判监督程序，是指人民法院发现已经发生法律效力的判决或裁定确有错误，对案件依法重新审理并作出裁判的程序。审判监督程序是对已经发生法律效力的错误判决、裁定的再次审理，是为了保证人民法院裁判的正确性与合法性，保护当事人的合法权益，体现实事求是的精神和有错必纠的原则而设立的一种补救制度。它不是民事诉讼的必经程序。

根据提起审判监督程序的主体不同，再审可以分为人民法院提起再审、当事人申请再审和人民检察院抗诉进行再审三种。

人民法院提起再审又分为三种情形：（1）各级人民法院院长对本院已经发生法律效力的判决、裁定、调解书，发现确有错误，认为需要再审的，应当提交审判委员会讨论决定；（2）上级人民法院对下级人民法院已经发生法律效力的判决、裁定、调解书，发现确有错误的，有权提审或者指令下级人民法院再审；（3）最高人民法院对地方各级人民法院已经发生法律效力的判决、裁定、调解书，发现确有错误的，有权提审或者指令地方各级人民法院再审。

当事人申请再审，是指当事人及与案件有利害关系的人对已经发生法律效力的判决、裁定，认为有错误的，可以向原审人民法院或者上一级人民法院申请再行审理的行为。

人民检察院发现人民法院已经发生法律效力的民事判决、裁定、调解书确有错误，依法可以提起抗诉，从而启动审判监督程序。人民检察院提起抗诉的，不论理由是否充分，一经提出，人民法院均应当依法进行审理并作出裁定，中止原判决的执行。

再审案件原来是第一审人民法院审结的，适用第一审程序审判；再审案件原来是第二审人民法院审结的，适用第二审程序审判。

> **头脑风暴**
>
> 许多企业和个人在签订合同时，经常会发现合同中有一个诉讼与仲裁“二选一”的条款，特别是在格式合同中，这个条款的意义在于当事人因该合同发生争议时是通过法院打官司解决还是通过仲裁机构仲裁解决。学习完仲裁与诉讼后，你会选择哪一个？

（四）执行程序

执行程序，是指人民法院根据已经发生法律效力的裁判和其他法律文书的规定，采取法律措施，强制当事人履行义务的程序。

发生法律效力的民事判决、裁定，当事人必须履行。一方拒绝履行的，对方当事人可以向人民法院申请执行，也可以由审判员移送执行员执行。调解书和其他应当由人民法院执行的法律文书，当事人必须履行。一方拒绝履行的，对方当事人可以向人民法院申请执行。

申请执行的期间为 2 年。申请执行时效的中止、中断，适用法律有关诉讼时效中止、中断的规定。申请执行的期间，从法律文书规定履行期间的最后 1 日起计算；法律文书规定分期履行的，从最后一期履行期限届满之日起计算；法律文书未规定履行期间的，从法律文书生效之日起计算。

法治素养

李某系经营饲料生意的个体工商户，张某经营生猪养殖生意，从 2013 年 10 月起，张某一直向李某赊购饲料，时至 2022 年 5 月 22 日，经双方结算，张某尚欠李某饲料款人民币 5 万元。同日，张某出具《欠据》一份给李某，确认尚欠李某 5 万元的事实。起诉后张某归还了 1 万元给李某。办案人员在研判案情后，认为本案双方当事人争议不大，且双方是多年的生意合作伙伴，宜适用庭前调解方式，着重于化解双方矛盾积怨，维护双方和谐共赢的合作关系。经过办案人员耐心析法明理，李某表示理解张某的难处并作出了让步，双方达成一致协议：李某同意张某于 2023 年底前分两期还清欠款，同时放弃了利息的请求。最终，双方冰释前嫌、握手言和，表示今后继续生意往来、合作共赢。

启示：在经济活动中，市场主体的信誉和形象是第一名片，至关重要。在诉讼活动中，当事人应积极应诉，主动面对，配合法院的调解工作，寻求解决问题的办法，妥善化解纠纷，这样更有利于维护市场主体的信誉和形象，维护市场主体间和谐共赢的关系。消极逃避只会让双方的矛盾纠纷越演越烈，更有可能会面临被列入失信人黑名单的风险，损害自身的信誉和形象。

五、诉讼时效

（一）诉讼时效的概念

诉讼时效，是指权利人在法定期间内不行使权利即丧失请求人民法院予以保护的权利。诉讼时效期间，是指权利人请求人民法院或者仲裁机关保护其民事权利的法定期间。

诉讼时效期间届满，权利人丧失的是胜诉权，即丧失依诉讼程序强制义务人履行义务的权利；权利人的实体权利并不消灭，债务人自愿履行的则不受诉讼时效限制。

微课

别让你的权利过了期——民事诉讼时效

（二）诉讼时效期间

1. 普通诉讼时效期间

根据《民法典》的规定，向人民法院请求保护民事权利的诉讼时效期间为3年。法律另有规定的，依照其规定。

2. 最长诉讼时效期间

诉讼时效期间自权利人知道或者应当知道权利受到损害以及义务人之日起计算。法律另有规定的，依照其规定。但是，自权利受到损害之日起超过20年的，人民法院不予保护，有特殊情况的，人民法院可以根据权利人的申请决定延长。

学以致用

张某与房东薛某商定租其一套二居室住房1年，租期为2022年9月1日至2023年9月1日。张某先预付半年租金，第6个月期满时（2023年3月1日）再支付其余租金。经履行法定程序后，张某按期搬入住房。2023年8月底，张某在未支付其余租金的情况下搬出了薛某的房屋，不知去向。已知薛某从未向张某追要过其余租金。那么，薛某为有效保护自己的权益，应在什么时间内主张自己的权利呢？

分析：诉讼时效期间为3年，自权利人知道或者应当知道权利受到损害以及义务人之日起计算。张某应支付其余房租的时间为2023年3月1日，因此薛某只有在从2023年3月2日始至2026年3月2日止的时间内主张自己的权利，才能有效地保护自己的合法权益。

头脑风暴

在当今社会，一些人将自己的钱借出去就很难要回来了。众多的“老赖”们会以诉讼时效为借口理直气壮地不还钱。还有人直接玩起了失踪，直接消失三年，三年之后面对债权人就直接说：“诉讼时效都已经过了，钱我不还了。”难道债权人面对这样的情况就只能有苦说不出吗？生活中如何防范借条超过诉讼时效的情况？

3. 诉讼时效期间的中止

在诉讼时效期间的最后6个月内，因法定事由而使权利人不能行使请求权的，诉讼时效中止。自中止时效的原因消除之日起满6个月，诉讼时效期间届满。诉讼时效期间的中止法定事由具体如表5-7所示。

表5-7　诉讼时效期间的中止法定事由

序号	法定事由
1	不可抗力
2	无民事行为能力人或者限制民事行为能力人没有法定代理人，或者法定代理人死亡、丧失民事行为能力、丧失代理权
3	继承开始后未确定继承人或者遗产管理人

续表

序号	法定事由
4	权利人被义务人或者其他人控制
5	其他导致权利人不能行使请求权的障碍

学以致用

承上例，如果2026年1月10日薛某突然患病去世，其子女和其保姆为争夺遗产继承权诉至人民法院。2026年5月10日，人民法院第二审作出判决。那么，薛某的继承人向张某主张权利的诉讼时效期间如何计算？

分析：薛某向张某主张权利的诉讼时效期间为2023年3月2日始至2026年3月2日止，但在诉讼时效届满的最后6个月内（2025年9月1日始至2026年3月1日止），2026年1月10日薛某突然患病去世，无法确定继承人，也就无法继续行使其权利，所以其诉讼时效期间在1月10日中止，到5月10日恢复继续计算，则薛某的继承人应在1月10日之前主张张某支付房租的权利。

4. 诉讼时效期间的中断

诉讼时效期间的中断，是指在诉讼时效期间，因发生一定的法定事由，致使已经经过的时效期间归于无效，待时效中断的事由消除后，诉讼时效期间重新计算的制度。诉讼时效期间的中断法定事由具体如表5-8所示。

表5-8 诉讼时效期间的中断法定事由

序号	法定事由
1	权利人向义务人提出履行请求
2	义务人同意履行义务
3	权利人提起诉讼或者申请仲裁
4	与提起诉讼或者申请仲裁具有同等效力的其他情形

诉讼时效中止与诉讼时效中断的区别如表5-9所示。

表5-9 诉讼时效中止与诉讼时效中断的区别

区别	诉讼时效中止	诉讼时效中断
法定事由	不可抗力或者其他障碍	起诉、请求、许诺、调解、仲裁
期间要求	诉讼时效期间最后6个月	诉讼时效期间的任何时间
法律后果	扣除中止的时间，诉讼时效期间继续计算	中断前的诉讼时效期间统归无效，诉讼时效期间重新计算

学以致用

承上例，如果 2025 年 7 月 31 日，在薛某多方追讨下，张某写下保证书，保证于 2026 年 7 月 31 日之前付清房租，但到期仍未支付，那么，薛某主张租金权利的诉讼时效期间应如何计算？

分析：由于薛某主张权利，张某答应于 2026 年 7 月 31 日之前还款，因此已经过去的诉讼时效期间中断，从 2026 年 8 月 1 日起，诉讼时效期间重新计算，所以薛某的诉讼时效期间是从 2026 年 8 月 1 日起到 2029 年 8 月 1 日止。

5. 不适用诉讼时效的情形

不适用诉讼时效，是指没有诉讼时效的限制，不会因为过了一段时间而对主张权利产生影响。请求权不适用诉讼时效的情形如表 5–10 所示。

表 5–10　请求权不适用诉讼时效的情形

序号	情形
1	请求停止侵害、排除妨碍、消除危险
2	不动产物权和登记的动产物权的权利人请求返还财产
3	请求支付抚养费、赡养费或者扶养费
4	依法不适用诉讼时效的其他请求权

协作创新

住在太仓的小夏在某品牌零食公司的淘宝旗舰店购买了 10 袋零食大礼包，价款合计 1 586 元。收到货后，小夏发现该商品上未标注任何产品信息，不符合《中华人民共和国食品安全法》的相关规定，属于不符合安全标准的食品。因此，小夏向太仓市人民法院起诉，要求该品牌零食公司返还货款 1 586 元，并要求十倍赔偿 15 860 元。

该品牌零食公司收到应诉通知后，在答辩期内向人民法院提交了管辖异议申请，认为本案应该由被告住所地人民法院管辖。理由是淘宝用户小夏注册时平台会弹出协议条款，其中《淘宝平台服务协议》第十条约定："您因使用淘宝平台服务所产生及与淘宝平台服务有关的争议，由淘宝与您协商解决。协商不成时，任何一方均可向被告所在地有管辖权的人民法院提起诉讼。"

原告小夏表示，对于被告陈述的注册时弹出的条款，大多数用户并不会认真阅读，而是直接点击"同意"；且管辖权条款夹杂其中，很容易被用户忽略。根据《最高人民法院关于适用〈中华人民共和国民事诉讼法〉的解释》第

31条的规定，经营者使用格式条款与消费者订立管辖协议，未采取合理方式提请消费者注意的，消费者主张管辖协议无效的，人民法院应予支持。故原告小夏认为本案由太仓市人民法院管辖，符合法律规定。（资料来源：根据太仓市人民法院官方澎湃号资料整理）

思考：该案中网络购物纠纷管辖法院应如何确定？

专题三　增强法治观念　提升法治素养——相关的民事法律制度

第6讲　从法律的角度看“啃老族”——民事主体

学前思考

“你们一个在美国，一个不管爸妈，是我陪着他们，讨他们欢心。钱就是妈自愿给我的，不用还。”某电视剧中，二儿子言之凿凿。到了如今，“啃老”又有了新的版本。“啃老族”中，有的选择把孩子交给父母看管，让自己有时间出去潇洒；有的则选择考研，逃避工作与社会和自己之间的关联。总之就是逃避责任，而让父母承担责任。据权威机构公布的数据，超过一半的中国家庭存在不同程度的啃老现象。对此，很多网友表示，“啃老族”带给社会的虽然是负能量，但是“啃老”的现象又非常普遍。

思考：如今，“陪伴式啃老”这个话题被网友们热议。其中有一部分人坚决反对“啃老族”，认为成年人要独立自主。有的网友则认为现实生活的一地鸡毛，难免让人“啃老”。我们应如何看待“啃老”现象？

思政点滴

老年人有权拒绝子女“啃老”，说到底只是一个常识；当常识被写入法律，本不该引发那么多不着边际的质疑。如果生活不幸伤害了你，请不要因此去伤害你的父母；如果你迫于无奈要“啃老”，请记得心怀感恩。无论何时，生你养你的父母都是用来孝敬的，而不是用来“啃”的。

人们常说：“子女长大成人之后，成为完全的民事行为主体，就应当独立面对自己的人生”。那么，什么是完全的民事行为主体呢？

民事法律关系主体，是指参加民事法律关系，享受民事权利和承担民事义务的人。民事法律关系主体包括自然人、法人、其他社会组织（非法人社会组织）、国家，其中自然人和法人是最重要的民事主体。

一、自然人

自然人，是指基于自然生理规律出生的人。在我国，自然人既包括我国的公民，也包括境内的外国人和无国籍人。作为民事主体的自然人具有民事权利能力和民事行为能力。

（一）民事权利能力

民事权利能力，是指法律赋予民事主体享有民事权利和承担民事义务的资格。它是民事主体参加民事活动的前提条件。权利能力不同于权利，它是法律赋予的，不能放弃。

自然人的民事权利能力一般始于出生，终于死亡。自然人只有在出生时是活着的，才能成为民事法律关系主体。胎儿不具有民事权利能力。但在特殊情况下，人没有出生，就具有某种权利。例如，我国《民法典》第十六条规定："涉及遗产继承、接受赠与等胎儿利益保护的，胎儿视为具有民事权利能力。但是，胎儿娩出时为死体的，其民事权利能力自始不存在。"在特殊情况下，人死亡之后还会有相应的权利。又如，《中华人民共和国著作权法》规定，作者死亡后，仍然享有相应的著作权。

学以致用

李某驾驶货车因操作不当，与相向行驶的王某驾驶的轿车相撞。轿车侧翻后，车上孕妇赵某（王某之妻，已怀孕8个月）当场死亡。交警认定李某负事故全部责任。双方对赵某腹中胎儿能否获赔分歧较大。

分析：人民法院经审理认为，胎儿死于母体，脱离母体时已无呼吸、心跳等体征，不符合取得民事主体资格的构成要件。

微课

胎儿是否具有民事主体资格——民事权利和民事行为能力

（二）民事行为能力

民事行为能力，是指民事主体能够以自己的行为进行民事活动，取得民事权利和承担民事义务的资格。

自然人的民事行为能力不是与生俱来的。根据自然人的年龄和智力发育的不同阶段和其他有关情况，我国《民法典》将自然人的民事行为能力分为完全民事行为能力、限制民事行为能力和无民事行为能力三种（见图6-1）。

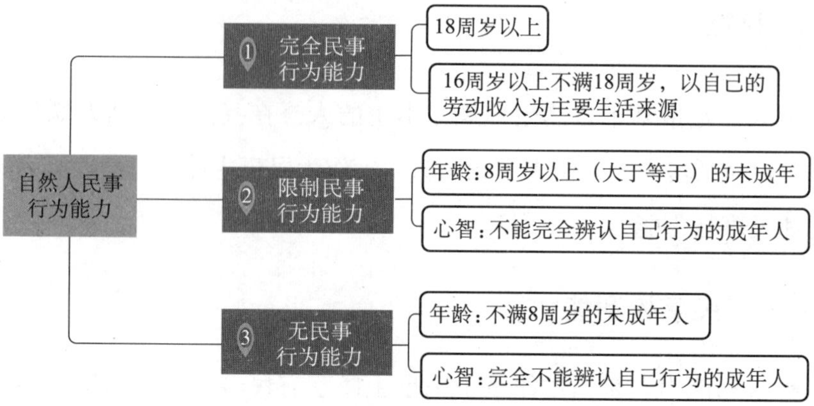

图 6-1　自然人民事行为能力

1. 完全民事行为能力人

完全民事行为能力人，是指可以独立进行民事活动的自然人。18 周岁以上、心智健全的成年人是完全民事行为能力人。另外，16 周岁以上不满 18 周岁的公民，以自己的劳动收入为主要生活来源的，视为完全民事行为能力人。完全民事行为能力人所实施的行为是有效的行为，应对其行为负责，无须他人为其承担责任。

2. 限制民事行为能力人

限制民事行为能力人，是指只有部分民事行为能力的自然人。8 周岁以上的未成年人和不能完全辨认自己行为的成年人是限制民事行为能力人。限制民事行为能力人所实施的与其年龄、智力或精神状态相适应的行为有效，超过其行为能力状况的行为，可能被认定为无效行为或效力待定的行为（由其法定代理人代理或征得法定代理人的同意的有效，否则无效）。

3. 无民事行为能力人

无民事行为能力人，是指不具有以自己的行为独立进行民事活动能力的自然人。不满 8 周岁的未成年人和完全不能辨认自己行为的成年人，是无民事行为能力人，其民事活动由其法定代理人代理，即由其监护人代理。法定代理人即为监护人。被监护人造成他人损害的，由监护人承担民事责任。

但是，无民事行为能力人和限制民事行为能力人接受奖励、赠与、报酬、赔偿费或者进行其他对本人有利而不损害他人权益的行为，应予以保护。

头脑风暴

21 岁的大学生闫亮（化名）发现自家大门外的树上有个鸟窝，便和朋友王凯（化名）架了梯子将鸟窝“掏了”，共抓了 16 只鸟并售卖。结果，这 16 只鸟让两人惹来了牢狱之灾。闫亮和王凯分别因犯非法收购及猎捕珍贵、濒危野生动物罪等，被判刑 10 年半和 10 年。大学生掏鸟窝被判 10 年半，究竟冤不冤？该案例对我们有何启示？

同步思考

12 岁的初中生小明拿着自己的 4 000 元压岁钱到商场买了一个书包和几支笔，看到商场家电柜台的笔记本电脑不错，就买了一台。应如何评判小明行为的法律效力？

法治素养

“双 11”是网购一族的狂欢日，部分大学生为了“任性”血拼，不仅办理了银行信用卡，还注册了各类消费信贷平台账号，有的大学生将每月的生活费几乎都用来还款。一些网贷平台为了吸引大学生，往往拿出一套鼓动性极强的说辞，诸如“我的未来我做主”“梦想并非遥不可及”，一再撩拨着大学生的消费冲动。于是，在一片“享受当下”的狂欢盛宴中，原本正常的购买行为，也变得可疑而令人担忧了。

网贷消费乱象的症结，在于大学生消费心理的不成熟。大学生为了面子盲目消费、攀比消费、赶潮消费，一旦不能按时还贷，放贷人就可能会采取恐吓、殴打、威胁学生甚至其父母的手段进行暴力讨债，对大学生的人身安全和高校的校园秩序造成重大危害。

启示：高校应培育大学生勤俭节约、艰苦朴素的生活理念，弘扬中华民族勤俭节约的优秀传统，使大学生抵制奢侈浪费、虚荣攀比的享乐主义，树立科学、合理的消费观。同时，大学生也要明白，自己已经是成年人了，具有民事权利能力和完全民事行为能力，对自己的行为能做出预判，一旦做出违法行为必然要担责。

思政点滴

习近平总书记在2013年1月22日第十八届中央纪律检查委员会第二次全体会议上强调，要坚持勤俭办一切事业，坚决反对讲排场比阔气，坚决抵制享乐主义和奢靡之风。要大力弘扬中华民族勤俭节约的优秀传统，大力宣传节约光荣、浪费可耻的思想观念，努力使厉行节约、反对浪费在全社会蔚然成风。

二、法人

法人是具有民事权利能力和民事行为能力，依法独立享有民事权利和承担民事义务的社会组织。法人是与自然人相对应的另一类民事主体。法人的本质是国家对一定的社会组织赋予的法律上的人格，即人格化的法律组织。我国法人分为营利法人、非营利法人和特别法人三种（见表6–1）。

表6–1 我国法人的分类

营利法人	非营利法人	特别法人
有限责任公司、股份有限公司、其他企业法人	事业单位法人，如学校、医院	机关法人，如市政府、人民法院、人民检察院等
	社会团体法人，如消协	农村集体经济组织法人、城镇农村的合作经济组织法人，如乡、镇、村、村民小组
	基金会和社会服务机构法人，如壹基金	基层群众性自治组织法人，如居民委员会、村民委员会

法人是社会组织，但并非一切社会组织都是法人。只有具备法定条件，依法取得民事主体资格的社会组织，才是法人。法人应当具备下列条件：依法成立；有必要的财产或者经费；有自己的名称、组织机构和住所；能够独立承担民事责任。

法人与非法人组织的关键区别就在于是否独立承担民事责任。非法人组

头脑风暴

你了解法人吗？法人究竟是人还是组织？你能分清法人与法定代表人吗？法人与自然人有何区别？结合《民法典》的有关规定，解释上述问题。

知识链接

法人和非法人都是独立的民事主体，但两者之间有非常大的区别。法人拥有法人资格和独立财产，能够独立承担责任。非法人不具备法人资格，虽然也有自己的财产，但不能独立承担责任。

织，是指不具备法人资格的社会组织，如个人独资企业、合伙企业以及经济组织的内部机构、分支机构等。这些组织不能独立地承担责任，由其投资者承担无限责任。

学以致用

诞生于1992年的汇源一度是国民果汁和民族品牌的代名词，然而近年来，汇源却不断爆出财务危机，并导致公司被港交所停牌，直至从港交所退市，甚至公司法定代表人也被相关法院列入限制高消费以及失信被执行人名单。此外，企查查显示，汇源被强制执行超15亿元，还一度登上微博热搜。（资料来源：根据《中国新闻周刊》资料整理）

分析：根据《民法典》相关规定，法人是具有民事权利能力和民事行为能力，依法独立享有民事权利和承担民事义务的组织。法人能以其全部财产独立承担民事责任，不溯及其设立人或者股东。股东虽然具有出资义务，且公司的营利或亏损都直接关系股东切身利益，但这并不代表股东的个人财产与公司财产有所牵连，但股东抽逃出资或者有其他违法行为的，要承担连带责任。

三、其他社会组织

其他社会组织，是指依法成立，有一定的组织机构和财产，但又不具备法人资格的组织，如合伙企业、个人独资企业、分公司等。其他社会组织不具有独立承担民事责任的能力，但可以依法从事相应的活动，也有权在营业执照明确的范围内开展经营活动。

四、国家

国家通常是国家主权的代表，是社会管理者。但当国家介入民事法律关系时，国家也可以成为民事主体。例如，在发行国债的场合，国家就是民事债务人，而不再仅仅是国家和社会事务管理者；在国家投资设立企业的场合，国家就是投资所设企业的投资人，与其他投资人同等享有投资者的权利与义务。

协作创新

许某在淘宝网上注册了“南京e衣”ID，开设了“小星星”网店，并绑定了其支付宝账户。“小星星”网店销售包括苏州某化妆品有限公司生产的化妆品。后该化妆品公司向淘宝网投诉“小星星”网店涉嫌销售假货，为此“小星星”网店受到淘宝网的处罚。对此，许某诉至人民法院，请求判令被告在淘宝网上公开赔礼道歉，消除影响，并赔偿经济损失。（资料来源：根据《人民法院报》资料整理）

思考：“小星星”网店是在虚拟网络环境下设立的店铺，未在国家市场监督管理总局企业名称申报系统登记注册，是否具有民事主体资格，能否享有名誉权？

第 7 讲　无权代理签订的合同是否有效？
——代理制度

学前思考

小贾与小甄刚刚结婚，感情如胶似漆。七年后，两人相看两相厌。恰在此时，小贾的初恋白先生回国，二人一诉多年相思之苦，小贾就以急需用钱为由将她和小甄婚后共同出资购买的房产单方决定卖给了白先生。后来，小甄得知实情，虽然生气，但鉴于自己和小贾的婚姻名存实亡，小贾也答应把卖房的钱分给他一半，就配合小甄搬出了家。到办理房产变更登记的时候，登记部门工作人员说《房屋买卖合同》没有提供小甄的授权，属于无权代理订立的合同，效力待定。（资料来源：根据微博资料整理）

思考：《民法典》中的代理制度是我国法律法规中重要的制度之一，它规定了代理中一系列的内容。小贾和白先生签订的《房屋买卖合同》属于无权代理订立的合同，小甄已经配合履行了合同，那么该合同有效吗？

随着网络的飞速发展，现在已经是大数据时代了，网上也出现了不计其数的微商以及代理商。那么《民法典》对代理制度的规定是怎样的呢？要回答案例中的问题，我们首先要学习代理的相关知识。

一、代理的概念、特征和适用范围

（一）代理的概念

代理，是指代理人在代理权限范围内，以被代理人的名义与第三人实施法律行为，由此产生的法律后果直接由被代理人承担的一种法律制度。比如，律师代理诉讼、房主委托他人出租房屋和收取房租等。代理涉及三方当事人：被代理人（本人）、代理人、第三人（相对人）。三方当事人之间的关系如图 7–1 所示。

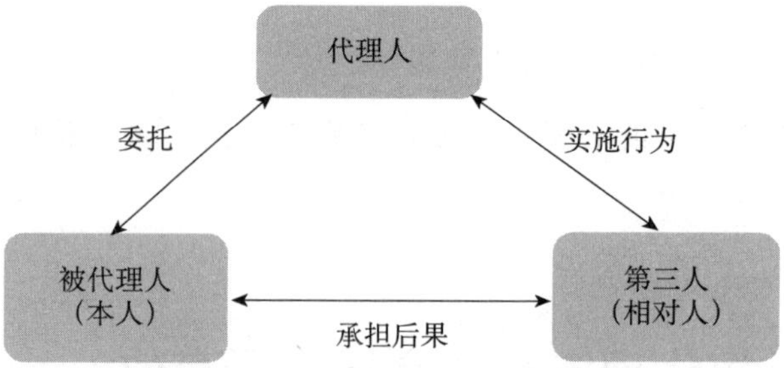

图 7–1　三方当事人之间的关系

法条链接

《民法典》第一百六十一条规定："民事主体可以通过代理人实施民事法律行为。依照法律规定、当事人约定或者民事法律行为的性质，应当由本人亲自实施的民事法律行为，不得代理。"

（二）代理的特征

1. 代理行为是民事法律行为

代理行为以意思表示为核心，能够在被代理人与第三人之间设立、变更、终止民事权利和民事义务。因此，只有代理人直接向第三人作出意思表示，才能实现代理目的。凡不能产生法律后果，只是受人委托而进行的某种具体事务方面的工作，不属于民事法律上的代理，如校译稿件、统计数字、整理资料、代人保管物品等。

法条链接

《民法典》第一百六十七条规定："代理人知道或者应当知道代理事项违法仍然实施代理行为，或者被代理人知道或者应当知道代理人的代理行为违法未作反对表示的，被代理人和代理人应当承担连带责任。"

2. 代理人须以被代理人的名义实施法律行为

因为代理的法律效果并非归属于行为人自身，而是由被代理人承受，所以要求行为实施之时必须以被代理人本人名义。如果是以自己的名义进行民事法律行为的，就不是代理。

3. 代理人在代理权限内独立向第三人进行意思表示

代理人在代理权限内以自己的意思积极地为被代理人的利益进行各项活动。代理的这一特点，使代理人与传达人、居间人的行为区别开来。传达人和居间人只能起到中介作用，无权在当事人之间的民事法律行为中表达自己的意思。

4. 代理人的代理行为所产生的法律后果由被代理人负责

代理行为是在代理人与第三人之间进行的，但却在被代理人与第三人之间设立、变更或终止了某种权利义务关系，因此，其法律后果当然也应由被代理人承担。该法律后果既包括对被代理人有利的法律后果，也包括对被代理人不利的法律后果。这使代理行为与无效代理行为、冒名欺诈等行为区别开来。

法治素养

王某是一名大三学生，暑假期间，他在某快餐店打工时，有顾客向他介绍出租银行卡可轻松赚取几千元。王某心动之下，以本人身份信息办理了 3 张信用卡，出租给他人年利 5 000 元。后来王某出租的信用卡被用于实施电信网络诈骗，其名下信用卡内流水金额达到 170 余万元。人民法院经审理认为，王某明知他人利用信息网络实施犯罪，为他人犯罪提供支付结算帮助，情节严重，构成帮助信息网络犯罪活动罪。鉴于王某具有如实供述、认罪认罚等情节，人民法院判处其有期徒刑 1 年，缓刑 1 年，罚金 1 万元。（资料来源：根据今日头条资料整理）

启示："帮信罪"的大多数犯罪主体为年轻人，此类群体具有较大的经济需求，为了赚取"快钱"，走捷径出售、出租自己的银行卡或电话卡等支付、通讯工具，对卡内的异常大额交易并不在意或置之不理，认为出售、出租"两卡"的行为无关紧要，实则大多情形下已构成"帮信罪"。

将银行卡出租给他人也是一种代理关系，由此产生的法律后果直接由被代理人承担，把银行卡借给别人使用，可能离犯罪只有一步之遥。我们应树立法治思维，增强责任意识，弘扬社会主义法治精神，做社会主义法治的忠实崇尚者、自觉遵守者、坚定捍卫者，使尊法、学法、守法、用法在全社会蔚然成风。

（三）代理的适用范围

代理的事项一般仅限于民事法律行为中的财产行为。有些行为不能适用代理，具体如表 7–1 所示。

表 7–1　不能适用代理的行为

序号	不能适用代理的行为
1	违法行为
2	事实行为，即非表意行为
3	法律行为中的身份行为，如结婚、离婚、遗嘱等
4	依照法律规定、当事人约定或者民事法律行为的性质，应当由本人亲自实施的民事法律行为

二、代理的种类

根据《民法典》的规定，代理分为委托代理和法定代理两种。

知识链接

《中华人民共和国刑法修正案（九）》增设了帮助信息网络犯罪活动罪，简称"帮信罪"，即明知他人利用信息网络实施犯罪，为其犯罪提供互联网接入、服务器托管、网络存储、通讯传输等技术支持，或者提供广告推广、支付结算等帮助，情节严重的行为。根据相关司法解释规定，具有"支付结算金额 20 万元以上""违法所得 1 万元以上"等情形的，属于"帮信罪"规定的"情节严重"，满足上述任一条件均涉嫌犯罪。

思政点滴

《襄阳晚报》报道：出借、出售银行卡给他人使用，已有 80 余名在校大学生被核查。有的大学生贪图眼前利益，将银行卡、电话卡、身份证等出售、出租给他人，授权他人使用。一旦出借或者出售的电话卡和手机卡涉及相关案件，这些学生除了会遭到断卡惩戒的处罚外，案情严重的还将会被追究刑事责任。

法条链接

《民法典》第一百六十五条规定："委托代理授权采用书面形式的，授权委托书应当载明代理人的姓名或者名称、代理事项、权限和期限，并由被代理人签名或者盖章。"

（一）委托代理

委托代理，是指基于被代理人的授权而发生的代理，也称意定代理。被代理人的委托既可以基于授权行为发生，也可以依据合伙关系、职务关系等发生。由于委托代理是基于被代理人授权的意思表示而发生，因此委托代理的被代理人在授权时必须具有相应的民事行为能力。委托代理授权采用书面形式的，授权委托书应当载明代理人的姓名或者名称、代理事项、权限和期限，并由被代理人签名或者盖章。授权委托书授权不明的，被代理人应当对第三人承担民事责任，代理人负连带责任。这是从保护善意相对人的利益出发的。

同步思考

请你结合《民法典》，简述符合哪些情形，法定代理终止。

（二）法定代理

法定代理，是指由于法律的直接规定而产生代理权的代理行为。法定代理人的产生以及有争议时的确定，依照监护的有关规定。未成年人的父母是未成年人的监护人，无民事行为能力人和限制民事行为能力人的监护人是其法定代理人。因此，未成年人的父母根据其监护人身份成为未成年人的法定代理人。

法条链接

《民法典》第一百七十一条规定："行为人没有代理权、超越代理权或者代理权终止后，仍然实施代理行为，未经被代理人追认的，对被代理人不发生效力。"

三、无权代理

（一）无权代理的概念

无权代理，是指没有代理权而以他人名义进行的民事行为。无权代理包括三种情况：一是没有代理权的代理；二是超越代理权的代理；三是代理权终止后而为的代理。

法条链接

《民法典》第一百七十二条规定："行为人没有代理权、超越代理权或者代理权终止后，仍然实施代理行为，相对人有理由相信行为人有代理权的，代理行为有效。"

（二）无权代理行为的效力

《民法典》规定：行为人没有代理权、超越代理权或者代理权终止后，仍然实施代理行为，未经被代理人追认的，对被代理人不发生效力。未经追认的行为，由行为人承担民事责任。本人知道他人以本人名义实施民事行为而不作否认表示的，视为同意。

头脑风暴

乙使用伪造的甲公司合同专用章，与善意的丙公司订立合同的行为，是否构成表见代理？订立的合同是否有效？

四、表见代理

表见代理，是指行为人虽然没有代理权，但善意第三人客观上有充分理由相信行为人具有代理权，而与其进行民事法律行为，该行为的后果由被代理人承担。

协作创新

刘某和王某是夫妻，夫妻之间代替对方办理事务时有发生。一次，刘某以王某的名义并作为共有人与张某、某房产公司签订了《房地产买卖合同》。合同载明：将王某名下的一套房屋以 104.8 万元的价格转让给张某，双方明确了违约责任。在合同落款处，刘某代王某签字确认并标有“刘某代签”字样。同时，刘某还在房屋共有人处签字确认。本以为能顺利买到房屋的张某交付了 1 万元定金。

然而在一个月后，王某却反悔了。他以所售房屋系其单独所有为由，拒绝出售涉案房屋并出具一份证明，便终止了与张某签订的《房地产买卖合同》。眼看着买到手的房屋，却被房主终止了合同，张某心有不甘，便将当初和自己签订合同的刘某起诉至法院。

夫妻俩过日子，日常家庭生活琐事时有发生，如果任何家庭事务都须双方共同做出或取得对方的授权委托，那么处理小事就会变成不必要的麻烦事。如何解决这一问题？已经施行的《民法典》增设了夫妻日常家事代理权。（资料来源：根据南海网–海南新闻网资料整理）

思考：如何理解夫妻日常家事代理权？案例中刘某以王某名义进行不动产交易属于夫妻日常家事代理权的范畴吗？夫妻之间如果遇到日常家事代理权以外的事该怎么做？

模块二　弘扬法治精神　护航美好生活

——民法典合同编与物权编

学习导入

党的二十届三中全会审议通过的《中共中央关于进一步全面深化改革　推进中国式现代化的决定》提出："高水平社会主义市场经济体制是中国式现代化的重要保障。必须更好发挥市场机制作用，创造更加公平、更有活力的市场环境""完善产权制度，依法平等长久保护各种所有制经济产权"。市场主体信守合同，方能促进市场繁荣，优化营商环境。党的二十大报告指出："规范财富积累机制，保护合法收入""坚持多劳多得，鼓励勤劳致富，促进机会公平"等。市场经济的核心是各种资产与权利的交易，而要使交易得以展开并能够顺利完成，明确参与者交易物的权利归属，是首要条件。只有经济主体的财富创造成果得到保护，创造财富的积极性有了保障，才能更好满足人民日益增长的美好生活需要。

《民法典》贯彻全面深化改革的精神，坚持维护契约、平等、公平精神，紧跟时代步伐，回应了人民群众对实现美好生活的法治需要。例如，限制霸座、禁止高利放贷、小区停车位归属、如何防范一房二卖等内容，在《民法典》中均有体现。《民法典》为进一步保障交易公平有序，维护社会经济秩序，增强市场经济发展的动力，实现"两个一百年"奋斗目标和中华民族伟大复兴的中国梦，提供了有力的法治保障。

学习目标

【知识目标】

1. 了解《民法典》合同编与物权编的基本原则和基本理论
2. 掌握合同成立、生效的条件
3. 掌握合同的变更、转让和终止
4. 掌握所有权的归属和取得规则

5. 熟悉合同履行中的抗辩权
6. 熟悉违约的形态及承担违约责任的方式
7. 熟悉用益物权的取得和使用

【技能目标】

1. 能够按照合同成立的条件订立常用合同
2. 能够判断合同的效力，正确履行合同
3. 能够准确判断所有权的归属
4. 能够准确说出各种物权的取得及使用
5. 能够依法运用相关法律知识保护自己的合法权利

【素养目标】

1. 培育契约精神，增强诚信守约的法律意识
2. 培养自觉维护社会公共利益的责任感
3. 培养依法维权意识，促进和谐社会建设
4. 弘扬拾金不昧的中华优秀传统文化
5. 弘扬法治精神，坚持中国特色社会主义法治道路
6. 践行社会主义核心价值观

专题四　树立诚信意识　弘扬契约精神
——民法典合同编

第8讲　首次融入的“绿色原则”在合同中如何体现?
——认识合同

学前思考

党的二十大报告指出，“到二〇三五年，我国发展的总体目标是：经济实力、科技实力、综合国力大幅跃升，人均国内生产总值迈上新的大台阶，达到中等发达国家水平……广泛形成绿色生产生活方式，碳排放达峰后稳中有降，生态环境根本好转，美丽中国目标基本实现”。党的二十届三中全会审议通过的《中共中央关于进一步全面深化改革　推进中国式现代化的决定》强调：“聚焦建设美丽中国，加快经济社会发展全面绿色转型，健全生态环境治理体系，推进生态优先、节约集约、绿色低碳发展，促进人与自然和谐共生。”绿色发展理念是促进我国经济产业转型升级、实现社会经济高质量发展的必然要求，也是建设美丽中国和实现中华民族伟大复兴的中国梦的必然选择。

随着社会经济的快速发展，环境问题已成为影响国家经济社会持续发展的重大问题之一，合同法也随之面临着新的挑战与机遇。因此，《民法典》首次将“绿色原则”确立为民法基本原则，还细化完成多个分布于物权、合同、侵权责任等分编的绿色条款，由此系统构筑了贯彻生态文明理念的绿色民事规则体系，为美丽中国建设保驾护航。

思考：“绿色原则”在《民法典》中占据重要地位，那么“绿色原则”在《民法典》合同编中如何体现?

思政点滴

绿色发展理念要求经济建设站在人与自然和谐共生的高度谋划发展，同步推进生态环境保护和社会经济高质量发展，树立“绿水青山就是金山银山”的理念，走出一条节约优先、保护优先、生态良好的绿色发展道路。

思政点滴

党的第十八届中央委员会第四次全体会议通过的《中共中央关于全面推进依法治国若干重大问题的决定》强调：“社会主义市场经济本质上是法治经济。使市场在资源配置中起决定性作用和更好发挥政府作用，必须以保护产权、维护契约、统一市场、平等交换、公平竞争、有效监管为基本导向”，并要求全社会“强化规则意识，倡导契约精神”。

《民法典》合同编“绿色原则”的确定及适用，不仅有利于加强个人树立环保意识，使其付诸行动，积极参与环境保护和环境公益活动，而且对我国经济社会的发展、解决日益严重的资源短缺和环境污染等问题具有重要的里程碑意义。

一、合同的概念

合同是民事主体之间设立、变更、终止民事法律关系的协议。合同具有以下四个特征。

（一）合同是平等主体之间的协议

合同关系是《民法典》中具有典型意义的平等关系，合同关系的当事人地位一律平等，没有高低、从属之分，当事人之间不属于行政管理关系、劳动隶属关系。

（二）合同是两方或多方当事人意思表示一致的民事法律行为

合同的成立必须有两方或多方当事人，他们意思表示一致。这是合同区别于单方法律行为的主要标志。自愿协商是订立合同的前提，只有当事人之间达成一致、取得共识，合同才具有法律约束力。

微课

《民法典》合同编适用范围有哪些？

（三）合同具有相对性

合同是发生在当事人之间的一种法律关系，只能对合同当事人产生约束力，对合同外第三人不产生效力。除法律、合同另有规定以外，只有合同当事人才能享有合同规定的权利，并承担该合同规定的义务，当事人以外的任何第三人不能主张合同上的权利，更不承担合同中规定的义务。只有合同当事人一方能够向合同的另一方当事人基于合同提出请求或提起诉讼。

同步思考

哪些协议不属于《民法典》合同编调整范围？举例说明。

（四）合同以设立、变更、终止民事权利义务关系为目的

当事人订立合同旨在形成某种法律关系，从而具体地享受民事权利、承担民事义务。当事人也可以通过订立合同使原有的合同关系在内容上发生变化甚至消灭原合同关系。

二、合同的分类

基于不同的标准，我们可以将合同划分成不同的类型。

（一）有名合同与无名合同

根据在法律上有无名称，合同可分为有名合同与无名合同。

有名合同，又称典型合同，是指法律上已经确定了一定的名称及规则的合同，如我国《民法典》所规定的19类合同都属于有名合同。

无名合同，又称非典型合同，是指法律上没有赋予一定名称的合同，如旅游合同。

同步思考

《民法典》规定了哪些合同为有名合同？

（二）单务合同与双务合同

根据是一方当事人负有义务还是双方互负义务，合同可分为单务合同与双务合同。

只有一方当事人负有义务的合同是单务合同，如赠与、借用合同。

当事人双方互负对待给付义务的合同是双务合同，如买卖、租赁、运输合同。

同步思考

单务合同是无偿合同吗？

（三）有偿合同与无偿合同

根据双方当事人是否因给付而获得利益，合同可分为有偿合同与无偿合同。

有偿合同，是指双方当事人都因向对方给付而获得相应利益的合同。

无偿合同，是指一方给付某种利益，对方取得该利益时并不支付任何报酬的合同，如赠与合同。

（四）诺成合同与实践合同

根据合同的生效是否以标的物的交付为要件，合同可分为诺成合同与实践合同。

诺成合同，又称不要物合同，是指当事人一方的意思表示一旦经对方同意即能产生法律效力的合同，即“一诺即成”的合同，如买卖、承揽、租赁合同。

实践合同，又称要物合同，是指除当事人双方意思表示一致以外尚须交付标的物才能成立的合同，如保管合同。

（五）要式合同与不要式合同

根据合同的成立是否需要履行特定的形式和手续，合同可分为要式合同与不要式合同。

要式合同，是指法律规定必须具备一定的形式和手续的合同，如融资租赁合同、建设工程合同应采用书面形式。

不要式合同，是指法律规定不需要具备一定的形式和手续的合同。合同除法律有特别规定以外，均为不要式合同。

（六）主合同与从合同

根据能否独立存在，合同可分为主合同与从合同。

能够独立存在的合同是主合同；依附于主合同才能存在的合同是从合同。主合同、从合同是相对而言的，没有主合同就没有从合同，反之亦然。

此外，根据其他不同的标准，合同还可分为书面合同、口头合同与其他形式合同，附条件合同与不附条件合同等。

头脑风暴

在合同领域里，当事人除了要遵守主合同规定的义务外，还需要遵守从合同规定的义务。但是在生活中，很多人都不能完全明晰主合同与从合同之间的联系。那么，主合同与从合同有何区别？

微课

《民法典》知多少

法治素养

我国《民法典》合同编的编纂以现行法及其司法解释、司法实践和交易经验为基础，参酌法理、比较法规则和国际惯例，对原《合同法》做了大幅度实质改动，可谓原《合同法》的“再体系化”和“再法典化”。从条文数量来看，合同编共526条。与原《合同法》相比，合同编增加了136条，删除了37条，修改了153条。《民法典》合同编在原《合同法》的基础上，进行了全方位的升级，贯彻全面深化改革的精神，坚持维护契约、平等、公平精神，完善合同制度，紧跟时代步伐，积极回应社会关切，亮点纷呈。《民法典》的基本原则有：平等原则、自愿原则（意思自治原则）、公平原则、诚信原则、遵守法律和公序良俗原则、绿色原则。社会主义核心价值观的基本内容被概括为12个关键词，《民法典》条文中直接出现了其中的6个，即民主、文明、自由、平等、公正、诚信。这也是合同法律制度的基本要求。

启示：培育和践行社会主义核心价值观，将社会主义核心价值观要求全面体现到中国特色社会主义法治体系中，彰显中国特色社会主义法律制度成果和制度自信。

三、合同法律制度的基本原则

《民法典》将原《合同法》总则中的基本原则并入《民法典》总则部分，具体包括以下原则。

（一）平等原则

平等原则，是指订立合同的当事人，其法律地位一律平等，受到法律平等的保护，任何一方不得强加意志于对方。这一原则包括三方面内容：一是合同当事人的主体地位平等；二是合同当事人必须就合同条款充分协商，取得一致，合同才能成立；三是合同权利平等地受法律保护。

（二）意思自治原则

意思自治原则来源于《民法典》的自愿原则，是指当事人有权根据自己的意愿，自主地订立合同、选择相对人、决定合同内容以及变更或者解除合同。

（三）公平原则

公平正义是中国特色社会主义的内在要求。社会主义市场经济当然要体现公平原则。当事人应当遵循公平原则，确定各方的权利和义务。合同的公平原则要求合同双方当事人之间的权利义务基本平衡。

（四）诚信原则

诚信是社会主义核心价值观的重要组成部分。当事人行使权利、履行义务时应当遵循诚信原则。诚信原则是合同法律制度的最高原则。它要求当事人在从事民事活动时，恪守承诺，不得滥用权利。

（五）遵守法律和公序良俗原则

当事人订立、履行合同，应当遵守法律、行政法规，尊重社会公德，不得扰乱社会经济秩序，不得损害社会公共利益。

（六）绿色原则

合同的签订应当有利于节约资源、保护生态环境。当事人在履行合同过

思政点滴

2014 年 5 月 4 日，习近平总书记在北京大学师生座谈会上的讲话中提道：“中华文化强调‘言必信，行必果’‘人而无信，不知其可也’等……”像这样的思想和理念，不论过去还是现在，都有其鲜明的民族特色，都有其永不褪色的时代价值。

知识链接

《民法典》在总则编将“绿色原则”确立为基本原则，第九条规定：“民事主体从事民事活动，应当有利于节约资源、保护生态环境。”在第五百零九条第三款增加了绿色履行条款：“当事人在履行合同过程中，应当避免浪费资源、污染环境和破坏生态。”

同步思考

结合所学专业，你认为应如何践行绿色原则？

程中，应当避免浪费资源、污染环境和破坏生态。

协作创新

甲公司与乙公司签署了《战略合作框架协议书》，约定由乙公司为甲公司提供P盘服务。据介绍，“P盘”是Proof of Capacity的简称，中文直译就是容量证明，利用CPU或者显卡，通过独特的算法将硬盘写满哈希数据，这个过程就叫P盘。而“挖矿”就是在P盘完成后将硬盘上的哈希数据扫盘提交到主网验证，从而达到挖取虚拟货币的最终目的。该案服务过程中，甲公司以乙公司未按时足额完成P盘服务为由提起诉讼，要求退还已支付的服务费和保证金合计29.5万元。乙公司则认为其已经按照约定提供了P盘服务，以甲公司拒付剩余服务费为由提起反诉，要求支付剩余服务费和违约金。（资料来源：根据中国新闻网资料整理）

思考：甲公司与乙公司签署的《战略合作框架协议书》是否有效？为什么？

第9讲　微信合同能否成为“呈堂证供”？
——合同的订立

学前思考

岳某的工厂因缺少物资无法开工，后经朋友介绍，岳某与从事医疗物资采买的张某取得联系，张某又介绍从事医疗物资贸易的代某与岳某联系，三人通过微信进行沟通，后岳某支付160余万元，但各方就履行情况发生争议，经协商无果诉至法院。原告岳某诉称其与张某、代某间系买卖合同关系，对方未能依约交付货物，现要求退还货款并赔偿损失。张某称其仅系居中介绍，并非合同相对方。代某称其与张某存在货物买卖关系，与岳某不存在货物买卖关系。三方均提交了大量的微信聊天记录，其中张某与代某和岳某间的微信聊天记录多为转述对方意见和解释专业术语的内容，岳某与代某间的微信聊天记录则涉及买卖医用手套的型号、数量、价格、款项支付等内容，并达成一致意见。（资料来源：根据光明网资料整理）

思考：有微信聊天记录，能否认定双方订立了买卖合同？

知识链接

在日常生活中，一旦有金钱往来，第一要明确对方身份；第二要明确用途，可注明转账用途；第三要保留原始记录，仅有截屏会无法证明真实性，转账记录、重要对话等不要随意删除。此外，辅助电话录音、短信催款、借条等证据，是相互补充印证的证据链条。

随着互联网的发展，网络即时通讯工具已经成为我们工作、生活中不可缺少的一部分。微信作为我们常用的通讯工具，通过其订立的合同能算数吗？要回答这个问题，我们首先要学习合同订立的相关知识。

合同订立，是指合同双方在平等、自愿的基础上，就合同的主要条款达成一致的过程。

法条链接

《民法典》第四百六十九条规定："当事人订立合同，可以采用书面形式、口头形式或者其他形式。书面形式是合同书、信件、电报、电传、传真等可以有形地表现所载内容的形式。以电子数据交换、电子邮件等方式能够有形地表现所载内容，并可以随时调取查用的数据电文，视为书面形式。"

一、合同订立的形式

当事人订立合同，可以采用书面形式、口头形式或者其他形式。法律、行政法规规定采用书面形式的，应当采用书面形式。当事人约定采用书面形式的，应当采用书面形式。

法治素养

口头形式的合同广泛应用于社会生活的各个领域，与人们的衣食住行密切相关，如在自由市场买菜、在商店买衣服等。口头约定一旦诉至法院，主张方要提供当时发生合同约定行为的证据。这类案件由于证人证言的随意性很大，很难予以采信，这时就需要主张方提供当时履行合同时的间接证据。双方履行口头合同时，往来的传真、电子邮件、票据、电话录音、聊天记录等，只要有证据表明口头合同的成立，双方均应严格履行，不履行或不完全履行口头合同，同样要承担违约责任、赔偿责任。实践中，建议当事人谨慎订立口头合同。

启示：民事主体从事民事活动，应当遵循诚信原则，秉持诚实，恪守承诺，培养学生诚实守信、公平正义的价值观。

二、合同订立的程序

合同订立就是缔约人达成意思表示一致进而成立合同，由"订"和"立"两个阶段组成，是动态行为与静态协议的统一体。"订"是缔约各方从接触、洽商到最终达成协议前的整个讨价还价过程，涉及要约邀请、要约、新要约等环节，对应先合同义务及缔约过失责任；"立"是缔约的结果，指当事人作出承诺使合同成立，即当事人各方就合同的主要条款和各方的权利义务达成一致协议。

法条链接

《民法典》第四百七十一条规定："当事人订立合同，可以采取要约、承诺方式或者其他方式。"

（一）要约

1. 要约的概念

要约是希望和他人订立合同的意思表示，是一方当事人向对方提出签订合同的建议和要求。发出要约的人称为要约人，接受要约的人则称为受要约人、承诺人或相对人。要约在不同情况下还可以称为发盘、出盘、发价或报价等。一般认为，要约要取得法律效力，应具备一定的条件（见表 9–1）。

法条链接

《民法典》第四百七十二条规定："要约是希望与他人订立合同的意思表示，该意思表示应当符合下列条件：（一）内容具体确定；（二）表明经受要约人承诺，要约人即受该意思表示约束。"

法条链接

《民法典》第四百七十三条规定："要约邀请是希望他人向自己发出要约的表示。拍卖公告、招标公告、招股说明书、债券募集办法、基金招募说明书、商业广告和宣传、寄送的价目表等为要约邀请。商业广告和宣传的内容符合要约条件的，构成要约。"

表 9–1　要约要取得法律效力应具备的条件

序号	条件
1	要约必须是以订立合同为目的的意思表示
2	要约是有订约能力的特定人所作的意思表示
3	要约必须向受要约人发出
4	要约的内容要明确、具体确定，此处的"具体"包括合同的主要条款（当事人姓名或者名称、标的、数量等）要具体
备注	一个有效的要约必须同时具备上述条件，缺一不可。

在合同实务中，应该注意要约与要约邀请的区别。要约邀请，是指希望他人向自己发出要约的意思表示。要约邀请是当事人订立合同的预备行为，不是订立合同的必经程序，因而不具有法律意义，即对行为人不具有法律约束力。要约和要约邀请的区别如表 9–2 所示。

表 9–2　要约和要约邀请的区别

概念	含义	内容	约束力	对象
要约	希望和他人订立合同的意思表示	要明确、具体、确定	表明经受要约人承诺，要约人即受该要约约束	一般向特定的相对人发出
要约邀请	希望对方主动向自己提出订立合同的意思表示	无须明确、具体、确定	不受所发邀请的约束	一般向不特定的多数人发出

2. 要约的生效

要约到达受要约人时生效。《民法典》采取到达主义，即要约到达受要约人能够控制的地方时开始生效。要约作为一种意思表示，可以以对话、信函、电报、电传、传真、数据电文等形式作出。要约的送达方式不同，其到达时间的确定也不同，具体如表 9–3 所示。

知识链接

要约是当事人旨在订立合同的意思表示，一经受要约人承诺，要约人即受该意思表示约束。所以，要约在发生法律效力以后，对要约人产生一定的约束力。如果要约人违反了有效的要约，应承担法律责任。

表 9–3　要约到达时间的确定

要约的送达方式	要约到达时间的确定
以对话方式作出的意思表示	相对人知道其内容时生效
以非对话方式作出的意思表示	到达相对人时生效
采用数据电文形式的意思表示	相对人指定特定系统接收数据电文的，该数据电文进入该特定系统时生效；未指定特定系统的，相对人知道或者应当知道该数据电文进入其系统时生效。当事人对采用数据电文形式的意思表示的生效时间另有约定的，按照其约定

法条链接

《民法典》第四百八十二条规定："要约以信件或者电报作出的，承诺期限自信件载明的日期或者电报交发之日开始计算。信件未载明日期的，自投寄该信件的邮戳日期开始计算。要约以电话、传真、电子邮件等快速通讯方式作出的，承诺期限自要约到达受要约人时开始计算。"

3. 要约的撤回与撤销

要约的撤回，是指要约人在发出要约以后，于要约生效前，宣告取消要约，使要约不发生法律效力。要约的撤回通知必须在要约到达受要约人之前或者与要约同时到达受要约人，因此在撤回时要约并没有生效，撤回要约也不会影响受要约人的利益。

要约的撤销，是指要约生效后受要约人承诺前，要约人将该要约取消，从而消灭要约效力的意思表示。撤销要约必须满足两个条件：作出撤销要约的意思表示；以对话方式作出撤销通知的，须于受要约人作出承诺之前为受要约人所知，以非对话方式作出撤销通知的，须于受要约人作出承诺之前到达受要约人。如要约人确定了承诺期限或者以其他形式明示要约不可撤销，或者受要约人有理由认为要约是不可撤销的，并已经为履行合同做了合理准备工作，则要约不可撤销。

法条链接

《民法典》第一百四十一条规定："行为人可以撤回意思表示。撤回意思表示的通知应当在意思表示到达相对人前或者与意思表示同时到达相对人。"

4. 要约的失效

要约失效，是指要约丧失法律效力，即不再对要约人和受要约人产生拘束。要约失效的情形如表 9–4 所示。

表 9–4　要约失效的情形

序号	失效的情形
1	要约被拒绝
2	要约被依法撤销
3	承诺期限届满，受要约人未作出承诺
4	受要约人对要约的内容作出实质性变更

知识链接

受要约人对要约的内容作出实质性变更的，不构成承诺，而视为对原要约的拒绝并作出的一项新要约，或称为反要约。有关合同标的、数量、质量、价款或者报酬、履行期限、履行地点和方式、违约责任和解决争议方法等内容的变更，是对要约内容的实质性变更。承诺对要约的内容作出非实质性变更的，除要约人及时表示反对或者要约表明承诺不得对要约的内容作出任何变更外，该承诺有效，合同的内容以承诺的内容为准。

（二）承诺

1. 承诺的概念

承诺，是指受要约人同意要约的意思表示。承诺的法律效力在于一经承诺并到达要约人，合同即告成立。承诺只有具备以下条件，才能产生法律效力。

（1）承诺必须由受要约人向要约人作出。要约和承诺是相对性行为，只有受要约人或其代理人才有权作出承诺，否则视为发出要约。同时，承诺作为对要约的回复，必须向要约人及其代理人作出才能达到订立合同的目的。

（2）承诺应在要约有效期内作出。承诺应当在要约确定的期限内到达要约人。要约没有确定承诺期限的，如果要约以对话方式作出，受要约人应当即时作出承诺；如果要约以非对话方式作出，承诺应当在合理的期限内作出并到达要约人。

（3）承诺的内容应当与要约的内容一致。承诺是对要约的同意，其内容应与要约的内容一致，才构成意思表示的一致即合意，从而使合同成立。内容一致，意味着承诺不得限制、扩张或者变更要约的内容。

同步思考

受要约人超过承诺期限发出承诺，或者在承诺期限内发出承诺，按照通常情形不能及时到达要约人的，承诺是否有效？

法条链接

《民法典》第七条规定："民事主体从事民事活动，应当遵循诚信原则，秉持诚实，恪守承诺。"

法治素养

当代作家朱秀海的长篇小说《乔家大院》讲述的是晋商代表人物乔致庸一生的传奇故事，作品通过描述乔致庸一生创业经商的过程，为我们展示了晋商的创业史，字里行间更是闪耀着诚信、礼义、豁达、忧国爱民的晋商精神。

当乔致庸发现包头复字号旗下的个别店铺出现了以次充好的胡麻油时，果断决定将这批胡麻油以每斤一文的价钱卖给人做灯油，并公告近期凡到该店买过胡麻油的客人，可以去店里全额退银子，同时还低价卖给他们不掺假的胡麻油，以示赔罪，一举挽回了复字号的声誉。

启示：中华民族历来推崇契约精神，重契约，讲信用，把信誉看得比生命还重要。如今，中国特色社会主义进入新时代，我们要建立中国特色社会主义市场经济，就必须遵守契约，信守契约精神，这是最基本的商业精神、商业伦理。

思政点滴

诚实守信是中华民族的传统美德，诚信原则是我国民法中的"帝王条款"，当事人行使权利、履行义务都应当遵循诚信原则，秉持诚实，恪守承诺。

2. 承诺的生效

承诺通知到达要约人时生效。所谓到达，是指承诺通知到达要约人支配的范围内，如要约人的信箱、营业场所等，至于要约人是否实际阅读和了解了承诺通知则不影响承诺的效力。承诺不需要通知，而是根据交易习惯或者要约的要求作出承诺的行为时生效。采用数据电文形式订立合同的，承诺到达的时间适用《民法典》关于要约到达受要约人时间的规定。

知识链接

我们计划购买或出售某种商品，计划提供或者接受某种服务，在和别人用微信或者QQ聊天的过程中，不知不觉就可能已经订立合同了。聊天的过程或许也是订立合同的过程，如果符合要约和承诺的构成要件，则合同成立。

3. 承诺的撤回

承诺的撤回，是指受要约人在发出承诺通知以后，在承诺正式生效之前撤回其承诺。撤回承诺的通知应当先于承诺通知或者与承诺通知同时到达要约人，才具有撤回效力。若承诺通知已经到达要约人，则承诺生效，合同即告成立，受要约人便不能再撤回承诺。

三、合同成立的时间与地点

（一）合同成立的时间

合同谈判成立的过程，就是要约、新要约、更新的要约直到承诺的过程。合同成立的时间是由承诺实际生效的时间所决定的。一般来说，承诺生效时合同即告成立，但具体时间依不同情况而定。

1. 签名、盖章或者按指印

当事人采用合同书形式订立合同的，自当事人均签名、盖章或者按指印时合同成立。在签名、盖章或者按指印之前，当事人一方已经履行主要义务，对方接受时，该合同成立。法律、行政法规规定或者当事人约定合同应当采用书面形式订立，当事人未采用书面形式但是一方已经履行主要义务，对方接受时，该合同成立。

2. 签订确认书

当事人采用信件、数据电文等形式订立合同的，可以在合同成立之前要求签订确认书，签订确认书时合同成立。

3. 特殊形式

当事人一方通过互联网等信息网络发布的商品或者服务信息符合要约条件的，对方选择该商品或者服务并提交订单成功时合同成立，但是当事人另有约定的除外。当事人采用对话形式订立合同的，自要约人知晓承诺内容时，合同成立。

（二）合同成立的地点

合同成立的地点关系到合同的管辖权，直接影响当事人的权利义务。一般来说，承诺生效的地点为合同的成立地点，但在特殊情况下，合同可以有不同的成立地点。

（1）采用数据电文形式订立合同的，收件人的主营业地为合同成立的地点；没有主营业地的，其住所地为合同成立的地点。

（2）当事人采用合同书形式订立合同的，双方当事人最后签名、盖章或者按指印的地点为合同成立的地点。

（3）当事人另有约定的，按照其约定。

四、合同条款

（一）提示条款

合同的内容由当事人约定，一般包括下列条款：当事人的姓名或者名称和住所；标的，即合同双方当事人权利义务所共同指向的对象；数量；质量；价款或者报酬；履行期限、地点和方式；违约责任；解决争议的方法。当事人可以参照各类合同的示范文本自行协商选择其中部分或全部条款，订立合同。

（二）格式条款

格式条款是当事人为了重复使用而预先拟定，并在订立合同时未与对方协商的条款。

保险条款、商品房买卖合同、手机入网协议等均属于格式合同。格式合同方便、快捷，但因未与对方协商，提供格式条款的一方容易利用自己的优势地位损害另一方的权益，所以《民法典》对格式条款加以一定的规制。

1. 提示说明义务

提供格式条款的一方应当遵循公平原则确定当事人之间的权利和义务，并采取合理的方式提示对方注意免除或者减轻其责任等与对方有重大利害关系的条款，按照对方的要求，对该条款予以说明。提供格式条款的一方未履行提示或者说明义务，致使对方没有注意或者理解与其有重大利害关系的条款的，对方可以主张该条款不成为合同的内容。

2. 格式条款无效的情形

《民法典》合同编规定了格式条款无效的情形，具体如表 9–5 所示。

表 9–5　格式条款无效的情形

序号	无效的情形
1	属于无效民事法律行为的
2	造成对方人身损害的
3	因故意或者重大过失造成对方财产损失的
4	提供格式条款一方不合理地免除或者减轻其责任、加重对方责任、限制对方主要权利
5	提供格式条款一方排除对方主要权利

微课

拒绝被“套路”，向“霸王条款”说“不”

知识链接

现实生活中，诸如“此卡售出，概不退换”“本店商品售出一概不予退换”“打折商品不退不换”“奖品、赠品一律不实行三包”“请保管好自己的物品，谨防被盗，丢失本店概不负责”“在场地使用过程中，如有人身伤害，本公司不负责任”等格式条款均是无效的。对于经营者利用合同格式条款免除自身责任、加重消费者责任、排除消费者权利的行为，消费者有权向市场监督管理部门投诉举报。

五、缔约过失责任

（一）缔约过失责任的含义

缔约过失责任，又称缔约过错责任，是指当事人在订立合同过程中，因故意或者过失致使合同未成立、未生效、被撤销或无效，给他人造成损失而应承担的损害赔偿责任。当事人在订立合同过程中有规定情形之一的，给对方造成损失的，应当承担赔偿责任（见表 9–6）。

表 9–6 法律规定缔约过失责任的情形

序号	缔约过失责任情形
1	假借订立合同，恶意进行磋商
2	故意隐瞒与订立合同有关的重要事实或者提供虚假情况
3	当事人泄露或者不正当地使用在订立合同过程中知悉的商业秘密
4	有其他违背诚信原则的行为

（二）缔约过失责任与违约责任的区别

（1）两种责任产生的时间不同。缔约过失责任发生在合同成立之前；而违约责任产生于合同生效之后。

（2）适用的范围不同。缔约过失责任适用于合同未成立、合同未生效、合同无效等情况；违约责任适用于生效合同。

（3）赔偿范围不同。缔约过失赔偿的是信赖利益的损失；而违约责任赔偿的是可期待利益的损失。可期待利益的损失要大于或者等于信赖利益的损失。

协作创新

刘某提前两周以 600 元订购了海鸥航空公司全价 1 000 元的六折机票。后因临时改变行程，刘某于航班起飞前一小时前往售票处办理退票手续。海鸥航空公司工作人员告知刘某，公司规定起飞前两小时内退票按机票价格收取 30% 的手续费。

思考：海鸥航空公司关于“起飞前两小时内退票按机票价格收取 30% 的手续费”的规定的性质是什么？该规定是否有效？若有效，刘某应当支付 180 元的退票手续费，还是 300 元的退票手续费？

知识链接

消费者到商场购物或到饭店就餐时因地面湿滑摔伤，虽然尚未消费，但是商家应承担缔约过失责任。以“缔约”为名义进行恶意磋商而实际上是为了排挤竞争对手，或为了刺探对方的商业秘密；未将影响合同成立的重要因素告知对方而导致已成立的合同被撤销等，均可以要求对方承担缔约过失责任。

微课

合同签订又悔约，深入了解缔约过失责任的法定类型

头脑风暴

所谓“金九银十”，9 月、10 月是招聘的旺季。很多劳动者利用这一时间段求职面试，过五关斩六将终于拿到录用通知。谁知天有不测风云，新用人单位突然通知无法与劳动者建立劳动关系，让劳动者另谋高就，双方产生争议。录而不用，用人单位是否应承担缔约过失责任？缔约过失责任的构成要件有哪些？

第 10 讲　协议“假结婚”落户，有法律效力吗？
——合同的效力

学前思考

赵某委托钱某办理自己及子女户口进京事宜，双方签订的《委托协议书》约定：赵某支付 48 万元，钱某承诺在三年内为其办理北京户口；如因国家政策调整造成不可抗拒因素，钱某不承担责任，不退还赵某先前所付款项。协议签订后，赵某支付了 24 万元，并在钱某的安排下，与持有北京农业户口女子孙某登记结婚。后受户籍管理政策影响，赵某落户愿望落空，于是他诉至法院，要求钱某退款。

思考：协议“假结婚”落户，这种合同有法律效力吗？

依据相关法律常识我们知道，当我们与他人达成相关协议时通常是通过签订合同来确保双方的合法权益的。从合同的成立到合同的生效是一个过程。然而，合同成立和合同生效是两个不同的概念。

头脑风暴

每一个大学生到了毕业季时都不可避免地面对实习和就业的问题。大学生实习时与用人单位签订的“三方实习协议书”是否具有法律效力？

合同的效力，是指合同的法律约束力，即当事人之间的权利义务关系以及法律后果。合同在效力上可分为有效合同、无效合同、可撤销合同和效力待定合同四种（见图 10–1）。合同是否具有法律效力，主要看其是否符合法律规定。

同步思考

合同成立等同于合同生效吗？为什么？

微课

合同效力的表现类型

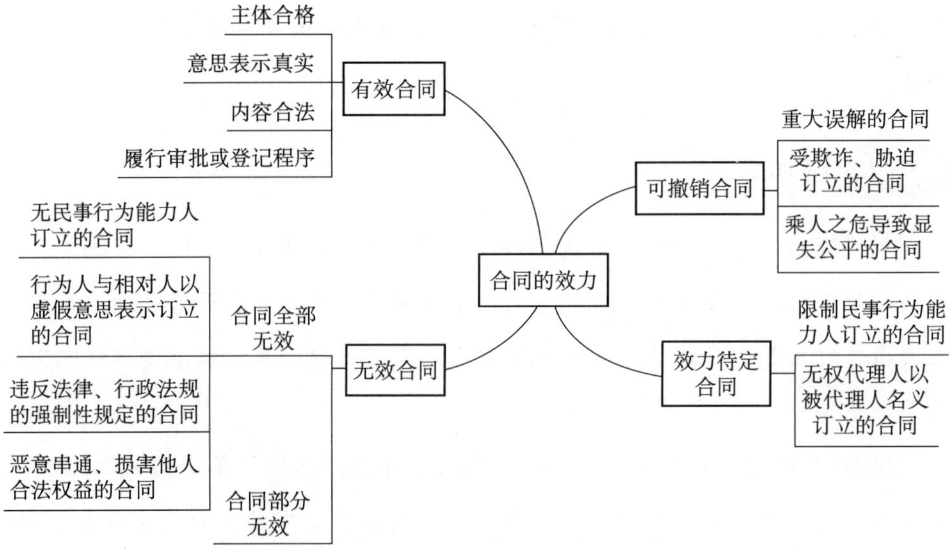

图 10–1　合同的效力

一、合同生效

（一）合同生效的概念

合同生效，是指已经成立的合同在当事人之间产生了一定的法律约束力，即法律效力。

依法成立的合同，对当事人具有法律约束力。当事人应当按照约定履行自己的义务，不得擅自变更或者解除合同。

（二）合同的生效要件

合同的生效要件是判断合同是否具有法律效力的标准。合同的生效要件如表 10–1 所示。

法条链接

《民法典》第一百四十三条规定："具备下列条件的民事法律行为有效：（一）行为人具有相应的民事行为能力；（二）意思表示真实；（三）不违反法律、行政法规的强制性规定，不违背公序良俗。"

表 10–1　合同的生效要件

序号	合同的生效要件
1	主体合格，即当事人具有相应的民事权利能力和民事行为能力，能够独立订立合同并独立承担合同义务
2	当事人意思表示真实，表意人的表示行为应当真实地反映其内心的效果意思
3	内容合法，即不违反法律和公序良俗

（三）合同的生效时间

合同的生效时间如表 10–2 所示。

表 10–2　合同的生效时间

合同生效	含义
成立即生效	依法成立的合同，自成立时生效。依照法律、行政法规的规定，合同应当办理批准等手续的，依照其规定
附条件生效	当事人对合同的效力可以约定附条件。附生效条件的合同，自条件成就时生效
附期限生效	当事人对合同的效力可以约定附期限。附生效期限的合同，自期限届至时生效

学以致用

甲与乙于今年 6 月 1 日订立房屋租赁合同。问题：

（1）假设甲与乙在合同中约定，若明年甲出国定居，则甲将房屋租给乙居住。那么该合同的性质应如何认定？

（2）假设甲与乙在合同中约定，如果甲的父亲去世，则甲将房屋租给乙居住。那么该合同的性质又应如何认定？

分析：（1）该合同为附生效条件的合同。首先，明年甲是否出国定居为不确定的事实，故应为附条件的合同；其次，约定甲出国定居时，甲将房屋租给乙居住，即约定条件成就时，合同生效。（2）该合同为附生效期限的合同。首先，甲的父亲去世为将来必然发生的事实，故应为附生效期限的合同；其次，约定甲的父亲去世，则甲将房屋租给乙居住，即约定期限届至时，合同生效。

二、无效合同

（一）无效合同的概念

无效合同，是指合同虽然已经成立，但因违反了法律、行政法规的强制性规定和社会公共利益，法律不予承认和保护的不发生法律效力的合同。

无效合同根据其无效程度和范围，分为部分无效合同和全部无效合同两种。部分无效合同，是指合同的某些条款虽然违反法律规定，但并不影响其他条款法律效力的合同。

（二）合同全部无效的主要情形

《民法典》对属于无效民事法律行为的情形也有相应的规定，如表10–3所示。

表 10–3　无效民事法律行为的情形

序号	无效民事法律行为的情形
1	无民事行为能力人实施的民事法律行为无效
2	行为人与相对人以虚假的意思表示实施的民事法律行为无效
3	违反法律、行政法规的强制性规定的民事法律行为无效。但是，该强制性规定不导致该民事法律行为无效的除外
4	违背公序良俗的民事法律行为无效
5	行为人与相对人恶意串通，损害他人合法权益的民事法律行为无效
备注	民事法律行为部分无效，不影响其他部分效力的，其他部分仍然有效

（三）合同无效的法律后果

合同被确定为无效后，会发生以下法律后果：

1. 返还财产

一方当事人依据无效合同从对方当事人处接受了财产，该方当事人向对方当事人返还财产；若双方当事人都从对方接受了给付的财产，则将双方当事人的财产都返还给对方。

2. 折价补偿

折价补偿是在原物不能返还或者没有必要返还时，按照所取得的财产的价值进行折算，以金钱的方式对对方当事人进行补偿的责任形式。

3. 赔偿损失

因合同无效或者被撤销，一方当事人因此受到损失，另一方当事人对此有过错时，双方应各自承担相应责任。这里的“损失”以实际已经发生的损失为限。

三、可撤销合同

（一）可撤销合同的概念

可撤销合同，是指当事人在订立合同时意思表示不真实，通过有撤销权的当事人行使撤销权而使已经生效的合同变更或归于无效的合同。

合同一经成立，各方当事人就要全面履行合同，不得随意撤销。如出现《民法典》规定的情形（见表 10-4），经一方当事人请求，人民法院或者仲裁机构可以判定撤销该行为。

表 10-4　可撤销合同的情形

序号	可撤销合同的情形
1	基于重大误解实施的民事法律行为
2	一方以欺诈手段，使对方在违背真实意思的情况下实施的民事法律行为
3	第三人实施欺诈行为，使一方在违背真实意思的情况下实施的民事法律行为，对方知道或者应当知道该欺诈行为的
4	一方或者第三人以胁迫手段，使对方在违背真实意思的情况下实施的民事法律行为
5	一方利用对方处于危困状态、缺乏判断能力等情形，致使民事法律行为成立时显失公平的

（二）合同的撤销

可撤销的合同，在撤销权行使之前，合同对当事人仍然有效力。而在当

微课

买房遭受欺诈？可撤销！

法条链接

《民法典》第一百五十七条规定：“民事法律行为无效、被撤销或者确定不发生效力后，行为人因该行为取得的财产，应当予以返还；不能返还或者没有必要返还的，应当折价补偿。有过错的一方应当赔偿对方由此所受到的损失；各方都有过错的，应当各自承担相应的责任。法律另有规定的，依照其规定。”

事人行使撤销权，人民法院或者仲裁机构同意撤销合同后，该合同才无效，所以可撤销合同属于相对无效的合同。

撤销权通常由因意思表示不真实而受损害的一方当事人享有，但撤销权不是永久的，在特定情形下还可能消灭。有下列情形之一的，撤销权消灭：

（1）当事人自知道或者应当知道撤销事由之日起 1 年内、重大误解的当事人自知道或者应当知道撤销事由之日起 90 日内没有行使撤销权；

（2）当事人受胁迫，自胁迫行为终止之日起 1 年内没有行使撤销权；

（3）当事人知道撤销事由后明确表示或者以自己的行为表明放弃撤销权。当事人自民事法律行为发生之日起 5 年内没有行使撤销权的，撤销权消灭。

法治素养

张先生委托中介公司提供中介服务向王女士购买房屋，双方签订《北京市房屋买卖合同》，并完成房款交付及过户手续。后来，张先生得知该房屋内发生过非正常死亡，一名女子曾在该房屋厕所中自杀身亡。人民法院经审理认为，房主王女士在合同订立前未向张先生披露房屋发生过非正常死亡事件，属于故意隐瞒行为，构成欺诈。

启示：通过对中介人的如实告知义务的学习、研讨，植入敬业、诚信、法治等社会主义核心价值观，培养权利意识、规则意识和诚实守信的契约精神，提高运用法治方式维护自身权益、化解矛盾纠纷的法治素养与能力，形成遵纪守法、爱岗敬业、无私奉献、诚实守信的职业品格和行为习惯，力争成为德法兼备的人才。

同步思考

2022 年 3 月 10 日，甲以其不动产为抵押，与乙签订为期 1 年的借款合同。2023 年 2 月 10 日，乙将甲抵押的不动产作为标的与丙签订买卖合同，甲得知后对此表示反对。请分析：乙、丙订立的合同在效力上属于哪一种？

四、效力待定合同

（一）效力待定合同的概念

效力待定合同，是指合同虽已成立，但因不完全符合合同生效要件，是否发生效力不能确定，须经有权人追认才能生效的合同。

效力待定合同主要是因为当事人缺乏缔约能力或缔约资格以及处分能力有欠缺而造成的。只有经过有权人的追认，才能化欠缺有效要件为符合有效要件，发生当事人预期的法律效力；有权人在一定期间内不予追认，合同归于无效。

（二）效力待定合同的情形

根据《民法典》的规定，有下列情形之一的，为效力待定行为：

（1）限制民事行为能力人实施的纯获利益的民事法律行为或者与其年龄、智力、精神健康状况相适应的民事法律行为有效；实施的其他民事法律行为经法定代理人同意或者追认后有效。

（2）行为人没有代理权、超越代理权或者代理权终止后，仍然实施代理行为，未经被代理人追认，对被代理人不发生效力，由行为人承担责任，但相对人有理由相信行为人有代理权的，该代理行为有效。

无权代理人以被代理人的名义订立合同，被代理人已经开始履行合同义务或者接受相对人履行的，视为对合同的追认。

相对人可以催告被代理人自收到通知之日起 30 日内予以追认。被代理人未作表示的，视为拒绝追认。民事法律行为被追认前，善意相对人有撤销的权利。撤销应当以通知的方式作出。法人或者其他组织的法定代表人、负责人超越权限订立的合同，除相对人知道或者应当知道其超越权限的以外，该代表行为有效。当事人超越经营范围订立的合同的效力，应当依照《民法典》总则编第六章第三节民事法律行为的效力和合同编的有关规定确定，不得仅以超越经营范围为由确认合同无效，具体如图 10–2 所示。

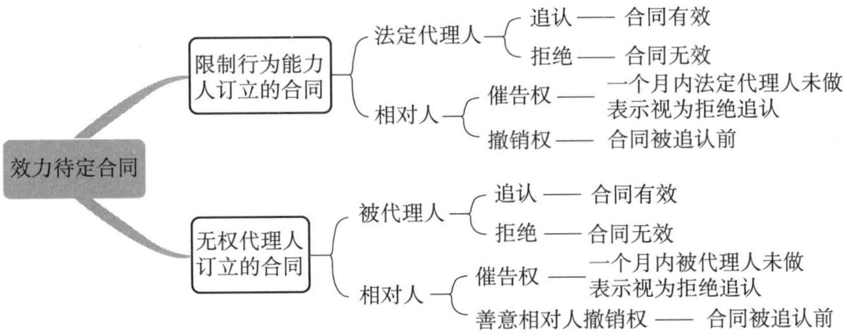

图 10–2　效力待定合同的情形及结果

协作创新

近日，某电商平台上的网店经营者误将 26 元 4 500 克的水果标为 26 元 4 500 斤。B 站一名博主利用商家的失误，号召上万名粉丝一晚上下了 3 万余个订单，“薅羊毛”金额超 700 万元。商家发现失误后，立刻在店铺首页道歉，希望网友能申请退款。在道歉信中，店主甚至写出：“对不起，我真的累了。给您跪下了。”事发后，网络评论大多是对网店卖家的同情，对恶意组织下单

的行为则强烈谴责。（资料来源：根据搜狐网整理）

“薅羊毛”大体可以解释为：由专门收集各类商家优惠信息的人，将优惠信息在网络中广泛传播，接受优惠信息的人按照商家的优惠政策下单交易且得到实惠的行为。“薅羊毛”在法律上的表现形式一般为通过网络渠道形成的买卖合同或者有偿服务合同。“薅羊毛”成功下单并支付价款，合同即告成立。（资料来源：高洁，朱小英 . 经济法基础［M］. 北京：高等教育出版社，2021.）

思考：事件中“薅羊毛”的合同是否具有法律效力？博主抓住商家标价失误的漏洞，带领上万名粉丝“薅羊毛”的行为是否违法？卖家因一时失误造成重大损失，应该如何维权呢？

第 11 讲　莫将失信的“寒冷”留给学弟学妹
——合同的履行

学前思考

“某某同学，我院已受理起诉你金融借款合同纠纷一案的诉讼材料，但尚未正式开庭。在案件开庭审理之前，我作为案件的承办法官，想和你进行一些沟通和交流……或许因为你工作繁忙，对还贷事宜有所疏忽。或许你大学毕业后尚未找到理想工作，目前经济状况不尽如人意，所以偿还贷款确有困难。但作为一个接受过高等教育的成年人，应当诚实守信，积极履约，如果有困难，应主动与银行沟通，取得银行的谅解和支持，协商新的还款计划，而不是不闻不问。”这是引自杨浦区人民法院的一份《法官告知书》。原来，法律文书也可以写得如此充满善意。

思考：曾经有学生形容，“助学贷款”是寒冬的一道曙光。但是，如果在规定的还款期仍然拒绝按期还款的话，那么，那部分失信的人就是将寒冷留给了后面的师弟师妹，留给了整个社会。应如何评价“大学生助学贷款违约”现象？

思政点滴

拖欠银行贷款不还的后果很严重，不仅要支付利息和诉讼费，而且会影响个人信用记录，一旦被银行列入“黑名单”，今后的个人房贷、车贷、信用卡办理等都将受到严重影响。同时，在法院判决后，欠款人如果拒不履行法院判决，将面临强制执行，可能会被罚款、拘留。构成犯罪的，还将承担刑事责任。

案例主要涉及合同的履行。合同的履行，是指合同生效后双方当事人按照合同规定的各项条款，完成各自承担的义务和实现各自享受的权利，使双方当事人的合同目的得以实现的行为。合同生效后，合同的双方当事人应当正确、适当、全面地完成合同中规定的各项义务，当事人不得因姓名、名称的变更或者法定代表人、负责人、承办人的变动而不履行合同义务。当事人应当遵循诚信原则，根据合同的性质、目的和交易习惯履行通知、协助、保密等义务。当事人在履行合同过程中，应当避免浪费资源、污染环境和破坏生态。

一、合同履行原则

合同履行原则是贯穿在合同履行的全过程中的具有指导意义的行为准则，是当事人履行合同的基础依据。当事人违反这些原则，将构成违约，就要承担民事责任。当事人在履行合同时要遵守以下原则。

（一）全面履行原则

全面履行原则，又称正确履行原则或适当履行原则，是指当事人按照合同的标的、数量、质量，由适当的主体，在适当的履行期限、履行地点，以适当的方式，全面完成合同义务。当事人应当善意履行合同，使履行无任何瑕疵，若只完成合同规定的部分义务，则没有完全履行；若未履行合同规定的任何义务，则属于完全没有履行，当事人均应承担相应的责任。

法条链接

《民法典》第五百零九条规定："当事人应当按照约定全面履行自己的义务。当事人应当遵循诚信原则，根据合同的性质、目的和交易习惯履行通知、协助、保密等义务。当事人在履行合同过程中，应当避免浪费资源、污染环境和破坏生态。"

（二）兼顾附随义务原则

兼顾附随义务原则，是指当事人不仅应适当地履行合同约定的义务，而且应根据诚信原则，履行由合同性质、目的或交易习惯确定的附属性、补充性义务。附随义务是由诚信原则衍生的义务，它要求当事人履行合同时或合同终止后，互相协作、互相帮助，不侵犯对方当事人的合法权益。

（三）环境保护原则

在履行合同过程中，当事人应当避免浪费资源、污染环境和破坏生态，如合同当事人不得要求"过度包装"、合同当事人不得约定施工人员通宵施工等，以正面回应人类面临的共同问题，协调经济发展与环境保护的关系，弘扬社会主义核心价值观。

头脑风暴

有人认为：《民法典》并没有就"当事人一旦违反绿色原则应当承担什么样的法律后果"进行具体规定，因此认为"绿色原则"是"软原则"。对此，你怎么看？

法治素养

党的二十大报告指出："我们坚持绿水青山就是金山银山的理念，坚持山水林田湖草沙一体化保护和系统治理，全方位、全地域、全过程加强生态环境

法条链接

《民法典》第九条规定："民事主体从事民事活动，应当有利于节约资源、保护生态环境。"

保护，生态文明制度体系更加健全，污染防治攻坚向纵深推进，绿色、循环、低碳发展迈出坚实步伐，生态环境保护发生历史性、转折性、全局性变化，我们的祖国天更蓝、山更绿、水更清。""大自然是人类赖以生存发展的基本条件。尊重自然、顺应自然、保护自然，是全面建设社会主义现代化国家的内在要求。必须牢固树立和践行绿水青山就是金山银山的理念，站在人与自然和谐共生的高度谋划发展。"

启示：绿色是永续发展的必要条件和人民对美好生活追求的重要体现，绿色发展注重的是解决人与自然和谐共生问题，必须实现经济社会发展和生态环境保护协调共进，为人民群众创造良好的生产生活环境。通过学习"绿水青山就是金山银山"理念，我们要理解并倡导尊重自然、爱护自然的生态文明理念，践行绿色发展的新理念。

思政点滴

中国式现代化是人与自然和谐共生的现代化。必须完善生态文明制度体系，协同推进降碳、减污、扩绿、增长，积极应对气候变化，加快完善落实绿水青山就是金山银山理念的体制机制。

二、合同履行规则

（一）约定不明时合同内容的确定规则

合同生效后，当事人就质量、价款或者报酬、履行地点等内容没有约定或者约定不明确的，可以协议补充；不能达成补充协议的，按照合同有关条款或者交易习惯确定。当事人就有关合同内容约定不明确，按照前两种方式仍不能确定的，适用如表 11–1 所示的合同漏洞情形及补充规则。

表 11–1　合同漏洞情形及补充规则

合同漏洞情形	补充规则
质量要求不明确的	按照顺序确定：强制性国家标准——推荐性国家标准——行业标准——通常标准或者符合合同目的的特定标准
价款或者报酬不明确的	按照订立合同时履行地的市场价格履行；有政府定价或者政府指导价的，依照规定履行
履行地点不明确的	给付货币的，在接受货币一方所在地履行；交付不动产的，在不动产所在地履行；其他标的，在履行义务一方所在地履行
履行期限不明确的	债务人可以随时履行，债权人也可以随时请求履行，但是应当给对方必要的准备时间
履行方式不明确的	按照有利于实现合同目的的方式履行
履行费用的负担不明确的	由履行义务一方负担；因债权人原因增加的履行费用，由债权人负担

头脑风暴

有的合同约定标的物的价格是"随行就市"，有的合同约定还款期限是"有钱就还"。这两种不同的情况下，合同应如何履行？

（二）政府定价合同的价格调整规则

执行政府定价或者政府指导价的，在合同约定的交付期限内政府价格调整时，按照交付时的价格计价。逾期交付标的物的，遇价格上涨时，按照原价格执行；价格下降时，按照新价格执行。逾期提取标的物或者逾期付款的，遇价格上涨时，按照新价格执行；价格下降时，按照原价格执行。

实行政府定价或政府指导价的商品，如石油、天然气、食盐、重要药品等，与国民经济发展和人民生活关系重大。上述政府定价商品的调整规则是督促合同当事人积极履行合同，违约者将受到惩罚。

（三）网络电子合同的履行规则

随着电子商务的普及，网络电子合同已经充斥在社会生活的各个领域，《民法典》对网络电子合同的履行作出了规定。电子合同的履行首先以当事人对交付方式、交付时间的约定为准，没有约定或约定不明的，则按照以下规则确定：以商品为标的并采用快递物流方式交付的，以收货人的签收时间为交付时间；以提供服务为标的的，以生成的电子凭证或者实物凭证中载明的时间为提供服务时间，若凭证上没有载明时间或者载明时间与实际提供服务时间不一致，则以实际提供服务的时间为准；以电子文件或数据等为标的且采用在线传输方式交付的，以合同标的物进入对方当事人指定的特定系统且能够检索识别的时间为交付时间。

知识链接

防范合同诈骗的几点建议：（1）核实对方人员、单位的真实性。（2）多方搜集信息。可以利用各种社会关系，搜集不熟悉的交易对象的各种信息，着重获取对方经济实力、履行能力方面的信息。（3）注意交易过程中的反常现象。（4）最大限度地避免出现人货分离的情况。

（四）涉及第三人的合同履行

向第三人履行合同，是指债权人将自己所享有的债权转移给第三人，由债务人向该第三人履行债务的合同。当事人约定由债务人向第三人履行债务，债务人未向第三人履行债务或者履行债务不符合约定的，应当向债权人承担违约责任。法律规定或者当事人约定第三人可以直接请求债务人向其履行债务，第三人未在合理期限内明确拒绝，债务人未向第三人履行债务或者履行债务不符合约定的，第三人可以请求债务人承担违约责任；债务人对债权人的抗辩，可以向第三人主张。

由第三人履行的合同，是指债务人将自己的债务转移给第三人，由第三人向债权人履行债务的合同。当事人约定由第三人向债权人履行债务，第三人不履行债务或者履行债务不符合约定的，债务人应当向债权人承担违约责任。

法条链接

《民法典》第五百三十条规定："债权人可以拒绝债务人提前履行债务，但是提前履行不损害债权人利益的除外。债务人提前履行债务给债权人增加的费用，由债务人负担。"

债务人不履行债务，第三人对履行该债务具有合法利益的，第三人有权向债权人代为履行；但是，根据债务性质、按照当事人约定或者依照法律规定只能由债务人履行的除外。债权人接受第三人履行后，其对债务人的债权转让给第三人，但是债务人和第三人另有约定的除外。

法条链接

《民法典》第五百三十一条规定："债权人可以拒绝债务人部分履行债务，但是部分履行不损害债权人利益的除外。债务人部分履行债务给债权人增加的费用，由债务人负担。"

三、合同履行的抗辩权

抗辩权，是指在双务合同中，当事人一方在对方未履行或者不能保证履行合同义务时可以相应地不履行合同的权利。合同履行中的抗辩权有三种类型（见表 11–2）。

同步思考

（1）甲、乙订有买卖合同，约定甲于 6 月 1 日前交货，乙收到货后 1 个月内付款。甲于 5 月 8 日请求乙付款，乙拒绝。请问：乙拒绝的意思是否为行使后履行抗辩权？

（2）若上例中过了 6 月 1 日，甲未交货，但要求乙付款，乙称："你必须先交货，我 1 个月后再付款。"请问：乙的主张有无道理？

表 11–2　合同履行中的抗辩权

类型	含义	适用条件
同时履行抗辩权	当事人互负债务，没有先后履行顺序的，应当同时履行。一方在对方履行之前有权拒绝其履行请求。一方在对方履行债务不符合约定时，有权拒绝其相应的履行请求。	① 基于同一双务合同； ② 在合同中未约定履行顺序； ③ 对方未履行或未适当履行； ④ 对方有履行的可能性。
后履行抗辩权	当事人互负债务，有先后履行顺序，应当先履行债务一方未履行的，后履行一方有权拒绝其履行请求。先履行一方履行债务不符合约定的，后履行一方有权拒绝其相应的履行请求。	① 基于同一双务合同； ② 债务的履行有先后顺序； ③ 应该先履行的一方未履行或未适当履行； ④ 应该先履行的债务有履行的可能。
不安抗辩权	当事人互负债务，有先后履行顺序，依约定应先履行债务的当事人在有确切证据证明对方难以为对待给付并未提供担保之前，有权拒绝对方的履行请求。	① 经营状况严重恶化； ② 转移财产、抽逃资金，以逃避债务； ③ 丧失商业信誉； ④ 有丧失或者可能丧失履行债务能力的其他情形。

微课

未按时交房，购房者是否可以行使不安抗辩权？

四、合同的保全

合同的保全，是指为防止因债务人财产的不当减少而给债权人的债权带来危害，法律允许债权人为保全其债权的实现而采取的法律措施。合同的保全措施包括代位权和撤销权两种。

（一）代位权

代位权，是指因债务人怠于行使其债权或者与该债权有关的从权利，影响债权人的到期债权实现的，债权人可以向人民法院请求以自己的名义代位行使债务人对相对人的权利，但该债权专属于债务人自身的除外。

代位权的行使应注意以下几点：

（1）债权人对债务人的债权合法、有效。

（2）债务人怠于行使其到期债权，给债权人造成损害。债务人的懈怠行为必须是债务人不以诉讼方式或者仲裁方式向次债务人主张其享有的具有金钱给付内容的到期债权。

（3）债务人的债权已到期。根据相关司法解释的规定，债权人在主张代位权时，要求债务人的债权已经到期。

（4）债务人的债权不是专属于债务人自身的债权。专属债权：基于扶养关系、抚养关系、赡养关系、继承关系产生的给付请求权和劳动报酬、退休金、养老金、抚恤金、安置费、人寿保险、人身伤害赔偿请求权等权利。

（5）代位权的行使范围以债权人的到期债权为限。债权人行使代位权的必要费用，由债务人负担。相对人对债务人的抗辩，可以向债权人主张。

（二）撤销权

撤销权，是指债权人对债务人不合理处分财产而造成债权人损害的行为，可以请求人民法院撤销的权利。

撤销权的行使应注意以下几点：

（1）债务人以放弃其债权、放弃债权担保、无偿转让财产等方式无偿处分财产权益，或者恶意延长其到期债权的履行期限，影响债权人的债权实现的，债权人可以请求人民法院撤销债务人的行为。

（2）债务人以明显不合理的低价转让财产、以明显不合理的高价受让他人财产或者为他人的债务提供担保，影响债权人的债权实现，债务人的相对人知道或者应当知道该情形的，债权人可以请求人民法院撤销债务人的行为。

（3）撤销权的行使范围以债权人的债权为限。债权人行使撤销权的必要费用，由债务人负担。

（4）撤销权自债权人知道或者应当知道撤销事由之日起 1 年内行使。自债务人的行为发生之日起 5 年内没有行使撤销权的，该撤销权消灭。

思政点滴

诚信是《民法典》的基本原则，也是社会主义核心价值观的重要内容。《民法典》提倡诚实信用的行为在合同编的规则当中体现得也较为突出。根据合同编第五百零一条、第五百零九条、第五百五十八条的规定，诚信原则的要求贯穿合同始终，订立合同时、履行合同过程中，以及履行完毕，债权债务终止后，当事人都应当按照诚信原则的要求履行相应的义务。

法条链接

《民法典》第一百五十七条规定：“民事法律行为无效、被撤销或者确定不发生效力后，行为人因该行为取得的财产，应当予以返还；不能返还或者没有必要返还的，应当折价补偿。有过错的一方应当赔偿对方由此所受到的损失；各方都有过错的，应当各自承担相应的责任。法律另有规定的，依照其规定。”

（5）债务人影响债权人的债权实现的行为被撤销的，自始没有法律约束力。

协作创新

前些年老李买房子的时候在银行办理了 20 年期限房产抵押贷款，个人住房贷款利率为 6%，每月还贷压力不小。最近，房贷利率下调至 3%，房贷利率与其他贷款利率之间的高利差让老李动了提前还贷的念头。老李到银行一打听，发现提前还贷申请已经排到了三个月后。不仅如此，老李还听说，提前还贷还不是想还就能还，隔壁的老赵提前还贷还交了不少违约金。

思考：老李越想越糊涂，贷款利率调整变化算不算情势变更呢？提前还钱不是好事儿吗？怎么还能违约？银行要是不接受提前还贷，老李起诉的话，诉讼请求是什么？

第 12 讲 “一字千金”，你敢随便保证吗？
——合同的担保

学前思考

迟某在家人陪同下与周某协商购买其房屋，通过协商双方达成一致，确定以 21 万元的价格进行交易，迟某表示先交 1 万元，其余房款 10 天内交清，周某同意并向迟某及其家人声明，如果反悔，这 1 万元“就不能往回要了”，并为迟某出具了写有“今收到买房订金壹万元，房款付齐后过户”的收条。后因资金不足，迟某告知周某取消交易并要求返还预付的 1 万元，被周某拒绝。周某强调当时已有约定，因为迟某的原因未能达成交易，应该按照双方约定不退款，迟某则认为此“订金”非彼“定金”，交易取消时可以返还。（资料来源：根据东北网资料整理）

思考：订金与定金有何区别？周某是否需要返还订金？

案例中的问题主要涉及的是合同担保方式之一的定金。合同的担保，是指当事人为了确实保障合同义务的履行，按照法律规定或者合同约定而确立的法定措施。合同的担保方式有保证、抵押、质押、留置和定金。

思政点滴

生活中，商家以文字游戏将“订金”改为“定金”并因此提出此定金非彼订金不予退还的条款，属于打擦边球的行为。这种情况下，“定金不退”属于霸王条款。一方面，商家要遵守诚信原则，营造良好的营商环境，从而吸引更多的消费者；另一方面，消费者应该不再沉默，而是应该主动学习法律知识，识别不良商家的打擦边球的行为，勇敢维护自身利益。

一、保证

保证，是指第三人（保证人）和债权人约定，当债务人不履行到期债务或者发生当事人约定的情形时，该第三人（保证人）按照约定履行债务或者承担责任的担保方式。

法条链接

《民法典》第六百八十一条规定："保证合同是为保障债权的实现，保证人和债权人约定，当债务人不履行到期债务或者发生当事人约定的情形时，保证人履行债务或者承担责任的合同。"

（一）保证人资格

保证人必须是具有代为清偿能力的法人、其他组织或者公民。法律规定下列组织不能作为保证人。

（1）机关法人不得为保证人，但是经国务院批准为使用外国政府或者国际经济组织贷款进行转贷的除外。

（2）以公益为目的的非营利法人、非法人组织不得为保证人。如医院、学校等事业单位、社会团体，其财产具有非经济利益的特性，若担任保证人，会使其公益财产减损，从而影响公众利益。

同一债务具有两个以上保证人的，保证人应按保证合同约定的保证份额承担保证责任，没有约定保证份额的，保证人承担连带责任。

法条链接

《民法典》第六百八十二条规定："保证合同是主债权债务合同的从合同。主债权债务合同无效的，保证合同无效，但是法律另有规定的除外。保证合同被确认无效后，债务人、保证人、债权人有过错的，应当根据其过错各自承担相应的民事责任。"

（二）保证方式

保证方式分为一般保证和连带责任保证。当事人在保证合同中对保证方式没有约定或者约定不明确的，应当按照一般保证承担保证责任。

1. 一般保证

一般保证，是指当事人在保证合同中约定，债务人不能履行债务时，由保证人承担保证责任的保证方式。一般保证的保证人在主合同纠纷未经审判或者仲裁，并就债务人财产依法强制执行仍不能履行债务前，有权拒绝向债权人承担保证责任。但《民法典》也规定了保证人不得行使先诉抗辩权的情形（见表 12–1）。

知识链接

一般保证和连带责任保证的区别主要表现在抗辩权和承担责任的程度上。一般保证的保证人在主合同纠纷未经审判或仲裁，并就债务人财产依法强制执行仍不能履行债务前，对债权人可以拒绝承担保证责任；而连带责任保证下，债权人既可以要求债务人履行债务，也可以要求保证人在其保证范围内承担保证责任。

表 12–1　保证人不得行使先诉抗辩权的情形

序号	具体情形
1	债务人下落不明，且无财产可供执行
2	人民法院已经受理债务人破产案件
3	债权人有证据证明债务人的财产不足以履行全部债务或者丧失履行债务能力
4	保证人书面表示放弃《民法典》第六百八十七条第二款规定的权利

2. 连带责任保证

连带责任保证，是指当事人在保证合同中约定保证人和债务人对债务承担连带责任的保证方式。连带责任保证只有在债权人与保证人明确约定的情况下才能产生。连带责任保证中，保证人与债务人对债务承担连带责任，保证人没有先诉抗辩权，即债务人不履行到期债务或者发生当事人约定的情形时，债权人既可以要求债务人履行债务，也可以要求保证人在其保证范围内承担保证责任。

微课

担保有风险，谨慎决策，切莫轻率落笔

（三）保证内容

保证内容应当由保证人与债权人在以书面形式订立的保证合同中加以确定。保证合同应当包括以下内容：被保证的主债权的种类、数额；债务人履行债务的期限；保证的方式、范围和期间；双方认为需要约定的其他事项。保证合同可以是单独订立的书面合同，也可以是主债权债务合同中的保证条款。第三人单方以书面形式向债权人作出保证，债权人接收且未提出异议的，保证合同成立。

（四）保证责任

保证的范围包括主债权及其利息、违约金、损害赔偿金和实现债权的费用。当事人另有约定的，按照其约定。当事人对保证担保的范围没有约定或者约定不明确的，保证人应当对全部债务承担责任。

保证人在承担了保证责任之后，有权向被保证人追偿。被保证人不论其不履行有无过错，在保证人代为履行或者承担赔偿责任后，都应向保证人补偿其代偿的债务。

法治素养

2023 年 6 月 13 日，李某向中国农业银行申请贷款 3 万元用于日常生活消费，借款期限为 36 个月，借款的担保方式为保证，保证人是保险公司。贷款当日，农行、李某及保险公司签订《个人担保借款合同》，李某同时与保险公司签订《个人信用贷款保证保险保险单》，约定李某为投保人，农行为被保险人，保险公司为保险人。该保险单还特别约定，保险人赔偿后，投保人须向保险人归还全部赔偿款项和未付保费，否则视为投保人违约。李某在偿还了 7 期贷款后便停止了还款，同时玩起了失踪。保险公司按照与李某的保险合同约定，代其向农行偿还了剩余的贷款本息，并在李某违约后将其起诉至法院。最终，李某付出了赔付 42 590 余元的不诚信代价。（资料来源：根据云南法治网资料整理）

启示：合同依法签订后，当事人应当按照约定全面履行自己的义务。当事人一方不履行合同义务或者履行合同义务不符合约定的，应当承担继续履行、采取补救措施或者赔偿损失等违约责任。因无法履行义务将被列为失信被执行人名单，这也会给自己的信用抹上污点。当前社会上各类贷款种类繁多，获取贷款的渠道和门槛也有所降低。无论通过何种渠道获得贷款，当事人都应预估自己是否具备还贷能力，按照诚信原则按时还款，以免给自己造成更大的损失。

二、抵押

（一）抵押的概念

抵押，是指债务人或者第三人以不转移抵押物的占有而提供担保的一种方式，当债务人不履行到期债务时，债权人可就该抵押物优先清偿其债权。

在抵押法律关系中，提供财产担保的债务人或者第三人称为抵押人，接受财产担保的债权人称为抵押权人，债权人享有的当债务人不履行时就抵押物优先受偿的权利称为抵押权，提供担保的财产称为抵押物。抵押物多数是不动产，也可以是动产和权利。

学以致用

据网上报道，长春 30 余名老人因所在单位拖欠薪水，将单位抵押给他们的一辆奔驰轿车用绳索拽至长春国有资产经营公司门前，当街叫卖，卖车款抵作被拖欠的退休金。这些老人有无权利将该车售卖？

分析：本案涉及抵押权问题。单位拖欠老人退休金，单位是债务人，老人是债权人。单位与老人约定，将单位所有的奔驰轿车抵押给老人。此时，老人是抵押权人。但老人并没有获得该车的所有权。即使在单位到期不履行债务时，老人也未获得该车的所有权，仅享有就该车卖得价金优先受偿的权利。他们强行私下行使抵押权是违法行为。就本案而言，老人可以依法将该车拍卖、变卖；也可与抵押人协议以抵押物折价，取得该车所有权。

从上述案例我们可以发现，如果我们在签订抵押合同时，约定“债权人如到期无法履行债务，该抵押物所有权归抵押权人所有”，这样的约定是无效的。法律做出这种规定是为了保护抵押人和其他债权人的利益，防止抵押权人乘人之危使抵押人做出仓促的、不平等的决定，同时也保证在实现抵押权时保护其他人的利益。

（二）抵押物的范围与效力

并非所有有价值的财产都可以用于抵押，可以抵押的财产必须是抵押人具有处分权的财产（见表 12–2）。

表 12–2　可以抵押与不得抵押财产的范围

可以抵押的财产	不得抵押的财产
建筑物和其他土地附着物	土地所有权
建设用地使用权	宅基地、自留地、自留山等集体所有土地的使用权，但是法律规定可以抵押的除外
海域使用权	
生产设备、原材料、半成品、产品	学校、幼儿园、医疗机构等为公益目的成立的非营利法人的教育设施、医疗卫生设施和其他公益设施
正在建造的建筑物、船舶、航空器	所有权、使用权不明或者有争议的财产
交通运输工具	依法被查封、扣押、监管的财产
法律、行政法规未禁止抵押的其他财产	法律、行政法规规定不得抵押的其他财产

（三）抵押合同

设立抵押权，当事人应当采用书面形式订立抵押合同。抵押合同包括以下条款：被担保债权的种类和数额，债务人履行债务的期限，抵押财产的名称、数量等情况，担保的范围等。

（四）抵押物登记制度

（1）必须登记，登记生效。当事人以下列财产抵押的，应当办理抵押登记。抵押权自登记时设立。这些财产包括：建筑物和其他土地附着物、建设用地使用权、海域使用权、正在建造的建筑物。如果当事人未办理登记，只是抵押权未设立，但不影响抵押合同的生效。抵押合同自签订之日起成立并生效，是否登记不影响抵押合同的生效，只影响抵押权的设立。

（2）可以不登记，但登记了可以对抗第三人。当事人以生产设备、原材料、半成品、产品，正在建造的船舶、航空器，交通运输工具设定抵押，抵押权自抵押合同生效时设立；未经登记，不得对抗善意第三人。以动产抵押的，不得对抗正常经营活动中已经支付合理价款并取得抵押财产的买受人。

（五）抵押合同的履行

抵押合同的履行是在债权已届清偿期而没有清偿或者发生当事人约定的履行抵押合同的情形时，抵押权人就抵押物优先受偿的行为。抵押合同履行的方式包括拍卖、变卖、折价。债务人不履行到期债务或者发生当事人约定的实现抵押权的情形，抵押权人可以与抵押人协议以抵押财产折价或者以拍卖、变卖该抵押财产所得的价款优先受偿。抵押权人与抵押人未就抵押权实现方式达成协议的，抵押权人可以请求人民法院拍卖、变卖抵押财产。

抵押财产折价或者变卖的，应当参照市场价格，其价款超过债权数额的部分归抵押人所有，不足部分由债务人清偿。同一财产向两个以上债权人抵押的，拍卖、变卖抵押财产所得的价款的清偿顺序为：（1）抵押权已经登记的，按照登记的时间先后确定清偿顺序；（2）抵押权已经登记的先于未登记的受偿；（3）抵押权未登记的，按照债权比例清偿。同一财产既设立抵押权又设立质权的，拍卖、变卖该财产所得的价款按照登记、交付的时间先后确定清偿顺序。

三、质押

（一）质押的概念

质押是债务人或第三人以转移质押财产的占有而提供担保的一种方式，债权人可就该质押财产优先清偿其债权。债权人此时称为质权人，提供质押财产的人称为出质人。质押以转移质押财产的占有为其成立要件。质押的标的只能是动产或财产权利，不动产不能进行质押。

（二）质押合同的设立

质押合同是质权人与出质人签订的担保性质的合同，需要采用书面形式。质押合同的条款一般包括：被担保债权的种类和数额；债务人履行债务的期限；质押财产的名称、数量等情况；担保的范围；质押财产交付的时间、方式。

头脑风暴

某公司与甲银行签订抵押借款合同，将其所有的房屋全部抵押给甲银行，贷款8 000万元，双方到当地公证处办理了公证。同年，该公司又与乙银行签订抵押借款合同，将该房屋的1至3层抵押给了乙银行，贷款5 000万元，并到当地房地产登记机构办理了抵押登记。借款到期后，该公司无力偿还，甲银行向法院起诉，要求行使抵押权，乙银行与该公司无法达成实现抵押权的协议，向法院申请拍卖、变卖抵押房屋优先受偿。请思考：哪家银行具有优先受偿权？

质押合同自交付质押财产时生效，出质人代替质权人占有质押财产的，质权不成立。质权合同对质押财产约定不明或者约定与实际交付的财产不一致的，以实际交付占有的财产为准。

（三）质押合同的分类

质押可分为动产质押和权利质押。《民法典》规定，可以设定权利质押的权利包括：汇票、本票、支票；债券、存款单；仓单、提单；可以转让的基金份额、股权；可以转让的注册商标专用权、专利权、著作权等知识产权中的财产权；现有的以及将有的应收账款；法律、行政法规规定可以出质的其他财产权利。

（四）质押合同的履行

质权人在质权存续期间，负有妥善保管质押财产的义务，不得擅自使用、处分质押财产，因保管不善致使质押财产毁损、灭失的，造成出质人损失的，应当承担赔偿责任。因不可归责于质权人的事由可能使质押财产毁损或者价值明显减少，足以危害质权人权利的，质权人有权请求出质人提供相应的担保；出质人不提供的，质权人可以拍卖、变卖质押财产，并与出质人协议将拍卖、变卖所得的价款提前清偿债务或者提存。

债务人履行债务或者出质人提前清偿所担保的债权的，质权人应当返还质押财产。债务人不履行到期债务或者发生当事人约定的实现质权的情形，质权人可以与出质人协议以质押财产折价，也可以就拍卖、变卖质押财产所得的价款优先受偿。质押财产折价或者变卖的，应当参照市场价格。质押财产折价或者拍卖、变卖后，其价款超过债权数额的部分归出质人所有，不足部分由债务人清偿。

四、留置

（一）留置权的概念

留置权，是指债务人不履行到期债务，债权人可以留置已经合法占有的债务人的动产，并有权就该动产优先受偿的权利。债权人为留置权人，占有的动产为留置财产。留置权是一种法定的担保物权，无须当事人签订留置合同，在符合一定的条件时，依据法律规定即可产生。

头脑风暴

原告甲聘请的司机乙驾驶原告的重型自卸货车至一汽配店，因汽车有故障，故打电话至某修配厂，该修配厂业主A即派修理工B去检修，B在检修汽车的过程中，货车翻斗因故障自动下降压伤其手和腰，A和B家属当即扣押原告甲的自卸车，并向原告索要赔偿。请思考：被告A和B扣押原告甲的自卸车，是属于行使留置权，还是非法扣车？

（二）留置权的取得

首先，债权人已经合法占有了留置物，若债权人因侵权行为等非法占有债务人财物，则不享有留置权。其次，债权已届清偿期，债务人未履行债务。债权人的债权未届清偿期，其交付或返回所占有标的物的义务已届履行期的，不能行使留置权。但是，债权人能够证明债务人无支付能力的除外。再次，债权人留置的财产与债权属于同一法律关系。依据《民法典》物权编的规定，企业之间留置不受同一法律关系之限制。最后，法律规定或者当事人约定不得留置的动产，不得留置。

（三）留置权的行使

债务人不履行到期债务，债权人可以留置已经合法占有的标的物，标的物为可分物的，留置财产的价值应当相当于债务的金额；标的物为不可分物的，债权人可以整体行使留置权。债权人留置标的物后负有妥善保管留置财产的义务，因保管不善致使留置财产毁损、灭失的，应当承担赔偿责任，债权人因保管留置物所支出的必要费用，有权向债务人请求返还。留置权人与债务人应当约定留置财产后的债务履行期限；没有约定或者约定不明确的，留置权人应当给债务人 60 日以上履行债务的期限，但是鲜活易腐等不易保管的动产除外。债务人逾期未履行的，留置权人可以与债务人协议以留置财产折价，也可以就拍卖、变卖留置财产所得的价款优先受偿。留置财产折价或者变卖的，应当参照市场价格。留置财产折价或者拍卖、变卖后，其价款超过债权数额的部分归债务人所有，不足部分由债务人清偿。留置权人对留置财产丧失占有或者留置权人接受债务人另行提供担保的，留置权消灭。

知识链接

如果债权人合法占有债务人交付的动产时，不知债务人无处分该动产的权利，债权人仍可以行使留置权。

法条链接

《民法典》第四百五十六条规定："同一动产上已经设立抵押权或者质权，该动产又被留置的，留置权人优先受偿。"

五、定金

（一）定金的概念

定金是由合同一方当事人预先向对方当事人交付一定数额的货币，以保证债权实现的担保方式。定金与预付款不同，预付款是合同一方当事人为履行付款义务而预先向对方当事人支付一定的款项，属于合同结算方式，无担保作用。

法条链接

《民法典》第五百八十八条规定："当事人既约定违约金，又约定定金的，一方违约时，对方可以选择适用违约金或者定金条款。定金不足以弥补一方违约造成的损失的，对方可以请求赔偿超过定金数额的损失。"

知识链接

“定金”是指当事人约定由一方向对方给付的，作为债权担保的一定数额的货币，它属于一种法律上的担保方式，目的在于促使债务人履行债务，保障债权人的债权得以实现。严格来说，“订金”不是一个规范的概念，在法律上属于预付款的性质，是预付款的一部分，是当事人的一种支付手段，不具有担保性质。因此，我们在购买任何商品或者接受服务时都要慎重，不要轻易交纳订金，要搞清楚“订金”和“定金”的区别。

（二）定金合同

定金合同必须以书面形式订立，当事人即使不单独订立定金合同，也需要在主合同中明示“定金”字样，其余文字均不具有定金效力。定金合同为实践性合同，仅有定金合意而无交付行为，定金合同不发生法律效力。当事人在定金合同中应当约定交付定金的期限。定金合同自实际交付定金时成立。

定金的数额由当事人约定，但超过主合同标的额 20% 的部分，是无效的，人民法院不予支持。

实际交付的定金数额多于或者少于约定数额的，视为变更约定的定金数额。收受定金一方提出异议并拒绝接受定金的，定金合同不生效。

（三）定金的效力

根据《民法典》的规定，债务人履行债务的，定金应当抵作价款或者收回。给付定金的一方不履行债务或者履行债务不符合约定，致使不能实现合同目的的，无权请求返还定金；收受定金的一方不履行债务或者履行债务不符合约定，致使不能实现合同目的的，应当双倍返还定金。

因当事人一方迟延履行或者其他违约行为，致使合同目的不能实现，可以适用定金罚则。但法律另有规定或者当事人另有约定的除外。当事人一方不完全履行合同的，应当按照未履行部分所占合同约定内容的比例，适用定金罚则。因不可抗力、意外事件致使主合同不能履行的，则不适用定金罚则。

协作创新

2023 年 10 月 3 日，小陈向中国建设银行申请个人消费贷款，用其一辆大众牌轿车作抵押，该车价值 15 万元，期限为一年。借款合同签订当日，双方就该车办理了抵押登记手续。后小陈于 11 月 5 日在驾车外出途中，被一辆货车追尾，造成轿车严重损坏，价值减至 9 万元。经查，该起交通事故的全部责任在货车司机。此外，货车司机已准备赔偿小陈经济损失 5 万元。

思考：（1）如果中国建设银行要求小陈另外提供担保，以确保其到期还本付息，这种要求是否合理？（2）对于赔偿费 5 万元，中国建设银行能否用其作为担保？为什么？

第 13 讲　“变”而“未变”留隐患

——合同的变更、转让和终止

学前思考

杨某长期从事保洁行业，好不容易揽到了一笔大业务，给一家刚结束装修工作的酒店做保洁，也就是在这次，他首次接触到了合同。合同约定了 1 500 平方米的保洁面积，按每平方米 4 元支付报酬，该合同盖上了酒店一方的公章。

等做完了约定的工作后，与杨某接洽的朱经理又追加了业务量，并声称结束后按实际保洁的面积来结算。杨某听到这话，心里也没有额外的顾虑，认为口头约定就算数，压根就没有想到要修改合同内容。就这样，9 名工人做了 8 天，最后共做了 3 000 多平方米的保洁工作。没承想几天后，朱经理被调走了，由一位余经理来接任。杨某找到这位余经理进行结算时，对方却只认合同上约定的保洁面积，也就是按 1 500 平方米、4 元 1 平方米计算，合计是 6 000 元。杨某团队实际干了 3 000 多平方米的工作，保洁费应该是 1.2 万元，现在酒店方却只支付 6 000 元。

后来，酒店方联系上了曾是当事一方的朱经理，朱经理说：“我报了 1 500 平方米的面积，杨某认同了，我们才签的合同。杨某做到一半，看工时超出预期，提出要加钱，我就说做完再讲，杨某也没异议，更没提要重拟合同。”事后朱经理将情况反映给总公司那边后，考虑到工时延长的缘故，公司同意了在原有 6 000 元的基础上多付 2 000 元，也就是 8 000 元，但杨某不同意。

思考：杨某以为揽了一笔大业务，没想到结账时问题却来了，究其原因就是追加业务，未变更合同，留下了隐患。我们从事各类商业活动，如果工作内容变更，是变更合同还是重新签订合同呢？合同变更应注意哪些事项？

依法成立的合同受法律保护，对当事人具有法律约束力。当事人应当按照合同约定履行自己的义务，不得擅自变更或者解除合同。但合同订立之后，也可能发生一些当事人订立合同时未预料的情况，影响当事人订立合同目的的实现，需要依法进行调整，因此便出现了合同的变更、转让和终止。

一、合同的变更

（一）合同变更的概念

合同变更有广义、狭义之分。广义的合同变更包括合同内容的变更与合同主体的变更。狭义的合同变更，是指有效成立的合同在尚未履行或未履行完毕之前，由于一定法律事实的出现而使合同内容发生改变，如增加或减少标的物的数量、推迟原定履行期限、变更交付地点或方式等。《民法典》规定的合同变更是指狭义的合同变更。

同步思考

小张向A合作社贷款，并与A合作社签订了贷款协议，为期3年。不久，A合作社更名为A农商银行。贷款到期后，小张以合作社更名为商业银行，原先的贷款机构不存在为由拒绝还款。小张的理由成立吗？为什么？

（二）合同变更的规则

合同是由当事人协商一致而订立的，经当事人协商一致，也可以变更合同。但法律、行政法规规定变更合同应当办理批准、登记等手续的，应当办理相应手续。为防止发生纠纷，当事人对合同变更的内容应作明确约定，变更内容约定不明确的，推定为未变更。当事人在变更合同的协议未达成之前，原合同仍然有效。当事人一方法定代表人、承办人的变动，不能成为变更合同的理由。

（三）合同变更的效力

合同变更后，当事人应当按照变更后的合同履行，原合同效力终止。合同的变更，仅对变更后未履行的部分有效，对已履行的部分无溯及力。因变更或解除合同致使一方遭受损失的，除依法可以免除责任的以外，对造成损失负有责任的一方应赔偿对方的损失。

头脑风暴

开发商与买受人在签订商品房买卖合同后，如果遇到市场形势发生重大变化，导致商品房的价格发生大幅上涨或回落，一方可否要求顺应形势变更或解除合同？

法治素养

2009年4月24日发布的《最高人民法院关于适用〈中华人民共和国合同法〉若干问题的解释（二）》[①]（法释〔2009〕5号），已经确立在合同纠纷案件审理中适用“情势变更”原则。《民法典》则在立法层面正式确立了合同“情势变更”制度。《民法典》第五百三十三条规定：“合同成立后，合同的基础条件发生了当事人在订立合同时无法预见的、不属于商业风险的重大变化，继续履行合同对于当事人一方明显不公平的，受不利影响的当事人可以与对方重新协商；在合理期限内协商不成的，当事人可以请求人民法院或者仲裁机构变

① 该文件现已失效。

更或者解除合同。人民法院或者仲裁机构应当结合案件的实际情况，根据公平原则变更或者解除合同。”司法实践中，以下情形一般可以认定情势变更：物价飞涨（需要量化）；合同基础丧失（如合同标的物灭失）；汇率大幅度变化；国家经济贸易政策变化等。

启示：《民法典》坚持维护契约、平等交换、公平竞争原则，促进了商品和要素的自由流动，完善了合同制度，同时也体现了社会主义核心价值观中的“平等、公正、法治”。我们应弘扬社会主义法治精神，坚定走社会主义法治道路，自觉培育和践行社会主义核心价值观。

二、合同的转让

合同的转让，即合同主体的变更，是指当事人将合同的权利和义务全部或者部分转让给第三人的行为。合同的转让不改变合同的内容，只是主体发生了变化。合同的转让包括债权转让、债务转移和概括转让。

（一）债权转让

债权转让，是指债权人通过合同将其债权全部或部分转让给第三人的行为。

1. 债权转让的限制性规定

债权人可以将债权的全部或者部分转让给第三人。《民法典》对债权转让也有限制性规定，具体情形如表 13-1 所示。

表 13-1 债权转让的限制性规定

序号	债权人不可将债权转让给第三人的情形
1	根据债权性质不得转让
2	按照当事人约定不得转让
3	依照法律规定不得转让
注意：当事人约定非金钱债权不得转让的，不得对抗善意第三人。当事人约定金钱债权不得转让的，不得对抗第三人。	

学以致用

中国公民甲与中国公民乙依法签订了一份买卖合同，甲将其依法继承的文物转让给乙。乙为了牟取暴利，将自己的合同权利转让给了外国公民丙，该转让行为是否有效？

微课

区分合同变更与合同转让：理解权利与主体的变化

分析：该转让行为无效。根据《中华人民共和国文物保护法》的规定，私人收藏的文物的所有权受法律保护，其所有权的转让必须严格遵守国家法律规定，转让的渠道要受法律的限制，因此，乙将文物买卖合同权利转让给外国人，其转让行为是无效的。

2. 债权转让人的通知义务

债权人转让债权，未通知债务人的，该转让对债务人不发生效力。即债权人转让其债权，无须取得债务人的同意，但应当履行通知义务。而且债权人转让权利的通知一经送达债务人，则不得撤销，除非经受让人同意。债权人转让债权的，受让人取得与债权有关的从权利（如抵押权、质权），但是该从权利专属于债权人自身的除外。受让人取得从权利不因该从权利未办理转移登记手续或者未转移占有而受到影响。

同步思考

什么是债权的从权利？

另外，债务人接到债权转让通知时，对让与人的抗辩（如债权无效），可以向受让人主张。有下列情形之一的，债务人可以向受让人主张抵销：一是债务人接到债权转让通知时，债务人对让与人享有债权，且债务人的债权先于转让的债权到期或者同时到期；二是债务人的债权与转让的债权是基于同一合同产生。

（二）债务转移

债务转移，是指债务人将合同的义务全部或者部分转移给第三人。债务人将债务的全部或者部分转移给第三人的，应当经债权人同意。债务人或者第三人可以催告债权人在合理期限内予以同意，债权人未作表示的，视为不同意。

法条链接

《民法典》第五百五十一条规定："债务人将债务的全部或者部分转移给第三人的，应当经债权人同意。"

第三人与债务人约定加入债务并通知债权人，或者第三人向债权人表示愿意加入债务，债权人未在合理期限内明确拒绝的，债权人可以请求第三人在其愿意承担的债务范围内和债务人承担连带债务。

债务人转移债务的，新债务人可以主张原债务人对债权人的抗辩；原债务人对债权人享有债权的，新债务人不得向债权人主张抵销。债务人转移债务的，新债务人应当承担与主债务有关的从债务，但是该从债务专属于原债务人自身的除外。

（三）概括转让

概括转让，是指当事人一方经对方的同意，可以将自己在合同中的权利和义务一并转让给第三人的行为。在概括转让的情形下，当事人一方将自己在合同中的权利和义务一并转让给第三人，须经对方同意。合同的转让，法律、行政法规规定应该办理批准、登记等手续的，依照其规定。

学以致用

甲慕名到乙公司定作一套木制家具，双方就定作的样式、规格、质量、价格及交货日期等作了明确约定。后由于乙公司另外承揽了一批大宗活计，无法安排制作甲定作的家具，便擅自将其转让给丙加工制作。到了交货日期，甲才发现家具是丙所制作，其质量也并未达到自己与乙公司所签合同规定的标准。请问：乙公司将甲定作的家具交由丙制作的行为属于什么行为？该行为是否有效？

分析：乙公司将甲定作的家具交由丙制作的行为属于转移合同债务的行为。合同债务转让应当经债权人同意。未经甲同意，乙公司擅自将合同债务转移给丙，其行为不发生法律效力，乙公司仍应承担对甲的合同债务（义务）。

三、合同的终止

（一）合同终止的概念

合同的终止，是指因发生法律规定或当事人约定的情况，使当事人之间的权利义务关系消灭，合同法律效力终止。

债权债务终止后，当事人应当遵循诚信原则，根据交易习惯履行通知、协助、保密、旧物回收等义务。债权债务终止时，债权的从权利同时消灭，但是法律另有规定或者当事人另有约定的除外。

（二）合同终止的原因

1. 履行

债务已经按照约定全面履行，使合同订立的目的得以实现，是合同终止的主要原因。

2. 合同解除

合同解除，是指合同有效成立后，在没有履行或者没有完全履行之前，当事人通过双方协议或者单方行使解除权的方式，使合同的权利义务终止的行为。合同的解除分为约定解除与法定解除两种情况。

约定解除，是指根据当事人事先约定的情况或者经当事人协商一致而解除合同。在订立合同时，当事人可以约定一方解除合同的条件。解除合同的条件成就时，解除权人可以解除合同，无须经过对方当事人同意。合同订立后，经当事人协商一致，也可以解除合同。需要注意的是，解除合同的事由发生时，只有解除权人行使解除权后，合同才能解除。否则，合同仍然有效。

法定解除，是指在合同成立以后，没有履行或者没有完全履行以前，符合法定的解除条件，通过行使法定解除权而使合同权利义务终止的行为。

法定解除事由如表 13–2 所示。

表 13–2　法定解除事由

序号	法定解除事由
1	因不可抗力致使不能实现合同目的
2	在履行期限届满前，当事人一方明确表示或者以自己的行为表明不履行主要债务
3	当事人一方迟延履行主要债务，经催告后在合理期限内仍未履行
4	当事人一方迟延履行债务或者有其他违约行为致使不能实现合同目的
5	法律规定的其他情形

当事人一方依法主张解除合同的，应当通知对方。合同自通知到达对方时解除；通知载明债务人在一定期限内不履行债务则合同自动解除，债务人在该期限内未履行债务的，合同自通知载明的期限届满时解除。对方对解除合同有异议的，任何一方当事人均可以请求人民法院或者仲裁机构确认解除行为的效力。当事人解除合同，法律、行政法规规定应当办理批准、登记等手续的，应依照其规定办理。

合同解除后，尚未履行的，终止履行；已经履行的，根据履行情况和合同性质，当事人可以请求恢复原状或者采取其他补救措施，并有权请求赔偿损失。此外，合同的权利义务关系终止，不影响合同中结算和清理条款的效力。

法条链接

《民法典》第五百六十四条规定："法律规定或者当事人约定解除权行使期限，期限届满当事人不行使的，该权利消灭。法律没有规定或者当事人没有约定解除权行使期限，自解除权人知道或者应当知道解除事由之日起一年内不行使，或者经对方催告后在合理期限内不行使的，该权利消灭。"

学以致用

小华欲购买甲公司的重型货车一辆，经实地查看后，在明知该车辆系库存车的情况下，仍与甲公司就该货车买卖的相关事宜签订《车辆买卖协议》。小华向甲公司支付车款后，甲公司将涉案车辆及行驶证、营运证交付小华。该车辆 2020 年正常进行年检。2021 年对涉案车辆年检时，车管所告知小华涉案车辆实际高度与行驶证、营运证显示高度不符，不能通过检验。2023 年小华向人民法院提起诉讼，主张甲公司隐瞒涉案车辆实际情况，采用欺诈手段，提供虚假的车辆信息，导致合同目的不能实现，要求解除其与甲公司签订的《车辆买卖协议》，甲公司退还购车款并赔偿车辆营运损失。（资料来源：根据《菏泽日报》资料整理）

分析：人民法院经审理后认为，小华在明知涉案车辆系库存车的情况下，自愿购买涉案车辆，双方因此形成买卖合同关系，该买卖合同关系的形成系双方当事人真实意思表示，且未违反法律、行政法规强制性规定，合法成立并生效。小华未在有效期限内行使合同解除权，解除权已消灭，因此对小华提出的要求解除双方签订的《车辆买卖协议》及基于合同解除而要求甲公司退还购车款、赔偿相应损失的诉讼请求，不予支持。

3. 债务相互抵销

债务相互抵销是指合同当事人互负债务，各以其债权充当债务清偿，使双方的债务在等额范围内归于消灭。债务抵销可以分为法定抵销和约定抵销。法定抵销是当事人互负债务，该债务的标的物种类、品质相同的，任何一方可以将自己的债务与对方的到期债务抵销；但是，根据债务性质、按照当事人约定或者依照法律规定不得抵销的除外。当事人主张抵销的，应当通知对方。通知自到达对方时生效。抵销不得附条件或者附期限。约定抵销是当事人互负债务，标的物种类、品质不相同的，经双方协商一致，可以抵销。

同步思考

甲向乙定作了一套西服，但甲迟迟不来取西服，乙无法找到甲向其交付货物，于是半年后将该套西服变卖，将所得价款扣除了报酬和保管费用后，以甲的名义存入了银行。乙的行为属于什么性质？是否合法？

4. 标的物提存

提存，是指由于债权人的原因致使债务人无法向其交付标的物，债务人将标的物交给提存机关保存，则合同权利义务关系终止的行为。例如，债务人乙在合同约定的履行期限内，准备向债权人甲交付货物，但却无法找到债权人甲，债务人乙根据法律有关规定，将该货物交给提存机关，货物被提存后，债务即消灭。

提存的目的是保护债务人的利益，因此《民法典》对债务人提存权利的行使加以限制（见表 13–3）。

表 13–3　债务人可以将标的物提存的情形

序号	具体情形
1	债权人无正当理由拒绝受领
2	债权人下落不明
3	债权人死亡未确定继承人、遗产管理人，或者丧失民事行为能力未确定监护人
4	法律规定的其他情形

法条链接

《民法典》第五百七十三条规定："标的物提存后，毁损、灭失的风险由债权人承担。提存期间，标的物的孳息归债权人所有。提存费用由债权人负担。"

标的物不适于提存或者提存费用过高的，债务人依法可以拍卖或者变卖标的物，提存所得的价款。债务人将标的物或者将标的物依法拍卖、变卖所得价款交付提存部门时，提存成立。提存成立的，视为债务人在其提存范围内已经交付标的物。

5. 免除

免除，是指债权人放弃自己的债权，免去债务人的债务。债权人免除债务人部分或者全部债务的，合同的权利义务部分或者全部终止，但是债务人在合理期限内拒绝的除外。

6. 混同

混同，是指债权和债务同归于一人的，债权债务终止，但是损害第三人利益的除外。

7. 法律规定或者当事人约定终止的其他情形

如合同的撤销，作为合同主体的自然人死亡而其债务无人承担等。

协作创新

林先生一家三口计划去南极旅游，与某旅游公司签订了合同。合同签订后，林先生一家交纳了44万元服务费，旅游公司也预先准备好了私人定制项目和出行设备。突如其来的疫情让这场南极游泡了汤，林先生一家为响应国家政策，通知旅游公司取消行程。林先生一家要求全额退还44万元服务费，可旅游公司表示只同意退回21万元。旅游公司提交了公证材料，包括国外银行的付款凭证、各项退费等，以及证明在疫情发生后，其与境外相关机构对接的过程以及退款情况，并表示很多已经预订了的项目不会因为游客没去就不用花钱。

思考：如何妥善解决这起合同纠纷？

第14讲　开发商逾期交房是否担责？
——合同违约责任

学前思考

远在杭州打工的朱某，一心想在家乡买房置业。经过反复对比，朱某在某楼盘看中一套106平方米的商品房，总房款为75万余元。朱某和某房产公司签订了《商品房买卖合同（预售）》，支付了首付款25万余元，余款办理了贷款。

按照合同约定，该房产公司应于2023年11月26日前交房。但朱某左等右等，直到2024年5月20日才收到交房通知。收房后，对于逾期交房的问题，朱某将该房产公司起诉至法院，要求其按照合同约定支付逾期交房违约金1.7万元。

该房产公司提出，因重污染天气治理共计停工206天。这是不可抗力导致的延长复工，按照法律规定，这期间应为免责期，免除开发商的违约责任。

思考： 因天气等影响逾期交房，开发商是否担责？遇到开发商延期交房，业主该如何维权？

在购买期房时，很多人担心开发商不按约定时间交房。逾期交房会给购房者带来很大的经济压力，增加入住“遥遥无期”的心理负担。开发商逾期交房怎么办？要回答这个问题，我们首先要学习《民法典》合同编中对合同违约责任的相关规定。

一、违约责任

（一）违约责任的概念

违约责任，是指当事人一方不履行合同义务或者履行合同义务不符合约定时应当承担的法律后果。我国《民法典》在对待违约责任的问题上采取严格责任原则。只要当事人不履行合同义务或者履行合同义务不符合约定，除存在不可抗力等法定免责事由或者当事人另有约定外，不管违约方主观上是否存有过错，都需要承担违约责任。违约责任是合同的核心内容。该制度的设立对于保证合同的正确履行、弥补因违约给对方造成的损失、践行社会主义核心价值观有着极为重要的意义。

（二）违约责任的构成要件

1. 行为

行为，是指一方当事人必须有不履行合同义务或者履行合同义务不符合约定的行为，这是构成违约责任的客观条件。违约行为只有在特定的关系中才能产生。

2. 过错

过错，是指违约一方当事人主观上有过错，这也是违约责任的主观条件。

知识链接

购房者在签订合同的时候，一定要看清房屋交付使用的时间以及出现延期交房后该如何约定赔偿等具体事项。对于交房时间的约定越明确、具体越好。因为交房时间的确定直接影响延期交房违约金的起算时间。合同中约定的交房期限，除法律或合同另有规定外，在约定的交房期限届满之日，卖方不能向买方交付房屋的，卖方应在交房期限届满之次日起开始向买方计付延期交房违约金。

思政点滴

安居才能乐业，房屋买卖涉及人民群众的切身利益。在房屋买卖交易中，开发商应当按照合同约定全面履行自身义务，在保障房屋质量的前提下，坚守诚信，按照合同约定的时间交房，并履行交付相关手续材料、协助办理房屋登记等义务，如出现逾期交房、逾期办证、房屋质量不符合要求等问题，应承担违约责任或损失赔偿责任。

当事人违约可能有各种原因，如不可抗力、对方违约等，因这些原因引起违约，当事人不承担违约责任。只有因违约当事人的原因导致违约责任时，当事人才承担违约责任。因此，违约当事人要承担违约责任，主观上必须有过错。而在双方都有过错的情况下，过错的大小是判断其承担违约责任大小的依据。

3. 损害事实

损害事实，是指当事人违约给对方造成了财产上的损害和其他不利后果。从权利角度考虑，只要有违约行为，合同债权人的权利就无法实现或者不能全部实现，其损失即已发生。在违约人支付违约金的情况下，不必考虑对方当事人是否真的受到损害及损害的大小；而在需要支付赔偿金的情况下，则必须考虑当事人所受到的实际损害。

4. 因果关系

因果关系，是指违约行为和损害结果之间存在的引起与被引起的关系。违约当事人承担的赔偿责任，只限于因其违约而给对方造成的损失。对合同对方当事人的其他损失，违约人自然没有赔偿的义务。违约行为造成的损害包括直接损害和间接损害，对这两种损害违约人均应赔偿。

法治素养

原告南阳某传媒有限公司是一家以从事广播传媒等业务为主的企业。2023 年 2 月，李女士与原告签订了《主播签约协议》，约定原告为李女士提供演艺经纪服务，负责对李女士进行培训、包装、推广宣传等，合同期限为 180 天，若任意一方违约需要支付违约金 10 万元。2023 年 4 月，因原告没有按照约定的日期和保底提成数额发放工资，李女士单方面告知原告解约，并另行注册账号进行直播。原告发现后，认为李女士违反了合同约定，要求其赔偿违约金，但李女士辩称，原告违约在先，自己已与原告解约，不应承担任何责任。

人民法院审理后认为，原、被告自愿签订合作协议，是双方的真实意思表示，协议内容不违反法律、行政法规的禁止性规定，合法有效。李女士单方提前解除合同，属于违约，应当承担相应违约责任。但原告未按合同约定每月及时足额向被告发放保底收入、分成或奖励，是对李女士合法权益的侵犯，同样也构成违约，也应当承担相应后果。（资料来源：根据中华网资料整理）

启示： 近年来，网络直播成为新兴产业，网络主播与经纪公司签订的演艺经纪合同具有鲜明的行业特征，兼具居间、委托、代理等综合属性，但无论具有怎样属性的合同都应当以诚信、公平原则贯穿始终。人民法院立足于弘扬社会主义核心价值观，维护契约精神，引导和敦促合同双方合理、合法地行使权利及履行义务，促进经济和谐、稳定发展。

二、承担违约责任的主要形式

（一）继续履行

继续履行，又称实际履行，是指在当事人一方不履行合同义务或者履行合同义务不符合约定时，另一方当事人有权请求法院强制违约方按合同规定的主要条件继续履行义务。违约的当事人无论是否已经承担赔偿金或者违约金责任，都必须按照对方的要求，在自己能够履行的条件下，对原合同未履行的部分进行履行。继续履行合同，既是为了实现合同的目的，又是一种承担违约责任的方式。

法条链接

《民法典》第五百七十七条规定："当事人一方不履行合同义务或者履行合同义务不符合约定的，应当承担继续履行、采取补救措施或者赔偿损失等违约责任。"

（二）采取补救措施

采取补救措施，主要发生在标的物质量不符合约定的情况下。根据《民法典》的规定，履行不符合约定的，应当按照当事人的约定承担违约责任。对违约责任没有约定或者约定不明确，依据合同约定不明的补充规定仍不能确定的，受损害方根据标的的性质以及损失的大小，可以合理选择请求对方承担修理、重作、更换、退货、减少价款或者报酬等违约责任。

头脑风暴

如果房屋买卖双方在居间协议或者居间版的房屋买卖合同或者补充协议里达成了关于做低房价的协议以减轻税负，但是合同一方（一般是卖房人）在网签时又拒绝履行该做低房价的约定，是否需要承担违约责任？

（三）赔偿损失

违约方因不履行合同义务或者履行合同义务不符合约定而给对方造成损失，依法或根据合同规定应承担损害赔偿责任。这是违约责任中最常见的责任形式。损失赔偿额不得超过违约一方订立合同时预见到或者应当预见到的因违约可能造成的损失，也就是说应当赔偿的损失是订立合同时合理预见的损失。

（四）支付违约金

违约金，是指当事人约定一方违约时根据违约情况应向对方支付的一定数额的金钱。约定的违约金过分低于或高于造成的损失的，当事人可以请求人民法院或者仲裁机构予以增加或适当减少。当事人约定的违约金超过造成损失的 30% 的，一般可以认定为"过分高于造成的损失"。当事人认为约定的违约金过分低于造成的损失，请求人民法院增加违约金的，增加后的违约金数额以

法条链接

《民法典》第五百八十五条规定："当事人可以约定一方违约时应当根据违约情况向对方支付一定数额的违约金，也可以约定因违约产生的损失赔偿额的计算方法。约定的违约金低于造成的损失的，人民法院或者仲裁机构可以根据当事人的请求予以增加；约定的违约金过分高于造成的损失的，人民法院或者仲裁机构可以根据当事人的请求予以适当减少。当事人就迟延履行约定违约金的，违约方支付违约金后，还应当履行债务。"

不超过实际损失额为限。当事人就迟延履行约定违约金的，违约方支付违约金后，还应当履行债务。

（五）支付定金

定金既是合同担保的一种方式，又是承担违约责任的一种形式。当事人既约定违约金，又约定定金的，一方违约时，对方可以选择适用违约金或者定金条款，两者不可并用。定金不足以弥补一方违约造成的损失的，对方可以请求赔偿超过定金数额的损失。

三、违约责任的免除

违约责任的免除，是指在合同履行过程中，由于法律规定的或者当事人约定的免责事由致使当事人不能履行合同义务或者履行合同义务不符合约定的，当事人可以免于承担违约责任。违约责任的免除主要有以下两种情形。

（一）不可抗力

不可抗力，是指不能预见、不能避免并不能克服的客观情况。因不可抗力不能履行合同的，根据不可抗力的影响，部分或者全部免除责任。当事人迟延履行后发生不可抗力的，不能免除责任。不可抗力既有因自然原因引起的，如地震、暴雪等，也有因社会原因引起的，如战争、罢工等。当事人因不可抗力不能履行合同的，应当及时通知对方，以减轻可能给对方造成的损失，并应在合理期限内提供证明。

法条链接

《民法典》第五百九十条规定："当事人一方因不可抗力不能履行合同的，根据不可抗力的影响，部分或者全部免除责任，但是法律另有规定的除外。因不可抗力不能履行合同的，应当及时通知对方，以减轻可能给对方造成的损失，并应当在合理期限内提供证明。当事人迟延履行后发生不可抗力的，不免除其违约责任。"

（二）免责条款

免责条款是双方在合同中约定的免除或者限制其未来责任的条款。免责条款作为合同的组成部分，必须经合同当事人充分协商，并且其内容必须符合法律的规定，才具有法律效力。

思政点滴

我国自古以"礼仪之邦"著称于世，讲诚实、守信用是中华民族的传统美德，诚信也是社会主义核心价值观之一。早在2 000多年前，孔子就主张"言必信，行必果"。在中国经济迅速腾飞的今天，中国有着大国风范和担当，得到各国的信任和支持。诚信像一座灯塔，正指引着我们奔向中华民族伟大复兴的中国梦。

协作创新

烂尾住宅项目已成为地方民生之痛。由于开发商资金链断裂、项目手续不全等问题，一些购房者长期无法收房入住，自身利益诉求得不到有效解决。很多购房者在购房时采取的都是首付部分房款，剩下款项向银行贷款、分期还款的方式。一边是楼盘停工、烂尾，交房之日遥遥无期，一边是还要还银行贷款，夹在中间的购房者面临两难处境。面对这种情况，部分购房者决定强制停贷。

在商品住房买卖过程中存在两种法律关系：一种是购房者和开发商之间的买卖关系，另一种是购房者和银行之间的借款关系。按期交付房屋是开发商和购房者的约定，不是银行和购房者的约定。当事人需要在遵守契约精神和法治原则的大框架下解决停贷困境，单方强制停止偿还贷款这一行为在法律上依据并不充分，当事人需要通过合法的程序才能确认其权利。当事人只有通过合法程序解决问题，才能更有利于保护合法权益。任何一方当事人都应该充分认识合同违约或失信可能产生的法律后果。（资料来源：根据搜狐网资料整理）

思考：遭遇烂尾楼的购房者，应如何从法律层面维护自己的权益？

专题五 鼓励创造财富 构建和谐社会
——民法典物权编

第 15 讲 和谐社会应理性看待“钉子户”
——认识物权

学前思考

思政点滴

中华民族自古就推崇和谐友善的精神。因此，构建社会主义和谐社会是继承和发扬中华优秀传统文化、发扬民族精神的重要举措。

任家居住的房子是世世代代传下来的老宅子，其修建可以追溯到乾隆时期。这座拥有 200 多年历史的宅子不仅年代悠久，而且装修做工优良，经过了精雕细琢，是一座“活化石”。世世代代居住在这座宅子里的任家人，已经和这座宅子融为一体。为了推进城中村改造项目的建设，开发商向任家提出了 1 亿元赔偿款的条件。听到这个消息的其他村民顿时惊呆了，却没想到任家人却坚定地说：“不要说是 1 亿，就是 100 亿也不拆！”

当地政府按照构建社会主义和谐社会所提出的“按照民主法治、公平正义、诚信友爱、充满活力、安定有序、人与自然和谐相处”的总要求，为任家提供改造资金，对任家院子进行了修缮，建造成一个民俗博物馆。这样，任家宅子再一次走进了人们的视野，并为文化的发展做出了贡献。（资料来源：根据快资讯资料整理）

法条链接

《民法典》第一百一十三条规定：“民事主体的财产权利受法律平等保护。”

思考：“钉子户”是城市拆迁工作中出现的一个特有名词。这个特有名词无论是对其本身还是拆迁者来说，都不是一个愉快的符号。你对“钉子户”有怎样的认识？

案例主要涉及的是《民法典》物权编原则之一的平等保护原则。

2007 年 3 月 16 日，第十届全国人民代表大会第五次会议通过了《中华人民共和国物权法》(以下简称《物权法》),并自2007年10月1日起正式实施。2020年5月28日,第十三届全国人民代表大会第三次会议表决通过了《中华人民共和国民法典》,自2021年1月1日起施行,《物权法》同时废止。《民法典》物权编在原《物权法》的基础上,按照党中央提出的完善产权保护制度,健全归属清晰、权责明确、保护严格、流转顺畅的现代产权制度的要求,结合现实需要,进一步完善了物权法律制度。

思政点滴

"君子爱财,取之有道",物权编即是财产支配之道。只要是合法取得的财产,均受到国家的平等保护,他人不得侵犯。国家鼓励人们运用合法的手段和辛勤的劳动创造财富、积累财富,提升个人幸福指数,构建和谐社会。个体应树立正确的财富观,养成自尊与诚信的品质,通过合法劳动赚取财富,这对自己和社会都是幸事。

法治素养

商鞅在《商君书》第二十六篇"定分"中说:"一兔走,百人逐之,非以兔为可分以为百,由名分之未定也。夫卖兔者满市,而盗不敢取,由名分已定也。故名分未定,尧、舜、禹、汤且皆如骛焉而逐之;名分已定,贪盗不取……故夫名分定,势治之道也;名分不定,势乱之道也。"《荀子·王制》有言:"力不若牛,走不若马,而牛马为用,何也?曰:人能群,彼不能群也。人何以能群?曰:分。"生活资源有限、人们欲求无限,定分是止争的前提和基础,定分是手段,止争是目的,分定则能止争。

启示:用现代法治思维看,"分"有职责、权利的界限之义。《民法典》物权编通过明确物的归属,以物权"定分",使人们恪守本分、安分守己、各尽其能、各得其所而又和谐相处。《民法典》坚定文化自信,扎根中国土壤、紧扣时代脉搏,深入发掘和传承包括中华优秀传统法律文化在内的中华优秀传统文化的思想精华和时代价值,彰显中华民族的精气神,体现鲜明的民族性和时代性。

一、物权的概念及特征

物权,是指权利人依法对特定的物享有直接支配和排他的权利,包括所有权、用益物权和担保物权。物权的概念从物的直接支配性、排他性和客体的特定性方面揭示了物权的基本内涵。物权具有以下特征。

头脑风暴

曾有这样一则令人啼笑皆非的新闻:父母将孩子收藏的手办送人,并称"这么大了还玩小孩子的玩具",孩子一怒之下反手把父亲珍藏多年的茅台酒倒了。家庭成员因为这件小事发生了矛盾。思考:"孩子是我养的,玩具是我买的,为什么不能随意处理?"家长的这种观念对吗?为什么?

(一)物权是权利人直接支配物的权利

物权以直接支配标的物为内容。物权人可以依自己的意志就标的物直接行使其权利,无需他人的意思或者义务人行为的介入,就可获得权利的内容。

（二）物权是排他性的权利

由于物权是权利人直接支配物的权利，因此必然具有排他性。如一间房屋不能同时有两个所有权，即使是几个人对某一房屋享有共有权，也只是几个共有人共同享有一个所有权，并不是一间房屋有几个所有权。

（三）物权是权利人直接享受物的利益的权利

物权作为财产权，是一种具有物质内容的、直接体现为财产利益的权利。因此，物权的目的是享受物的利益。物的利益分为三种：一是物的归属；二是物的利用；三是就物的价值而设立的债务的担保。

二、物权的种类

《民法典》物权编规定的物权有三大类。

（一）所有权

所有权是构成物权的基础，所有权制度是《民法典》物权编的灵魂。担保物权和用益物权是从所有权派生出来的。所有权，是指财产所有人在法律规定的范围内，对自己财产依法享有的占有、使用、收益和处分的权利。处分权是所有权区别于其他权利的重要特征。所有权包括国家所有权、集体所有权、私人所有权，并派生出建筑物区分所有权。

（二）用益物权

所有权是自物权，用益物权是他物权，是权利人对他人所有的不动产或者动产，依法享有占有、使用和收益的权利。《民法典》物权编所规定的用益物权种类有土地承包经营权、建设用地使用权、宅基地使用权和地役权。

（三）担保物权

担保物权，是指担保物权人在债务人不履行到期债务或者发生当事人约定的实现担保物权的情形，依法享有就担保财产优先受偿的权利，但是法律另有规定的除外。设立担保物权就是为了担保债权人的债权的实现。担保可分为物的担保和财产权利担保两种方式。担保物权分为抵押权、质权和留置权。

微课

每一个公民享用的“权利的盛宴”

三、物的种类

物权作为一种支配权，必须以特定的物作为其支配的客体，因此，只有那些能够为权利人所支配和控制的物，才能成为物权的客体。所以，自然界的物并不能都成为物权的客体。依据不同标准，物的分类如下。

（一）动产与不动产

以物能否移动并且是否因移动而损害其价值为标准，物可以分为动产与不动产，这是《民法典》物权编关于物的最重要的分类。

不动产，是指性质上不能移动或者虽可移动但移动会损害价值的物，如土地、建筑物等。

动产，是指能够移动并且不致损害其价值的物，如桌子、电视机等。

区分动产和不动产的主要意义在于以下几个方面：

（1）物权变动的法定要件不同。不动产物权的变动，以向国家行政主管机关登记为要件，否则不受法律保护；动产物权的变动，一般以物的实际交付为要件，无须登记。

（2）客体不同。用益物权的客体一般是不动产，而在担保物权中，抵押权的客体既可以是动产，也可以是不动产。质押的客体一般是动产，留置权的客体是动产。

（3）诉讼管辖不同。因不动产发生的纠纷，一律由不动产所在地的人民法院或者有关主管机关负责处理，所依据的法律为不动产所在地法，而动产纠纷的管辖则灵活得多。

（二）主物与从物

根据两个独立存在的物在用途上客观存在的主从关系，物可以分为主物与从物。同属一人所有的两个独立存在的物，结合起来才能发挥经济效益，才构成主物和从物关系。主物，是指在与同属一人所有的其他独立物结合使用时起主要效用的物。从物，是指在两个独立物的结合中处于附属地位、起辅助配合作用的物。例如，杯子和杯盖，其中杯子是主物，杯盖是从物。

区分主物、从物的意义在于：若无相反法律规定或约定，主物的权利变动及于从物，即主物转让的，从物随主物转让，但是当事人另有约定的除外。

法条链接

《民法典》第一百一十五条规定：“物包括不动产和动产。法律规定权利作为物权客体的，依照其规定。”

同步思考

甲出售一栋别墅给乙，二人约定价格为人民币300万元。登记过户时，乙发现别墅后附有一个小游泳池，但合同中未约定包括该游泳池。请思考：乙能否主张以原价取得该游泳池的所有权？

（三）原物与孳息

根据两物之间存在的原有物产生新物的关系，物可以分为原物和孳息。原物，是指依其自然属性或法律规定产生新物的物，如生产幼畜的母畜、带来利息的存款等。孳息，是指原物所产生的收益，如植物的果实、动物的幼仔等。孳息又可分为天然孳息和法定孳息。天然孳息，又称直接孳息，是依照物的自然性质而产生的收益物，如植物所结出的果实、动物的出产物等。法定孳息，是指根据法律关系所产生的孳息，如股利、租金等。

区分原物与孳息的法律意义在于决定孳息的归属：天然孳息，由所有权人取得；既有所有权人又有用益物权人的，由用益物权人取得。当事人另有约定的，按照其约定。法定孳息，当事人有约定的，按照约定取得；没有约定或者约定不明确的，按照交易习惯取得。

同步思考

小张将自家的黄牛卖给了小王。小王牵回家3天后发现黄牛已经怀孕1个月。小张得知此事后，立刻跑到小王家，以黄牛在卖出之前已经怀孕为由要求小王待小牛犊出生后归还给自己。小王不同意。那么，小牛应归谁？

法条链接

《民法典》第六百三十条规定："标的物在交付之前产生的孳息，归出卖人所有；交付之后产生的孳息，归买受人所有。但是，当事人另有约定的除外。"

四、《民法典》物权编的基本原则

（一）平等保护原则

平等原则是《民法典》的基本原则，对物权的平等保护是《民法典》平等原则的应有之义。国家财产、集体财产和个人财产均受到法律平等保护。国家行政机关不得滥用征收权力征收个人财产或集体财产，这样可以更好地保护集体财产和个人财产，从而有利于调动全社会的积极性和创造性。

法条链接

《民法典》第二百零七条规定："国家、集体、私人的物权和其他权利人的物权受法律平等保护，任何组织或者个人不得侵犯。"

（二）物权法定原则

物权法定原则，即物权的种类和内容只能由法律规定，不能由当事人自由创设。物权法定原则包括两个方面的内容：

（1）物权种类法定，即当事人不得自由创设法律未规定的新种类物权。如我国的担保物权只能是抵押权、质权和留置权三种。

（2）物权内容法定，即当事人不得在物权中自由创设新的内容，物权的方式、效力等内容都由法律明文规定。如法律规定动产质押必须转移占有，当事人就不能创设不转移占有的动产质押。

（三）一物一权原则

一物一权原则，又称物权客体特定原则，是指在一个标的物上不允许有互不相容的两个以上物权同时存在，而一个物权的客体也只能以一物为限。具体言之，一物不能多权，在同一标的物上只能成立一个所有权，也只能成立一个与其他物权互不相容的用益物权，在物的某一部分上不能成立一个独立的物权；多物不能一权，数个物上一般不能成立一个物权，只能在一个物上成立一个物权。

（四）物权公示公信原则

债权是不公开的，如张三和李四之间是否签订房屋买卖合同，合同的内容是什么，其他人是不知道的。但这套房子是否归张三所有，只要到登记机关查询一下便可以知晓。房子在不动产登记机关登记，称为公示。因为房子是在法定的登记机关登记的，这个机关是国家的有权登记机关，在没有相反证据的情况下，公民相信登记的正确性，这称为公信。当然，对于动产而言，占有和交付是公示方式。

由于物权具有排他性，因此物权的公示方法是由法律强制规定的，而不能由当事人约定。例如，王小明从李小强处购买房屋一套，约定房屋不过户，房屋归王小明所有，虽然有此约定，但是王小明也不能取得房屋的所有权。

物权公示公信原则有利于确保交易安全。例如，若想从王小明处购买一套房屋，需要首先确认这套房子是王小明的。基于物权公示公信原则，这套房子只要登记在王小明的名下，就应该相信这套房子是王小明的，即使登记有误。

思政点滴

在任何情况下都要尊重他人的物权，不得侵害他人的物权。现实生活中出现的非法拆迁、任意没收财产、盗窃、贪污、抢劫、抢夺等行为，实际上就是侵害了他人的物权，有的同时还触犯了《刑法》相关规定。作为大学生的我们，应该建立物权意识和物权界限，培养独立与担当、勤俭与感恩的品质。

学以致用

北京的刘女士借用姨妈的购房资格出资购买了一套经济适用房。双方约定5年后将房屋过户到刘女士女儿的名下，可是等到房本下来之后，姨妈却将这套房子卖给了第三方。姨妈将房子卖给第三方的行为是否有效？

分析：根据《民法典》物权编第三百一十一条规定，第三方可能因为登记簿认为姨妈是所有权人，并基于信赖签订买卖合同，在登记部门办理过户登记。这种情况下，买卖合同生效，第三方能够取得房屋所有权，这是物权公信原则的体现。

五、物权变动

（一）物权变动的含义

物权变动，是指物权的发生、变更、转移和消灭。物权的发生，是指创设一个原来并不存在的物权，如设立一个抵押权，合法建造房屋等；物权的变更，是指在物权主体不改变的情况下改变物权的内容，如改变用益物权的设定期限，将原承包合同延长30年等；物权的转移，是指已经存在的物权在民事主体之间转移，如房屋买卖并办理了过户登记；物权的消灭，是指物权的终止，如房屋被征收，物权随之消灭。

物权变动不能无缘无故地发生，只有能够产生物权变动的法律事实出现，才能依据法律的规定产生物权变动的效果。

法条链接

《民法典》第二百零九条规定："不动产物权的设立、变更、转让和消灭，经依法登记，发生效力；未经登记，不发生效力，但是法律另有规定的除外。依法属于国家所有的自然资源，所有权可以不登记。"

（二）物权变动的原因

物权变动的原因主要有以下三个：

（1）法律行为，如单方法律行为（如抛弃、捐助、遗赠）、双方法律行为（买卖合同、抵押合同）和多方法律行为（如设立公司的协议）。

（2）事件和事实行为，如继承、先占、添附、善意取得等。

（3）公法行为，如征收、没收、判决、强制执行。

物权变动的原因如表15–1所示。

表15–1　物权变动的原因

物权变动的具体情形和条件	物权变动的原因				
	法律行为			事件和事实行为	公法行为
具体情形	单方法律行为	双方法律行为	多方法律行为	继承、先占、添附、善意取得等	征收、没收、判决、强制执行
条件	法律行为有效+处分权+公示（动产交付、不动产登记）			依照法律规定取得，无须公示	法律文书生效时发生物权变动

法条链接

《民法典》第二百一十五条规定："当事人之间订立有关设立、变更、转让和消灭不动产物权的合同，除法律另有规定或者当事人另有约定外，自合同成立时生效；未办理物权登记的，不影响合同效力。"

学以致用

郑某开办公司资金不足，其父将3间房屋以25万元卖给即将回国定居的郭某，但其父亲还未来得及办理过户手续即去世。郑某不知其父卖房一事，继承了这笔房款及房屋，并办理了登记手续。随后，郑某以3间房屋作抵押向陈某借款10万元，并将房产证交给了陈某，但没有办理抵押登记。房屋归谁所有？

分析：郑某父亲与郭某签订的房屋买卖合同有效，但因未办理房屋过户手续，故房屋的所有权仍然属于郑某父亲。郑某父亲去世时，房屋归其子郑某所有，郑某当然有权处分，但不动产登记簿上的名字仍然是其父的名字，所以必须办理变更登记。郑某将产权证抵押给陈某，但未办理登记手续，故陈某不享有抵押权。

（三）不动产登记

1. 不动产物权登记的效力

基于法律行为的物权变动，登记是不动产物权变动的生效要件，即不动产物权未经登记，不发生物权变动的效力，除非法律另有规定。

《民法典》物权编对基于法律行为的不动产变动规则也规定了例外情形：土地承包经营权的设立；土地承包经营权的转让；土地经营权的设立；地役权的设立。

2. 不动产登记的种类

（1）更正登记。权利人、利害关系人认为不动产登记簿记载的事项错误的，可以申请更正登记。不动产登记簿记载的权利人书面同意更正或者有证据证明登记确有错误的，登记机构应当予以更正。

（2）异议登记。不动产登记簿记载的权利人不同意更正的，利害关系人可以申请异议登记。登记机构予以异议登记，申请人自异议登记之日起 15 日内不提起诉讼的，异议登记失效。异议登记不当，造成权利人损害的，权利人可以向申请人请求损害赔偿。异议登记目的是对真正权利人提供临时性保护。申请更正登记的权利人与登记簿上的权利人之间的争议一时难以化解，故有必要建立异议登记制度，作为对真正权利人利益的临时性保护措施。

（3）预告登记。当事人签订买卖房屋的协议或者签订其他不动产物权的协议，为保障将来实现物权，按照约定可以向登记机构申请预告登记。预告登记后，未经预告登记的权利人同意，处分该不动产的，不发生物权效力。预告登记后，债权消灭或者自能够进行不动产登记之日起 90 日内未申请登记的，预告登记失效。

不动产登记的种类、适用情形和法律效果如表 15–2 所示。

表 15–2　不动产登记的种类、适用情形和法律效果

不动产登记的种类	适用情形	法律效果
更正登记	登记错误	以更正后的登记确定不动产物权的归属和内容
异议登记	不动产登记簿上权利人不同意更正登记	减损不动产登记簿的效力；对真正权利人提供临时保护
预告登记	暂时无法办理物权登记	冻结不动产登记簿，未经登记权利人同意，不得办理不动产登记

头脑风暴

我们常在新闻里看到“一房二卖”，那么应该如何预防“一房二卖”呢？在出现了“一房二卖”情况之后又该如何处理呢？

知识链接

异议登记减损错误登记的公信力，即不动产登记簿上所记载的权利暂时失去正确推定性效力，阻碍善意取得的发生，第三人不得主张依照登记的公信力而受到保护。

知识链接

预告登记后，未经预告登记的权利人同意，向预告登记权利人之外的第三人处分不动产的（包括出售、赠与、互易、出资、设定抵押），不发生物权效力（合同效力不因此受影响）。预告登记生效期间，未经预告登记权利人的书面同意，处分不动产权利申请登记的，不动产登记机构应当不予办理（此点与异议登记不同）。

头脑风暴

生活中，我们或多或少都会遇到房屋买卖合同的纠纷问题。其中，大部分的原因在于大家对商品房买卖预告登记与商品房买卖合同备案登记的区别认知不清晰。请思考：两者有何区别？

（四）动产物权变动

动产物权变动的条件是：法律行为有效＋处分权＋交付或放弃占有。所谓交付，即转移占有。交付的构成要件包括转移占有，并且双方有交付的合意。

交付的种类包括现实交付、简易交付、指示交付和占有改定。

1. 现实交付

现实交付，是指事实管领力的转移，即双方在约定的地点，基于交付的合意转移占有，使受让人取得占有。

2. 简易交付

简易交付，是指受让人在动产物权变更前先占有动产的，让与人设立和转让其动产物权，无须实际交付，让与合同生效时，即发生物权变动的有效性的交付方式。

3. 指示交付

指示交付，是指让与动产物权的时候，如果让与人的动产由第三人占有，让与人可以将其享有的对第三人的返还请求权让与受让人，以代替现实交付。如甲将自己的自行车出租给乙使用，租期为一个月，租赁期未满之时，甲又将该自行车出售给丙，由于租期未满，自行车尚由乙合法使用，此时为使得丙享有对该自行车的所有权，甲应当将自己享有的针对乙的返还原物请求权转让给丙以代替现实交付。

4. 占有改定

占有改定，是指在动产交易中出让人与受让人约定，由出让人继续直接占有动产，使受让人取得对于动产的间接占有，并取得动产的所有权。占有改定是观念交付的方式之一，实际上是标的物的所有权转移，但是现实占有不转移，只是占有人的占有名义发生了变更。

交付种类的特点和法律效果如表 15–3 所示。

表 15–3　交付种类的特点和法律效果

交付的特点和法律效果	交付的种类			
	现实交付	简易交付	指示交付	占有改定
特点	事实管领力的转移	对方先占有标的物，后达成转让协议	事实上是返还原物请求权的转让	动产实际上仍然在转让人手中
	转移占有	转移占有在事实上并未发生，只是在“观念”中发生		
法律效果	均导致物权变动			

学以致用

王某将其计算机出租给陈某，租期为半年。租赁期间，崔某提出购买王某的计算机，王某同意。王某和崔某约定："自该日起崔某取得计算机的所有权。"王某和崔某还约定："王某将对陈某基于租赁合同享有的返还计算机的请求权让与崔某以代替现实交付。"这种情况属于哪种交付？

分析：这种情况属于指示交付。计算机在陈某的手上纹丝未动，但王某已向崔某完成了计算机的交付，交付方式就是指示交付（注意两个"约定"）。之所以说指示交付是"观念交付"，是指虽然无事实上的交付，但为了交易的简便，假设已经在观念上完成一系列交付（陈某将计算机暂时返还给王某，王某基于买卖合同将计算机交付给崔某，崔某又基于租赁合同将计算机交付给陈某）。

（五）非基于法律行为导致的物权变动

1. 生效的法律文书导致的物权变动

因人民法院、仲裁机构的法律文书或者人民政府的征收决定等，导致物权设立、变更、转让或者消灭的，自法律文书或者征收决定等生效时发生效力。生效的法律文书此时就相当于新的"产权证"，当事人可以凭生效的法律文书前往不动产登记部门办理变更登记。

2. 因继承取得物权

因继承取得物权的，自继承开始时发生效力。此处的继承包括法定继承、遗嘱继承以及受遗赠导致的物权变动。

3. 事实行为

因合法建造、拆除房屋等事实行为设立或者消灭物权的，自事实行为成就时发生效力。

处分因上述非法律行为享有的不动产物权，依照法律规定需要办理登记的，未经登记，不发生物权效力。

协作创新

小张和妻子到一家海鲜酒楼吃饭，两人点了很多喜欢吃的海鲜，其中有一份是清蒸扇贝。服务员帮忙打开扇贝时，惊叫了一声，原来在扇贝里发现了一颗硕大的珍珠。几人惊讶地叫出声来。随后，为了这颗珍珠，小张、酒楼老板和服务员发生了争执。小张说这颗珍珠应当属于他，这顿饭是他付的钱。服务员主张这颗珍珠应当属于他，因为是他首先发现了这颗珍珠，理应享有发现权。酒楼老板说，这颗珍珠应当属于酒楼，因为小张还没有买单，扇贝的所有权还没有转移，扇贝肚子里的珍珠理应属于酒楼。很凑巧，卖扇贝的小贩恰好正在酒楼与老板结账，见此情景，小贩也不要鱼钱了，而声称珍珠应当属于自己。事情越来越复杂，最终几方为确定珍珠的所有权闹到了法庭。

思考：扇贝里的珍珠到底属于谁？

第16讲　拾得遗失物不归还要担责
——所有权制度

学前思考

一家珠宝公司的员工王某在深圳机场办理行李托运手续时中途离开，将一个装有14 555.37克黄金首饰的小纸箱放在行李手推车上方的篮子内，并单独停放在柜台前1米的黄线处。王某离开33秒后，机场清洁工梁某出现在手推车旁，并将纸箱搬进机场一间厕所。王某约4分钟后返回，发现纸箱不见了，随即向公安机关报案。民警于当天下午前往梁某家中，将这只纸箱追回，但有136.49克黄金首饰去向不明。经鉴定，纸箱内黄金首饰价值300万元。失主表示不追究梁某的责任，梁某才得以被驳回一审所判定的盗窃罪，改判无罪，走出看守所。（资料来源：根据央视网资料整理）

思考：生活中，丢失东西很常见，大多数人拾得他人遗失的东西后，都会主动寻找失主或主动交予公安机关来处理。但也有部分人贪心，会将他人的遗失物占为己有。拾得遗失物不归还是否要担责？

思政点滴

拾金不昧是中华民族的传统美德，也是一个人良好道德风尚和崇高社会责任感的体现。如若贪心将他人失物据为己有，尤其是贵重物品或现金，将有可能触犯《刑法》。若捡到贵重物品或现金，应当及时通知权利人领取，或者送交有关部门，尽快找到失主并归还失物。

案例主要涉及的是“遗失物”的问题，即拾金昧与拾金不昧的法律问题。《民法典》物权编对拾得遗失物的规则作了修改。

一、所有权的基本理论

（一）所有权的概念

所有权，是指财产所有人在法律规定的范围内，对自己财产依法享有的占有、使用、收益和处分的权利。所有权的主体享有四项权能，即占有、使用、收益、处分，核心权能是处分权能。处分权能一般只有所有权人享有。但在实际生活中，占有、使用、收益、处分四项权能都能够并且经常地与所有权发生分离，而所有权人仍不丧失对于财产的所有权。所有权人正是通过这四项权能的分离和恢复，发挥财产的效益，以满足自己生产和生活的需要。

所有权是物权中最重要的也是最完全的一种权利，具有绝对性、排他性和永续性三个特征。所有权是绝对权，所有权不需要他人的积极行为，只要他人不加干预，所有权人自己便能实现其权利。所有权关系的义务主体是所有权人以外的一切人，其所负的义务是不得非法干预所有权人行使其权利，是一种特定的不作为义务。所有权具有排他性，所有权人有权排除他人对于其行使权利的干涉，并且同一物上只能存在一个所有权，而不能并存两个以上的所有权。所有权因标的物的存在而永久存在，不预定其存续期间。

（二）征收与征用

法人、其他组织及公民所有的财产不可侵犯。根据《宪法》的规定，国家为了公共利益的需要，可以依照法律规定对公民的私有财产实行征收或者征用并给予补偿。

1. 征收

征收，是指国家为了公共利益的需要而将集体所有的土地和单位、个人的房屋及其他不动产所有权转归征收人的法律事实。《民法典》第二百四十三条规定："为了公共利益的需要，依照法律规定的权限和程序可以征收集体所有的土地和组织、个人的房屋以及其他不动产。征收集体所有的土地，应当依法及时足额支付土地补偿费、安置补助费以及农村村民住宅、其他地上附着物和青苗等的补偿费用，并安排被征地农民的社会保障费用，保障被征地农民的生活，维护被征地农民的合法权益。征收组织、个人的房屋以及其他不动产，应当依法给予征收补偿，维护被征收人的合法权益；征收个人住宅的，还应当保障被征收人的居住条件。"

2. 征用

征用，是指国家为了公共利益的需要而依法强制取得原属于私人或者集体所有的财产的使用权的行为。《民法典》第二百四十五条规定："因抢险救灾、疫情防控等紧急需要，依照法律规定的权限和程序可以征用组织、个人的不动产或者动产。被征用的不动产或者动产使用后，应当返还被征用人。组织、个

法条链接

《民法典》第二百四十条规定："所有权人对自己的不动产或者动产，依法享有占有、使用、收益和处分的权利。"

法条链接

《民法典》第二百四十一条规定："所有权人有权在自己的不动产或者动产上设立用益物权和担保物权。用益物权人、担保物权人行使权利，不得损害所有权人的权益。"

知识链接

在通常情况下，资产一般为所有人占有，即占有权与所有权合一；但在特定条件下，占有权也可与所有权分离，形成为非所有人享有的独立的权利。

头脑风暴

征收和征用是两个不同的法律概念。国家为了公共利益的需要，可以依照法律规定对公民的私有财产实行征收或者征用并给予补偿。《宪法》是为了正确处理私有财产保护和公共利益需要、公民权利和国家权力之间的关系，而确立的我国征收、征用制度。请思考：征收和征用的区别和共同点有哪些？

人的不动产或者动产被征用或者征用后毁损、灭失的，应当给予补偿。”

二、所有权的种类

在我国，所有权的种类主要有国家所有权、集体所有权和私人所有权。

（一）国家所有权

国家所有权，是指国家对国有财产的占有、使用、收益和处分的权利。根据《民法典》物权编的规定，专属于国家所有的不动产和动产，任何单位和个人不能取得所有权。国家所有权的客体如表 16–1 所示。

法条链接

《民法典》第二百四十六条规定：“法律规定属于国家所有的财产，属于国家所有即全民所有。国有财产由国务院代表国家行使所有权。法律另有规定的，依照其规定。”

表 16–1　国家所有权的客体

序号	客体
1	矿藏、水流、海域
2	无居民海岛
3	城市的土地
4	法律规定属于国家所有的农村和城市郊区的土地
5	森林、山岭、草原、荒地、滩涂等自然资源，但是法律规定属于集体所有的除外
6	法律规定属于国家所有的野生动植物资源
7	无线电频谱资源
8	法律规定属于国家所有的文物
9	国防资产
10	铁路、公路、电力设施、电信设施和油气管道等基础设施，依照法律规定为国家所有的

同步思考

一位哈萨克族牧民在新疆阿勒泰地区青河县境内捡到了一块重 7.85 千克的狗头金。据当地史志办工作人员称，这是迄今为止在新疆发现的最大一块狗头金。请思考：牧民捡到的天然金块，所有权归谁？该牧民能不能自己保留捡到的金块或者拿到市场上去卖？

（二）集体所有权

集体所有权，是指劳动群众集体，包括农村劳动群众集体和城镇劳动群众集体，占有、使用、收益和处分其财产的权利。集体所有的财产受法律保护，禁止任何单位和个人侵占、哄抢、私分和破坏。集体所有权的客体如表 16–2 所示。

法条链接

《民法典》第二百六十五条规定：“集体所有的财产受法律保护，禁止任何组织或者个人侵占、哄抢、私分、破坏。农村集体经济组织、村民委员会或者其负责人作出的决定侵害集体成员合法权益的，受侵害的集体成员可以请求人民法院予以撤销。”

表 16–2　集体所有权的客体

序号	客体
1	法律规定属于集体所有的土地和森林、山岭、草原、荒地、滩涂
2	集体所有的建筑物、生产设施、农田水利设施
3	集体所有的教育、科学、文化、卫生、体育等设施
4	集体所有的其他不动产和动产

（三）私人所有权

私人所有权，是指私人依法享有的占有、使用、收益和处分其生产资料和生活资料的权利。依据《民法典》物权编的规定，私人对其合法的收入、房屋、生活用品、生产工具、原材料等不动产和动产享有所有权。

法条链接

《民法典》第二百六十七条规定："私人的合法财产受法律保护，禁止任何组织或者个人侵占、哄抢、破坏。"

法治素养

济南市民王女士将现金装入纸袋中，准备去医院看病，在取袋子里的其他东西时，不慎将钱撒了出来，结果钱被大风吹跑了，路过的市民纷纷帮助她捡拾着路面上散落的钞票，一名电动车主也从不远处送来自己拾到的钱。在众人的帮助下，散落现金被一分不少地送了回来，这些市民助人为乐、拾金不昧的行为获得了央视的点赞。与市民帮助王女士雪中送炭截然相反的是落井下石。在网上有段视频，一辆半挂车出了车祸，货主为了减少损失，一筐50斤的橘子只卖30元，有好些人趁货主看不到，就偷拿橘子，最后演变成路过的行人、开小车的司机、骑车接学生的家长都去哄抢，有的人甚至将抢来的橘子拿到街上去卖。最让人寒心的一幕来了：家长带孩子一起抢橘子！所幸，几天后事件有了反转，警方成立了调查组，将对参与盗窃人员依法严肃处理，5人被行政拘留。（资料来源：根据搜狐网资料整理）

启示：我们要树立物权意识和守法意识，不仅要尊重自己的物权，还要尊重他人物权。个体要通过自己的劳动和付出合法地获得属于"自己"的财产，不要存在不劳而获得到一份产权清晰的财物的侥幸心理。学校应弘扬"助人为乐、拾金不昧"的中华民族传统美德，不断鼓励学生在工作与生活中发扬此精神，传递正能量。

头脑风暴

2012年2月，四川彭州农民吴某在自家承包地中发现了据称价值超过1 200万元的乌木，但彭州市国有资产监督管理办公室宣布，乌木归国家所有，奖励发现者7万元。请思考：天价乌木应归谁所有？

思政点滴

正确处理个人利益与他人、集体、公共利益之间的关系，共同构建和谐美好的居住环境，弘扬和践行社会主义核心价值观。

三、业主的建筑物区分所有权

建筑物区分所有权，是指业主对建筑物内的住宅、经营性用房等专有部分享有所有权，对专有部分以外的共有部分享有共有和共同管理的权利。建筑物区分所有权人称为业主。

法条链接

《民法典》第二百七十二条规定："业主对其建筑物专有部分享有占有、使用、收益和处分的权利。业主行使权利不得危及建筑物的安全，不得损害其他业主的合法权益。"

（一）专有权

专有权，是指业主对建筑物内房屋的专有部分享有所有权，具有所有权的效力，在区分所有权中居于主导地位。取得专有权的同时即取得共有权和管理权。业主专有权的客体如表 16–3 所示。

表 16–3 业主专有权的客体

序号	客体
1	业主专有的住宅或者经营性用房（地板、天花板和四壁形成的空间）
2	买卖合同明示由业主单独所有的车位、车库
3	买卖合同明示由业主单独所有的绿地

知识链接

区分所有权中的共有不是按份共有，也不是共同共有，而是一种特殊共有，又被称为互有。业主不得请求分割共有部分。

（二）共有权

共有权，是指业主对建筑物内房屋的专有部分以外的部分享有共有权。建筑物内房屋以外的部分是共有部分。业主共有权的客体如表 16–4 所示。

头脑风暴

家门口摆放鞋柜，楼梯口堆着纸板箱、塑料箱、植物等各种杂物……在住宅小区里，这样的现象很常见。很多人觉得，自家门口就是自家的区域，放点儿杂物或垃圾没什么。思考：楼梯通道所有权属于谁？在小区楼道摆放杂物违法吗？

表 16–4 业主共有权的客体

序号	客体
1	承重墙、屋顶、外墙、楼梯、电梯、走廊、公共照明设备
2	建筑区划内的绿地、道路、公共场所、物业服务用房、地下室、照明设备、消防设备、给排水系统、通信网络设备等
3	占用业主共有道路或其他场地用于停放汽车的车位
4	建筑区划内的其他公共场所、公用设施、维修资金
5	利用共有部分产生的纯收入

（三）管理权

法条链接

《民法典》第二百七十三条规定："业主对建筑物专有部分以外的共有部分，享有权利，承担义务；不得以放弃权利为由不履行义务。业主转让建筑物内的住宅、经营性用房，其对共有部分享有的共有和共同管理的权利一并转让。"

业主对专有部分以外的共有部分享有共同管理的权利。行使共同管理权的组织包括业主大会和业主委员会。

业主可以设立业主大会，选举业主委员会。业主大会或者业主委员会的决定，对业主具有约束力，其成立的具体条件和程序依照法律、法规的规定。由业主共同决定的事项如表 16–5 所示。

表 16–5 由业主共同决定的事项

序号	事项
1	制定和修改业主大会议事规则
2	制定和修改管理规约
3	选举业主委员会或者更换业主委员会成员
4	选聘和解聘物业服务企业或者其他管理人
5	使用建筑物及其附属设施的维修资金

续表

序号	事项
6	筹集建筑物及其附属设施的维修资金
7	改建、重建建筑物及其附属设施
8	改变共有部分的用途或者利用共有部分从事经营活动
9	有关共有和共同管理权利的其他重大事项

业主共同决定事项，应当由专有部分面积占比 2/3 以上的业主且人数占比 2/3 以上的业主参与表决。决定上述第 6 项至第 8 项规定的事项，应当经参与表决专有部分面积 3/4 以上的业主且参与表决人数 3/4 以上的业主同意。决定其他事项，应当经参与表决专有部分面积过半数的业主且参与表决人数过半数的业主同意。

同步思考

业主对物业不满是否可以更换物业？更换物业需要多少业主同意？

学以致用

原告房地产开发公司是某小区的建设单位。2019 年 10 月，房地产开发公司通过竞拍取得了小区所在地的国有土地使用权，建筑住宅楼 4 幢，地下一层、地上七层。小区建成后，59 个地面车位面积未计入建筑面积，无法办理产权登记手续。针对这 59 个地面车位，房地产开发公司认为是通过竞标出让土地后开发建设，应归属于原告。小区业委会则认为地面车位占用小区公共用地，应由全体业主享有。2023 年 11 月，房地产开发公司起诉到新昌县人民法院，要求确认小区内的 59 个地面停车位使用权归自己所有。（资料来源：根据人民资讯网资料整理）

头脑风暴

小区的车位主要有三种：一是位于地下的开发商或者业主的产权车位；二是没有产权，在人防工程中增设的车位；三是在小区道路旁或其他场地增设的车位。请思考：小区这三种车位到底归谁所有？

分析：本案中，房地产开发公司主张的 59 个地面车位，虽在小区建造之初经过规划设计，但这是为了满足全体业主日常生活及公共使用需要而保障设置的规定数量或比例的停车设施，规划的初衷并非让开发商以出卖等方式获利，且这 59 个车位未计入建筑面积，不能办理产权登记手续。地上车位有别于地下车位，未形成新的使用空间，房地产开发公司也无额外成本投入，实质上是占用建筑区划内业主共有的道路或者其他场地，应认定属于业主共有。房地产开发公司不能以出售、附赠或者出租等方式进行处分。

法条链接

《民法典》第二百七十五条规定："建筑区划内，规划用于停放汽车的车位、车库的归属，由当事人通过出售、附赠或者出租等方式约定。占用业主共有的道路或者其他场地用于停放汽车的车位，属于业主共有。"

四、相邻关系（相邻权）

（一）相邻关系的概念

相邻关系从权利角度来讲，又称为相邻权。不动产所有权人或者使用人行使权利时，应给予相邻的不动产所有权人或者使用人以行使权利的必要便利条件。

法条链接

《民法典》第二百八十八条规定："不动产的相邻权利人应当按照有利生产、方便生活、团结互助、公平合理的原则，正确处理相邻关系。"

（二）相邻关系产生的原因

资源稀缺是相邻关系产生和发展的根本原因。相邻关系可以合理地利用有限的资源。

相邻关系属于不动产权利的行使，而不是不动产权利本身，不仅从属于不动产所有权，而且从属于不动产用益物权，不能独立转让。

（三）相邻关系的主要规定

《民法典》物权编对相邻关系的主要规定如表 16–6 所示。

表 16–6 相邻关系的规定

序号	相邻关系	相关规定
1	因用水、排水产生的相邻关系	不动产权利人应当为相邻权利人用水、排水提供必要的便利。对自然流水的利用，应当在不动产的相邻权利人之间合理分配。对自然流水的排放，应当尊重自然流向。
2	因通行等产生的相邻关系	不动产权利人对相邻权利人因通行等必须利用其土地的，应当提供必要的便利。
3	因建造、修缮建筑物以及铺设电线、电缆、水管、暖气和燃气管线等产生的相邻关系	必须利用相邻土地、建筑物的，该土地、建筑物的权利人应当提供必要的便利。但不得危及相邻不动产的安全。
4	因通风、采光和日照产生的相邻关系	建造建筑物，不得违反国家有关工程建设标准，不得妨碍相邻建筑物的通风、采光和日照。
5	因环境保护产生的相邻关系	不动产权利人不得违反国家规定弃置固体废物，排放大气污染物、水污染物、土壤污染物、噪声、光辐射、电磁辐射等有害物质。

法条链接

《民法典》第二百九十六条规定："不动产权利人因用水、排水、通行、铺设管线等利用相邻不动产的，应当尽量避免对相邻的不动产权利人造成损害。"

法治素养

李某与王某是某村村民，平日关系甚好。后来，李某在王某房屋后面建房时，没有留出足够的空间，李某房屋的滴水檐距王某房屋后墙太近，以致下雨时王某房屋后墙墙体因水滴受潮导致屋内墙皮脱落，进而影响正常居住生活，王某屡劝李某不听，两家关系交恶，最终王某将李某告上法庭。人民法院经审理查明，李某所建房屋确实距离王某的住房太近，既不符合情理，也不符合相关的法律规定。经过共同努力，双方当事人握手言和，李某表示愿意赔偿王某的损失，并加固王某的房屋，一场影响邻里和睦的纠纷得到妥善处理。

启示：中国自古有“远亲不如近邻”之说，李某与王某多年毗邻而居且关系素好，故应遵循“予人方便自己方便”的古训，发扬团结互助的精神，建立睦邻友好关系；在行使不动产所有权、使用权与相邻权时，相互尊重邻人的权利，兼顾邻人的利益，不能以邻为壑，损人利己；在遇到问题时，互谅互让，采取协商的办法，公平合理地解决。

思政点滴

常言道：“远亲不如近邻，近邻不如对门。”邻里关系是最基本的社会关系之一。邻里和谐是实现社区和谐、社会和谐的重要基础。邻里关系应以和为贵、以让为礼。

五、共有

（一）共有的概念

共有，是指两个或者两个以上的民事主体对同一项财产所共同享有的所有权。共同所有的所有权人称为共有人，其标的物称为共有物。共有包括按份共有和共同共有。共有人按照约定管理共有的不动产或者动产；没有约定或者约定不明确的，各共有人都有管理的权利和义务。因共有的不动产或者动产产生的债权债务，在对外关系上，共有人享有连带债权、承担连带债务，但是法律另有规定或者第三人知道共有人不具有连带债权债务关系的除外。

法条链接

《民法典》第二百九十七条规定：“不动产或者动产可以由两个以上组织、个人共有。共有包括按份共有和共同共有。”

（二）按份共有

按份共有，是指两人以上按照各自的份额对共有物享有权利和承担义务的共有关系。按份共有人对共有的不动产或者动产享有的份额，没有约定或者约定不明确的，按照出资额确定，不能确定出资额的，视为等额享有。

1. 按份共有的内部关系

根据《民法典》物权编的规定，对共有的不动产或者动产作重大修缮、变更性质或者用途的，应当经占份额 2/3 以上的按份共有人同意，但是共有人之间另有约定的除外。注意，此处的 2/3 指的是共有人的份额，而非人数。

共有人对共有物的管理费用以及其他负担，有约定的，按照其约定；没有约定或者约定不明确的，按份共有人按照其份额负担，共同共有人共同负担。

在共有人内部关系上，除共有人另有约定外，按份共有人按照份额享有债权、承担债务。偿还债务超过自己应当承担份额的按份共有人，有权向其他共有人追偿。

2. 按份共有的外部关系

根据《民法典》物权编的规定，处分共有的不动产或者动产，应当经占份额 2/3 以上的按份共有人同意，但是共有人之间另有约定的除外。

按份共有人对其享有的份额有处分自由。当按份共有人转让其共有份额时，其他共有人在同等条件下享有优先购买权。

> **法条链接**
>
> 《民法典》第三百零二条规定："共有人对共有物的管理费用以及其他负担，有约定的，按照其约定；没有约定或者约定不明确的，按份共有人按照其份额负担，共同共有人共同负担。"

（三）共同共有

共同共有，是指两个或两个以上的人基于共同关系，共同享有一物的所有权。共同关系可以表现为夫妻关系、家庭关系等。

根据《民法典》物权编的规定，共有人对共有的不动产或者动产没有约定为按份共有或者共同共有，或者约定不明确的，除共有人具有家庭关系等外，视为按份共有。

> **同步思考**
>
> 请思考：共有关系在实际生活中有哪些具体表现形式？

1. 共同共有的内部关系

对共有的不动产或者动产作重大修缮、变更性质或者用途的，应当经全体共同共有人同意，但是共有人之间另有约定的除外。

在共有人内部关系上，除共有人另有约定外，共同共有人共同享有债权、承担债务。

2. 共同共有的外部关系

处分共有的不动产或者动产，应当经全体共同共有人同意，但是共有人之间另有约定的除外。

> **知识链接**
>
> 我们在购买二手房的时候，应该到房屋产权登记部门查询房屋的权属。若出售的房屋是夫妻或家庭共同财产，买卖合同应当由夫妻或其他共有人共同签字。否则，有可能导致房屋无法过户。

学以致用

李先生与徐小姐确立恋爱关系两年后登记结婚，婚后未生育子女。办理结婚登记前，李先生个人出资购买了一套房产。结婚后，李先生将该房屋产权变更为李先生、徐小姐两人所有，房屋尚有银行贷款，由李先生还贷，双方无其他重大共有财产，亦无其他夫妻共同债务。

后徐小姐以与李先生性格不合、夫妻感情破裂为由将李先生诉至法院，要求解除与李先生的婚姻关系，主张房屋产权归其所有，徐小姐向李先生支付一半的房屋折价款。徐小姐能否基于共同共有的房产登记事实主张享有房屋价值一半的财产权益？

分析：本案房屋虽然系李先生婚前购买，但婚后李先生自愿将该房屋产权变更登记在李先生、徐小姐名下，并登记为共同共有，故该房产应当认定为李先生、徐小姐的共同财产，依法应当予以分割。具体分割方式，应当在扣除尚未偿还的银行贷款之后，结合房屋来源、双方婚姻关系存续期间长短及双方对该房屋所作贡献大小等因素，进行倾斜分割，徐小姐要求分得房屋价值一半的财产权益于情于理都不合适，徐小姐主张房屋产权归其所有、向李先生支付相应房屋折价款的诉求不应得到支持。

六、所有权取得的特别规定

（一）善意取得

善意取得，是指无权处分人将其占有的动产或者错误登记在其名下的不动产转让给善意第三人或者为善意第三人设定他物权，在符合法定的要件时，善意第三人依照法律的规定取得动产或者不动产所有权或者他物权的制度。善意取得必须具备一定的要件（见表 16–7）。

> **头脑风暴**
>
> 拾得遗失物、发现埋藏物或隐藏物、赃物等不适用于善意取得制度。这是为什么？

表 16–7　善意取得要件

序号	要件
1	受让人受让该不动产或者动产时是善意
2	以合理的价格转让
3	转让的不动产或者动产依照法律规定应当登记的已经登记，不需要登记的已经交付给受让人
备注	受让人依据上述规定取得不动产或者动产的所有权的，原所有权人有权向无处分权人请求损害赔偿
	当事人善意取得其他物权的，参照适用前两款（1、2）规定
	受让人善意，是指受让人相信财产的让与人是有处分权人

法治素养

常言道：“没有天上掉馅饼的好事。”但如果真有一天被馅饼砸中脑袋，你是捡还是不捡？我们今天的主人公许某的答案是：不捡白不捡。曾经在广州打工的青年许某成为全国瞩目的新闻人物。因为广州市商业银行的自动柜员机出了故障，许某用一张只有 176 元的银行卡，居然取出了 17.5 万元。不过，发了横财的许某日子并不好过，因为涉嫌盗窃金融机构罪，被广州市中级人民法院一审判处无期徒刑。二审人民法院判处许某有期徒刑 5 年，同时要求他退还 17.5 万元赃款，交付罚金 2 万元。在不到两年的时间里，25 岁的许某的人

生发生了彻底的改变。(资料来源：根据快资讯资料整理)

启示：拾金不昧是一个人高尚道德情操的体现，是中华民族的传统美德，也是社会主义核心价值观的具体体现。积小善成大德。我们应提倡和弘扬社会主义核心价值观，不要贪图便宜，不要相信不劳而获，在用自己的实际行动传递正能量的同时，也向社会展现大学生友爱、积极向上、乐于助人、拾金不昧的精神风貌。

(二)拾得遗失物

遗失物是他人不慎丧失占有的动产。遗失物不是抛弃物，因此不是无主物。拾得人有向失主返还遗失物及孳息的义务。

拾得遗失物，应当返还权利人。拾得人应当及时通知权利人领取，或者送交公安等有关部门。有关部门收到遗失物，知道权利人的，应当及时通知其领取；不知道的，应当及时发布招领公告。

拾得人在遗失物送交有关部门前，有关部门在遗失物被领取前，应当妥善保管遗失物。因故意或者重大过失致使遗失物毁损、灭失的，应当承担民事责任。权利人领取遗失物时，应当向拾得人或者有关部门支付保管遗失物等支出的必要费用。

权利人悬赏寻找遗失物的，领取遗失物时应当按照承诺履行义务。拾得人侵占遗失物的，无权请求保管遗失物等支出的费用，也无权请求权利人按照承诺履行义务。遗失物自发布招领公告之日起1年内无人认领的，归国家所有。

协作创新

离婚时，不少夫妻会为了财产问题争吵，但你见过争宠物所有权的吗？徐某和李某曾是一对恩爱夫妻，两人结婚后没有生育小孩。因为非常喜爱宠物，夫妻俩在婚后共同饲养了一只可爱的柯基犬，把它当成孩子一样。后因多种原因，徐某和李某的感情破裂，双方对离婚一事以及房子、车子等家庭财产的处置都没有分歧，却在柯基犬的所有权问题上无法达成一致，互不相让。于是，二人选择向柯城法院起诉离婚，争夺柯基犬的所有权。徐某说，狗是自己买回来的，平日狗的吃喝拉撒也主要由她照料，感情深厚。李某则称，虽然日常照料狗时间较少，但经常陪它出门遛弯，已经把它当成了家人。(资料来源：根据天津津南法院网易号资料整理)

思考：依据《民法典》，应如何确定柯基犬的归属？

微课

拾得他人遗失物，是否有义务送还？

头脑风暴

拾得遗失物可以向物主请求报酬吗？

法条链接

《民法典》第三百一十二条规定："所有权人或者其他权利人有权追回遗失物。该遗失物通过转让被他人占有的，权利人有权向无处分权人请求损害赔偿，或者自知道或者应当知道受让人之日起二年内向受让人请求返还原物；但是，受让人通过拍卖或者向具有经营资格的经营者购得该遗失物的，权利人请求返还原物时应当支付受让人所付的费用。权利人向受让人支付所付费用后，有权向无处分权人追偿。"

第 17 讲　城里人到农村买地建房合法吗？

——用益物权制度

学前思考

2022 年 1 月初，陈女士看到朋友圈里发布“物美价廉”的农村自建房房源后，立即和房主刘先生取得联系。刘先生称，该幢房屋是他向某街道一村民购买土地后自建的，陈女士现场察看后十分满意，与刘先生达成房屋作价 269 万元的口头转让协议。几天后，陈女士向刘先生支付了 50 万元。但是后来陈女士发现刘先生没有该房屋的房屋所有权证及土地使用权证，房屋无法过户，于是请求人民法院依法判决刘先生返还定金。刘先生认为，从交易价格可以明显看出该房屋没有产权证明，房屋买卖协议有效。陈女士有过错，要求退还定金不合理，请求驳回陈女士的诉请。

人民法院经审理认为，双方均为城镇居民，并非农村集体经济组织成员，且双方交易的房屋所使用土地及周边空地的性质为农民集体所有的土地，违反了我国现行法律规定，即宅基地属于集体所有，只能在本集体经济组织成员内部进行转让，非该村集体经济组织成员不得受让，故上述合同因违反法律、行政法规的禁止性规定应认定为无效。刘先生因该无效合同取得的 50 万元，应当返还给陈女士。（资料来源：根据《福建法治报》资料整理）

思考：近年来，一些生活在喧闹都市里的人，因向往乡村的宁静，将买房的目光投向了郊区和农村。可往往是房子到手，心里却忐忑不安起来。《民法典》对农村宅基地的买卖有哪些规定？

微课

小产权房的价格诱惑

案例中的问题主要涉及的是我国现行法律对农村宅基地的规定。国家对农村宅基地等集体经济组织土地买卖做出了特别规定，当事人在购买农村土地前要了解自己是否具备购买资格。集体经济组织以外的人购买农村宅基地上的自建房存在相当大的法律风险和经济风险，不仅无法完成房屋的过户手续及取得房屋的所有权，还得根据自己的过错承担因合同无效造成的损失。因此，在房屋买卖中如何做到维护自己的合法权益，我们需要学习用益物权的相关规定。

法条链接

《民法典》第三百二十四条规定：“国家所有或者国家所有由集体使用以及法律规定属于集体所有的自然资源，组织、个人依法可以占有、使用和收益。”

一、用益物权的概念和性质

用益物权，是指对他人所有的不动产或者动产，依法享有占有、使用和收益的权利，包括土地承包经营权、建设用地使用权、宅基地使用权、居住权、地役权等。

用益物权以对标的物的使用、收益为主要内容，既注重物的使用价值，又以对物的占有为前提。与所有权相比，用益物权是在他人之物上设立物权，故称为他物权；且用益物权要受到所有权人的限制，反过来对所有权又有限制，故又称为限制物权。与担保物权相比，用益物权以利用物的使用价值为其目的，且一般以物之占有为实现条件。

法治素养

2013 年 11 月，党的十八届三中全会通过的《中共中央关于全面深化改革若干重大问题的决定》提出："赋予农民对承包地占有、使用、收益、流转及承包经营权抵押、担保权能，允许农民以承包经营权入股发展农业产业化经营。"2014 年 1 月，中共中央办公厅、国务院办公厅印发的《关于引导农村土地经营权有序流转发展农业适度规模经营的意见》提出："坚持农村土地集体所有，实现所有权、承包权、经营权三权分置，引导土地经营权有序流转。"2018 年 12 月，党的十三届七中全会通过《关于修改〈中华人民共和国农村土地承包法〉的决定》，修改后的农村土地承包法主要是将"三权"分置落实为民事法律制度。2021 年施行的《民法典》将"三权"分置法律制度中有关物权制度规定到物权编之中。2024 年 7 月 18 日，党的二十届三中全会审议通过的《中共中央关于进一步全面深化改革　推进中国式现代化的决定》提出："巩固和完善农村基本经营制度。有序推进第二轮土地承包到期后再延长三十年试点，深化承包地所有权、承包权、经营权分置改革，发展农业适度规模经营……发展新型农村集体经济，构建产权明晰、分配合理的运行机制，赋予农民更加充分的财产权益。"

启示：农村承包地"三权"分置涉及亿万农民的切身利益，是农村的重大改革、重大政策。概括地讲，"三权"分置是指农村的土地集体所有权、农户承包权、土地经营权这"三权"分置并行。"三权"分置是在新的历史条件下，继家庭联产承包责任制后农村改革又一重大制度创新，也是中央关于农村土地问题出台的又一重大政策。随着"三权"分置政策的贯彻实施，我国农村基本经营制度将更加巩固完善，现代农业将健康发展，农民收入将稳步增加，社会主义新农村建设将加快推进。

知识链接

《中共中央关于进一步全面深化改革　推进中国式现代化的决定》提出："允许农户合法拥有的住房通过出租、入股、合作等方式盘活利用。有序推进农村集体经营性建设用地入市改革，健全土地增值收益分配机制。"

法条链接

《民法典》第三百三十二条规定："耕地的承包期为三十年。草地的承包期为三十年至五十年。林地的承包期为三十年至七十年。前款规定的承包期限届满，由土地承包经营权人依照农村土地承包的法律规定继续承包。"

二、用益物权的主要种类

（一）土地承包经营权

家庭承包制是土地承包经营权的制度基础。土地承包经营权人依法对其承包经营的耕地、林地、草地等享有的占有、使用、收益的权利，有权从事种植业、林业、畜牧业等农业生产。

土地承包经营权通过订立承包合同方式确立，自土地承包经营权合同生效时设立。登记机构应当向土地承包经营权人发放土地承包经营权证、林权证等证书，并登记造册，确认土地承包经营权。土地承包经营权人依照法律规定，有权将土地承包经营权互换、转让。未经依法批准，不得将承包地用于非农建设。土地承包经营权互换、转让的，当事人可以向登记机构申请登记；未经登记，不得对抗善意第三人。

法条链接

《民法典》第三百四十二条规定："通过招标、拍卖、公开协商等方式承包农村土地，经依法登记取得权属证书的，可以依法采取出租、入股、抵押或者其他方式流转土地经营权。"

法治素养

党的十八大以来，农民收入持续较快增长，2019 年提前一年实现收入较 2010 年翻一番的目标，2022 年农民人均可支配收入首次突破 2 万元大台阶，达到了 20 133 元，城乡居民收入比从 2012 年的 2.88 下降到 2022 年的 2.45，城乡收入差距在逐步缩小。但也要看到，当前农民收入增速有所放缓，增收动能有所减弱。《中共中央 国务院关于做好 2023 年全面推进乡村振兴重点工作的意见》提出："赋予农民更加充分的财产权益。深化农村土地制度改革，扎实搞好确权，稳步推进赋权，有序实现活权，让农民更多分享改革红利。"

启示：直面我国大国小农、小农户经营将长期存在的实际情况，一方面，必须坚持农业的家庭经营；另一方面，需要着力破解小农困境，发展适度规模经营，为现代农业发展创造更好条件。深化农村土地制度改革，创造条件增加农民财产性收入，让全体农民走向共同富裕。

知识链接

土地使用权出让最高年限按下列用途确定：（1）居住用地为 70 年；（2）工业用地为 50 年；（3）教育、科技、文化、卫生、体育用地为 50 年；（4）商业、旅游、娱乐用地为 40 年；（5）综合或者其他用地为 50 年。

（二）建设用地使用权

建设用地使用权人依法对国家所有的土地享有占有、使用和收益的权利，有权利用该土地建造建筑物、构筑物及其附属设施。设立建设用地使用权，可以采取出让或者划拨等方式。工业、商业、旅游、娱乐和商品住宅等经营性用地以及同一土地有两个以上意向用地者的，应当采取招标、拍卖等公开竞价的

知识链接

买新房时要核实“五证”是否齐全，即房地产商在预售商品房时应具备《建设用地规划许可证》《建设工程规划许可证》《建筑工程施工许可证》《国有土地使用证》《商品房销售（预售）许可证》，简称“五证”。

方式出让。严格限制以划拨方式设立建设用地使用权。设立建设用地使用权的，应当向登记机构申请建设用地使用权登记。建设用地使用权自登记时设立。登记机构应当向建设用地使用权人发放权属证书。

建设用地使用权转让、互换、出资或者赠与的，应当向登记机构申请变更登记。住宅建设用地使用权期限届满的，自动续期。续期费用的缴纳或者减免，依照法律、行政法规的规定办理。非住宅建设用地使用权期限届满后的续期，依照法律规定办理。该土地上的房屋以及其他不动产的归属，有约定的，按照约定；没有约定或者约定不明确的，依照法律、行政法规的规定办理。

建设用地使用权转让、互换、出资或者赠与的，附着于该土地上的建筑物、构筑物及其附属设施一并处分。建筑物、构筑物及其附属设施转让、互换、出资或者赠与的，该建筑物、构筑物及其附属设施占用范围内的建设用地使用权一并处分。

（三）宅基地使用权

宅基地使用权人依法对集体所有的土地享有占有和使用的权利，有权依法利用该土地建造住宅及其附属设施。

宅基地使用权具有以下特征：

（1）宅基地使用权的主体只能是农村集体经济组织的成员。

（2）宅基地使用权的用途仅限于村民建造个人住宅及其附属设施。

（3）宅基地使用权实行严格的“一户一宅”制。

根据《中华人民共和国土地管理法》的规定，农村村民一户只能拥有一处宅基地，其宅基地的面积不得超过省、自治区、直辖市规定的标准。农村村民建住宅，应符合乡（镇）土地利用总体规划、村庄规划，不得占用永久基本农田，并尽量使用原有的宅基地和村内空闲地。农村村民住宅用地，由乡（镇）人民政府审核批准；其中，涉及占用农用地的，应依照土地管理法的有关规定办理审批手续。农村村民出卖、出租、赠与住房后，再申请宅基地的，不予批准。

宅基地因自然灾害等原因灭失的，宅基地使用权消灭。对失去宅基地的村民，应当依法重新分配宅基地。已经登记的宅基地使用权转让或者消灭的，应当及时办理变更登记或者注销登记。

（四）居住权

居住权人有权按照合同约定，对他人的住宅享有占有、使用的用益物权，以满足生活居住的需要。设立居住权，当事人应当采用书面形式订立居住权合同。居住权合同的主要条款如表 17–1 所示。

表 17–1　居住权合同的主要条款

序号	居住权合同的主要条款
1	当事人的姓名或者名称和住所
2	住宅的位置
3	居住的条件和要求
4	居住权期限
5	解决争议的方法

居住权无偿设立，但是当事人另有约定的除外。设立居住权的，应当向登记机构申请居住权登记。居住权自登记时设立。居住权具有专属性，不得转让、继承。居住权期限届满或者居住权人死亡的，居住权消灭。居住权消灭的，应当及时办理注销登记。

学以致用

张老太太在老伴儿去世之后一直独自生活。近年来，她日感年迈，一方面想将现在居住的房屋在生前就过户给子女，既减少遗产税等支出，也让子女对其安心照顾；另一方面，又害怕子女在房屋过户之后对其不孝，让其居无定所、无所依靠。张老太太所遇到的难题能够通过法律途径得到妥善解决吗？

分析：张老太太可以与子女签订设立居住权的合同，约定房屋过户给子女之后，张老太太对于此房屋仍享有居住权。在张老太太将房屋所有权过户给子女的同时，子女亦应为张老太太办理居住权设立登记。这样既可以满足父母在有生之年即将自己名下的房屋所有权转移给子女的意愿，又能够保障父母在失去房屋所有权之后，不至于被不孝子女撵出房屋造成居无定所的困顿局面。

（五）地役权

1. 地役权的概念

地役权，是指在他人的不动产之上按照合同约定，利用他人的不动产，以提高自己不动产效益的用益物权。享有使用便利的不动产称为需役地，提供便

头脑风暴

居住权的设立方式有哪些？

知识链接

为了保障自己的居住权利，可以通过合同或者遗嘱的形式设立居住权。居住权的存续期间以明确约定的期间或者居住权人的生存期限为限，居住权人的该种权利不得转让、继承。

另外，在购买二手房时应当注意，一定要在不动产登记机构查询自己有意购买的房屋是否登记有居住权，以免出现“房子归你，但你住不了”的情形。

思政点滴

居住权主要是为了赡养、抚养、扶养等生活需要而设立的，解决特定的家庭成员和家庭服务人员之间的居住困难问题，根本目的是保障弱势群体，实现“住有所居”。

法条链接

《民法典》第三百八十四条规定："地役权人有下列情形之一的，供役地权利人有权解除地役权合同，地役权消灭：（一）违反法律规定或者合同约定，滥用地役权；（二）有偿利用供役地，约定的付款期限届满后在合理期限内经两次催告未支付费用。"

知识链接

地役权是一种用益物权。用益物权是对他人之物享有占有、使用、收益，并排除他人干涉的权利，此处的他人是指用益物权之外的人，不以所有权人为限，既有可能是对物享有所有权的人，也有可能是对物享有用益物权的人。用益物权一旦设立，就是一种独立的物权。

利的不动产称为供役地。享有地役权的人称为地役权人，提供地役权的人称为供役地权利人。地役权属于一种为增进自己土地的利用价值而使用他人土地的用益物权。例如，为了自己土地的通行便利而在他人土地上修建道路，或者在他人土地上铺设管道等。

2. 地役权的设立

（1）通过合同设立。地役权自地役合同生效时设立。当事人要求登记的，可以向登记机构申请地役权登记；未经登记，不得对抗善意第三人。地役权合同的主要条款如表 17–2 所示。

表 17–2 地役权合同的主要条款

序号	地役权合同的主要条款
1	当事人的姓名或者名称和住所
2	供役地和需役地的位置
3	利用目的和方法
4	地役权期限
5	费用及其支付方式
6	解决争议的方法

（2）地役权的法定取得。土地所有权人享有地役权或者负担地役权的，设立土地承包经营权、宅基地使用权等用益物权时，该用益物权人继续享有或者负担已经设立的地役权。

（3）以遗嘱方式设立地役权。以遗嘱方式设立地役权，自继承开始时设立。

3. 地役权的从属性

地役权的从属性，是指地役权从属于需役地的所有权、用益物权。地役权的从属性还表现在地役权不得与需役地权利（所有权、建设用地使用权）分离而单独转让或抵押。需役地权利（所有权、建设用地使用权、土地承包经营权）转让的，只要让与人与受让人无相反约定，受让人同时取得地役权。

4. 地役权的不可分性

地役权的不可分性，是指地役权及于需役地的全部，也及于供役地的全部，即地役权是针对需役地的需要而设立的，供役地上所承担的也是针对需役地的需要的，地役权不因需役地和供役地的分割而受影响。如甲为了观海，与乙签订了眺望地役权，要求乙不得在乙的土地上修建高层住宅。后来甲的土地的东半部分分割给了丙、西半部分分割给了丁。根据地役权的不可分性，丙和丁继续享有眺望地役权。

用益物权可以充分发挥物的效能，更好地满足用益物权人的生产生活需要，调动各方面的积极性。例如，家庭承包经营权、宅基地使用权是物权，他人不得干涉，这一制度让农民住有所居、衣食无忧。同样，居住权的设立可以确保居住权人在他人住宅内长期居住直至去世。

协作创新

近年来，国务院有关部门多次重申不得违法开发“小产权房”、不得购买“小产权房”。“小产权房”这四个字，并非法律层面的定义，而是人们日常生活中约定俗成的称谓，与之对应的是“大产权房”，“大产权房”一般是指商品房住宅。“小产权房”有几种普遍的来源：一是村镇的居民利用自己的集体土地建造，然后对外销售；二是村、乡、镇的单位，自行划拨集体用地，然后用以建造房产，发放所谓的“村乡镇产权”，这种也被称为“小产权房”。但是“小产权房”非但屡禁不止，市场上仍频繁出现“小产权房”有望“转正”的声音。

思考：结合《民法典》，应如何认识生活中的“小产权房”？

模块三　提高依法治企意识　促进企业和谐发展

——市场经济主体法律制度

学习导入

党的二十大报告指出："完善促进创业带动就业的保障制度，支持和规范发展新就业形态。"创业是就业之源，从中央到地方都在鼓励、支持大学生创新创业，各地也积极出台了配套的措施予以保障，通过创新创业创造更多就业岗位，实现了创新引领创业、创业带动就业。创业的落脚点就是创设各种企业，企业是市场经济活动中最活跃、最重要的主体，其设立与运行必须符合相关法律、法规的规定。

党的二十届三中全会审议通过的《中共中央关于进一步全面深化改革　推进中国式现代化的决定》提出："完善中国特色现代企业制度，弘扬企业家精神，支持和引导各类企业提高资源要素利用效率和经营管理水平、履行社会责任，加快建设更多世界一流企业。"我国已经初步形成了以合伙企业法、个人独资企业法、公司法等单行法律为主，以其他企业法为辅的企业法体系，对我国市场经济的发展起到了重要的保障与促进作用。企业经营者只有掌握企业法律知识，才能从容对待企业设立和经营过程中存在的一些法律难题，提高依法经营能力，同时弘扬具有爱国情怀、敢于承担社会责任的新时代企业家精神。

学习目标

【知识目标】

1. 了解个人独资企业、合伙企业的概念、特征及解散与清算
2. 了解公司的概念、特征、分类
3. 掌握个人独资企业、合伙企业的投资人及事务管理规定
4. 掌握普通合伙企业财产构成、财产转让及入伙、退伙规定
5. 掌握有限责任公司、股份有限公司的概念和特征

6. 掌握有限责任公司、股份有限公司的设立、组织机构及股权转让

7. 熟悉有限合伙企业的特殊规定

8. 熟悉公司的财务会计制度、公司的解散与清算的相关规定

【技能目标】

1. 能够辨析个人独资企业事务管理是否规范

2. 能够签订规范、准确的合伙协议和公司章程

3. 能够处理公司组织机构运作过程中的法律程序问题

4. 能够根据实际条件创设相应的企业实体

【素养目标】

1. 培育爱国敬业、回报社会的企业家精神

2. 培育经世济民、诚信服务、德法兼修的职业素养

3. 树立守法经营、规范管理的企业经营理念

4. 培养自力更生、艰苦奋斗的创业创新精神

专题六 搭建创业载体 激发创新活力——企业法

第 18 讲 开启创业梦想之旅
——设立和管理个人独资企业

学前思考

李松是上海某高校的大学生，时常会因为学习而使用千奇百怪的占座方式。他的自控能力不是太好，在相对休闲的环境中总是会被各种事情和想法所打扰，无法沉浸到学习中去。一次偶然的机会，他跟朋友去了趟共享自习室，这里有半封闭式学习桌、浓郁的学习氛围、靠窗的自习桌，自习者休息间隙抬眼便能领略窗外的风景。每个座位都有独立的插板、小灯、专属的储物柜，24小时不打烊……舒适、方便、安静的学习空间让他流连忘返。想起自己老家城区闲置的房产，他意识到这可能是一个非常好的创业机会。随着社会经济的飞速发展，人们的工作节奏越来越快，竞争压力越来越大，很多人都希望在工作之余或假期时间来“充电”提高自己。“学习”需要仪式感，也需要足够的心理暗示、自我激励以及场景催化。李松认为自己会有不错的收入。于是，他说服了父母，为自己争取到了10万元的创业启动基金。父母为了锻炼李松的能力，明确表示，共享自习室由李松自己独立经营管理，自负盈亏。

思考：李松开办共享自习室需要具备什么条件、办理哪些手续呢？

创业，不是少数人的专利，而是多数人的选择，对于朝气蓬勃的大学生而言更是如此。对于那些初出校门怀揣创业梦想的年轻人来说，如何创业？大学生自主创业市场主体类型有哪些？这些都是我们创业之前要思考的问题。本

思政点滴

大学生不仅要就业，还要创业。大学生要有“双创”精神，在校学习要致力于创新，到社会上工作也要敢于创业。

微课

庙倒了，和尚也跑不掉——个人独资企业

讲学习内容开启了我们的创业梦想之旅。

一、个人独资企业的概念和特征

（一）个人独资企业的概念

个人独资企业是指依照《中华人民共和国个人独资企业法》（以下简称《个人独资企业法》）的规定在中国境内设立，由一个自然人投资，财产为投资人个人所有，投资人以其个人财产对企业债务承担无限责任的经营实体。

头脑风暴

有人认为：既然个人独资企业和个体工商户都是由自然人出资设立的，那么个人独资企业就是个体工商户。请分析该观点是否正确。

（二）个人独资企业的特征

（1）在投资人方面。个人独资企业是由一个自然人投资设立的。这是在投资主体上与合伙企业和公司的主要区别。

（2）在产权关系和组织管理方面。个人独资企业的财产为投资人个人所有，投资人是企业财产的唯一所有者。基于此，投资人对企业的经营与管理享有绝对的控制与支配权，不受任何其他人的干预。

（3）在责任形式方面。投资人以其个人财产对企业债务承担无限责任，这是在责任形式方面个人独资企业与公司的本质区别。

（4）在法律地位方面。个人独资企业不具有法人资格，只是自然人进行商业活动的一种特殊形态。这一特征与合伙企业相同而区别于公司。

知识链接

由于个人独资企业的出资人承担无限责任，并不是以出资额为限承担责任，因此法律对个人独资企业没有最低注册资金的要求，仅要求投资人有自己申报的出资额即可，投资人申报的出资额应当与企业的生产经营规模相适应。这一规定有利于个人独资企业的设立和发展。

二、个人独资企业法的概念及适用范围

（一）个人独资企业法的概念

个人独资企业法是调整在国家协调经济运行过程中产生的关于个人独资企业的各种经济关系的法律规范的总称。《个人独资企业法》于 1999 年 8 月 30 日经第九届全国人民代表大会常务委员会第十一次会议通过，自 2000 年 1 月 1 日起施行。该法共 6 章 48 条，就个人独资企业的设立、个人独资企业的投资人及事务管理、个人独资企业的解散和清算、法律责任等作了明确规定，是我国第一部规范个人独资企业的法律。

（二）个人独资企业法的适用范围

个人独资企业法只适用于一个自然人依法设立的非法人企业，不适用于

具有独资特点的全民所有制企业、国有独资公司和外商独资企业。

三、个人独资企业的设立条件

（一）投资人为一个自然人

投资人只能是自然人，不包括法人。只能是具有中国国籍的自然人，不包括港、澳、台同胞（港、澳、台同胞设立的企业为外资企业）。由于投资设立企业属于民事法律行为，投资人应具备完全民事行为能力，且非法律、行政法规禁止从事营利性活动的人，如国家公务员、党政机关领导干部、警官、法官、检察官、现役军人及商业银行的工作人员等。

法条链接

《个人独资企业法》第十一条规定："个人独资企业的名称应当与其责任形式及从事的营业相符合。"

（二）有合法的企业名称

个人独资企业的名称应当与其责任形式及从事的营业相符合，名称中不能出现"有限"、"有限责任"或者"公司"字样，可以使用厂、店、中心、工作室等。个人独资企业的名称应当经市场监督管理部门核准登记。

法条链接

《个人独资企业法》第三十四条规定："违反本法规定，个人独资企业使用的名称与其在登记机关登记的名称不相符合的，责令限期改正，处以二千元以下的罚款。"

（三）有投资人申报的出资

投资人既可以用货币出资，也可以用实物、土地使用权、知识产权或者其他财产权利出资，但不能以"劳务"出资。投资人可以个人财产出资，也可以家庭共有财产作为个人出资。以家庭共有财产作为个人出资的，投资人应当在设立或变更申请书上予以注明。

（四）有固定的生产经营场所和必要的生产经营条件

这是所有企业都必须具备的条件。生产经营场所包括企业的住所和进行生产经营活动的处所。生产经营条件，是指与企业生产经营范围、规模相适应的条件，如办公场地、厂房、机器设备等。

（五）有必要的从业人员

有必要的从业人员，即要有与个人独资企业的生产经营范围、规模相适应的从业人员。

四、个人独资企业的设立程序

（一）申请

申请设立个人独资企业，应当由投资人或者其委托的代理人向个人独资企业所在地的登记机关提交设立申请书、投资人身份证明、生产经营场所使用证明等文件。委托代理人申请设立登记时，应当出具投资人的委托书和代理人的合法证明。

个人独资企业设立申请书应当载明下列事项：企业的名称和住所；投资人的姓名和居所；投资人的出资额和出资方式；经营范围。

（二）登记注册

登记机关应当在收到设立申请文件之日起 15 日内，对符合《个人独资企业法》规定条件的，予以登记，发给营业执照；对不符合《个人独资企业法》规定条件的，不予登记，并应当给予书面答复，说明理由。

个人独资企业的营业执照的签发日期，为个人独资企业成立日期。

在领取个人独资企业营业执照前，投资人不得以个人独资企业名义从事经营活动。

（三）分支机构登记

个人独资企业设立分支机构，应当由投资人或者其委托的代理人向分支机构所在地的登记机关申请登记，领取营业执照。

分支机构经核准登记后，应将登记情况报该分支机构隶属的个人独资企业的登记机关备案。

分支机构的民事责任由设立该分支机构的个人独资企业承担。

另外，个人独资企业存续期间登记事项发生变更的，应当在作出变更决定之日起的 15 日内依法向登记机关申请办理变更登记。

法治素养

近年来，小规模个人独资企业税种少、税率低、政策好，吸引了众多创业者和投资人。疫情对我国经济造成了一定影响，主要体现在中小企业，尤其是餐饮、旅游、交通等服务行业。春节本来是消费旺季，但许多企业却面临着无法开工带来的房租、工资、存货以及贷款等巨大压力。由于中小企业本身规模小、抗风险能力弱，获取金融资源有限，因此，各地政府纷纷从金融信贷、税负减免、稳岗就业等层面推出支持政策。例如，苏州在全国率先推出“惠企十条”，上海切实为中小企业直接减负超127亿元，宁波也出台了“18条”措施帮扶中小企业渡过难关。各地政府实施了一系列精准、高效的政策，助力中小企业转危为机，促进经济社会稳定健康发展。（资料来源：根据中国经济网资料整理）

启示：通过对以上话题的讨论，感受我国社会主义制度的优越性，坚定“四个自信”，激发积极投身于祖国经济建设的工作热情。

五、个人独资企业的财产及事务管理

（一）个人独资企业的财产

个人独资企业投资人对本企业的财产依法享有所有权，其有关权利可以依法进行转让或继承。

由于个人独资企业是一个投资人以其个人财产对企业债务承担无限责任的经营实体，因此《个人独资企业法》规定，个人独资企业财产不足以清偿债务的，投资人应当以其个人的其他财产予以清偿。个人独资企业投资人在申请企业设立登记时明确以其家庭共有财产作为个人出资的，应当依法以家庭共有财产对企业债务承担无限责任。

也就是说，如果投资人在申请设立登记时，明确以个人财产出资的，仅以个人财产对企业债务承担无限责任，与家庭共有财产没有关系，二者没有先后顺序问题。如果投资人在申请企业设立登记时，明确以家庭共有财产出资的，应当以家庭共有财产对企业债务承担无限责任。如果投资人在申请企业设立登记时，以家庭共有财产出资的，应当在申请书中注明；未注明的，视为以个人财产出资。

头脑风暴

刘某出资成立个人独资企业，为了赢得更多合作伙伴的信赖，设立登记时明确以其和妻子的家庭共有财产的10万元作为出资。后因市场变化，企业经营不善，欠下20万元债务，企业无力偿还，刘某可以拒绝债权人用家庭共有财产偿债的要求吗？

（二）个人独资企业的事务管理

个人独资企业投资人可以自行管理企业事务，也可以委托或者聘用其他具有民事行为能力的人负责企业的事务管理。投资人委托或者聘用他人管理个人独资企业事务，应当与受托人或者被聘用的人签订书面合同，明确委托的具体内容和授予的权利范围。受托人或者被聘用的人员应当履行诚信、勤勉义务，按照与投资人签订的合同负责个人独资企业的事务管理。

头脑风暴

自然人以自己的名义对外提供担保的，其投资的个人独资企业是否对此承担无限责任？

投资人对受托人或者被聘用的人员职权的限制，不得对抗善意第三人。所谓第三人，是指除受托人或被聘用的人员以外与企业发生经济业务关系的人。所谓善意第三人，是指第三人在就有关经济业务事项交往中，没有与受托人或被聘用的人员串通，故意损害投资人利益的人。同时，如果受托人或者被聘用的管理事务人违反委托、越权管理事务、与不知情的第三人发生业务联系时，投资人及其企业不得以此为由拒绝承担由此产生的后果。当然，投资人及其企业由此造成的损失，可以要求管理人承担。

另外，个人独资企业应当依法设置会计账簿，进行会计核算。个人独资企业招用职工的，应当依法与职工签订劳动合同，保障职工的劳动安全，按时、足额发放职工工资。个人独资企业应当按照国家规定参加社会保险，为职工缴纳社会保险费。个人独资企业可以依法申请贷款、取得土地使用权，并享有法律、行政法规规定的其他权利。任何单位和个人不得违反法律、行政法规的规定，以任何方式强制个人独资企业提供财力、物力、人力；对于违法强制提供财力、物力、人力的行为，个人独资企业有权拒绝。

同步思考

有人认为：个人独资企业注册门槛低、无须验资、规模小，可以不缴税。这种观点对吗？

法治素养

2021 年 11 月 22 日，浙江省杭州市税务局依法对两名“网红”主播朱某慧、林某珊偷逃税案件进行处理，二人被依法追缴税款、加收滞纳金并处罚款总额高达 9 300 余万元。经查，朱某慧、林某珊通过在上海、广西、江西等地设立个人独资企业，虚构业务将其取得的个人工资薪金和劳务报酬所得转变为个人独资企业的经营所得，偷逃个人所得税。两人的上述行为违反了相关法律法规，扰乱了税收征管秩序。（资料来源：根据国家税务总局官网资料整理）

启示：法律面前没有“网红”，遵纪守法才有真“流量”。我国《宪法》第五十六条规定：“中华人民共和国公民有依照法律纳税的义务。”自觉纳税是公民社会责任感和国家主人翁地位的具体体现，每个公民都应提升税法遵从意识，自觉依法纳税，同时要对法律有尊崇、敬畏之心，依规合法经商，对违法行为不能抱有侥幸心理。

六、个人独资企业的解散与清算

（一）个人独资企业的解散

个人独资企业的解散，是指个人独资企业终止经营活动使其民事主体资格消灭的行为。个人独资企业有下列情形之一时，应当解散：投资人决定解散；投资人死亡或者被宣告死亡，无继承人或者继承人决定放弃继承；被依法吊销营业执照；法律、行政法规规定的其他情形。

（二）个人独资企业的清算

个人独资企业解散的，应当进行清算。《个人独资企业法》对个人独资企业清算作了以下规定：个人独资企业解散，由投资人自行清算或者由债权人申请人民法院指定清算人进行清算。投资人自行清算的，应当在清算前15日内书面通知债权人，无法通知的，应当予以公告。债权人应当在接到通知之日起30日内，未接到通知的应当在公告之日起60日内，向投资人申报其债权。

个人独资企业解散后，原投资人对个人独资企业存续期间的债务仍应承担偿还责任，但债权人在5年内未向债务人提出偿债请求的，该责任消灭。个人独资企业解散的，财产应当按照下列顺序清偿：（1）所欠职工工资和社会保险费用；（2）所欠税款；（3）其他债务。

清算期间，个人独资企业不得开展与清算目的无关的经营活动。在按规定顺序清偿债务前，投资人不得转移、隐匿财产。

个人独资企业财产不足以清偿债务的，投资人应当以其个人的其他财产予以清偿。个人独资企业清算结束后，投资人或者人民法院指定的清算人应当编制清算报告，并于15日内到登记机关办理注销登记。

同步思考

个人独资企业清算有哪些方式？如何进行清算？

思政点滴

青年一代的大学生要争做新时代的创业者，要拥有兼济天下、经世济民、服务社会的家国情怀，勇担社会重任，把握时代脉搏，在担当中历练，在尽责中成长，敢于追梦，勇于创造，肩负起国家和民族的希望。

协作创新

陈某出资人民币5万元向济南市市场监督管理局申请设立个人独资企业，高薪聘请王某管理个人独资企业的各种事务。双方签订了聘用协议，协议中规定，王某负责个人独资企业的事务管理，凡王某对外签订的标的额在人民币2万元以上的合同，必须经过陈某同意。同年5月，因与陈某的意见相左，王某未经陈某同意，以个人独资企业名义向善意第三人张某购入3万元的原材料。随后，该个人独资企业由于产品不适应市场需求，导致亏损，陈某决定解散该企业，并请求人民法院指定清算人。同年8月，人民法院指定甲为该个人独资企业的清算人，对企业进行清算。经清算，企业及陈某的资产及债权债务情况如下：（1）企业欠缴税款2 000元，欠工人工资5 000元，欠工人社会保险费5 000元，欠张某2万元；（2）企业有银行存款1万元，实物折价6万元；（3）陈某家庭个人财产价值人民币2万元。

思考：（1）陈某能否决定解散该企业？为什么？（2）陈某应如何进行财产清偿？

第 19 讲　要能“同甘”更要能“共苦”

——设立和管理合伙企业

学前思考

张某、陈某、康某三人协商共同出资，设立一家经营食品的合伙企业，并订立了合伙协议，但没有约定利润分配和亏损分担方案。张某、陈某均已经在合伙协议书上签名、盖章，康某因有急事未在协议书上签名盖章便匆匆赶往外地办事。张某与陈某均按期出资。公司起名为“康利食品有限公司”，并正式开业。康某回国后也加入合伙企业的经营管理。不久，该合伙企业与某百货公司签订了一份销售月饼的合同，该百货公司将货款汇至其账户，但该合伙企业一直未按合同约定供货，并以种种理由不退还货款。一年后，该合伙企业因经营不善导致资不抵债。百货公司要求退款，但三个合伙人均以“康利食品有限公司”破产为由拒绝承担债务，百货公司遂诉至人民法院。

思考：合伙企业的成立是否符合规定？法院是否支持百货公司的主张？

合伙企业与公司都是常见的市场经济主体。但与公司相比，合伙企业有其自身运行规则，合伙企业的出资方式更为灵活、综合税负较低，从而让合伙企业制度更能适应不同投资人的需求，赋予了该制度更大的吸引力和生命力。

头脑风暴

某部国产电影主要讲述了成东青、孟晓骏、王阳三个年轻人从学生年代相遇、相识，拥有同样的梦想，一起打拼事业，共同创办英语培训学校的创业励志故事。很多观众认为这是一部有青春、有梦想、有友谊、有奋斗的创业电影，含有“中国梦”的寓意。这个电影中有一个情节，孟晓骏希望他们的企业能够到美国上市，而成东青坚决反对。这三个年轻人创设的企业是合伙企业吗？

一、合伙企业法一般规定

（一）合伙企业的概念及特征

合伙企业，是指自然人、法人和其他组织依法在中国境内设立的，由各合伙人订立合伙协议，共同出资、合伙经营、共享收益、共担风险，并对合伙企业的债务承担无限连带责任的营利性组织。合伙企业一般具有以下特征：第一，合伙企业成立的基础是合伙协议；第二，合伙企业必须由全体合伙人共同出资、合伙经营，出资是每个合伙人的法定义务；第三，合伙人共负盈亏、共担风险，对合伙企业债务承担无限连带责任，有限合伙人除外；第四，合伙企业都不具备法人资格。

思政点滴

在创业过程中，我们要知道“没有完美的个人，只有完美的团队”。个人的力量是有限的，而团队合作则可以让 1+1 > 2。每次的创业都是一次团队合作，也是个人的一次成长机会。不要吝啬自己的努力，也不要屏蔽他人的优秀，同甘共苦，实现双赢和共好，才是合伙创业最完美的结果。

（二）合伙企业的设立条件

我国的合伙企业分为普通合伙企业与有限合伙企业两类。两类合伙企业的设立条件基本相同，但在一些具体规定上有所区别。

1. 有两个以上合伙人

普通合伙企业的合伙人不得少于 2 人，没有最高人数限制。普通合伙企业的合伙人均为普通合伙人，普通合伙人要对合伙企业债务承担无限连带责任。有限合伙企业由 2 个以上 50 个以下合伙人设立，其中至少应当有 1 个普通合伙人，普通合伙人要对合伙企业债务承担无限连带责任，有限合伙人以出资为限承担有限责任。

合伙人可以是自然人、法人或其他组织。合伙人为自然人的，应当具有完全民事行为能力。国有独资公司、国有企业、上市公司以及公益性的事业单位、社会团体不得成为普通合伙人。

2. 有书面合伙协议

合伙协议是合伙企业重要的法律文件，是明确合伙人各自权利义务的协议，依法由全体合伙人协商一致并以书面形式订立。普通合伙企业的合伙协议载明事项具体如表 19–1 所示。

表 19–1　合伙协议载明事项

序号	载明事项
1	合伙企业的名称和主要经营场所的地点
2	合伙目的和合伙经营范围
3	合伙人的姓名或者名称、住所
4	合伙人的出资方式、数额和缴付期限
5	利润分配、亏损分担方式
6	合伙事务的执行
7	入伙与退伙
8	争议解决办法
9	合伙企业的解散与清算
10	违约责任
备注	有限合伙企业的合伙协议除应具备上述内容外，还有一些特殊要求，具体在有限合伙企业的内容中介绍

3. 有合伙人认缴或者实际缴付的出资

合伙人所缴付的出资是合伙企业开展经营活动的财产基础。合伙人可以先行认缴出资额度，并按照合伙协议的约定期限及方式予以缴纳，出资方式可

法条链接

《合伙企业法》第七条规定：“合伙企业及其合伙人必须遵守法律、行政法规，遵守社会公德、商业道德，承担社会责任。”

知识链接

个人合伙应当签订书面合伙协议，即便合伙人之间签订了名为合伙的书面协议后，仍需审查各方权利义务是否符合个人合伙共同出资、共同经营、共同劳动、共担风险、共负盈亏的基本特征。合伙协议约定一方按照协议向合伙组织提供物品的使用权或资金，并以此取得固定收入（利息），不参加合伙经营、劳动、盈余分配，也不承担合伙经营风险责任的，不能认定为合伙人，应认定双方系民间借贷的法律关系。

同步思考

个人独资企业的出资与合伙企业的出资有区别吗？

以是劳务、货币、实物、知识产权、土地使用权或者其他财产权利。合伙人以实物、知识产权、土地使用权或者其他财产权利出资，需要评估作价的，可以由全体合伙人协商确定，也可以由全体合伙人委托法定评估机构评估。合伙人以劳务出资的，其评估办法由全体合伙人协商确定，并在合伙协议中载明。有限合伙人则不得以劳务出资。

4. 有合伙企业的名称和生产经营场所

合伙企业的名称根据合伙企业的不同性质有不同的要求。普通合伙企业名称中应当标明“普通合伙”字样，特殊的普通合伙企业名称中应当标明“特殊普通合伙”字样，有限合伙企业名称中应当标明“有限合伙”字样。

此外，还有法律、行政法规规定的其他条件。

法治素养

党的十八大以来，以习近平同志为核心的党中央高度重视企业家群体和企业家精神在国家发展中的重要作用。在2018年11月1日民营企业座谈会上，习近平总书记勉励民营企业家“弘扬企业家精神，做爱国敬业、守法经营、创业创新、回报社会的典范”；在2020年7月21日企业家座谈会上，习近平总书记强调：“企业家要带领企业战胜当前的困难，走向更辉煌的未来，就要在爱国、创新、诚信、社会责任和国际视野等方面不断提升自己，努力成为新时代构建新发展格局、建设现代化经济体系、推动高质量发展的生力军。”党的二十大报告指出：“完善中国特色现代企业制度，弘扬企业家精神，加快建设世界一流企业。”

启示：企业营销无国界，企业家有祖国，爱国是近代以来我国优秀企业家的光荣传统，爱国情怀是企业家应有的价值追求；创新是引领发展的第一动力，企业家创新活动是推动企业创新发展的关键；社会主义市场经济是信用经济、法治经济，企业家要同方方面面打交道，调动人、财、物等各种资源，没有诚信寸步难行；社会是企业家施展才华的舞台，只有真诚回报社会、切实履行社会责任的企业家，才能真正得到社会认可，才是符合时代要求的企业家；有多大的视野，就有多大的胸怀，拓展国际视野才能提高统筹利用国际国内两个市场、两种资源的能力。

（三）合伙企业的设立程序

1. 订立合伙协议

全体合伙人在自愿、平等、公平、诚实信用原则的基础上，经过协商一致，以书面形式订立合伙协议。

2. 进行设立登记

申请设立合伙企业，应当向企业登记机关提交登记申请书、合伙协议书、合伙人身份证明等文件。申请人提交的登记申请材料齐全、符合法定形式，企业登记机关能够当场登记的，应予当场登记，发给营业执照；不予登记的，应当给予书面答复，并说明理由。合伙企业的营业执照签发日期，为合伙企业成立日期。合伙企业领取营业执照前，合伙人不得以合伙企业名义从事合伙业务。合伙企业设立分支机构的，应当向分支机构所在地企业登记机关申请登记，领取营业执照。

（四）合伙企业法的概念

合伙企业法是调整合伙企业的设立、运行、解散以及合伙企业内部事务管理和外部交易关系的法律规范的总称。

《中华人民共和国合伙企业法》（以下简称《合伙企业法》）于 1997 年 2 月 23 日第八届全国人民代表大会常务委员会第二十四次会议通过，自 1997 年 8 月 1 日起施行。第十届全国人民代表大会常务委员会第二十三次会议于 2006 年 8 月 27 日对《合伙企业法》修订，自 2007 年 6 月 1 日起施行。

二、普通合伙企业

（一）合伙企业财产

合伙企业财产，是指合伙人的出资、以合伙企业名义取得的收益和依法取得的其他财产。合伙企业财产依法由全体合伙人共同管理和使用，其性质为全体合伙人共有。由于合伙企业财产的共有性质，合伙人在合伙企业清算前，不得请求分割合伙企业的财产，除非合伙人退伙。合伙人在合伙企业清算前私自转移或者处分合伙企业财产的，合伙企业不得以此对抗善意第三人。

合伙人之间转让在合伙企业中的全部或者部分财产份额时，因为不会引入新的合伙人，所以《合伙企业法》规定只需通知其他合伙人即可。合伙人向合伙人以外的人转让其在合伙企业中的全部或者部分财产份额时，因为会导致合伙企业的合伙人发生变化，为了防止这种变动影响合伙人之间的信任基础，因此转让前须经其他合伙人一致同意，而且同等条件下，其他合伙人有优先购买权，非合伙协议另有约定的除外。

头脑风暴

秦明、郝杰、丁洋三人打算合伙开一家企业，主要为企业提供新媒体运营等服务项目。秦明擅长拍摄及视频编辑，故三人同意秦明以劳务出资，作价 15 万元；郝杰以现金 10 万元出资；丁洋以自己的软件著作权出资，作价 10 万元；三人按出资比例分配利润、承担亏损。请各小组参照上述情况，帮助三人拟订一份合伙协议，未涉及的内容，同学们可以自行拟订。

头脑风暴

李睿、陈晓、王华、杨洋四名大学生开办了普通合伙企业。后来杨洋想把自己的一部分财产份额转让给合伙人以外的张某，李睿、陈晓同意，但王华不同意并提出他愿意受让，却遭到李睿、陈晓的反对。结果，张某以多数合伙人同意而成为新合伙人。于是王华提出退伙，杨洋不同意，由此引发纠纷。请思考：杨洋转让财产份额的行为是否有效？王华提出愿意受让合法吗？王华可以退伙吗？

知识链接

合伙人之间转让合伙份额时，只需通知其他合伙人即可，而无须征得其他合伙人同意，且该通知行为亦非合伙份额转让生效的要件。因此，在合伙协议未约定合伙人之间转让份额须经全体合伙人一致同意的情况下，合伙人内部转让合伙份额合法有效，但退伙的合伙人仍应对退伙前的合伙债务承担连带责任。

由于合伙人以其财产份额出质可能导致该财产份额依法发生权利转移，因此《合伙企业法》规定，合伙人以其在合伙企业中的财产份额出质的，须经其他合伙人一致同意；未经其他合伙人一致同意，其行为无效，由此给善意第三人造成损失的，由行为人依法承担赔偿责任。

（二）合伙企业事务执行

1. 合伙事务执行的形式

合伙人对执行合伙事务享有同等的权利，可以采取下列两种方式执行合伙事务：其一，由全体合伙人共同执行；其二，由合伙协议约定或者全体合伙人决定，委托一个或者数个合伙人执行合伙事务，对外代表合伙企业。作为合伙人的法人、其他组织执行合伙事务的，由其委派的代表执行。

委托一个或者数个合伙人执行合伙事务的，其他合伙人不再执行合伙事务。不执行合伙事务的合伙人有权监督执行事务合伙人执行合伙事务的情况。执行事务合伙人应当定期向其他合伙人报告事务执行情况以及合伙企业的经营和财务状况，其执行合伙事务所产生的收益归合伙企业，所产生的费用和亏损由合伙企业承担。受委托执行合伙事务的合伙人不按照合伙协议或者全体合伙人的决定执行事务的，其他合伙人可以决定撤销该委托。合伙企业对合伙人执行合伙事务以及对外代表合伙企业权利的限制，不得对抗善意第三人。

经全体合伙人一致同意，也可以聘任合伙人以外的人担任合伙企业的经营管理人员。被聘任的合伙企业的经营管理人员应当在合伙企业授权范围内履行职务，其超越合伙企业授权范围履行职务，或者在履行职务过程中因故意或者重大过失给合伙企业造成损失的，依法承担赔偿责任。

同步思考

合伙人对合伙企业事务的管理是否与其出资多少有关？

头脑风暴

李某与金某各出资5万元设立了甲线面厂，其经营状况相当好。金某见有钱赚，遂又与刘某各出资15万元设立了乙线面厂。由于乙厂的规模大，为流水线生产，成本很低，因此不久就占领了当地市场的大部分份额，导致甲线面厂几乎处于半停产状态，给李某造成了极大的损失，而金某却从乙线面厂获得了丰厚的利润。请思考：金某的做法合法吗？对此，依照《合伙企业法》应该如何处理？

2. 应当全体合伙人一致同意的事项

应当全体合伙人一致同意的事项如表19–2所示。

表19–2 应当全体合伙人一致同意的事项

序号	事项
1	改变合伙企业的名称
2	改变合伙企业的经营范围、主要经营场所的地点
3	处分合伙企业的不动产
4	转让或处分合伙企业的知识产权和其他财产权利
5	以合伙企业名义为他人提供担保
6	聘任合伙人以外的人担任合伙企业的经营管理人员

（三）合伙企业的利润分配、亏损分担

合伙企业的利润分配、亏损分担，按照合伙协议的约定办理；合伙协议未约定或者约定不明确的，由合伙人协商决定；协商不成的，由合伙人按照实缴出资比例分配、分担；无法确定出资比例的，由合伙人平均分配、分担。合伙协议不得约定将全部利润分配给部分合伙人或者由部分合伙人承担全部亏损。

（四）合伙企业与第三人关系

合伙企业与第三人关系，是指有关合伙企业的对外关系，涉及合伙企业对外代表权的效力、合伙企业和合伙人的债务清偿等问题。

1. 合伙企业的债务清偿

合伙企业对其债务，应先以合伙企业全部财产进行清偿；合伙企业财产不足清偿到期债务的，各合伙人应当承担无限连带责任。以合伙企业财产清偿合伙企业债务时，其不足的部分，由各合伙人按照合伙协议约定分担亏损的比例，用其在合伙企业出资以外的财产承担清偿责任，如果合伙协议没有约定分担比例，则由各合伙人平均分担。

合伙人之间的分担比例对债权人没有约束力。债权人既可以根据自己的利益，请求全体合伙人中的一人或者数人承担全部清偿责任，也可以按照自己确定的比例向各合伙人分别追偿。如果合伙人实际支付的清偿数额超过了其依据既定比例所应承担的数额，该合伙人有权就该超过部分，向其他未支付或者未足额支付应承担数额的合伙人追偿。

2. 合伙人个人债务的清偿

合伙人发生与合伙企业无关的债务，相关债权人不得以其债权抵销其对合伙企业的债务；也不得代位行使合伙人在合伙企业中的权利。合伙人的自有财产不足清偿其与合伙企业无关的债务的，该合伙人可以以其从合伙企业中分取的收益用于清偿；债权人也可以依法请求人民法院强制执行该合伙人在合伙企业中的财产份额用于清偿。

（五）合伙企业的入伙

入伙，是指在合伙企业存续期间，合伙人以外的第三人加入合伙，从而取得合伙人资格。

微课

解锁商业智慧：合伙企业债务追讨的巧妙策略

同步思考

甲、乙、丙为某合伙企业的合伙人，在征得乙、丙同意的情况下，甲将其在合伙企业中的财产份额转让给丁，双方签订了转让协议。后甲对戊负债，无力用个人财产清偿，戊决定向人民法院请求强制执行甲在合伙企业的财产份额用于清偿。那么，债权人戊是否有权请求对该财产份额进行强制执行？

头脑风暴

甲合伙人死亡给合伙企业带来损失 150 万元，合伙企业要求甲的继承人以甲的财产承担损失，甲的继承人是否应当承担该损失？

新合伙人入伙，除合伙协议另有约定外，应当经全体合伙人一致同意，并依法订立书面入伙协议。

订立入伙协议时，原合伙人应当向新合伙人如实告知原合伙企业的经营状况和财务状况。

入伙的新合伙人与原合伙人享有同等权利，承担同等责任。入伙协议另有约定的，从其约定。新合伙人对入伙前合伙企业的债务承担无限连带责任。

（六）合伙企业的退伙

退伙，是指合伙人退出合伙企业，从而丧失合伙人资格的行为。退伙有自愿退伙、当然退伙和除名退伙三种。

1. 自愿退伙

自愿退伙，又称声明退伙，是指合伙人基于自愿的意思表示而退伙。自愿退伙可以分为协议退伙和通知退伙两种。

（1）协议退伙。合伙协议约定合伙期限的，在合伙企业存续期间，有规定情形之一的（见表 19–3），合伙人可以退伙。

法条链接

《合伙企业法》第五十一条规定："合伙人退伙，其他合伙人应当与该退伙人按照退伙时的合伙企业财产状况进行结算，退还退伙人的财产份额。退伙人对给合伙企业造成的损失负有赔偿责任的，相应扣减其应当赔偿的数额。退伙时有未了结的合伙企业事务的，待该事务了结后进行结算。"

表 19–3　协议退伙情形

序号	协议退伙情形
1	合伙协议约定的退伙事由出现
2	经全体合伙人一致同意
3	发生合伙人难以继续参加合伙的事由
4	其他合伙人严重违反合伙协议约定的义务

（2）通知退伙。合伙协议未约定合伙期限的，合伙人在不给合伙企业事务执行造成不利影响的情况下，可以退伙，但应当提前 30 日通知其他合伙人。

合伙人在不符合以上两种自愿退伙的法定条件时，擅自退伙的，应当赔偿由此给其他合伙人造成的损失。

2. 当然退伙

当然退伙，又称法定退伙，是指合伙人因法律规定的退伙情形出现而引起退伙的一种方式。合伙人有规定情形之一的（见表 19–4），属于当然退伙。

表 19–4　当然退伙情形

序号	当然退伙情形
1	作为合伙人的自然人死亡或者被依法宣告死亡
2	个人丧失偿债能力
3	作为合伙人的法人或者其他组织依法被吊销营业执照、责令关闭、撤销，或者被宣告破产
4	法律规定或者合伙协议约定合伙人必须具有相关资格而丧失该资格
5	合伙人在合伙企业中的全部财产份额被人民法院强制执行

合伙人被依法认定为无民事行为能力人或者限制民事行为能力人的，经其他合伙人一致同意，可以依法转为有限合伙人，普通合伙企业依法转为有限合伙企业。其他合伙人未能一致同意的，该无民事行为能力或者限制民事行为能力的合伙人退伙。

同步思考

除名退伙与当然退伙的主要区别是什么？

3. 除名退伙

除名退伙，是指合伙人因违反合伙宗旨或协议约定的其他事由，经其他合伙人一致决定将其开除的一种退伙方式。合伙人有规定情形之一的（见表 19–5），经其他合伙人一致同意，可以决议将其除名。

表 19–5　除名退伙情形

序号	除名退伙情形
1	未履行出资义务
2	因故意或者重大过失给合伙企业造成损失
3	执行合伙事务时有不正当行为
4	发生合伙协议约定的事由

对合伙人的除名决议应当书面通知被除名人。被除名人接到除名通知之日，除名生效，被除名人退伙。被除名人对除名决议有异议的，可以自接到除名通知之日起 30 日内，向人民法院起诉。

三、特殊的普通合伙企业

（一）特殊的普通合伙企业的设立

以专业知识和专门技能为客户提供有偿服务的专业服务机构，可以设立为特殊的普通合伙企业。特殊的普通合伙企业名称中应当标明“特殊普通合伙”字样。

(二)特殊的普通合伙企业的责任

(1)一个合伙人或者数个合伙人在执业活动中因故意或者重大过失造成合伙企业债务的,应当承担无限责任或者无限连带责任,其他合伙人以其在合伙企业中的财产份额为限承担责任。

(2)合伙人在执业活动中非因故意或者重大过失造成的合伙企业债务以及合伙企业的其他债务,由全体合伙人承担无限连带责任。

(3)合伙人执业活动中因故意或者重大过失造成的合伙企业债务,以合伙企业财产对外承担责任后,该合伙人应当按照合伙协议的约定对给合伙企业造成的损失承担赔偿责任。

同步思考

何某、张某、王某投资设立某会计师事务所,提供审计、鉴证和验资业务。该会计师事务所登记为特殊的普通合伙企业。何某在对A上市公司的年度会计报告进行审计的过程中,因重大过失遗漏了一笔销售收入,给A上市公司造成了一定的经济损失。请思考:对于何某造成的A上市公司的损失,合伙企业的合伙人应当如何承担责任?

四、有限合伙企业

有限合伙企业由普通合伙人和有限合伙人组成,普通合伙人对合伙企业债务承担无限连带责任,有限合伙人以其认缴的出资额为限对合伙企业债务承担责任。

(一)有限合伙企业设立的特殊规定

(1)合伙人数。有限合伙企业与普通合伙企业不同,有限合伙企业由2个以上50个以下合伙人设立,有限合伙企业至少应当有一个普通合伙人。

(2)企业名称。有限合伙企业名称中应当标明"有限合伙"字样。

(3)合伙协议。有限合伙企业的合伙协议除应具备普通合伙企业合伙协议的各项内容外,还应当载明其他相关事项(见表19-6)。

法条链接

《合伙企业法》第七十九条规定:"作为有限合伙人的自然人在有限合伙企业存续期间丧失民事行为能力的,其他合伙人不得因此要求其退伙。"

表19-6 有限合伙协议应当载明的特殊事项

序号	有限合伙协议应当载明的特殊事项
1	普通合伙人和有限合伙人的姓名或者名称、住所
2	执行事务合伙人应具备的条件和选择程序
3	执行事务合伙人权限与违约处理办法
4	执行事务合伙人的除名条件和更换程序
5	有限合伙人入伙、退伙的条件、程序以及相关责任
6	有限合伙人和普通合伙人相互转变程序

(4)出资形式。有限合伙人可以用货币、实物、知识产权、土地使用权或者其他财产权利作价出资,但不得以劳务出资。普通合伙人可以以劳务出资,这是在出资方式上与有限合伙人的明显不同。

（二）有限合伙企业事务的执行

有限合伙企业由普通合伙人执行合伙事务。执行事务合伙人可以要求在合伙协议中确定执行事务的报酬及报酬提取方式。有限合伙人不执行合伙事务，不得对外代表有限合伙企业。

不视为执行合伙事务的有限合伙人的行为如表 19–7 所示。

表 19–7　不视为执行合伙事务的有限合伙人的行为

序号	不视为执行合伙事务的有限合伙人的行为
1	参与决定普通合伙人入伙、退伙
2	对企业的经营管理提出建议
3	参与选择承办合伙企业审计业务的会计师事务所
4	获取经审计的有限合伙企业财务会计报告
5	对涉及自身利益的情况，查阅有限合伙企业财务会计账簿等财务资料
6	在有限合伙企业中的利益受到侵害时，向有责任的合伙人主张权利或者提起诉讼
7	执行事务合伙人怠于行使权利时，督促其行使权利或者为了本企业的利益以自己的名义提起诉讼
8	依法为本企业提供担保

同步思考

普通合伙企业与有限合伙企业有哪些不同？

（三）有限合伙企业的利润分配

有限合伙企业不得将全部利润分配给部分合伙人，有限合伙人可以同本有限合伙企业进行交易，有限合伙人可以自营或同他人合作经营与本有限合伙企业相竞争的业务。但是，上述内容合伙协议另有约定的除外。

同步思考

甲、乙、丙共同投资设立了一家从事商品流通业务的有限合伙企业。合伙协议约定了以下事项：（1）甲以现金 5 万元出资，乙以房屋作价 8 万元出资，丙以劳务作价 4 万元出资。（2）甲为普通合伙人，乙、丙均为有限合伙人。（3）合伙企业事务由乙执行，甲和丙不执行合伙企业事务。（4）普通合伙人向合伙人以外的人转让财产份额的，不需要经过其他合伙人同意。请思考：合伙协议的约定是否违反了法律规定？

（四）有限合伙人的出质和财产转让

有限合伙人可以将其在有限合伙企业中的财产份额出质；但是，合伙协议另有约定的除外。有限合伙人可以按照合伙协议的约定向合伙人以外的人转让其在有限合伙企业中的财产份额，但应当提前 30 日通知其他合伙人。

有限合伙企业仅剩有限合伙人的，应当解散；有限合伙企业仅剩普通合伙人的，转为普通合伙企业。

（五）有限合伙人与第三人的关系

第三人有理由相信有限合伙人为普通合伙人并与其交易的，该有限合伙人对该笔交易承担与普通合伙人同样的责任。有限合伙人未经授权以有限合伙企业名义与他人进行交易，给有限合伙企业或者其他合伙人造成损失的，该有限合伙人应当承担赔偿责任。

新入伙的有限合伙人对入伙前有限合伙企业的债务，以其认缴的出资额为限承担有限责任。有限合伙人退伙后，对基于其退伙前的原因发生的有限合伙企业债务，以其退伙时从有限合伙企业中取回的财产承担责任。

（六）有限合伙人与普通合伙人的相互转变

除合伙协议另有约定外，普通合伙人转变为有限合伙人，或者有限合伙人转变为普通合伙人，应当经全体合伙人一致同意。有限合伙人转变为普通合伙人的，对其作为有限合伙人期间有限合伙企业发生的债务承担无限连带责任。普通合伙人转变为有限合伙人的，对其作为普通合伙人期间合伙企业发生的债务承担无限连带责任。

五、合伙企业的解散、清算

（一）合伙企业的解散

合伙企业有下列情形之一的（见表 19–8），应当解散。

表 19–8　合伙企业应当解散的情形

序号	解散情形
1	合伙期限届满，合伙人决定不再经营
2	合伙协议约定的解散事由出现
3	全体合伙人决定解散
4	合伙人已不具备法定人数满 30 天
5	合伙协议约定的合伙目的已经实现或者无法实现
6	依法被吊销营业执照、责令关闭或者被撤销
7	法律、行政法规规定的其他原因

（二）合伙企业的清算

1. 确定清算人

合伙企业解散，应当由清算人进行清算。清算人由全体合伙人担任；经全体合伙人过半数同意，可以自合伙企业解散事由出现后 15 日内指定一个或者数个合伙人，或者委托第三人，担任清算人。自合伙企业解散事由出现之日起 15 日内未确定清算人的，合伙人或者其他利害关系人可以申请人民法院指定清算人。

2. 清算事务

清算人在清算期间执行的事务如表 19–9 所示。

表 19–9　清算人在清算期间执行的事务

序号	清算人在清算期间执行的事务
1	清理合伙企业财产，分别编制资产负债表和财产清单
2	处理与清算有关的合伙企业未了结事务
3	清缴所欠税款
4	清理债权、债务
5	处理合伙企业清偿债务后的剩余财产
6	代表合伙企业参加诉讼或者仲裁活动

3. 通知公告债权人

清算人自被确定之日起 10 日内将合伙企业解散事项通知债权人，并于 60 日内在报纸上公告。债权人应当自接到通知书之日起 30 日内，未接到通知书的自公告之日起 45 日内，向清算人申报债权。债权人申报债权，应当说明债权的有关事项，并提供证明材料。清算人应当对债权进行登记。清算期间，合伙企业存续，但不得开展与清算无关的经营活动。

4. 清偿顺序及剩余财产分配

合伙企业财产在支付清算费用和职工工资、社会保险费用、法定补偿金以及缴纳所欠税款、清偿债务后的剩余财产，按照合伙协议的约定办理；合伙协议未约定或者约定不明确的，由合伙人协商决定；协商不成的，由合伙人按照实缴出资比例分配；无法确定出资比例的，由合伙人平均分配。

5. 合伙企业的注销

清算结束，清算人应当编制清算报告，经全体合伙人签名、盖章后，在 15 日内向企业登记机关报送清算报告，申请办理合伙企业注销登记。清算人未依照本法规定向企业登记机关报送清算报告，或者报送清算报告隐瞒重要事实，或者有重大遗漏的，由企业登记机关责令改正，由此产生的费用和损失，由清算人承担和赔偿。合伙企业注销后，原普通合伙人对合伙企业存续期间的债务仍应承担无限连带责任。

头脑风暴

有一家合伙企业，在清算时，其财产加上各合伙人的可执行财产，共计有 50 万元现金和价值 150 元的实物。其负债为：职工工资 10 万元、银行贷款 40 万元和其他负债 160 万元，欠缴税款 60 万元。请思考：如果你是清算人，该如何清算和清偿？当全部财产不足以清偿其债务时，应该如何处理？

协作创新

孙某、于某、廖某合伙成立了一家从事茶叶销售业务的合伙企业。2年后，廖某因该合伙企业经营状况不佳，故决定退出该合伙企业，并按规定通知了孙某与于某。其间，孙某以该合伙企业名义与新林玉露公司签订了代销信阳毛尖的合同。

鲁某自以为有经营之道，要求加入该合伙企业，提出只负责销售，并获得一定的利润提成，其他合伙人口头表示认可，从此鲁某便以该合伙企业的名义到处活动。廖某在办理退伙事宜时，因合伙企业与新林玉露公司代销信阳毛尖的合同刚签订不久，故未将此合同有关事宜进行结算，廖某退伙后，即去外地经商。后该合伙企业因经营不善导致解散，新林玉露公司得知该合伙企业解散的消息后，即向人民法院起诉，请求该合伙企业偿还其代销信阳毛尖的款项。

思考：（1）廖某对合伙企业的债务是否还应承担责任？为什么？（2）在该案的诉讼活动中，鲁某可否被列为被告？为什么？

专题七　激发市场主体活力　培育企业家精神——公司法律制度

第 20 讲　公司债务可以用股东个人财产偿还吗？——认识公司与公司法

学前思考

胡某标，原爱多 VCD 创始人、爱多企业集团董事长，曾一度被评为 20 世纪末中国商业界当之无愧的风云人物。但是胡某标未经爱多另外两大股东的同意，挪用爱多集团巨额资金以及上游零部件的材料款和下游代理商的订货款私下成立多家公司，并进行了虚假注册。2004 年，胡某标因挪用资金罪、虚假注册资本罪被判处有期徒刑 8 年，并处罚金 25 万元。（资料来源：根据搜狐网资料整理）

思考：（1）胡某标作为公司的董事长，能否在未经另外两大股东同意的情况下处分公司的巨额资产？（2）胡某标作为公司的第一大股东，公司财产能否与其个人财产相等同？

在公司这种现代企业制度中，存在股东和公司两种既密切联系又相互独立的利益主体。股东是公司的缔造者，没有股东，公司就成了无源之水、无本之木。而公司一旦成立，在股东和公司之间，不仅财产相互分离，而且人格也彼此独立。为了调整好股东和公司之间的这种特殊利益关系，《中华人民共和国公司法》（以下简称《公司法》）确立了股东的股权和公司的法人财产权。

思政点滴

诚信服务、守法经营是中华民族的传统美德，是企业创业之本、治业之基、兴业之魂，同时也是企业持续发展的不竭动力。企业管理者应尊重法治，敬畏法治，增强法治信仰，高悬法治利剑，自觉把自己的言行纳入法治轨道，时时刻刻铭记什么是合法、什么是违法、触法承受的惩罚，常修守法之德、常思违法之害、常怀律己之心，争做有法治素养的企业家。

法条链接

《公司法》第一条规定："为了规范公司的组织和行为，保护公司、股东、职工和债权人的合法权益，完善中国特色现代企业制度，弘扬企业家精神，维护社会经济秩序，促进社会主义市场经济的发展，根据宪法，制定本法。"

法条链接

《公司法》第三条规定："公司是企业法人，有独立的法人财产，享有法人财产权。公司以其全部财产对公司的债务承担责任。公司的合法权益受法律保护，不受侵犯。"

法条链接

《公司法》第四条规定："有限责任公司的股东以其认缴的出资额为限对公司承担责任；股份有限公司的股东以其认购的股份为限对公司承担责任。公司股东对公司依法享有资产收益、参与重大决策和选择管理者等权利。"

法条链接

《公司法》第六条规定："公司应当有自己的名称。公司名称应当符合国家有关规定。公司的名称权受法律保护。"

一、公司的概念和特征

（一）公司的概念

根据《公司法》的规定，公司，是指由股东出资设立的，股东以其认缴的出资额或者认购的股份为限承担责任的企业法人，公司以其全部财产对公司的债务承担责任。

（二）公司的特征

1. 公司有自己独立的财产

独立财产，是指公司作为一个以营利为目的的法人，必须有其可控制、可支配的财产，以从事经营活动。公司的原始财产由股东出资构成，股东一经履行了出资义务，其出资标的的所有权即属于公司，构成公司的财产，公司独立享有法人财产权，股东则对公司享有股权。公司的财产与股东个人的财产相分离。

2. 公司以其财产独立承担责任

公司的债务为公司本身的债务，由公司自己承担，公司的债权人必须向公司请求履行，而不能向股东请求履行；公司股东仅以其认缴的出资额或所认购的股份为限对公司的债务承担责任。

3. 公司是一个组织体

公司作为组织体，主要体现为：公司有自己的名称；有自己的住所和经营场所；有符合法律规定的组织机构；有一定的生产经营条件与从业人员；有健全的财务会计制度。

4. 公司以营利为目的，具有营利性

公司以营利为目的，是指设立公司的目的及公司的运作，都是为了谋求经济利益。公司的营利性是公司区别于非营利性法人组织的重要特征。

5. 公司必须依法设立

法律、行政法规规定依法设立是指设立公司应当依法向公司登记机关申请设立登记。设立公司必须报经批准的，应当在公司登记前依法办理批准手续。公司营业执照签发日为公司成立日期。

二、公司的分类

按照不同的标准，从不同的角度，可以对公司进行不同分类。

（一）根据股东责任划分

（1）有限责任公司，是指由一人或两人以上股东共同出资，每个股东以其认缴的出资额为限对公司承担有限责任，公司以其全部资产对其债务承担责任的公司。

（2）股份有限公司，是指由一定人数以上的股东组成，资本分为等额股份，股东以其所持股份对公司债务承担责任，公司以其全部资产对其债务承担责任的公司。

（3）无限公司，是指由两人以上股东共同出资组成，全体股东对公司债务负无限连带责任的公司。

（4）两合公司，是指公司股东由两种责任形式的股东组成，其中一部分股东以其出资额为限承担有限责任，另一部分股东承担无限连带责任的公司。

（5）股份两合公司，是指公司股东由两种责任形式的股东组成，资本分为等额股份。其股东承担法律责任情况与两合公司相同，区别在于公司的资本分为等额股份。

随着公司制度的完善，有些公司类型已经趋于消亡。所以，我国《公司法》只规定了两种公司：一是有限责任公司，二是股份有限公司。

（二）根据公司的信用基础划分

（1）人合公司，是指公司的信用主要依赖于股东个人信用状况的公司。股东个人的信用包括股东个人的能力、财力、声望和信誉等，其典型形式是无限公司。

（2）资合公司，是指公司的信用基础在于资本的结合，以资本的实力取信于人，股东个人的能力、财力或信誉与公司无关。资合公司以股份有限公司为典型。

（3）人资兼合公司，是指同时以公司资本和股东个人信用为公司信用基础的公司，其典型形式为两合公司和股份两合公司。

（三）根据公司组织关系划分

（1）母公司与子公司。这是按公司外部组织关系所作的分类，两者之间是控制依附关系。母公司，是指因出资而能够实际控制、支配其他公司经营活动的公司。子公司，是指一定比例以上的资本为另一公司的出资，从而其经

微课

分公司与子公司的法人资格探秘

法条链接

《公司法》第十三条规定："公司可以设立子公司。子公司具有法人资格，依法独立承担民事责任。公司可以设立分公司。分公司不具有法人资格，其民事责任由公司承担。"

营活动受该公司所控制的公司。虽然母公司对子公司具有控股地位，但在法律上，子公司仍然具有独立的法人地位，它有自己的名称、章程、组织机构，并以自己的名义独立地对外进行经营活动，其财产与母公司的财产彼此独立，对各自的债务各自负责，互不连带。

（2）总公司与分公司。这是按公司内部组织关系所作的分类，两者之间是管理与被管理的关系。分公司只是总公司在公司住所地以外设立的从事生产经营活动的分支机构，没有独立的公司名称、章程，没有独立的财产，不具有法人资格，不能独立承担民事责任，属于总公司的附属机构，以总公司的资产对分公司的债务承担法律责任。但分公司可以领取营业执照，进行经营活动。

同步思考

A 有限责任公司投资设立 B 有限责任公司为其控股子公司，又设立 C 公司。甲厂分别与 B 公司、C 公司签订买卖合同，向其供货，价款各为 60 万元。但 B 公司、C 公司收货后迟迟不付款，甲久催未果，遂以 A 公司为被告向法院起诉。请思考：A 公司是否承担法律责任？

法治素养

张謇是近代以来受中华优秀传统文化教育熏陶、以爱国主义为立身之本、以创新改革为兴业之基、以服务桑梓为入世之荣的爱国企业家典范。纷飞的战火并未阻挡张謇实业报国之志，反而成为激励他发愤图强的外在因素。在当时内忧外患的形势下，张謇积极引进先进技术和经营理念，投身实业，积极参与社会公益事业，为救亡图存、探索各领域发展作出了重要贡献。张謇等老一代民族企业家展现出的爱国情怀、开放胸襟、创新精神、诚信品格、民本意识和强烈的社会责任感，是近代历史上一笔宝贵的精神财富，值得我们弘扬和学习。2020 年 11 月 12 日，习近平总书记在江苏考察调研期间，来到南通博物苑，强调要把南通博物苑和张謇故居作为爱国主义教育基地，让广大民营企业家和青少年受到教育，增强社会责任感，坚定“四个自信”。（资料来源：根据搜狐网资料整理）

启示：大学生应通过对“张謇精神”的学习，增强家国情怀和社会责任担当，自觉地将小我融入大我；培育经世济民、诚信服务、德法兼修的职业素养；同时感悟创业过程并不是一帆风顺的，要具有勇于创新、奋力拼搏、精益求精、力争一流的工匠精神，打造更具活力的中国市场，为中国经济航船行稳致远作出更大贡献。

头脑风暴

请列举你在现实生活中所了解到的母子公司、总分公司的实际例子，并讨论这两种不同公司形态的优缺点。

三、公司法的概念

公司法是调整公司在其设立、经营、变更、终止过程中所发生的社会关系的法律规范的总称。

头脑风暴

《公司法》是有生命力的，它的顽强生命力在于与时俱进，《公司法》的每次修订，都为我国社会主义市场经济的发展提供了更加有力的制度支持。请同学们查阅资料，2023 年和 2018 年的《公司法》主要修改了哪些内容？

《公司法》于 1993 年 12 月 29 日由第八届全国人民代表大会常务委员会第五次会议通过，自 1994 年 7 月 1 日起施行。之后经过 1999 年修正、2004 年修正、2005 年修订、2013 年修正、2018 年修正、2023 年修订，新修订的公司法自 2024 年 7 月 1 日起施行。

四、股东的权利

公司股东对公司依法享有资产收益、参与重大决策和选择管理者等权利。公司的财产虽然源于股东投资，但股东一旦将财产投入公司，便丧失对该财产的直接支配权利，只享有对公司的股权，由公司享有对该财产的支配权利，即法人财产权。公司担负债务时，债权人只能要求公司偿还，而股东由于已缴纳出资，相应财产已转变为公司财产，股东对公司债务就无须再承担责任。同样的，当股东担负债务时，债权人也不能要求公司为股东的债务承担责任。

公司股东应当遵守法律、行政法规和公司章程，依法行使股东权利，不得滥用股东权利损害公司或者其他股东的利益；不得滥用公司法人独立地位和股东有限责任损害公司债权人的利益。公司股东滥用公司法人独立地位和股东有限责任，逃避债务，严重损害公司债权人利益的，应当对公司债务承担连带责任。股东利用其控制的两个以上公司损害公司利益，各公司应当对任一公司的债务承担连带责任。只有一个股东的公司，股东不能证明公司财产独立于股东自己的财产的，应当对公司债务承担连带责任。

法条链接

《公司法》第十九条规定："公司从事经营活动，应当遵守法律法规，遵守社会公德、商业道德，诚实守信，接受政府和社会公众的监督。"

法条链接

《公司法》第二十条规定："公司从事经营活动，应当充分考虑公司职工、消费者等利益相关者的利益以及生态环境保护等社会公共利益，承担社会责任。国家鼓励公司参与社会公益活动，公布社会责任报告。"

五、公司登记

设立公司，应当依法向公司登记机关申请设立登记。法律、行政法规规定设立公司必须报经批准的，应当在公司登记前依法办理批准手续。申请设立公司，符合《公司法》规定的设立条件的，由公司登记机关分别登记为有限责任公司或者股份有限公司；不符合《公司法》规定的设立条件的，不得登记为有限责任公司或者股份有限公司。

公司登记事项包括：名称；住所；注册资本；经营范围；法定代表人的姓名；有限责任公司股东、股份有限公司发起人的姓名或者名称。公司登记机关应当将公司登记事项通过国家企业信用信息公示系统向社会公示。

公司申请变更登记，应当向公司登记机关提交公司法定代表人签署的变

法条链接

《公司法》第三十条规定："申请设立公司，应当提交设立登记申请书、公司章程等文件，提交的相关材料应当真实、合法和有效。申请材料不齐全或者不符合法定形式的，公司登记机关应当一次性告知需要补正的材料。"

更登记申请书、依法作出的变更决议或者决定等文件。公司变更登记事项涉及修改公司章程的，应当提交修改后的公司章程。公司变更法定代表人的，变更登记申请书由变更后的法定代表人签署。

法条链接

《公司法》第三十三条规定："依法设立的公司，由公司登记机关发给公司营业执照。公司营业执照签发日期为公司成立日期。公司营业执照应当载明公司的名称、住所、注册资本、经营范围、法定代表人姓名等事项。公司登记机关可以发给电子营业执照。电子营业执照与纸质营业执照具有同等法律效力。"

协作创新

2024 年我国高校毕业生超过 1 170 万人，薪资缩水促使很多大学生加入创业大军，大学生"创业"持续火热。选择何种组织形式来创业，是创业者首先要解决的重要问题。市场经济中，我们常见的企业组织形式有公司制企业（有限责任公司、股份有限公司）、合伙制企业和个人独资企业三大类别。不同的组织形式具有不同优势和法律效果，创业者需要仔细分辨不同组织形式之间的优劣势，根据自己的需求和发展规划，选择适合自己的组织形式。

思考：在生活中，一说到创业，很多人都会说要开个 ×× 公司，倾向于选择公司这种组织形式。为什么说公司是现代企业具有优势的组织形式？

第 21 讲　揭开"萨洛蒙"的神秘面纱

——设立有限责任公司

学前思考

萨洛蒙（以下简称老萨）是一名英国鞋匠，开了一家鞋店。1892 年，老萨根据英国公司法，成立了萨洛蒙有限责任公司（以下简称萨洛蒙公司）。公司有 7 名股东：老萨、老萨太太和他们的五个子女。老萨的游戏正式开始了。

第一步：萨洛蒙公司发行了 20 006 份股份，其中老萨占 20 000 股，其他 6 人每人各占 1 股。这样一来，萨洛蒙公司的设立既不违反公司法的规定，又可以保证老萨对公司的绝对控制。第二步：萨洛蒙公司成立后的第一次董事会，决定以 38 782 英镑的"天价"收购老萨的鞋店。其中 20 000 英镑作为老萨认缴的股金，计 20 000 股；10 000 英镑作为公司欠他的债务，并由公司资产作为抵押担保；其余 8 782 英镑以现金支付。萨洛蒙公司买下"天价"鞋店，真可谓"冤大头"。不过，在老萨的操作下，这一切都水到渠成。老萨一番折腾的结果是：他非但不用为公司出资一分钱，还获得了 10 000 英镑的债权，而且是有抵押担保的优质债权。为什么要办抵押呢？难道老萨还信不过他自己

思政点滴

创业创新是国家赢得未来的基础和关键。"双创"由"众"而积厚成势，因"创"而破茧成蝶。要尽心支持每一次创业，悉心呵护每一个创新，使更多创意在碰撞中结出成果，让更多创客靠奋斗让人生出彩，激励越来越多的人勇于创业、善于创新。

吗？不是的，是因为英国公司法和担保法规定，企业一旦破产清算，有抵押的债权可以优先受偿。第三步，萨洛蒙公司开始借债，一共借了 7 000 英镑，并且都没有设抵押。至此，老萨的游戏将债主们拖进了一个深渊。1893 年，债主们开始警觉老萨的欺骗行为，纷纷上门讨债。

思考：（1）萨洛蒙本人与萨洛蒙公司的区别是什么？（2）投资人能否通过设立公司的形式降低投资风险？

萨洛蒙公司股东中除萨洛蒙外，均名不副实。但是股东负有限责任，这是法律赋予股东的合法权益，只要符合公司设立条件，公司便与它的股东相分离而成为独立的法律主体，股东与公司间的权利、义务关系由公司章程加以确定。要回答案例中的问题，我们需要学习有限责任公司相关法律规定。

一、有限责任公司的概念和特征

有限责任公司，简称有限公司，是指依照《公司法》设立的，由法定数量的股东所组成，股东以其出资额为限对公司债务承担有限责任，公司以其全部资产对公司债务承担责任的企业法人。它主要有以下几方面的特征：

（1）股东承担有限责任。有限责任公司股东按照其认缴的出资额为限对公司承担有限责任。

（2）股东人数有最高限。根据《公司法》规定，有限责任公司由 1 个以上 50 个以下股东出资设立。

（3）资本的不等额性。有限责任公司的资本不分为等额股份。

（4）募股集资的封闭性。有限责任公司不能公开募集股份，不能发行股票。

（5）股份转让的有限性。有限责任公司股份的转让受到严格的限制。

法治素养

近年来，因为“民族担当”成功出圈的国货品牌不在少数。郑州暴雨，许多国货品牌纷纷慷慨解囊，其中，鸿星尔克在 2020 年净利润亏损高达 2.2 亿的情况下捐款 5 000 万元，凭借“感觉你都要倒闭了还捐了这么多”的评论被顶上热搜，一时间引起直播间“野性消费”。不仅仅是鸿星尔克，总部在河南的蜜雪冰城，在暴雨灾情中积极自救的同时还捐赠了 2 200 万元用于抗洪救灾和灾后重建；才破产重组完成的贵人鸟捐款 3 000 万元，老板还带队第一时

微课

零门槛注册有限公司，实现创业梦

思政点滴

有限责任公司资本不等额性的深层逻辑其实是基于人合，即股东之间的信任，这是有限责任公司与股份有限公司的最大不同。公司的存在、发展与成功往往离不开股东之间的信任与良好的合作。创业也是如此，有些创业团队之所以解散，最重要的原因在于“团队合作精神”未能持续，合作的信任基础发生了动摇。共同创业最重要的是以诚相待、互相尊重，讲诚信、行友善。

间跑到灾区救援……这些国货品牌的纷纷“出圈”，让大众看到了中国企业勇于承担社会责任的爱国主义情怀与奉献精神。（资料来源：根据润商财经资料整理）

启示：以上企业行为展现了民族品牌的自信与实力，彰显了新时代民营企业的社会价值，诠释了全新的企业社会责任内涵。我们应当明白，虽然股东的责任是有限的，但是企业公民的社会责任是无限的。

知识链接

党的二十届三中全会审议通过的《中共中央关于进一步全面深化改革 推进中国式现代化的决定》强调：“完善市场准入制度，优化新业态新领域市场准入环境。深化注册资本认缴登记制度改革，实行依法按期认缴。健全企业破产机制，探索建立个人破产制度，推进企业注销配套改革，完善企业退出制度。健全社会信用体系和监管制度。”

二、有限责任公司的设立条件

（1）股东人数符合法律规定。有限责任公司由1个以上50个以下股东出资设立。股东既可以是自然人，也可以是公司或非法人企业。

（2）有符合公司章程规定的全体股东认缴的出资额。有限责任公司的注册资本为在公司登记机关登记的全体股东认缴的出资额。全体股东认缴的出资额由股东按照公司章程的规定自公司成立之日起5年内缴足。法律、行政法规以及国务院决定对有限责任公司注册资本实缴、注册资本最低限额、股东出资期限另有规定的，从其规定。

法条链接

《公司法》第四十八条规定：“股东可以用货币出资，也可以用实物、知识产权、土地使用权、股权、债权等可以用货币估价并可以依法转让的非货币财产作价出资；但是，法律、行政法规规定不得作为出资的财产除外。对作为出资的非货币财产应当评估作价，核实财产，不得高估或者低估作价。法律、行政法规对评估作价有规定的，从其规定。”

（3）股东共同订立公司章程。公司章程是记载公司组织、活动基本准则的公开性法律文件，公司章程对公司、股东、董事、监事、高级管理人员均具有约束力。公司章程由全体股东共同制定，形式上要求有全体股东的签名、盖章。

（4）有公司名称，并建立符合法律规定的组织机构。设立的有限责任公司，应当在公司名称中标明有限责任公司或者有限公司字样。

（5）有公司住所。公司以其主要办事机构所在地为住所。公司的实际生产经营地可能有很多，但公司登记的住所只能有一个。

法治素养

2023年12月29日，第十四届全国人民代表大会常务委员会第七次会议表决通过新修订的《公司法》，自2024年7月1日起施行。新《公司法》对有限责任公司认缴登记制进行了完善，明确全体股东认缴的出资额由股东按照公司章程的规定自公司成立之日起五年内缴足；同时，新《公司法》施行前已登记设立的公司，出资期限超过本法规定的期限的，除法律、行政法规或者国务院另有规定外，应当逐步调整至本法规定的期限以内；对于出资期限、出资额明显异常的，公司登记机关可以依法要求其及时调整。具体实施办法由国务院规定。

启示：从激发经营主体活力和保障交易安全的角度，为规范公司认缴出资行为，营造诚实守信的市场环境，新《公司法》将实缴出资信息作为公司强制公示事项，明确违反公示法律责任的行政处罚。新《公司法》规定，公司应当通过国家企业信用信息公示系统公示有限责任公司认缴和实缴的出资额、出资方式和出资期限。这进一步加强了公司的信息公示义务，明确了对未按规定公示实缴出资相关信息或者隐藏真实情况、弄虚作假的，市场监管部门应当责令改正，并对公司、主管人员及其他直接管理人员处以罚款。这有利于督促公司及时、准确地履行公示义务，有利于强化社会监督、保护交易安全、建设诚信的市场环境。

三、有限责任公司设立的程序

有限责任公司是一种非公众性、封闭性的法人，所以其设立方式只能以发起设立为限，其设立程序一般如下：

法条链接

《公司法》第四十三条规定：“有限责任公司设立时的股东可以签订设立协议，明确各自在公司设立过程中的权利和义务。”

（一）发起人发起

发起人发起是设立有限责任公司的预备阶段。有限责任公司只能由发起人发起设立。发起人首先要对设立有限责任公司进行可行性分析，由发起人明确设立公司的意向，并作出必要准备。发起人有数人时，应签订发起人协议或作成发起人会议决议。协议或决议是明确发起人各自在公司设立过程中权利和义务的书面文件。

（二）公司名称预先核准

由全体股东指定的代表或者共同委托的代理人向公司登记机关申请名称预先核准。具体操作步骤：先到市场监管部门或者政务服务中心领取填写《企业名称预先核准申请书》，并携带全体投资人的主体资格证明或者自然人身份证复印件，由市场监管部门上网检索是否有与拟定的公司名称重名，如果没有就会核发《企业名称预先核准通知书》。预先核准的公司名称保留期为 6 个月，预先核准的公司名称在保留期内不得用于从事经营活动，不得转让。公司具体名称要由所在地行政区划名称、字号（商号）、行业或者经营特点和公司类型组成，如河南汇邦文化传媒有限公司。

知识链接

公司的名称具有唯一性，一个公司只能有一个名称，公司的名称权受法律保护。在同一公司登记机关的辖区内，同一行业的公司不允许有相同或类似的名称。

同步思考

有限责任公司章程应当载明哪些事项？

（三）订立公司章程

公司章程是记载公司组织、活动基本准则的公开性法律文件。设立有限责任公司，应当由股东共同制定公司章程，将要设立的公司基本情况以及各方面的权利和义务加以明确规定。只有严格按照法律要求订立公司章程，并报经主管机关批准后，公司章程才能生效，也才能继续进行公司设立的其他程序。

头脑风暴

甲、乙、丙共同出资设立一家有限责任公司，其中，公司章程规定丙以房产出资30万元。公司成立后吸收了丁入股。后查明，丙作为出资的房产仅值20万元，丙现有可执行的个人财产5万元。丁应该怎么处理？

（四）股东缴纳出资

股东应当按期足额缴纳公司章程规定的各自所认缴的出资额。股东以货币出资的，应当将货币出资足额存入有限责任公司在银行开设的账户；以非货币财产出资的，应当依法办理其财产权的转移手续。股东未按期足额缴纳出资的，除应当向公司足额缴纳外，还应当对给公司造成的损失承担赔偿责任。公司成立后，股东不得抽逃出资。

法条链接

《公司法》第五十条规定："有限责任公司设立时，股东未按照公司章程规定实际缴纳出资，或者实际出资的非货币财产的实际价额显著低于所认缴的出资额的，设立时的其他股东与该股东在出资不足的范围内承担连带责任。"

（五）进行公司设立申报

目前我国各地基本都支持公司登记的网上申报，设立人可进入企业登记主管机关网站，根据《企业名称预先核准通知书》上的编号登录网站后进入申报界面，选择企业设立登记，按要求录入公司各项基本情况等设立信息，并提交如公司章程等设立材料后等待预审核的结果，预审核通过的可将设立登记材料原件提交到市场监管部门综合服务窗口。市场监管部门收到设立登记材料后进行审核，审查通过的则将申请资料通过信息平台发送给税务、统计、人力资源和社会保障等部门进行审查，市场监管部门在收到各相关部门核准信息后，在"五证合一"系统平台上打印出加载有统一社会信用代码的营业执照。

（六）领取营业执照

公司设立申请人凭有效证件到市场监管部门综合窗口领取"五证合一"的营业执照，公司营业执照签发日期为公司成立日期，自此公司取得企业法人资格，可以依法开始经营活动。

同步思考

有限责任公司不使用股票的概念，使用相对应的出资证明书的概念。出资证明书应当记载哪些事项？

（七）向股东签发出资证明书

出资证明书是证明股东已缴纳出资额的文件，由公司在登记注册后签发，出资证明书必须由公司盖章。

四、有限责任公司的组织机构

有限责任公司的组织机构包括三部分：股东会、董事会、监事会，即权力机构、执行机构和监督机构。它们就是公司的法人机关和议事机关。

（一）股东会

有限责任公司股东会由全体股东组成，股东会是公司的权力机构。有限责任公司股东会及其组织运行如表 21-1 所示。

表 21-1　有限责任公司股东会及其组织运行

股东会	具体内容	
性质	股东会是公司的权力机构	
成员结构	有限责任公司股东会由全体股东组成	
会议制度	定期会议	定期会议应当依照公司章程的规定按时召开
	临时会议	代表 1/10 以上表决权的股东、1/3 以上的董事或者监事会提议召开（不设监事会的公司的监事提议召开）
召集及主持	首次股东会会议由出资最多的股东召集和主持，依照《公司法》规定行使职权。召开股东会会议，应当于会议召开 15 日前通知全体股东；但是，公司章程另有规定或者全体股东另有约定的除外。股东会会议由董事会召集，董事长主持；董事长不能履行职务或者不履行职务的，由副董事长主持；副董事长不能履行职务或者不履行职务的，由过半数的董事共同推举一名董事主持。董事会不能履行或者不履行召集股东会会议职责的，由监事会召集和主持；监事会不召集和主持的，代表 1/10 以上表决权的股东可以自行召集和主持。	
表决权	股东会会议由股东按照出资比例行使表决权；但是，公司章程另有规定的除外。	
议事规则	股东会作出决议，应当经代表过半数表决权的股东通过。股东会作出修改公司章程、增加或者减少注册资本的决议，以及公司合并、分立、解散或者变更公司形式的决议，应当经代表 2/3 以上表决权的股东通过。	
职权	①选举和更换董事、监事，决定有关董事、监事的报酬事项；②审议批准董事会的报告；③审议批准监事会的报告；④审议批准公司的利润分配方案和弥补亏损方案；⑤对公司增加或者减少注册资本作出决议；⑥对发行公司债券作出决议；⑦对公司合并、分立、解散、清算或者变更公司形式作出决议；⑧修改公司章程；⑨公司章程规定的其他职权。	

知识链接

只有一个股东的有限责任公司不设股东会。股东作出“选举和更换董事、监事，决定有关董事、监事的报酬事项”的决定时，应当采用书面形式，并由股东签名或者盖章后置备于公司。

知识链接

有限责任公司和股份有限公司在重大事项的表决上比例都是 2/3 以上，但其基数是完全不同的，有限责任公司的基数是总表决权，股份有限公司（上市公司）的基数是出席会议的表决权。

法条链接

《公司法》第二十四条规定：“公司股东会、董事会、监事会召开会议和表决可以采用电子通信方式，公司章程另有规定的除外。”

法条链接

《公司法》第六十九条规定：“有限责任公司可以按照公司章程的规定在董事会中设置由董事组成的审计委员会，行使本法规定的监事会的职权，不设监事会或者监事。公司董事会成员中的职工代表可以成为审计委员会成员。”

（二）董事会

董事会是执行有限责任公司股东会决议的机构。规模较小或者股东人数较少的有限责任公司，可以不设董事会，设 1 名董事，行使董事会的职权。该董事可以兼任公司经理。有限责任公司董事会及其组织运行如表 21–2 所示。

表 21–2　有限责任公司董事会及其组织运行

董事会	具体内容
性质	董事会是公司的执行机构
成员结构	有限责任公司董事会成员为 3 人以上，其成员中可以有公司职工代表。职工人数 300 人以上的有限责任公司，除依法设监事会并有公司职工代表的外，其董事会成员中应当有公司职工代表。董事会中的职工代表由公司职工通过职工代表大会、职工大会或者其他形式民主选举产生。董事会设董事长一人，可以设副董事长。董事长、副董事长的产生办法由公司章程规定。
董事任期	董事任期由公司章程规定，但每届任期不得超过 3 年。董事任期届满，连选可以连任。
董事会会议	董事会会议由董事长召集和主持；董事长不能履行职务或者不履行职务的，由副董事长召集和主持；副董事长不能履行职务或者不履行职务的，由过半数的董事共同推举一名董事召集和主持。董事会的议事方式和表决程序，除本法有规定的外，由公司章程规定。董事会会议应当有过半数的董事出席方可举行。董事会作出决议，应当经全体董事的过半数通过。董事会决议的表决，应当 1 人 1 票。
职权	①召集股东会会议，并向股东会报告工作；②执行股东会的决议；③决定公司的经营计划和投资方案；④制订公司的利润分配方案和弥补亏损方案；⑤制订公司增加或者减少注册资本以及发行公司债券的方案；⑥制订公司合并、分立、解散或者变更公司形式的方案；⑦决定公司内部管理机构的设置；⑧决定聘任或者解聘公司经理及其报酬事项，并根据经理的提名决定聘任或者解聘公司副经理、财务负责人及其报酬事项；⑨制定公司的基本管理制度；⑩公司章程规定或者股东会授予的其他职权。

有限责任公司可以设经理，由董事会决定聘任或者解聘。经理对董事会负责，根据公司章程的规定或者董事会的授权行使职权。经理列席董事会会议。

（三）监事会

监事会是对公司执行机构进行专门监督的机构。规模较小或者股东人数较少的有限责任公司，可以不设监事会，设 1 名监事，行使规定的监事会的职权；经全体股东一致同意，也可以不设监事。有限责任公司监事会及其组织运

法条链接

《公司法》第二十六条规定：“公司股东会、董事会的会议召集程序、表决方式违反法律、行政法规或者公司章程，或者决议内容违反公司章程的，股东自决议作出之日起六十日内，可以请求人民法院撤销。但是，股东会、董事会的会议召集程序或者表决方式仅有轻微瑕疵，对决议未产生实质影响的除外。未被通知参加股东会会议的股东自知道或者应当知道股东会决议作出之日起六十日内，可以请求人民法院撤销；自决议作出之日起一年内没有行使撤销权的，撤销权消灭。”

头脑风暴

结合《公司法》相关规定，公司股东会、董事会的决议不成立的情形有哪些？

思政点滴

现代公司的特点是所有权与经营权分离，形成股东会、董事会、管理层三层治理结构。人员要有明确的分工，有分工就要承担责任，授予相应的权力，权力是与责任相对应的，不能存在绝对权力，权力必须受到监督。任何掌握权力的人，其行为都要受到组织的制约。

行如表 21–3 所示。

表 21–3 有限责任公司监事会及其组织运行

监事会	具体内容
性质	监事会是公司的监督机构
成员结构	监事会成员为 3 人以上。监事会成员应当包括股东代表和适当比例的公司职工代表，其中职工代表的比例不得低于 1/3，具体比例由公司章程规定。监事会中的职工代表由公司职工通过职工代表大会、职工大会或者其他形式民主选举产生。监事会设主席 1 人，由全体监事过半数选举产生。监事会主席召集和主持监事会会议；监事会主席不能履行职务或者不履行职务的，由过半数的监事共同推举一名监事召集和主持监事会会议。董事、高级管理人员不得兼任监事。
监事任期	监事的任期每届为 3 年。监事任期届满，连选可以连任。
监事会会议	监事会每年度至少召开一次会议，监事可以提议召开临时监事会会议。监事会的议事方式和表决程序，除本法有规定的外，由公司章程规定。监事会决议应当经全体监事的过半数通过。监事会决议的表决，应当 1 人 1 票。监事会应当对所议事项的决定作成会议记录，出席会议的监事应当在会议记录上签名。
职权	①检查公司财务；②对董事、高级管理人员执行职务的行为进行监督，对违反法律、行政法规、公司章程或者股东会决议的董事、高级管理人员提出解任的建议；③当董事、高级管理人员的行为损害公司的利益时，要求董事、高级管理人员予以纠正；④提议召开临时股东会会议，在董事会不履行本法规定的召集和主持股东会会议职责时召集和主持股东会会议；⑤向股东会会议提出提案；⑥依照《公司法》第一百八十九条的规定，对董事、高级管理人员提起诉讼；⑦公司章程规定的其他职权。

学以致用

某有限责任公司董事会决议拟增加注册资本，公司监事会的 5 名成员坚决反对，但董事会坚持决议。于是，监事会通知全部股东召开临时股东会议。其中除 2 名共持有 1/2 表决权、反对增加注册资本的股东未参加股东会，其余 5 名股东全部参加。与会 5 名股东通过了公司增加注册资本的董事会决议。监事会认为会议的表决方式未达到法定要求，因而决议可以撤销。董事会认为，监事会越权召开股东会，会后又对会议决议横加指责，纯属无理之举。

（1）公司董事会是否有权作出增加注册资本的决议？（2）临时股东会的召集程序是否合法？（3）临时股东会通过的决议是否可以撤销？

分析：（1）无权。董事会仅有权制定公司增加注册资本的方案，而增资决议应由股东会作出。（2）不合法。根据《公司法》的规定，监事会应先提议

> **头脑风暴**
>
> 李伟就读于某院校服装设计专业，即将毕业。他和同班三名同学准备成立一家有限责任公司——玉丽服装有限公司，从事服装生产。但他们不知道如何申请设立有限责任公司，应准备哪些申请材料，以及法律对设立的组织机构有何要求。请同学们以小组为单位设计一份公司设立方案，告知他们如何设立一家有限责任公司，准备哪些材料，以及其中有哪些问题需要注意。

知识链接

优先购买权的概念只存在于有限责任公司中，因为有限责任公司存在人合性质。

头脑风暴

甲出资10万元，乙出资60万元，丙出资10万元，丁出资10万元，戊出资10万元共同组建一家有限责任公司。公司成立后，3月1日甲书面通知其他股东要把股份转让给庚，丙表示同意，丁、戊称无所谓，但一直未答复甲。而乙以前曾与庚共过事，有过恩怨，故坚决反对，但出价又不如庚高。5月1日，甲将股份转让给庚，并办理了变更登记手续。乙不服，认为这是甲故意跟自己过不去，并认为转让无效。请思考：甲将股份转让给庚有效吗？

法条链接

《公司法》第八十八条规定："股东转让已认缴出资但未届出资期限的股权的，由受让人承担缴纳该出资的义务；受让人未按期足额缴纳出资的，转让人对受让人未按期缴纳的出资承担补充责任。未按照公司章程规定的出资日期缴纳出资或者作为出资的非货币财产的实际价额显著低于所认缴的出资额的股东转让股权的，转让人与受让人在出资不足的范围内承担连带责任；受让人不知道且不应当知道存在上述情形的，由转让人承担责任。"

董事会召开临时股东会，董事会不能履行或者不履行召集股东会会议职责的，监事会才可自行召集和主持。（3）可以撤销。公司增加注册资本的股东会决议应由经代表2/3以上表决权的股东通过，而本案中同意增资的股东仅持有1/2表决权。此外，临时股东会的召集程序也不合法，股东可以自决议作出之日起60日内，请求人民法院撤销。

五、有限责任公司的股权转让和股权回购

（一）股权转让

1. 股东之间转让

有限责任公司的股东之间可以相互转让其全部或者部分股权。

2. 股东向股东以外的人转让

股东向股东以外的人转让股权的，应当将股权转让的数量、价格、支付方式和期限等事项书面通知其他股东，其他股东在同等条件下有优先购买权。股东自接到书面通知之日起30日内未答复的，视为放弃优先购买权。两个以上股东行使优先购买权的，协商确定各自的购买比例；协商不成的，按照转让时各自的出资比例行使优先购买权。公司章程对股权转让另有规定的，从其规定。

股东转让其股权的，应当书面通知公司，请求变更股东名册；需要办理变更登记的，并请求公司向公司登记机关办理变更登记。公司拒绝或者在合理期限内不予答复的，转让人、受让人可以依法向人民法院提起诉讼。股权转让的，受让人自记载于股东名册时起可以向公司主张行使股东权利。

3. 人民法院强制转让股权

人民法院依照法律规定的强制执行程序转让股东的股权时，应当通知公司及全体股东，其他股东在同等条件下有优先购买权。其他股东自人民法院通知之日起满20日不行使优先购买权的，视为放弃优先购买权。

转让股权后，公司应当及时注销原股东的出资证明书，向新股东签发出资证明书，并相应修改公司章程和股东名册中有关股东及其出资额的记载。对公司章程的该项修改不需再由股东会表决。

（二）股权回购

有下列情形之一的，对股东会该项决议投反对票的股东可以请求公司按

照合理的价格收购其股权：（1）公司连续5年不向股东分配利润，而公司该5年连续盈利，并且符合《公司法》规定的分配利润条件；（2）公司合并、分立、转让主要财产；（3）公司章程规定的营业期限届满或者章程规定的其他解散事由出现，股东会通过决议修改章程使公司存续。

自股东会决议通过之日起60日内，股东与公司不能达成股权收购协议的，股东可以自股东会决议作出之日起90日内向人民法院提起诉讼。

协作创新

甲、乙、丙三家有限责任公司各出资500万元，设立了丁有限责任公司。甲有限责任公司派人担任董事长，乙有限责任公司派人担任财务负责人兼任监事，丙有限责任公司派人担任经理。丁有限责任公司成立后，董事长认为，公司章程对甲有限责任公司不利，也不利于丙有限责任公司的经营，于是作出修改公司章程的决定，经理与财务负责人均不同意。于是董事长找借口直接解除经理的职务，自己兼任经理，独揽大权。之后，董事长的朋友陷入债务纠纷，请求董事长帮忙。董事长直接将丁有限责任公司的财产为其朋友债务提供担保。乙、丙两家有限责任公司知道以后，提出异议。

思考：上述哪些行为违反了《公司法》的规定？为什么？

知识链接

公司的控股股东滥用股东权利，严重损害公司或者其他股东利益的，其他股东有权请求公司按照合理的价格收购其股权。

第22讲　上市不仅有财富同样有规则

——设立股份有限公司

学前思考

“万宝之争”是中国A股历史上规模最大的公司并购与反并购案例之一。2015年7月，宝能系突然举牌收购万科，通过近半年时间的增持，宝能系共持有万科22.45%的股票，离向万科股东发出邀约收购只差一步，万科陷入被收购的巨大风险中。同年12月，万科创始人在万科内部会议上公开表态不欢迎宝能作为万科的大股东，股权争夺战进入白热化阶段。随后，万科停牌近半年时间。停牌期间，万科管理团队四处求援，在安邦保险和深圳地铁的支持下在股权比例上反超宝能。最终，在监管部门的积极干预下，万科管理团队赢得了这场股权保卫战，但也付出了惨重的代价。（资料来源：根据

思政点滴

《公司法》明确规定：“公司从事经营活动，应当遵守法律法规，遵守社会公德、商业道德，诚实守信，接受政府和社会公众的监督。”公司是创造社会财富的源泉，具备维持市场经济秩序、提高社会运行效率、增加社会财富总量、维护社会公共利益的能力，上市的大公司更应认真贯彻《公司法》，承担社会责任。

搜狐财经资料整理）

作为上市公司，买或者被别人买都是正常的。收购和被收购是市场本身的行为，只要符合相关法律法规，监管部门就不会干预。更有甚者，像万科这样股权极其分散的公司，前最大股东华润长期以来一直将持股比例保持在15%以下，所以更容易吸引其他公司来收购。

思考：为什么股份有限公司存在被恶意收购的风险？它与有限责任公司有哪些区别？

知识链接

股份有限公司和有限责任公司的最显著的区别是股份有限公司的最基本特征：股份有限公司可以向社会公开募股集资。换言之，股份有限公司的股票有可能获准在交易所上市，一旦上市，该公司就可以向社会发行股票，扩大筹资规模，提高筹资能力，增强企业竞争力。

截至2006年底，我国股权分置改革任务基本完成，解决了“同股不同权，同股不同利”的历史遗留问题，这为我国股权交易市场的繁荣创造了有利条件。但同时，上市企业面临着日益严峻的恶意收购风潮。无论是伦理胜了资本，还是资本赢了情怀，在法治文明的今天，商事主体管理层在资本市场的举手投足间，都应当流露出较强的法律意识，认真贯彻《公司法》精神。

一、股份有限公司的概念和特征

股份有限公司，是指依法在中国境内设立的，其全部资本分为等额股份，股东以其认购股份为限对公司承担责任，公司以其全部资产对公司的债务承担责任的企业法人。股份有限公司有以下主要特征：

（1）全部股份等额。股份有限公司将全部资本分为等额股份，股份采用股票的形式。这是股份有限公司与有限责任公司明显的区别。

（2）股份有限公司的发起人符合法定人数。设立股份有限公司，应当有1人以上200人以下为发起人，其中应当有半数以上的发起人在中华人民共和国境内有住所。

知识链接

“应当有半数以上的发起人在中华人民共和国境内有住所”，并不是要求发起人有半数以上是中国人。《民法典》第二十五条规定：“自然人以户籍登记或者其他有效身份登记记载的居所为住所；经常居所与住所不一致的，经常居所视为住所。”

（3）股份可以自由转让。股份有限公司除了对发起人、董事、监事、高级管理人员的股权转让有一定限制之外，其他情况下股东均可以自由地转让股份。

（4）设立及运营管理严格。由于股份有限公司可能向社会公开募集股份，因此为了防止损害社会上不特定投资人的利益，对股份有限公司的设立及运营有着严格的要求。

有限责任公司和股份有限公司的主要区别如表22–1所示。

表 22-1　有限责任公司和股份有限公司的主要区别

内容	有限责任公司	股份有限公司
设立方式	发起设立	发起方式、募集设立
人数规定	股东 1 人以上 50 人以下	发起人 1 人以上 200 人以下
出资证明方式	出资证明书	股票
股权转让方式	股东转让股权受到限制	可以自由转让
信息披露义务	没有此义务	负有法律规定的信息披露义务

法治素养

在现实的经济生活中，以公司财产与股东财产相分离、公司具有独立法人人格、股东承担有限责任为三大支柱的公司制度，在对股东保护的同时，忽略了对债权人的保护，从而使公司形式上的优势被有恶意的人利用，公司独立法人人格成了这些人背后操纵或侵害他人的“挡箭牌”，大股东把持董事会，为董事滥用公司的法人人格提供了机会，抽逃注册资本、虚假出资、转移公司财产、逃避法定义务等滥用公司人格现象不断出现，违背了现代企业制度设立法人人格的初衷。对于个别投资人恶意“逃废债”的行为，我国《公司法》第二十三条规定：“公司股东滥用公司法人独立地位和股东有限责任，逃避债务，严重损害公司债权人利益的，应当对公司债务承担连带责任。”第二十二条规定：“公司的控股股东、实际控制人、董事、监事、高级管理人员不得利用关联关系损害公司利益。违反前款规定，给公司造成损失的，应当承担赔偿责任。”《中华人民共和国刑法修正案（六）》规定：“公司、企业通过隐匿财产、承担虚构的债务或者以其他方法转移、处分财产，实施虚假破产，严重损害债权人或者其他人利益的，对其直接负责的主管人员和其他直接责任人员，处五年以下有期徒刑或者拘役，并处或者单处二万元以上二十万元以下罚金。”

启示：如果经营者滥用股东有限责任而恶意逃废债务，不仅在民事上要对公司债务承担连带责任，甚至可能要承担刑事责任。大学生要树立守法经营、诚实守信、规范管理的企业经营观念。

二、股份有限公司的设立

（一）设立条件

1. 发起人符合法定人数

设立股份有限公司，应当有 1 人以上 200 人以下为发起人，其中应当有半

知识链接

1984 年 7 月 25 日，新中国第一家股份制企业——北京天桥百货股份有限公司成立，发行股票 300 万元，成为北京市第一家实行股份制的企业，同时也是全国第一家正式注册的股份制商业企业、全国第一家由国营企业转制为股份制的企业。1993 年 5 月 24 日，天桥股票正式在上海证券交易所挂牌上市。通过发行股票、债券，企业直接向市场筹资，减轻了银行资金供应的压力，直接转化为生产建设所需要的资金。在天桥百货之后，股份制成为公司改制的一种主要形式。

法条链接

《公司法》第九十一条规定："设立股份有限公司，可以采取发起设立或者募集设立的方式。发起设立，是指由发起人认购设立公司时应发行的全部股份而设立公司。募集设立，是指由发起人认购设立公司时应发行股份的一部分，其余股份向特定对象募集或者向社会公开募集而设立公司。"

法条链接

《公司法》第九十九条规定："发起人不按照其认购的股份缴纳股款，或者作为出资的非货币财产的实际价额显著低于所认购的股份的，其他发起人与该发起人在出资不足的范围内承担连带责任。"

数以上的发起人在中华人民共和国境内有住所。股份有限公司发起人承担公司筹办事务。发起人应当签订发起人协议，明确各自在公司设立过程中的权利和义务。

2. 注册资本符合要求

股份有限公司的注册资本为在公司登记机关登记的已发行股份的股本总额。在发起人认购的股份缴足前，不得向他人募集股份。法律、行政法规以及国务院决定对股份有限公司注册资本最低限额另有规定的，从其规定。

3. 股份发行、筹办事项符合法律规定

这里的股份发行是指设立发行，是设立公司的过程中，为了组建股份有限公司，筹集组建公司所需资本而发行股份的行为。以发起设立方式设立股份有限公司的，发起人应当认足公司章程规定的公司设立时应发行的股份。以募集设立方式设立股份有限公司的，发起人认购的股份不得少于公司章程规定的公司设立时应发行股份总数的35%；但是，法律、行政法规另有规定的，从其规定。

4. 发起人制定公司章程

设立股份有限公司，应当由发起人共同制定公司章程。股份有限公司章程应载明的事项如表22–2所示。

表22–2　股份有限公司章程应载明的事项

序号	载明事项
1	公司名称和住所
2	公司经营范围
3	公司设立方式
4	公司注册资本、已发行的股份数和设立时发行的股份数，面额股的每股金额
5	发行类别股的，每一类别股的股份数及其权利和义务
6	发起人的姓名或者名称、认购的股份数、出资方式
7	董事会的组成、职权和议事规则
8	公司法定代表人的产生、变更办法
9	监事会的组成、职权和议事规则
10	公司利润分配办法
11	公司的解散事由与清算办法
12	公司的通知和公告办法
13	股东会认为需要规定的其他事项

（二）设立方式及程序

股份有限公司有发起设立和募集设立两种方式。

1. 发起设立的程序

首先，发起人应认购公司发行的全部股份，按章程缴纳自己所认购股份的股款，接下来选举公司的董事会或监事会，最后由董事会向公司登记机关报送公司章程等申请材料，申请公司设立登记。公司登记机关自接到申请之日起 30 日内作出是否予以登记的决定，对符合《公司法》规定条件的发给公司营业执照，公司营业执照签发日期为公司成立日期，公司成立后，应当进行公告。

2. 募集设立的程序

（1）发起人认购股份。发起人认购的股份不得少于公司章程规定的公司设立时应发行股份总数的 35%，但是法律、行政法规另有规定的除外。

（2）向社会公开募集股份。发起人向社会公开募集股份，应当公告招股说明书，并制作认股书。认股书应由认股人填写认购的股份数、金额、住所，并签名或者盖章。认股人应当按照所认购股份足额缴纳股款。

（3）签订承销协议和代收股款协议。发起人向社会公开募集股份，应当同依法设立的证券经营机构签订承销协议，由证券公司承销其股份。并同银行签订代收股款协议，代收股款的银行应当按照协议代收和保存股款，向缴纳股款的认股人出具收款单据，并负有向有关部门出具收款证明的义务。

（4）召开成立大会。向社会公开募集股份的股款缴足后，应当经依法设立的验资机构验资并出具证明。认股人缴清股款并验资完毕后，发起人应当自公司设立时应发行股份的股款缴足之日起 30 日内召开公司成立大会。

（5）申请设立登记。董事会应于成立大会结束后 30 日内申请设立登记，公司登记机关对符合《公司法》规定条件的，发给公司营业执照。公司营业执照签发之日，便是公司成立之日。

法条链接

《公司法》第一百五十五条规定：“公司向社会公开募集股份，应当由依法设立的证券公司承销，签订承销协议。”

法条链接

《公司法》第一百五十六条规定：“公司向社会公开募集股份，应当同银行签订代收股款协议。代收股款的银行应当按照协议代收和保存股款，向缴纳股款的认股人出具收款单据，并负有向有关部门出具收款证明的义务。公司发行股份募足股款后，应予公告。”

头脑风暴

募集设立有“公募”和“私募”之分。请思考：公募和私募是什么？

三、股份有限公司的组织机构

股份有限公司的组织机构包括股东会、董事会和监事会。

（一）股东会

股东会是由股份有限公司全体股东组成、决定公司重大问题的机构。股东会是股份有限公司的权力机构，依法行使职权，其职权范围与有限责任公司股东相同（见表 22–3）。

表 22–3　股份有限公司股东会及其组织运行

股东会	具体内容	
会议形式	年会	股东会应当每年召开一次年会
	临时会	有下列情形之一的，应当在两个月内召开临时股东会会议：（1）董事人数不足《公司法》规定人数或者公司章程所定人数的 2/3 时；（2）公司未弥补的亏损达股本总额 1/3 时；（3）单独或者合计持有公司 10% 以上股份的股东请求时；（4）董事会认为必要时；（5）监事会提议召开时；（6）公司章程规定的其他情形。
召集及主持	股东会会议由董事会召集，董事长主持；董事长不能履行职务或者不履行职务的，由副董事长主持；副董事长不能履行职务或者不履行职务的，由过半数的董事共同推举一名董事主持。 董事会不能履行或者不履行召集股东会会议职责的，监事会应当及时召集和主持；监事会不召集和主持的，连续 90 日以上单独或者合计持有公司 10% 以上股份的股东可以自行召集和主持。 单独或者合计持有公司 10% 以上股份的股东请求召开临时股东会会议的，董事会、监事会应当在收到请求之日起 10 日内作出是否召开临时股东会会议的决定，并书面答复股东。	
表决权	股东出席股东会会议，所持每一股份有一表决权，类别股股东除外。公司持有的本公司股份没有表决权。 股东会作出决议，应当经出席会议的股东所持表决权过半数通过。 股东会作出修改公司章程、增加或者减少注册资本的决议，以及公司合并、分立、解散或者变更公司形式的决议，应当经出席会议的股东所持表决权的 2/3 以上通过。	
会议记录	股东会应当对所议事项的决定作成会议记录，主持人、出席会议的董事应当在会议记录上签名。会议记录应当与出席股东的签名册及代理出席的委托书一并保存。	

法条链接

《公司法》第一百一十七条规定："股东会选举董事、监事，可以按照公司章程的规定或者股东会的决议，实行累积投票制。本法所称累积投票制，是指股东会选举董事或者监事时，每一股份拥有与应选董事或者监事人数相同的表决权，股东拥有的表决权可以集中使用。"

同步思考

某房地产股份有限公司注册资本为人民币 2 亿元。后来由于房地产市场不景气，公司年底出现了无法弥补的经营亏损，亏损总额为人民币 7 000 万元。据此，某股东请求召开临时股东会。请思考：公司发生亏损后，在股东请求时，是否应召开股东会？为什么？

（二）董事会

股份有限公司董事会是由股东会选举产生的若干名董事组成的行使经营决策和管理权的公司执行机构。其性质与职权均与有限责任公司董事会相同（见表 22–4）。

表 22-4　股份有限公司董事会及其组织运行

董事会	具体内容
组成	董事会设董事长 1 人，可以设副董事长。董事长和副董事长由董事会以全体董事的过半数选举产生。
董事长职权	董事长召集和主持董事会会议，检查董事会决议的实施情况。副董事长协助董事长工作，董事长不能履行职务或者不履行职务的，由副董事长履行职务；副董事长不能履行职务或者不履行职务的，由过半数的董事共同推举 1 名董事履行职务。
会议的召集	董事会每年度至少召开 2 次会议，每次会议应当于会议召开 10 日前通知全体董事和监事。 代表 1/10 以上表决权的股东、1/3 以上董事或者监事会，可以提议召开临时董事会会议。董事长应当自接到提议后 10 日内，召集和主持董事会会议。董事会召开临时会议，可以另定召集董事会的通知方式和通知时限。
议事规则	董事会会议应当有过半数的董事出席方可举行。董事会作出决议，必须经全体董事的过半数通过。董事会决议的表决，实行 1 人 1 票。
经理	股份有限公司设经理，由董事会决定聘任或者解聘。经理对董事会负责，根据公司章程的规定或者董事会的授权行使职权。经理列席董事会会议。

法条链接

《公司法》第一百二十一条规定："股份有限公司可以按照公司章程的规定在董事会中设置由董事组成的审计委员会，行使本法规定的监事会的职权，不设监事会或者监事。审计委员会成员为三名以上，过半数成员不得在公司担任除董事以外的其他职务，且不得与公司存在任何可能影响其独立客观判断的关系。公司董事会成员中的职工代表可以成为审计委员会成员。审计委员会作出决议，应当经审计委员会成员的过半数通过。审计委员会决议的表决，应当一人一票。审计委员会的议事方式和表决程序，除本法有规定的外，由公司章程规定。公司可以按照公司章程的规定在董事会中设置其他委员会。"

（三）监事会

股份有限公司的监事会在性质和职权上同样适用有限责任公司的规定（见表 22-5）。

表 22-5　股份有限公司监事会及其组织运行

监事会	具体内容
组成	监事会成员为 3 人以上。监事会成员应当包括股东代表和适当比例的公司职工代表，其中职工代表的比例不得低于 1/3，具体比例由公司章程规定。监事会中的职工代表由公司职工通过职工代表大会、职工大会或者其他形式民主选举产生。
成员结构	监事会设主席 1 人，可以设副主席。监事会主席和副主席由全体监事过半数选举产生。
会议的召集	监事会主席召集和主持监事会会议；监事会主席不能履行职务或者不履行职务的，由监事会副主席召集和主持监事会会议；监事会副主席不能履行职务或者不履行职务的，由过半数的监事共同推举 1 名监事召集和主持监事会会议。
会议制度	监事会每 6 个月至少召开 1 次会议。监事可以提议召开临时监事会会议。监事会的议事方式和表决程序，除《公司法》有规定的外，由公司章程规定。监事会决议应当经全体监事的过半数通过。监事会决议的表决，应当 1 人 1 票。
备注	董事、高级管理人员不得兼任监事。

法条链接

《公司法》第一百二十八条规定："规模较小或者股东人数较少的股份有限公司，可以不设董事会，设一名董事，行使本法规定的董事会的职权。该董事可以兼任公司经理。"

法条链接

《公司法》第一百三十三条规定："规模较小或者股东人数较少的股份有限公司，可以不设监事会，设一名监事，行使本法规定的监事会的职权。"

（四）上市公司组织机构的特别规定

上市公司，是指其股票在证券交易所上市交易的股份有限公司。上市公司组织机构的特别规定如表 22-6 所示。

表 22-6　上市公司组织机构的特别规定

内容	相关规定
特别事项的通过	上市公司在 1 年内购买、出售重大资产或者向他人提供担保的金额超过公司资产总额 30% 的，应当由股东会作出决议，并经出席会议的股东所持表决权的 2/3 以上通过。
独立董事	上市公司设独立董事，具体管理办法由国务院证券监督管理机构规定。
董事会秘书	上市公司设董事会秘书，负责公司股东会和董事会会议的筹备、文件保管以及公司股东资料的管理，办理信息披露事务等事宜。
会议决议的关联关系董事不得表决	上市公司董事与董事会会议决议事项所涉及的企业或者个人有关联关系的，该董事应当及时向董事会书面报告。有关联关系的董事不得对该项决议行使表决权，也不得代理其他董事行使表决权。该董事会会议由过半数的无关联关系董事出席即可举行，董事会会议所作决议须经无关联关系董事过半数通过。出席董事会会议的无关联关系董事人数不足 3 人的，应当将该事项提交上市公司股东会审议。

思政点滴

企业家要带领企业战胜当前的困难，走向更辉煌的未来，就要在爱国、创新、诚信、社会责任和国际视野等方面不断提升自己，努力成为新时代构建新发展格局、建设现代化经济体系、推动高质量发展的生力军。

法治素养

华为创始人任正非曾在面对媒体接受采访时一再强调，"华为不片面追求企业规模，华为的发展不缺资金，因此不会进入资本市场，绝对不上市"。"如果大量资本进入华为，就会多元化，就会摧毁华为多年来还没有全理顺的管理。"任正非还说，华为上市会造富一大批公司员工，"这可能会让我们越来越怠惰，失去奋斗者的本质色彩。"（资料来源：根据搜狐网资料整理）

启示：华为、老干妈、娃哈哈等民营企业为什么不上市？企业家应当具有爱国情怀、社会责任感、奋斗精神，积极承担社会责任。只有真诚回报社会、切实履行社会责任的企业家，才能真正得到社会认可，成为符合时代要求的企业家。

法条链接

《公司法》第一百四十二条规定："公司的资本划分为股份。公司的全部股份，根据公司章程的规定择一采用面额股或者无面额股。采用面额股的，每一股的金额相等。公司可以根据公司章程的规定将已发行的面额股全部转换为无面额股或者将无面额股全部转换为面额股。采用无面额股的，应当将发行股份所得股款的二分之一以上计入注册资本。"

四、股份有限公司的股份发行

股份有限公司的股份，是指按照相等金额或相同比例，平均划分公司资本的基本计量单位。股份有限公司的股份采取股票的形式。股票是公司签发的证明股东所持股份的凭证。

（一）股份发行的概念

股份发行，是指股份有限公司为了募集股本而出售或分配自己的股份行为。

（二）股份发行的原则

股份的发行必须坚持公平、公正的原则，同类别的每一股份应当具有同等权利。同次发行的同类别股票，每股的发行条件和价格应当相同；任何单位或者个人所认购的股份，每股应当支付相同价额。

法条链接

《公司法》第一百四十三条规定："股份的发行，实行公平、公正的原则，同类别的每一股份应当具有同等权利。同次发行的同类别股份，每股的发行条件和价格应当相同；认购人所认购的股份，每股应当支付相同价额。"

（三）股份发行的价格

股票发行价格可以按票面金额，也可以超过票面金额，但不得低于票面金额。

（四）股份形式

公司的股份采取股票的形式。股票是公司签发的证明股东所持股份的凭证。公司发行的股票，应当为记名股票。

股票采用纸面形式或者国务院证券监督管理机构规定的其他形式。股票采用纸面形式的，还应当载明股票的编号，由法定代表人签名，公司盖章。发起人股票采用纸面形式的，应当标明发起人股票字样。

头脑风暴

股票采用纸面形式的，应当载明哪些主要事项？

五、股份有限公司的股份转让

（一）股东转让股份的权利和转让限制

股份有限公司的股东持有的股份可以向其他股东转让，也可以向股东以外的人转让；公司章程对股份转让有限制的，其转让按照公司章程的规定进行。股东转让其股份，应当在依法设立的证券交易场所进行或者按照国务院规定的其他方式进行。股票的转让，由股东以背书方式或者法律、行政法规规定的其他方式进行；转让后由公司将受让人的姓名或者名称及住所记载于股东名册。

微课

什么是股票、股权、股份和股市？

公司董事、监事、高级管理人员应当向公司申报所持有的本公司的股份及其变动情况，在就任时确定的任职期间每年转让的股份不得超过其所持有本公司股份总数的25%；所持本公司股份自公司股票上市交易之日起1年内不

同步思考

什么是A股、B股、H股、N股、S股？

得转让。上述人员离职后半年内，不得转让其所持有的本公司股份。公司章程可以对公司董事、监事、高级管理人员转让其所持有的本公司股份作出其他限制性规定。股份在法律、行政法规规定的限制转让期限内出质的，质权人不得在限制转让期限内行使质权。

（二）公司收购自身的股份

公司不得收购本公司股份。但是，有下列情形之一的除外，如表22–7所示。

表22–7　公司收购自身股份的情形

序号	情形
1	减少公司注册资本
2	与持有本公司股份的其他公司合并
3	将股份用于员工持股计划或者股权激励
4	股东因对股东会作出的公司合并、分立决议持异议，要求公司收购其股份
5	将股份用于转换公司发行的可转换为股票的公司债券
6	上市公司为维护公司价值及股东权益所必需

法条链接

《公司法》第一百六十四条规定：“股票被盗、遗失或者灭失，股东可以依照《中华人民共和国民事诉讼法》规定的公示催告程序，请求人民法院宣告该股票失效。人民法院宣告该股票失效后，股东可以向公司申请补发股票。”

第23讲　公司名称变更债务如何处理

——公司的变更、解散和清算

学前思考

河南某纸业公司和郑州腾兴木浆公司因买卖合同纠纷闹上法院，人民法院判决郑州腾兴木浆公司支付100万元欠款。可5年过去了，该公司仍然分文未付。人民法院执行法官了解案情后发现，之所以一直要不回钱，是因为始终没能找到郑州腾兴木浆公司的银行账户。执行法官找到当地市场监管部门查询该公司是否变更了登记名称，发现有5名股东共同出资100万元，将在市场监督管理部门登记的“郑州腾兴木浆公司”重组为“郑州瑞达木浆公司”。但5名出资人向执行法官提出异议。他们认为，欠申请执行人钱的是腾兴木浆公司，人民法院应该执行腾兴木浆公司的财产，不应该让与此案无关的瑞达木浆公司当“冤大头”。

思考：公司能否以变更名称为由逃避债务？

微课

公司能否以更名为由逃避债务？

在现实生活中，一些大学生毕业后会选择开一家自己的公司。在公司的运行过程中，会有这样或那样的琐事，也会遇到公司变更的问题。公司的变更包括合并、分立等，其中有些变更可能会涉及公司债务承担的问题，《公司法》对其有明确的规定。

一、公司合并和分立

公司合并，是指两个或两个以上的公司依照法律规定或合同约定，不经过清算程序直接合并为一个公司的法律行为。公司分立，是指公司依照法律规定及协议约定将一个公司变为两个或两个以上具有独立法人资格的公司。公司合并或者分立，登记事项发生变更的，应当依法向公司登记机关办理变更登记；公司解散的，应当依法办理公司注销登记；设立新公司的，应当依法办理公司设立登记（见表 23–1）。

表 23–1　公司的合并与分立

合并 / 分立		含义	法律后果	程序
公司合并	吸收合并	一个公司吸收其他公司加入本公司，被吸收的公司解散。	公司合并时，合并各方的债权、债务，应当由合并后存续的公司或者新设的公司继承。	公司合并，应当由合并各方签订合并协议，并编制资产负债表及财产清单。公司应当自作出合并决议之日起 10 日内通知债权人，并于 30 日内在报纸上或者国家企业信用信息公示系统公告。债权人自接到通知之日起 30 日内，未接到通知的自公告之日起 45 日内，可以要求公司清偿债务或者提供相应的担保。
	新设合并	两个以上公司合并设立一个新的公司，合并各方解散。		
公司分立	新设分立	公司将全部资产分别划归两个或两个以上的新公司，原公司解散。	公司分立前的债务由分立后的公司承担连带责任。但是，公司在分立前与债权人就债务清偿达成的书面协议另有约定的除外。	公司分立，其财产作相应的分割。公司分立，应当编制资产负债表及财产清单。公司应当自作出分立决议之日起 10 日内通知债权人，并于 30 日内在报纸上或者国家企业信用信息公示系统公告。
	派生分立	公司将一部分资产分出去，另设一个或者若干个新的公司，原公司存续。		

法治素养

2022 年度《财富》杂志世界 500 强中，共有 99 家国有企业上榜，较 2021

思政点滴

党的二十大报告指出“以中国式现代化推进中华民族伟大复兴”，具体到国有企业改革与发展方面，就是使中国特色现代企业制度更加成熟定型。党的十九大之后提出了“中国特色现代企业”，“现代”主要体现在公司治理上，是国家治理现代化的重要组成部分。“特”就特在将党的领导融入公司治理，改革重点是进一步厘清党组织、董事会、经理层之间的权责边界，形成权责法定、权责透明、协调运转、有效制衡的治理机制。

法条链接

《公司法》第二百一十八条规定：“公司合并可以采取吸收合并或者新设合并。一个公司吸收其他公司为吸收合并，被吸收的公司解散。两个以上公司合并设立一个新的公司为新设合并，合并各方解散。”

同步思考

甲公司欠乙公司 300 万元货款，后甲公司将部分优良资产分离出去另成立丙公司，甲、丙公司在分立协议中约定，该笔债务由甲、丙公司按 3∶7 的比例分担，但甲、丙公司未与乙公司达成债务清偿协议。债务到期后，乙公司要求甲公司清偿 300 万元，遭到拒绝。请问：这笔债务应该如何清偿？

年增加3家。国有企业是中国特色社会主义的重要物质基础和政治基础，是我们党执政兴国的重要支柱和依靠力量。2016年7月4日，习近平总书记在全国国有企业改革座谈会上强调："必须理直气壮做强做优做大，不断增强活力、影响力、抗风险能力，实现国有资产保值增值。"党的二十大报告指出："构建高水平社会主义市场经济体制。""深化国资国企改革，加快国有经济布局优化和结构调整，推动国有资本和国有企业做强做优做大，提升企业核心竞争力。""完善中国特色现代企业制度，弘扬企业家精神，加快建设世界一流企业。"（资料来源：根据国务院国有资产监督管理委员会官网资料整理）

启示：加快国有企业整合重组，积极培育大型企业集团，是提升企业核心竞争力、加快建设世界一流企业的有效途径。同时，牢固树立创新、协调、绿色、开放、共享的新发展理念，坚持以公有制为主体、多种所有制经济共同发展的社会主义基本经济制度。

知识链接

2020年10月，国务院发布《关于进一步提高上市公司质量的意见》，《意见》提出，充分发挥资本市场的并购重组主渠道作用，鼓励上市公司盘活存量、提质增效、转型发展；2022年11月，证监会出台《推动提高上市公司质量三年行动方案（2022—2025）》，《方案》提出，持续优化资本市场融资制度，完善并购重组监管机制，更好促进产业链供应链贯通融合。

二、公司的解散

公司解散，是指公司因发生法律或公司章程规定的解散事由而停止新的经营业务活动，最终失去法人资格的法律行为。《公司法》规定了公司解散原因的具体情形（见表23–2）。

表23–2 公司解散原因

序号	公司解散原因
1	公司章程规定的营业期限届满或者公司章程规定的其他解散事由出现
2	股东会决议解散
3	因公司合并或者分立需要解散
4	依法被吊销营业执照、责令关闭或者被撤销
5	人民法院依照《公司法》第二百三十一条的规定予以解散
公司出现上述规定的解散事由，应当在10日内将解散事由通过国家企业信用信息公示系统予以公示。	

法条链接

《公司法》第二百三十一条规定："公司经营管理发生严重困难，继续存续会使股东利益受到重大损失，通过其他途径不能解决的，持有公司百分之十以上表决权的股东，可以请求人民法院解散公司。"

三、公司清算

公司清算，是指公司在解散过程中，为了保护相关当事人的合法权益，依法对公司的财产、债权债务进行清理，终结公司现存法律关系的行为。公司在解散事由出现后应及时进行清算，清算成功后向公司登记机关申请注销公司登记，公告公司终止。

（一）成立清算组

公司应当在解散事由出现之日起 15 日内组成清算组（合并或分立结算除外），进行清算。清算组由董事组成，但是公司章程另有规定或者股东会决议另选他人的除外。清算义务人未及时履行清算义务，给公司或者债权人造成损失的，应当承担赔偿责任。清算组在清算期间的职权如表 23-3 所示。

头脑风暴

《公司法》规定，公司遇到哪些情形解散的，应当清算?

表 23-3 清算组职权

序号	清算组职权
1	清理公司财产，分别编制资产负债表和财产清单
2	通知、公告债权人
3	处理与清算有关的公司未了结的业务
4	清缴所欠税款以及清算过程中产生的税款
5	清理债权、债务
6	分配公司清偿债务后的剩余财产
7	代表公司参与民事诉讼活动

法条链接

《公司法》第二百三十七条规定：“清算组在清理公司财产、编制资产负债表和财产清单后，发现公司财产不足清偿债务的，应当依法向人民法院申请破产清算。人民法院受理破产申请后，清算组应当将清算事务移交给人民法院指定的破产管理人。”

（二）债权人申报债权

清算组应当自成立之日起 10 日内通知债权人，并于 60 日内在报纸上或者国家企业信用信息公示系统公告。债权人应当自接到通知之日起 30 日内，未接到通知的自公告之日起 45 日内，向清算组申报其债权。债权人申报债权，应当说明债权的有关事项，并提供证明材料。清算组应当对债权进行登记。在申报债权期间，清算组不得对债权人进行清偿。

法条链接

《公司法》第二百三十八条规定：“清算组成员履行清算职责，负有忠实义务和勤勉义务。清算组成员怠于履行清算职责，给公司造成损失的，应当承担赔偿责任；因故意或者重大过失给债权人造成损失的，应当承担赔偿责任。”

（三）制定清算方案

清算组在清理公司财产、编制资产负债表和财产清单后，应当制订清算方案，并报股东会或者人民法院确认。

头脑风暴

某股份有限公司经董事会全体一致作出决议，决定将该公司分立为两个完全独立的新公司，经编制资产负债表及财产清单后，订立了分立协议，进行了财产分割，然后直接宣布新设的两个公司开始以独立的法人人格进行经营活动。请问：上述公司分立的过程在程序上有何违法之处？为什么？

（四）清偿公司债务后分配公司剩余财产

公司财产在分别支付清算费用、职工的工资、社会保险费用和法定补偿金，缴纳所欠税款，清偿公司债务后的剩余财产，有限责任公司按照股东的出资比例分配，股份有限公司按照股东持有的股份比例分配。

清算期间，公司存续，但不得开展与清算无关的经营活动。公司财产在未依照规定清偿前，不得分配给股东。

（五）公司注销并公告终止

公司清算结束后，清算组应当制作清算报告，报股东会或者人民法院确认，并报送公司登记机关，申请注销公司登记。

公司在存续期间未产生债务，或者已清偿全部债务的，经全体股东承诺，可以按照规定通过简易程序注销公司登记。通过简易程序注销公司登记，应当通过国家企业信用信息公示系统予以公告，公告期限不少于20日。公告期限届满后，未有异议的，公司可以在20日内向公司登记机关申请注销公司登记。

协作创新

2016年之前，美的集团的业务分为大家电、小家电、电机和物流。2017年，美的集团收购库卡集团，深度布局工业机器人。美的集团实现了更大跨度的多元化，实现了从传统家电制造商到高端制造商的转变。美的集团收购库卡集团是中国资本推动中国制造崛起的缩影。2024年，库卡集团营收突破300亿元。根据经济合作与发展组织的报告，2023年，中国制造业总产值占据全球市场的35%，稳居全球主导地位。中国已然成为世界的主角。

思考：如何区分公司的合并、收购、兼并与并购？企业的并购存在哪些风险？

模块四　规范经营行为　维护市场秩序

——市场规制法律制度

学习导入

党的二十大报告指出："构建高水平社会主义市场经济体制。""完善产权保护、市场准入、公平竞争、社会信用等市场经济基础制度，优化营商环境。""加强反垄断和反不正当竞争，破除地方保护和行政性垄断，依法规范和引导资本健康发展。"党的二十届三中全会审议通过的《中共中央关于进一步全面深化改革　推进中国式现代化的决定》提出："构建全国统一大市场。""加强公平竞争审查刚性约束，强化反垄断和反不正当竞争，清理和废除妨碍全国统一市场和公平竞争的各种规定和做法。"

构建高水平社会主义市场经济体制和全国统一大市场，必须以良法善治为基础。市场经济运行过程中，容易存在垄断和不正当竞争、损害消费者利益等行为。在我国，反不正当竞争法、产品质量法、反垄断法、消费者权益保护法等，主要职能就是打击不正当竞争等行为，严厉惩罚滥用市场支配地位等恶意垄断行为，从而保护社会公共利益，维护公平竞争的市场秩序。在市场经济条件下，高效、权威的行政执法将督促市场主体遵守法律法规、履行法定义务、承担相应社会责任，激励市场主体诚信经商、合法经营。

学习目标

【知识目标】

1. 了解反不正当竞争法的概念和立法宗旨
2. 了解反垄断法的概念和立法宗旨
3. 了解产品质量法的概念和立法宗旨
4. 了解消费者权益保护法的概念和立法宗旨
5. 掌握不正当竞争行为的概念、特征、情形

6. 掌握垄断行为的界定
7. 掌握生产者、销售者的产品质量责任和义务
8. 掌握消费者权利和经营者义务
9. 理解消费者权益争议解决途径

【技能目标】

1. 能够正确辨析生活中存在的不正当竞争行为
2. 能够解决生活中发生的基础性产品质量和产品责任问题
3. 能够正确分析垄断给经济高质量发展带来的不利影响
4. 能够合法、合理处理好消费者权益纠纷，维护自己的权益

【素养目标】

1. 培育自愿、平等、公平、诚信的法律原则与商业道德
2. 培育经世济民、诚信服务、德法兼修的职业素养
3. 培育科学、正确的消费观，弘扬勤俭节约的中华民族传统美德
4. 弘扬“执着专注、精益求精、一丝不苟、追求卓越”的工匠精神
5. 培养社会主义法治思维，依法维权，做到尊法、奉法、守法

专题八　弘扬法治精神　树立诚信意识——反不正当竞争法与反垄断法

第 24 讲　“有奖销售”属于不正当竞争行为吗?——认识反不正当竞争法

学前思考

李女士在浏览天猫店铺时发现，一家数码专营店发布了狂欢购有奖销售活动。承诺活动当日 0 点开始，全店商品前 15 名付款的消费者，可以享受折扣购机。李女士在活动当日 0 点几秒后便完成了抢购和付款。但在商家公布获奖名单后，她却没有中奖。她看了公示的中奖名单，发现里面既没有付款的时间，也没有付款的账号。李女士觉得存在猫腻，商家欠缺公平公正，于是到市场监管局投诉。执法人员调取了该商家活动当日的销售记录，并与中奖名单一一进行对比，发现没有一位买家成功参与此次促销活动。根据《中华人民共和国反不正当竞争法》(以下简称《反不正当竞争法》)第 10 条规定，商家构成了谎称有奖的不正当有奖销售的行为，执法机构对其进行了处罚。(资料来源：根据上观网资料整理)

思考：我们在日常生活中常会碰到形式多样的有奖销售活动。对此，很多人都会有这样的疑问：什么是有奖销售？有奖销售属于不正当竞争行为吗？

在日常购物中，你是否也经历过商家的抽奖活动，往往只需要你在商家消费之后就可以参加抽奖？这是一种常见的刺激消费的手段，这种销售方式被称为有奖销售。但是，有一种有奖销售是被《反不正当竞争法》所禁止的，那

微课

不正当竞争是违法行为吗?

思政点滴

为了促进社会主义市场经济健康发展，鼓励和保护公平竞争，政府必须规范市场竞争手段，制止不正当竞争行为，保护经营者和消费者的合法权益，为公平竞争创造良好的环境和条件；企业在生产经营活动中，也应当遵守自愿、平等、公平、诚信的原则，遵守法律和商业道德。

就是不正当有奖销售。要回答案例中的问题，我们首先要学习《反不正当竞争法》，知道在市场经济发展过程中，哪些行为属于不正当竞争行为。

法条链接

《反不正当竞争法》第一条规定："为了促进社会主义市场经济健康发展，鼓励和保护公平竞争，制止不正当竞争行为，保护经营者和消费者的合法权益，制定本法。"

一、反不正当竞争法的概念及调整对象

广义的反不正当竞争法，是指调整经济领域中的竞争关系的法律规范的总称。狭义的反不正当竞争法，是指全国人民代表大会常务委员会通过的《反不正当竞争法》。为制止不正当竞争，我国先后颁布了一系列法规和文件，1993 年 9 月 2 日第八届全国人民代表大会常务委员会第三次会议通过《反不正当竞争法》，2017 年 11 月 4 日第十二届全国人民代表大会常务委员会第三十次会议修订，2019 年 4 月 23 日第十三届全国人民代表大会常务委员会第十次会议修正并发布。《反不正当竞争法》的调整对象包括以下几个方面：

（1）在制止不正当竞争行为过程中发生的监督管理机构与经营者之间的监督管理关系。

（2）在制止不正当竞争行为过程中发生的经营者相互之间以及经营者与消费者之间的民事赔偿关系。

头脑风暴

市场经济以利益最大化为内在驱动力。但是在市场竞争中，为了追求经济利益，一些经营者和其他市场参与者违反平等、公平、诚信的原则，违反法律规定，采取不正当的方式进行竞争，如商业诋毁、商业贿赂、侵犯商业秘密、发布虚假广告等。那么，不正当竞争行为构成要件是什么？

二、不正当竞争行为的概念和特征

不正当竞争行为，是指经营者在生产经营活动中，违反《反不正当竞争法》规定，扰乱市场竞争秩序，损害其他经营者或者消费者的合法权益的行为。不正当竞争行为具有以下特征。

（一）主体的特定性

不正当竞争行为的主体是经营者。经营者，是指从事商品生产、经营或者提供服务（以下所称商品包括服务）的自然人、法人和非法人组织。一般情况下，非从事商品生产、经营或者提供服务的其他主体即非经营者不是竞争行为的主体，自然也不能成为不正当竞争行为的主体。但在个别情况下，非经营者的某些行为也可能会妨害经营者的正当经营活动，侵害经营者的合法权益，如政府及其所属部门滥用行政权力妨害经营者的正当竞争行为，此时，政府及其所属部门便成为广义的不正当竞争行为的特殊主体。

法条链接

《反不正当竞争法》第二条规定："经营者在生产经营活动中，应当遵循自愿、平等、公平、诚信的原则，遵守法律和商业道德。"

（二）不正当竞争行为的违法性

不正当竞争行为具有违法性，既包括违反《反不正当竞争法》关于禁止不正当竞争行为的各种具体规定，也包括违反了《反不正当竞争法》的原则规定。经营者的某些行为虽然难以被确认为该法规定的不正当竞争行为，但只要违反了自愿、平等、公平、诚信的原则或者违背了公认的商业道德，损害了其他经营者的合法权益，扰乱了社会经济秩序，也应认为是不正当竞争行为。

思政点滴

诚信原则既是古老的道德戒律和法律原则，也是现代市场经济活动中的道德准则。在市场经济条件下，每一位有劳动能力的人，都应当通过市场交换换取利益和生活资料，坚持诚信，坚持正当、合法。法律绝不允许任何人靠损害他人利益和社会利益获得利益。

（三）不正当竞争行为的社会危害性

不正当竞争行为侵害了其他经营者的合法权益，扰乱了正常的社会经济秩序，有时还会侵害广大用户和消费者的合法权益和国家利益。

三、不正当竞争行为的表现形式

我国《反不正当竞争法》主要规定了以下七种不正当竞争行为（见图 24–1）。

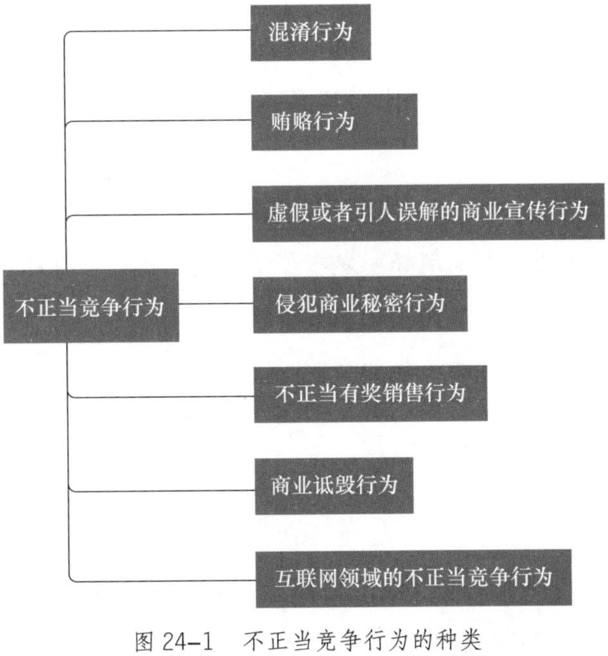

图 24–1 不正当竞争行为的种类

（一）混淆行为

经营者不得实施混淆行为，引人误认为是他人商品或者与他人存在特定联系。混淆行为如表 24–1 所示。

表 24-1 混淆行为

序号	混淆行为
1	擅自使用与他人有一定影响的商品名称、包装、装潢等相同或者近似的标识
2	擅自使用他人有一定影响的企业名称（包括简称、字号等）、社会组织名称（包括简称等）、姓名（包括笔名、艺名、译名等）
3	擅自使用他人有一定影响的域名主体部分、网站名称、网页等
4	其他足以引人误认为是他人商品或者与他人存在特定联系的混淆行为

学以致用

多年来，市场始终充斥着各类品牌的“仿冒假混”，如“香飘飘飘奶茶”“粤利粤”“康帅傅”“娃恰恰”等。消费者稍微不注意，眼睛没有凑近“看看”，一不留神就会上当受骗，防不胜防。一些山寨产品甚至出现在一些知名网上购物平台，导致真“李逵”维权艰难，无奈选择“自己山寨自己”的防御策略，围绕着自己的金身构筑出全方位的“护城河”，如大白兔注册了十多个近似商标，包括小白兔、大灰兔、大黑兔、金兔、银兔等，老干妈注册了老干爹、老干娘、老干爸、干儿子、干女儿、老姨妈等近似商标，阿里巴巴同时注册了阿里爸爸、阿里叔叔、阿里爷爷、阿里奶奶等一系列商标。可见，企业、市场的“无奈”一直是从根源上治理产品“仿冒混淆”的呼声。（资料来源：根据齐鲁法治锐评资料整理）

分析：2022 年 3 月 16 日，《最高人民法院关于适用〈中华人民共和国反不正当竞争法〉若干问题的解释》发布。该解释的出台，目的在于进一步营造公平竞争的市场环境，深入实施公平竞争政策、完善公平竞争制度、推进高标准市场体系建设，特别是重点强调了商业道德，明确“仿冒混淆”行为属于市场不正当竞争行为。

同步思考

举例说明：在市场经济交易中，有哪些商业贿赂行为？折扣和佣金属于商业贿赂吗？

（二）贿赂行为

贿赂，是指经营者为牟取不正当利益，采用财物或者其他手段，给予对方单位或个人金钱或其他利益，以排斥竞争对手，获得更大利益的不正当竞争行为。贿赂行为的特征包括以下几个方面：

（1）主体是经营者，贿赂对方单位或者个人。

（2）目的是为销售商品或者购买商品，即达到商业目的，通过贿赂手段，获取优于其他经营者的竞争地位。

（3）手段有两类，即财物手段和其他手段。

经营者在交易活动中，可以以明示方式向交易相对方支付折扣，或者向中间人支付佣金。经营者向交易相对方支付折扣、向中间人支付佣金的，应当如实入账。接受折扣、佣金的经营者也应当如实入账。

（三）虚假或者引人误解的商业宣传行为

经营者不得对其商品的性能、功能、质量、销售状况、用户评价、曾获荣誉等作虚假或者引人误解的商业宣传，欺骗、误导消费者。经营者不得通过组织虚假交易等方式，帮助其他经营者进行虚假或者引人误解的商业宣传。类似的虚假宣传行为不仅影响了消费者的正常判断力，而且使其他守法的经营者丧失了公平竞争、交易的机会。

法治素养

用比目鱼冒充鳕鱼，上海网红日料店“一绪寿喜烧”因虚假宣传，被上海市杨浦区市场监督管理局行政处罚50万元。杨浦区市场监督管理局执法人员在“一绪寿喜烧”合生汇店检查时发现，以比目鱼（鳙鲽）为原料制作的菜品，却在菜单上宣称“日式烤鳕鱼”。

用比目鱼（鳙鲽）制作的菜品宣称为“日式烤鳕鱼”的行为属于虚假宣传行为，违反了《反不正当竞争法》。上海市杨浦区市场监督管理局责令该公司停止违法行为，并处罚款50万元。

启示：诚信是中华民族的传统美德，诚实守信是企业的立业之道，兴业之本，也是企业持续发展和增强市场竞争力的源泉。经营者要诚实守信，合法经营，切忌虚假宣传、夸大宣传，保障消费者合法权益。（资料来源：根据光明网资料整理）

（四）侵犯商业秘密行为

《反不正当竞争法》所称的商业秘密，是指不为公众所知悉、具有商业价值并经权利人采取相应保密措施的技术信息、经营信息等商业信息（见图24–2）。

作为商业秘密的技术信息与经营信息等商业信息，必须具备以下三项基本条件：

（1）信息不为公众所知悉，无法从公开渠道直接获取。

头脑风暴

分小组讨论：商业秘密保护如此重要，企业应采取什么有效措施，以建立盾牌，切实防范侵权行为的发生？作为公民，我们应如何建立商业秘密、个人秘密信息保护意识？

（2）该信息具有商业价值。此“商业价值”应当是指商业秘密必须具有相当的经济价值，使商业秘密持有人得以获取较不知或不使用之竞争者更具优势的竞争地位，并为其带来一定的商业利益。

（3）该信息被权利人采取相应的保密措施，包括订立保密协议、建立保密制度等。权利人是否采取保密措施是商业信息能否成为商业秘密的重要因素。

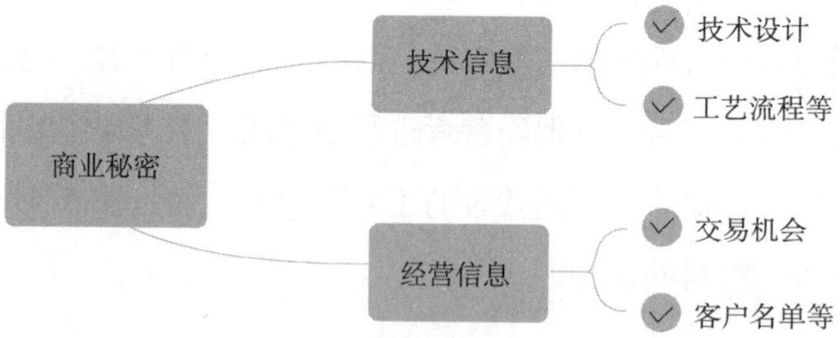

图 24-2 商业秘密构成图

《反不正当竞争法》规定了经营者不得实施侵犯商业秘密的行为（见表 24-2）。

表 24-2 侵犯商业秘密的行为

序号	侵犯商业秘密的行为
1	以盗窃、贿赂、欺诈、胁迫、电子侵入或者其他不正当手段获取权利人的商业秘密
2	披露、使用或者允许他人使用以前项手段获取的权利人的商业秘密
3	违反保密义务或者违反权利人有关保守商业秘密的要求，披露、使用或者允许他人使用其所掌握的商业秘密
4	教唆、引诱、帮助他人违反保密义务或者违反权利人有关保守商业秘密的要求，获取、披露、使用或者允许他人使用权利人的商业秘密
备注	第三人明知或者应知商业秘密权利人的员工、前员工或者其他单位、个人实施前款所列违法行为，仍获取、披露、使用或者允许他人使用该商业秘密的，视为侵犯商业秘密

法治素养

20 世纪 80 年代初，一个外国考察团参观北京景泰蓝工艺厂时，全程拍摄了景泰蓝的制作过程，致使传承了几百年的专有技术被“窃取”，对中国相关企业的国际市场业务造成负面影响。可口可乐公司一直将饮料的原始配方视为公司最核心的机密。100 多年以来，曾有许多饮料竞争商用尽了各种办法让可口可乐公司公开配方，而可口可乐公司的员工一直恪守最基本的商业道德，坚决不肯泄露公司的商业机密，因此可口可乐公司才会在商界屹立不倒。（资料来源：根据商务观察资料整理）

启示：商业秘密不仅是企业的“心脏”，而且是企业的智慧财产。保护商业秘密，既是每一位企业家的职责，也是每一位员工的义务。我们应树立保护商业秘密的意识，坚守道德底线，严守商业秘密，坚决与不法行为做斗争。这不但是对企业的尊重，更是对自己的尊重。

（五）不正当有奖销售行为

不正当有奖销售行为，是指以欺诈手段进行有奖销售或者以不正当的巨额抽奖刺激消费者的投机心理来推销商品的行为。我国《反不正当竞争法》规定了 3 种不正当有奖销售情形：（1）所设奖的种类、兑奖条件、奖金金额或者奖品等有奖销售信息不明确，影响兑奖；（2）采用谎称有奖或者故意让内定人员中奖的欺骗方式进行有奖销售；（3）抽奖式的有奖销售，最高奖的金额超过 5 万元。

法条链接

《反不正当竞争法》第十一条规定：“经营者不得编造、传播虚假信息或者误导性信息，损害竞争对手的商业信誉、商品声誉。”

（六）商业诋毁行为

商业诋毁行为，是指经营者自己或者利用他人，采取捏造、散布虚伪事实的方法，对竞争对手的商业信誉、商品声誉进行诋毁，以削弱其市场竞争力的行为。

商业诋毁行为的构成要件主要包括：行为人是具有竞争关系的经营者；行为人主观上是故意的，并且是以削弱竞争对手的市场竞争能力，谋求自己的市场优势为目的；行为人在客观上表现为捏造、散布虚伪事实，实施损害竞争对手的商业信誉、商品声誉的行为；行为人侵害的客体是特定竞争对手的名誉权、荣誉权。

法治素养

2021 年 3 月，腾讯科技（深圳）有限公司等（原告）与北京金明后信息科技有限公司（被告）一审民事判决书公布。原告认为，金明后公司撰写了 52 篇贬损该公司商誉的文章，并发表在网站上，文章包含大量歪曲事实、误导公众、诋毁腾讯公司产品声誉的内容。而被告认为与原告经营的业务并不相同或相近，不存在竞争关系。另外，涉案文章均系公司后台系统从其他新闻平台网站自动转载所得，不具有针对性。同时，部分文章内容属于腾讯产品的使用者对产品服务使用的感受或对客观事实的反映，属于消费者的言论自由，并非虚假信息。人民法院认为两者之间存在竞争关系，按照《反不正当竞争法》属于商业诋毁的不正当竞争行为，被告应于判决生效之日起 10 日内赔偿原告经济损失及合理费用共计 300 万元。（资料来源：根据金融界资料整理）

启示： 商誉是企业重要的无形资源，世界上知名大公司都在不同程度上拥有商誉这个无形的资源，并享受这种无形资源所带来的利益。海尔能在全球拥有无数的“粉丝”，可以归功于商誉这项无形的资产。企业经营者在市场经济中要坚持诚信经营，注重产品质量和服务创新，塑造良好商誉；同时也要遵守职业道德，守住道德底线。

头脑风暴

当前，我国经济已进入创新驱动发展的新常态，以互联网为代表的信息技术日新月异，引领了社会生产新变革，由此引发的新类型网络不正当竞争纠纷逐渐增多。网络不是法外之地，经营者应如何维护网络竞争生态健康发展？

（七）互联网领域的不正当竞争行为

互联网领域的不正当竞争行为，一部分属于传统不正当竞争行为在互联网领域的延伸，另一部分则属于互联网领域特有的、利用技术手段进行的新型不正当竞争行为，这也是《反不正当竞争法》关注的重点（见图 24–3）。

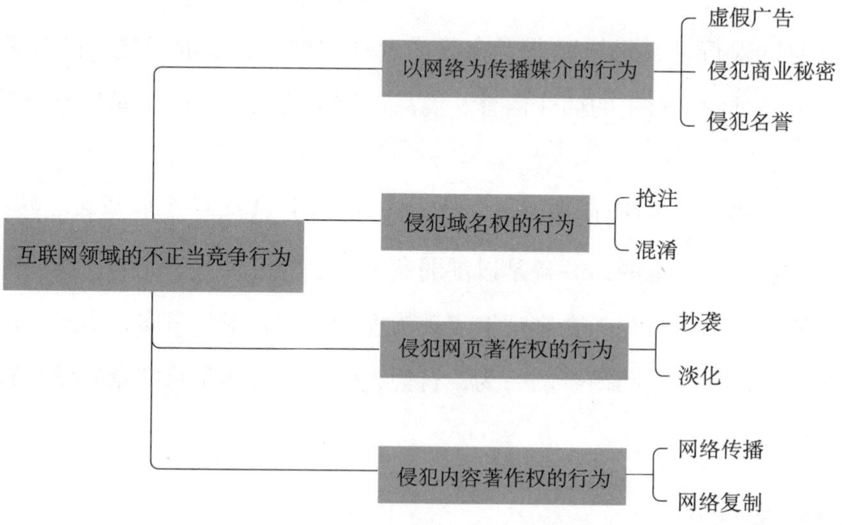

图 24–3　互联网领域的不正当竞争行为分类

对于传统的不正当竞争行为，《反不正当竞争法》在相应条款中增加了新的规制。根据《反不正当竞争法》第六条第三项的规定，擅自使用他人有一定影响的域名主体部分、网站名称、网页等，引人误认为是他人商品或者与他人存在特定联系的，构成混淆行为；根据《反不正当竞争法》第八条的规定，经营者不得对其商品的性能、功能、质量、销售状况、用户评价、曾获荣誉等作虚假或者引人误解的商业宣传，欺骗、误导消费者。经营者不得通过组织虚假交易等方式，帮助其他经营者进行虚假或者引人误解的商业宣传。销售状况、用户评价与虚假宣传泛滥的电子商务领域密切相关，实际上目前消费者在网购时做出选择的重要依据就是商家的销售量和已购买者的评价。

对于互联网领域中特有的、利用技术手段进行的新型不正当竞争行为，《反不正当竞争法》在第十二条中进行了类型化的列举，该条也被称为“互联网专条”。该条款明确指出经营者不得利用技术手段，通过影响用户选择或者其他方式，实施妨碍、破坏其他经营者合法提供的网络产品或者服务正常运行的行为（见表 24–3）。

表 24–3 新型不正当竞争行为

序号	新型不正当竞争行为
1	未经其他经营者同意，在其合法提供的网络产品或者服务中，插入链接、强制进行目标跳转
2	误导、欺骗、强迫用户修改、关闭、卸载其他经营者合法提供的网络产品或者服务
3	恶意对其他经营者合法提供的网络产品或者服务实施不兼容
4	其他妨碍、破坏其他经营者合法提供的网络产品或者服务正常运行的行为

思政点滴

创立于 1669 年的北京同仁堂给我们的启示就是仁者无敌、诚信常青，仁德诚信铸造同仁堂金字招牌。同仁堂名列 2019 年中国医药企业品牌影响力排行榜首位，成为中华民族医药产业的骄傲。张瑞敏倡导“真诚到永远”的海尔理念取得巨大效益就是诚信成功的生动典范。党的二十大报告指出：“弘扬诚信文化，健全诚信建设长效机制。”我们要以社会主义核心价值观为引领，发展社会主义先进文化，传承中华优秀传统文化。

法治素养

著名商人胡雪岩财源亨通的奥秘就在于他“以义取利”和“以德经商”的商贾理念，这也让他成为富甲清末且名扬天下的商人。在当今市场经济时代，“温良恭俭让，让中能取利；仁义礼智信，信内可求财”的儒商思想和正当的功利主义已为不少公司所吸收并付诸实施，创造了良好的经济效益。

启示：诚信不仅是社会主义核心价值观所倡导的重要内容，而且与中华民族重信守诺的传统美德一脉相承。我们要弘扬与社会主义市场经济相适应的诚信理念、诚信文化、契约精神。

四、违反《反不正当竞争法》的法律责任

在我国，违反《反不正当竞争法》的法律责任主要有民事责任、行政责

任和刑事责任三种。

（一）民事责任

根据《反不正当竞争法》的规定，经营者违反《反不正当竞争法》规定损害竞争对手商业信誉、商品声誉的，由监督检查部门责令停止违法行为、消除影响，并处罚款。

行为人的不正当竞争行为给他人造成经济损失的，行为人应当给予经济赔偿。赔偿的数额，以被侵害人实际发生的可计算的实际损失为限。损失难以计算的赔偿额为侵权人在侵权期间因侵权所获得的利润。除此之外，侵害人还应当承担被侵害的经营者因调查该经营者侵害其合法权益行为所支付的合理费用。

学以致用

2020年8月，茶颜悦色品牌所有者湖南茶悦餐饮管理有限公司（以下简称茶悦公司）以不正当竞争为由，将与茶颜观色相关的广州洛旗餐饮有限公司（以下简称洛旗公司）、广州凯郡昇品餐饮管理有限公司（以下简称凯郡昇品公司）和长沙天心区刘琼饮品店诉至人民法院。茶悦公司认为，茶颜悦色是具有全国影响力的奶茶店，非常火爆，受到全国知名媒体甚至国际媒体报道，具有极高的影响力。消费者看到装潢及整体营业形象，自然而然会联系到“茶颜悦色”茶饮。而自2017年以来，洛旗公司、凯郡昇品公司共同在其公司官网、微信公众号上使用与茶颜悦色装潢相同或者近似的标识设计进行广告宣传，还积极对外进行加盟业务的宣传与推广，进行引人误解的虚假宣传。（资料来源：根据《新京报》资料整理）

分析：人民法院经审理认为，洛旗公司的宣传照片从构图、场景、环境等各方面均与茶颜悦色的一致，仅对店招上的“仕女图”进行了改变以及将“茶颜悦色”变更为“茶颜观色”，是通过照片修改技术进行为己所用的虚假宣传。茶悦公司获赔经济损失及合理维权费用累计170万元，并要求洛旗公司、凯郡昇品公司在《中国知识产权报》上刊发消除影响声明。

（二）行政责任

（1）强制行为人停止不正当竞争行为。如强制停止侵犯商业秘密行为、不正当有奖销售行为。

（2）没收非法所得。经营者违反规定贿赂他人的，由监督检查部门没收违法所得。

（3）处以罚款。对擅自制作知名商品特有的名称、包装、装潢，对采用财物或其他手段进行贿赂，对违反规定的有奖销售，对侵犯他人商业秘密等不正当竞争行为给予金额不等的罚款。

（4）吊销营业执照。经营者违反《反不正当竞争法》相关规定，实施混淆、贿赂他人等行为，情节严重的，吊销营业执照。

（三）刑事责任

违反《反不正当竞争法》规定，构成犯罪的，依法追究刑事责任。我国《刑法》中还规定了损害商业信誉、商品声誉罪，虚假广告罪，串通投标罪，侵犯商业秘密罪。这些是对《反不正当竞争法》刑事责任的补充。

协作创新

北京某科技公司在其抖音号发布题为“南锣鼓巷避坑指南”的视频，片头文字及配音为：“南锣鼓巷避坑指南，你以为来这儿是这样的，其实是这样的，扔！扔！扔！”片尾写道：“上面这些坑就算家里有矿也千万别踩”。该视频点赞15.2万、评论8 619条。

阿文汤包经营者——北京日升汇杰餐饮管理有限公司表示，该视频发布后被大量点击传播，南锣鼓巷店成交量骤降，北京某科技公司的行为对其商业信誉、商品声誉均造成巨大损害，故以商业诋毁为由诉至北京市朝阳区人民法院。

人民法院经审理认为，抖音视频直接使用“刷锅水味儿”评价阿文蟹黄汤包，片头“扔！扔！扔！”和片尾“上面这些坑就算家里有矿也千万别踩”等否定性语言，已超出正当商业评价、评论范畴，构成商业诋毁。一审判决北京某科技公司连续三天在其抖音号首页刊登声明、消除影响，并赔偿北京日升汇杰餐饮管理有限公司经济损失4万元、合理开支2 000元。（资料来源：根据人民网资料整理）

思考：在新媒体、新技术、新消费盛行的当下，应该如何正面、客观地对事件、人物、行为做出评价与宣传？

第 25 讲　维护社会主义市场经济秩序的法律

——认识反垄断法

学前思考

2021 年 4 月，国家市场监督管理总局依法对阿里巴巴集团在中国境内网络零售平台服务市场实施“二选一”垄断行为作出行政处罚 182.28 亿元。经查，阿里巴巴集团在中国境内网络零售平台服务市场具有支配地位。自 2015 年以来，阿里巴巴集团滥用该市场支配地位，对平台内商家提出“二选一”要求，禁止平台内商家在其他竞争性平台开店或参加促销活动，并借助市场力量、平台规则和数据、算法等技术手段，采取多种奖惩措施保障“二选一”要求执行，维持、增强自身市场力量，获取不正当竞争优势。阿里巴巴集团随后表示：将强化依法经营，进一步加强合规体系建设，立足创新发展，更好地履行社会责任。（资料来源：根据搜狐网资料整理）

思考：反垄断法是保护市场竞争、维护市场竞争秩序，充分发挥市场配置资源作用的重要法律。近年来的反垄断执法让我们熟悉了“二选一”“掐尖并购”“低价倾销”等词汇。现如今，中小企业应如何使用该法为自身发展保驾护航？

法条链接

《反垄断法》第一条规定：“为了预防和制止垄断行为，保护市场公平竞争，鼓励创新，提高经济运行效率，维护消费者利益和社会公共利益，促进社会主义市场经济健康发展，制定本法。”

中小企业是一国市场经济中非常重要的市场主体，在促进经济增长、增加就业等方面发挥着不可忽视的作用，但其规模比较小，在与一些居于垄断地位的大企业的竞争中处于劣势。《中华人民共和国反垄断法》（以下简称《反垄断法》）的出台，改变了中小企业在竞争中的形势，有利于维持公平合理的市场竞争秩序。

一、反垄断法概述

垄断行为限制和排斥竞争，很多市场经济国家都制定和实施了有关反垄断的法律。全世界最早的反垄断法是 1890 年美国政府颁布的《谢尔曼法》；随后，其他国家和地区相继以该法为蓝本或在其影响下制定了本国的反垄断法，如日本的《禁止私人垄断和确保公正交易法》、德国的《反对限制竞争法》以及欧盟的《欧盟竞争法》等。

为了实施与社会主义市场经济相适应的竞争规则，完善宏观调控，健全统一、开放、竞争、有序的市场体系，2007 年 8 月 30 日第十届全国人民代表大会常务委员会第二十九次会议上通过了《反垄断法》，该法于 2008 年 8 月 1 日起施行。2022 年 6 月 24 日第十三届全国人民代表大会常务委员会第三十五次会议通过关于修改《反垄断法》的决定，自 2022 年 8 月 1 日起施行。

二、反垄断法基本原则

（一）健全统一、开放、竞争、有序的市场体系的原则

《反垄断法》强调国家制定和实施与社会主义市场经济相适应的竞争规则，完善宏观调控，健全统一、开放、竞争、有序的市场体系。

法条链接

《反垄断法》第四条规定："反垄断工作坚持中国共产党的领导。国家坚持市场化、法治化原则，强化竞争政策基础地位，制定和实施与社会主义市场经济相适应的竞争规则，完善宏观调控，健全统一、开放、竞争、有序的市场体系。"

（二）鼓励公平竞争，依法实施集中，提高市场竞争力的原则

《反垄断法》规定经营者可以通过公平竞争、自愿联合，依法实施集中，扩大经营规模，提高市场竞争能力。具有市场支配地位的经营者，不得滥用市场支配地位，排除、限制竞争，从而防止企业在市场竞争中通过兼并等手段形成独占地位或垄断优势，进而破坏竞争。

（三）禁止滥用行政权力，排除、限制竞争原则

《反垄断法》规定行政机关和法律、法规授权的具有管理公共事务职能的组织不得滥用行政权力，排除、限制竞争。

法条链接

《反垄断法》第五条规定："国家建立健全公平竞争审查制度。行政机关和法律、法规授权的具有管理公共事务职能的组织在制定涉及市场主体经济活动的规定时，应当进行公平竞争审查。"

三、垄断行为的法律界定

垄断既是一个经济学概念，也是一个法学概念。经济学上的垄断分为经济垄断和行政垄断。经济垄断是企业在市场机制作用下，由于规模经济和范围经济的存在，形成的市场实力和垄断地位。行政垄断是政府对一些特定行业设置的行政性壁垒造成的。《反垄断法》规定的垄断行为包括：经营者达成垄断协议；经营者滥用市场支配地位；具有或者可能具有排除、限制竞争效果的经营者集中等。其所称经营者，是指从事商品生产、经营或者提供服务的自然人、法人和其他组织。

（一）垄断协议

同步思考

《反垄断法》规定了哪些禁止垄断协议行为？请举例说明。

垄断协议，是指排除、限制竞争的协议、决定或者其他协同行为。根据垄断协议的主体不同，垄断协议可以分为具有竞争关系的经营者达成的垄断协议和经营者与交易相对人达成的垄断协议。

禁止具有竞争关系的经营者达成下列垄断协议：固定或者变更商品价格；限制商品的生产数量或者销售数量；分割销售市场或者原材料采购市场；限制购买新技术、新设备或者限制开发新技术、新产品；联合抵制交易；国务院反垄断执法机构认定的其他垄断协议。

禁止经营者与交易相对人达成下列垄断协议：固定向第三人转售商品的价格；限定向第三人转售商品的最低价格；国务院反垄断执法机构认定的其他垄断协议。

（二）豁免条款

在实践中，经营者达成的某些协议虽然具有限制竞争的后果，但整体上有利于技术进步、经济发展和社会公共利益。因此，各国反垄断法大都规定在一定情况下，对经营者达成的某些协议还是予以豁免的。经营者能够证明所达成的协议属于规定情形之一的，不属于垄断协议（见表 25–1）。

表 25–1　不属于垄断协议的情形

序号	不属于垄断协议的情形
1	为改进技术、研究开发新产品的
2	为提高产品质量、降低成本、增进效率，统一产品规格、标准或者实行专业化分工的
3	为提高中小经营者经营效率，增强中小经营者竞争力的
4	为实现节约能源、保护环境、救灾救助等社会公共利益的
5	因经济不景气，为缓解销售量严重下降或者生产明显过剩的
6	为保障对外贸易和对外经济合作中的正当利益的
7	法律和国务院规定的其他情形
备注	其中，属于上述第 1 至第 5 项情形，不适用《反垄断法》第十七条、第十八条第一款、第十九条规定的，经营者还应当证明所达成的协议不会严重限制相关市场的竞争，并且能够使消费者分享由此产生的利益。

学以致用

2019年6月5日，国家市场监督管理总局官网发布信息称，对实施纵向垄断协议的长安福特依法作出处罚决定，处以罚款1.628亿元。经调查，2013年以来，长安福特在重庆区域内通过制定价格表、签订价格自律协议以及限定下游经销商在车展期间最低价格和网络最低报价等方式，限定下游经销商整车最低转售价格，违反《反垄断法》关于禁止经营者与交易相对人达成限定向第三人转售商品最低价格的垄断协议的规定。在调查过程中，长安福特没有提供证据证明相关行为符合《反垄断法》第二十条规定的豁免情形。（资料来源：根据《新京报》资料整理）

分析：长安福特上述行为剥夺了下游经销商的定价自主权，排除、限制了品牌内的竞争，并实际削弱了品牌间的竞争，损害了相关市场的公平竞争和消费者的合法利益。

（三）滥用市场支配地位

市场支配地位，是指经营者在相关市场内具有能够控制商品价格、数量或者其他交易条件，或者能够阻碍、影响其他经营者进入相关市场能力的市场地位。《反垄断法》规定了禁止具有市场支配地位的经营者从事滥用市场支配地位的行为（见表25–2）。

表25–2　滥用市场支配地位的行为

序号	滥用市场支配地位的行为
1	以不公平的高价销售商品或者以不公平的低价购买商品
2	没有正当理由，以低于成本的价格销售商品
3	没有正当理由，拒绝与交易相对人进行交易
4	没有正当理由，限定交易相对人只能与其进行交易或者只能与其指定的经营者进行交易
5	没有正当理由搭售商品，或者在交易时附加其他不合理的交易条件
6	没有正当理由，对条件相同的交易相对人在交易价格等交易条件上实行差别待遇
7	国务院反垄断执法机构认定的其他滥用市场支配地位的行为

具有市场支配地位的经营者不得利用数据和算法、技术以及平台规则等从事前款规定的滥用市场支配地位的行为。

头脑风暴

在一个有效竞争的市场中，任何人都不能对交易价格独立决策，而当某个企业控制价格等交易条件时，市场竞争机制就可能被损害。因此，认定企业是否拥有市场支配地位是确定滥用行为的前提条件。依据哪些因素来认定经营者是否具有市场支配地位？

（四）经营者集中

经营者集中，是指经营者通过合并、资产购买、股份购买、合同约定（联营、合营）、人事安排、技术控制等方式取得对其他经营者的控制权或者能够对其他经营者施加决定性影响的情形。其中，合并是最重要和最常见的一种经营者集中形式。经营者集中主要有3种形式（见表25-3）。

表25-3　经营者集中形式

序号	经营者集中形式
1	经营者合并
2	经营者通过取得股权或者资产的方式取得对其他经营者的控制权
3	经营者通过合同等方式取得对其他经营者的控制权或者能够对其他经营者施加决定性影响

头脑风暴

2022年1月，国家市场监督管理总局公布13起因未依法申报违法实施经营者集中案件立案调查的处罚结果，腾讯、阿里巴巴、哔哩哔哩等公司均在列，腾讯共9起，阿里巴巴相关案件共2起，哔哩哔哩、京东案件各1起。国务院反垄断执法机构审查经营者集中行为时，考虑哪些因素？

学以致用

哔哩哔哩与马卡龙签署《B轮优先股认购协议》，交易后持有马卡龙14.71%的股权，并取得共同控制权。随后完成股权变更登记。根据《反垄断法》第二十五条的相关规定，哔哩哔哩收购马卡龙14.71%股权，并取得共同控制权，属于《反垄断法》规定的经营者集中。（资料来源：根据中国经济网资料整理）

分析：《反垄断法》第二十六条规定："经营者集中达到国务院规定的申报标准的，经营者应当事先向国务院反垄断执法机构申报，未申报的不得实施集中。经营者集中未达到国务院规定的申报标准，但有证据证明该经营者集中具有或者可能具有排除、限制竞争效果的，国务院反垄断执法机构可以要求经营者申报。经营者未依照前两款规定进行申报的，国务院反垄断执法机构应当依法进行调查。"马卡龙完成股权变更登记，在此之前未依法申报，违反《反垄断法》第二十六条，构成违法实施的经营者集中。

同步思考

腾讯、阿里巴巴因未依法申报违法实施经营者集中案件被予以处罚。经营者向国务院反垄断执法机构申报集中，应当提交哪些文件、资料？申报书应载明哪些内容？

经营者集中具有或者可能具有排除、限制竞争效果的，国务院反垄断执法机构应当作出禁止经营者集中的决定。但是，经营者能够证明该集中对竞争产生的有利影响明显大于不利影响，或者符合社会公共利益的，国务院反垄断执法机构可以作出对经营者集中不予禁止的决定。

经营者集中有下列情形之一的，可以不向国务院反垄断执法机构申报：

（1）参与集中的一个经营者拥有其他每个经营者50%以上有表决权的股份或者资产的；

（2）参与集中的每个经营者50%以上有表决权的股份或者资产被同一个未参与集中的经营者拥有的。

（五）滥用行政权力排除、限制竞争

滥用行政权力排除、限制竞争，是指行政机关和法律、法规授权的具有管理公共事务职能的组织滥用行政权力，排除、限制竞争的行为。滥用行政权力排除、限制竞争的情形主要包括：

1. 强制交易

行政机关和法律、法规授权的具有管理公共事务职能的组织滥用行政权力，限定或者变相限定单位或者个人经营、购买、使用其指定的经营者提供的商品。

2. 限定或者变相限定交易的行为

行政机关和法律、法规授权的具有管理公共事务职能的组织滥用行政权力，通过与经营者签订合作协议、备忘录等方式，妨碍其他经营者进入相关市场或者对其他经营者实行不平等待遇，排除、限制竞争。

3. 限制流通

行政机关和法律、法规授权的具有管理公共事务职能的组织滥用行政权力，妨碍商品在地区之间的自由流通。这些行为主要有：对外地商品设定歧视性收费项目、实行歧视性收费标准，或者规定歧视性价格；对外地商品规定与本地同类商品不同的技术要求、检验标准，或者对外地商品采取重复检验、重复认证等歧视性技术措施，限制外地商品进入本地市场；采取专门针对外地商品的行政许可，限制外地商品进入本地市场；设置关卡或者采取其他手段，阻碍外地商品进入或者本地商品运出；妨碍商品在地区之间自由流通的其他行为。

4. 地区歧视

行政机关和法律、法规授权的具有管理公共事务职能的组织滥用行政权力，以设定歧视性资质要求、评审标准或者不依法发布信息等方式，排斥或者限制经营者参加招标投标以及其他经营活动；滥用行政权力，采取与本地经营者不平等待遇等方式，排斥、限制、强制或者变相强制外地经营者在本地投资或者设立分支机构。

5. 强制垄断

行政机关和法律、法规授权的具有管理公共事务职能的组织滥用行政权

同步思考

某县教育局印发《关于在全县校园安装一键视频报警器装置及硬隔离防撞设施的通知》，规定“具备安装资质的企业是某保安电子服务有限公司”。据悉，该县在公安厅备案具有安防资质的企业达24家。该县教育局的行为属于滥用行政权力的哪种情形？

同步思考

请同学列举一些各自了解到的关于限制流通的例子。

头脑风暴

一方是我国机械行业的龙头企业、品牌价值非常高的企业，属于国家战略企业的徐工集团；另一方是全球最大的投资公司之一的凯雷投资集团。2006年11月，凯雷投资集团对徐工集团长达4年之久的马拉松式的“追求”最终败北。对外资并购境内企业或者以其他方式参与经营者集中，《反垄断法》有哪些规定？

力，强制或者变相强制经营者从事《反垄断法》规定的垄断行为和制定含有排除、限制竞争内容的规定。

法治素养

2020年中央经济工作会议指出，2021年的经济发展过程中要强化反垄断和防止资本无序扩张，这在2021年的政府工作报告中进一步得到强调。党的二十大报告指出："加强反垄断和反不正当竞争，破除地方保护和行政性垄断，依法规范和引导资本健康发展。"社会主义市场经济以社会主义市场经济法律制度为依据，有效发挥政府作用，防止资本无序扩张和野蛮生长，既能发挥市场经济优胜劣汰的积极作用，又能保障市场主体多元化趋势的持续推进和各类市场竞争主体平等竞争、有序竞争，这是社会主义市场经济始终保持活力的内在要求。

伴随着我国市场经济的发展，平台资本不断壮大，出现了一些垄断势头。如有的平台利用优势地位和商家对其依赖性，对入驻商家不断提高佣金，这些成本最终将传导到消费端，降低了消费品的性价比，从而损害了消费者利益，违背了社会主义经济的初衷。

启示：在中国共产党领导下，社会主义市场经济体制既能充分利用资本要素，让资本为社会主义现代化建设和人民福祉服务；又能对资本的无序扩张进行有效限制，构建自由、平等、公平竞争的市场体系，防止垄断的出现，维护人民利益。

四、法律责任

（一）行政责任

（1）垄断协议的行政责任。经营者达成并实施垄断协议的，由反垄断执法机构责令停止违法行为，没收违法所得，并处上一年度销售额1%以上10%以下的罚款，上一年度没有销售额的，处500万元以下的罚款；尚未实施所达成的垄断协议的，可以处300万元以下的罚款。经营者的法定代表人、主要负责人和直接责任人员对达成垄断协议负有个人责任的，可以处100万元以下的罚款。

经营者组织其他经营者达成垄断协议或者为其他经营者达成垄断协议提供实质性帮助的，适用前款规定。经营者主动向反垄断执法机构报告达成垄断协议的有关情况并提供重要证据的，反垄断执法机构可以酌情减轻或者免除对该经营者的处罚。

行业协会违反《反垄断法》规定，组织本行业的经营者达成垄断协议的，由反垄断执法机构责令改正，可以处300万元以下的罚款；情节严重的，社会团体登记管理机关可以依法撤销登记。

（2）滥用市场支配地位的行政责任。经营者滥用市场支配地位的，由反垄断执法机构责令停止违法行为，没收违法所得，并处上一年度销售额1%以上10%以下的罚款。

（3）经营者集中的行政责任。经营者实施集中，且具有或者可能具有排除、限制竞争效果的，由国务院反垄断执法机构责令停止实施集中、限期处分股份或者资产、限期转让营业以及采取其他必要措施恢复到集中前的状态，处上一年度销售额10%以下的罚款；不具有排除、限制竞争效果的，处500万元以下的罚款。

（4）行政机关和法律、法规授权的具有管理公共事务职能的组织滥用行政权力，实施排除、限制竞争行为的，由上级机关责令改正；对直接负责的主管人员和其他直接责任人员依法给予处分。

（5）拒绝、阻碍反垄断执法机构依法实施的审查和调查的行政责任。对反垄断执法机构依法实施的审查和调查，拒绝提供有关材料、信息，或者提供虚假材料、信息，或者隐匿、销毁、转移证据，或者有其他拒绝、阻碍调查行为的，由反垄断执法机构责令改正，对单位处上一年度销售额1%以下的罚款，上一年度没有销售额或者销售额难以计算的，处500万元以下的罚款；对个人处50万元以下的罚款。

（6）反垄断执法机构工作人员滥用职权、玩忽职守、徇私舞弊或者泄露执法过程中知悉的商业秘密、个人隐私和个人信息的，依法给予处分。

（二）民事责任

经营者实施垄断行为，给他人造成损失的，依法承担民事责任。

经营者实施垄断行为，损害社会公共利益的，设区的市级以上人民检察院可以依法向人民法院提起民事公益诉讼。

（三）刑事责任

违反《反垄断法》规定，构成犯罪的，依法追究刑事责任。

头脑风暴

经营者对反垄断执法机构作出垄断行为处罚决定不服的，可以采取哪些措施？

法条链接

《反垄断法》第六十八条规定：“经营者依照有关知识产权的法律、行政法规规定行使知识产权的行为，不适用本法；但是，经营者滥用知识产权，排除、限制竞争的行为，适用本法。”

协作创新

自《反垄断法》施行以来，我国在公平竞争制度体系建设、预防和制止垄断行为、优化营商环境、保护消费者利益、执法能力建设、公平竞争文化倡导以及国际影响力提升等方面均取得了令世界瞩目的显著成效，成为全球三大反垄断司法辖区之一。

实践证明，修正前的《反垄断法》的框架和主要制度总体可行。不过，随着我国社会主义市场经济的发展，《反垄断法》在实施中也暴露出相关制度规定灵活性不够、对部分垄断行为处罚力度不够、执法体制需要进一步健全等问题。特别是随着平台经济等新业态快速发展，一些大型平台经营者滥用数据、技术、资本等优势实施垄断行为、进行无序扩张，导致妨碍公平竞争、抑制创业创新、扰乱经济秩序、损害消费者权益等问题日益突出，迫切需要明确反垄断相关制度在平台经济领域的具体适用规则，以加强反垄断监管。完善《反垄断法》，是我国社会主义市场经济发展的内在要求，是助力构建新发展格局的客观需要。

思考：《反垄断法》修正的意义是什么？修正后的《反垄断法》有哪些亮点？

专题九　培养质量思维　弘扬工匠精神——产品质量法

第 26 讲　让企业更负责　让市场更安全——认识产品质量法

学前思考

谢某在菜市场购买了两把藤菜，于当天晚饭时炒好与其丈夫吴某一起食用。晚饭后不久，吴某出现头昏、腹痛、四肢乏力等症状，便于当晚前往医院就诊，后被诊断为食物中毒（具体为有机磷农药中毒）。因病情严重，医院曾一度发出病危通知书。几天后，吴某康复出院，其间共支付医疗费 5 000 多元。市场监督管理部门认定这是一起由蔬菜有机磷农药残留引起的食物中毒。事后，谢某与其丈夫吴某对食用的藤菜产生了质疑，因为谢某曾在事发当天中午亦因食用少量藤菜而出现身体不适，但未引起注意，晚上吴某、谢某共同食下剩余的藤菜后，身体出现严重不适，二人均是因食用了谢某购买的黄某出售的藤菜造成的。二人向人民法院提起诉讼，认为黄某出售的藤菜违反了《中华人民共和国产品质量法》（以下简称《产品质量法》）关于产品质量的规定，要求依照《产品质量法》追究损害赔偿责任。（资料来源：根据中国民商法律网资料整理）

思考：在市场上出售的藤菜是否适用《产品质量法》呢？谢某夫妇的损失是否会得到赔偿？

微课

小小“毒芽”祸害大——产品质量法

法条链接

《产品质量法》第一条规定：“为了加强对产品质量的监督管理，提高产品质量水平，明确产品质量责任，保护消费者的合法权益，维护社会经济秩序，制定本法。”

要回答案例中的问题，就要判断藤菜是否属于《产品质量法》规定的“产品”范围。“产品”一词在日常生活中被广泛应用，其外延非常广泛，但法律对“产品”一般做狭义的理解。下面我们学习《产品质量法》对“产品”的相关规定。

一、产品与产品质量

（一）产品

《产品质量法》中的产品，是指经过加工、制作，用于销售的产品。根据规定，产品应该具备两个条件。

同步思考

举例说明生活中还有哪些产品不适用《产品质量法》。

1. 经过加工、制作

各种直接取之于自然界，未经加工制作的物品，如蔬菜、养殖的鱼虾等种植业，养殖业的初级产品，以及原油、原煤、天然气等直接开采出来，未经提炼加工的天然产品、原矿产品等，都不属于《产品质量法》的调整范围。

2. 用于销售

有些产品虽然是经过加工、制造，但其生产的目的不是为了市场交换，如家庭自制的蛋糕、烤鸭，用于馈赠的物品等，属于未投入流通领域的自用产品、赠与产品也不适用《产品质量法》。

除以上两个条件外，建设工程不适用《产品质量法》规定。但是建设工程使用的建筑材料、建筑构配件和设备，仍纳入《产品质量法》所指的产品范围。军工产品，包括枪支、弹药、军用产品、军服等不适用《产品质量法》规定。

思政点滴

党的二十大报告指出：“坚持把发展经济的着力点放在实体经济上，推进新型工业化，加快建设制造强国、质量强国、航天强国、交通强国、网络强国、数字中国。”

（二）产品质量

产品质量，是指产品所应具有的，能够满足人类需求的各种使用性能，包括安全性、适用性、耐用性、舒适性、可靠性、便利性、可维修性等。产品质量的内容随着经济、科技的发展及人们需求的变化，也在不断丰富和发展。

法治素养

随着国产汽车的制造水平和技术不断提升，很多消费者并不会将合资和进口品牌汽车作为首选，相当部分车主更愿意为国产汽车买单，同时还有数以万计的海外车主青睐。2023 年，中国以 491 万辆的汽车出口量，首次超越日本成为全球第一大汽车出口国，这是中国汽车出口的里程碑和转折点。作为新能源领域的发力品牌，比亚迪率先打开了全球化市场的大门，以至于外界发出了这样的感叹：“中国新能源汽车给全世界汽车产业带来了压力和嫉妒。”比亚迪相关人员表示：“之所以能够在新能源汽车领域引领创新，保持技术和产品竞争力，在于我们一直坚持‘技术为王，创新为本’的企业发展理念。”比亚迪通过掌握新能源汽车全产业链的核心技术，走出了一条从自主创新到全面开放创新的道路，让中国汽车走出国门，迈上世界舞台，成为绚烂的一抹重彩。（资料来源：根据有驾网资料整理）

启示：产品质量不仅是企业行为，更是国家和社会发展的重要体现。我们应树立质量意识，弘扬追求真理、勇于创新、精益求精的工匠精神，树立科技报国、强我中华的家国情怀。

思政点滴

质量既是企业生存和发展的基础，也是产业乃至国家综合实力的体现。加快建设质量强国，不仅是满足居民消费升级趋势、扩大国内有效需求、促进形成强大国内市场的重要途径，而且是转变发展方式、优化经济结构、转换增长动力、推动我国经济高质量发展的客观需要。因此，产品质量不仅是企业行为，更是国家社会发展的重要体现。当代大学生应充分认识到良好的产品质量意识不仅是企业竞争优势的体现，还是国家竞争能力与经济实力的重要因素与指标。

二、产品质量法的含义

产品质量法是调整产品生产、流通、交换、消费领域中因产品质量而产生的社会关系的法律规范的总称。广义的产品质量法包括所有调整产品质量及产品责任关系的法律、法规。我们通常所说的产品质量法是指狭义的产品质量法，即 1993 年 2 月 22 日第七届全国人民代表大会常务委员会第三十次会议通过、同年 9 月 1 日起施行的《产品质量法》。该法于 2000 年、2009 年、2018 年进行了三次修正。

协作创新

2016 年 12 月，国内某知名媒体刊载了文章，标题是《为何高质量中国制造不在中国卖》。中国生产的高性能电饭煲，却不在“出生地”销售；一双国际大牌的运动鞋，“漂洋过海”买回来的比国内买的更耐穿；境内企业生产的牛肉丸，外销品质水准比内销高出一个档次；国外品牌的同款小汽车出现质量问题，全球召回时唯独“中国例外”……该媒体指出，外销内销两个标准、两条生产线，一流产品外销、二流产品内销，这在国内一些出口行业早已成为“惯例”。以食品行业为例，数据显示，我国食品出口合格率持续保持 99% 以上的高水准，而内销食品在“多年整顿”的背景下，合格率仅在 90% 左右。这几个百分点的差距，在一定程度上反映出某些行业国际国内“不同线、不同标、不同质”的尴尬。当前，我们处在实现国内大循环的启动期，中国市场已经进入以国内需求为主导的发展阶段，除了基础需求之外，消费者对于性价比

提出了更高的要求。（资料来源：根据快资讯资料整理）

思考：面对日益增长的社会消费升级需要，以及社会主要矛盾向“人民日益增长的美好生活需要和不平衡不充分的发展之间的矛盾”转化，产品的质量将如何影响企业的未来发展？

第 27 讲　为中国制造保驾护航

——产品质量监督和管理

学前思考

20 世纪 90 年代，刚刚起步的格力依靠组装窗机获得发展。然而，频繁出现质量问题的格力空调，让时任经营部部长的董明珠决定“打破砂锅问到底”，从空调生产源头——零部件开始查起。在她的推动下，格力成立了“筛选分厂”，用于管理零部件的质量。正因有了这敢为人先的举措，格力的产品质量不断提升，频频获得国内外市场的“通行证”。1996 年，格力通过 ISO 9001 国际质量体系认证，获得迈进国际市场的“绿卡”。2001 年，格力获得原国家质量监督检验检疫总局授予的“中国名牌产品证书”。就在忽视质量管理的大批空调企业逐步被淘汰时，格力打出了“好空调，格力造”的盛名，获得了“世界名牌”称号。尽管现在格力的品牌美誉早已家喻户晓，但格力电器从未满足，继续在“完美质量”的道路上自加压力、砥砺前行，让世界爱上中国造。（资料来源：根据格力电器官网资料整理）

思政点滴

“爱”体现了格力对消费者的尊重。格力时刻以满足顾客对美好生活的需要为己任。作为中国制造的一员，格力有着勇于奉献的责任担当和使命追求，以及质量自信的匠人匠心。

思考：正因有着对质量的追求，格力以坚实的脚步挺进世界 500 强榜单，以龙头企业的姿态引领制造行业的发展。产品质量对企业意味着什么？企业可以建立哪些产品质量管理制度？

在社会主义市场经济条件下，我国建立了与社会主义市场经济相适应的产品质量监督管理机制，加强对产品质量的监督管理，提高产品质量水平，保护消费者合法权益，维护社会经济秩序，为中国制造保驾护航。

一、产品质量监督管理体制

产品质量监督，又称“国家质量监督”，是国家通过其授权的法定机构，根据政府的法令或规定，对产品质量和企业保证质量所具备的条件进行的监督活动。这是国家在质量方面对企业进行宏观控制的重要措施。

根据《产品质量法》的规定，国务院市场监督管理部门主管全国产品质量监督工作。国务院有关部门在各自的职责范围内负责产品质量监督工作。县级以上地方市场监督管理部门主管本行政区域内的产品质量监督工作。县级以上地方人民政府有关部门在各自的职责范围内负责产品质量监督工作。

二、产品质量管理制度

（一）产品质量检验制度

《产品质量法》规定，产品质量应当检验合格，不得以不合格产品冒充合格产品。产品质量检验制度包括两个层次：

一是有关部门的合格检验。一般来说，一项新的产品在投放市场以前都要经过有关部门的检验，检验合格之后方可批量生产销售。

二是企业的自我合格检验。企业在产品出厂以前必须进行严格的自我检验，确保每一个产品都符合质量要求，严防劣质产品流入市场。但是，可能危及人体健康和人身、财产安全的工业产品，必须依据保障人体健康、人身财产安全的国家标准和行业标准进行检验，并且产品质量必须符合上述标准的规定，才能出厂销售。对可能危及人体健康和人身财产安全的工业产品，如果没有制定国家标准和行业标准，则依据保障人体健康、人身财产安全的要求进行检验，并且必须符合这些要求。

头脑风暴

“质量是生产出来的还是检验出来的”这个话题，一直以来都是企业界争论的焦点：生产者说质量是检验出来的，劣质产品流入市场是检验员没有把好关；检验员说质量是生产出来的，生产者如果不制造不合格产品，市场上就没有劣质产品。如果你是一位经营者，你认为产品质量到底是生产出来的还是检验出来的呢？

（二）产品质量标准化制度

产品标准是对产品所做的技术规定，是判断产品合格与否的主要依据。

我国现行的标准分为国家标准、行业标准、地方标准和经备案的企业标准。凡有国家标准、行业标准的，必须符合该标准；没有国家标准、行业标准的，允许适用其他标准，但必须符合保障人体健康及人身、财产安全的要求。同时，国家鼓励企业赶超国际先进水平。对不符合国家标准、行业标准的产品，不符合保障人体健康和人身、财产安全标准的产品，禁止生产和销售。

（三）企业质量体系认证制度

企业质量体系认证，是指依据一定的标准和要求，由认证机构对企业质量体系进行审核、评定，确认符合标准要求时，由认证机构向企业颁发认证证书，以证明企业质量体系符合相应要求的活动过程。企业质量体系认证是目前国际上通行的一种产品质量监督管理制度。企业质量体系认证的标准和依据是国际通用的质量管理标准，主要是指国际标准化组织发布的 ISO 9000 标准。

国家根据国际通用的质量管理标准，推行企业质量体系认证制度。企业根据自愿原则可以向国务院市场监督管理部门认可的或者国务院市场监督管理部门授权的部门认可的认证机构申请企业质量体系认证。经认证合格的，由认证机构颁发企业质量体系认证证书。

头脑风暴

2013 年 5 月，内地知名饮用水生产公司农夫山泉遭媒体质疑其产品执行的地方标准低于国家标准，引发社会持续关注。对此，农夫山泉召开新闻发布会，称其实际执行标准体系严于国家标准，并拟起诉相关媒体索赔 6 000 万元人民币。农夫山泉产品质量应由谁说了算？企业如何避免此类事件的发生？

法治素养

1985 年，张瑞敏带头砸掉 76 台有缺陷的冰箱，当第一声锤声落下时，点燃了海尔的工匠精神，唤起了海尔人的质量意识。砸了冰箱之后，张瑞敏提出要创名牌，而且表示要干就争第一。“有缺陷的产品就是废品”的理念在海尔人心中从此根深蒂固。同时，张瑞敏总结出 OEC 管理理念，要求海尔人都要做到“日清日毕，日清日高”，脚踏实地、实实在在地做好每一个细节。1988 年，海尔获得中国冰箱行业第一枚质量金牌——“国家优质产品金奖”，奠定了海尔冰箱在中国电冰箱行业乃至世界中的领军地位。在 2018 年“大国工匠年度人物”颁奖典礼上，张瑞敏作为颁奖嘉宾为王进颁奖时说道：“无论是王进成功完成世界首次超高压带电作业，还是海尔正在探索的首个世界级物联网模式，其实都是在用我们的工作诠释着大国工匠的精神，就是挑战自我，挑战极限，振兴中华！”（资料来源：根据思政资源库资料整理）

启示：新时代，我国经济已由高速增长阶段转向高质量发展阶段，高质量的品牌需要更多的新时代工匠们来打造。其实，经营企业是这样，做人、做事也是如此。我们只有志存高远、脚踏实地，拥有工匠精神、家国情怀，才能学有所成、学有所用，才能为国家的发展贡献我们的力量，才能让有限的生命焕发光彩，不断延伸生命的价值。

同步思考

你知道我国历史上的工匠类型有哪些吗？新时代，我们为什么更加需要弘扬工匠精神？

（四）产品质量认证制度

产品质量认证，是指国家认可的认证机构依据产品标准和相应的技术要求，对某项产品进行审核并证明其符合相应的标准和技术要求的法律制度。

同步思考

什么是 3C 认证和 QS 认证？

产品质量认证分为安全认证和合格认证。安全认证是对产品安全性能的认证，实行安全认证的产品必须符合《中华人民共和国标准化法》中有关强制性标准的要求。合格认证是对产品符合国家标准或者行业标准的认证，实行合格认证的产品，必须符合《中华人民共和国标准化法》规定的国家标准或者行业标准的要求。

（五）工业产品生产许可证制度

生产许可证，是指国家对于具备生产条件并对其产品检验合格的工业企业，发给许可其生产该项产品的凭证。

国家规定对重要的工业产品，特别是可能危及人体健康、人身、财产安全和公共利益的工业产品实行生产许可证制度，是为保证产品质量，维护国家、用户和消费者利益而采取的强制性措施。

学以致用

小军（化名）在某茶叶零售商处购买了 8 个福鼎白茶紧压寿眉茶饼，共消费 6 224 元。之后，小军发现所购茶饼的外包装上既没有生产者的名称、地址、联系方式，也没有生产许可证编号。小军认为，茶饼属于预包装食品，但来源及生产者不明，存在食品安全隐患，不符合食品安全标准，故起诉要求茶叶零售商退还货款并承担 10 倍惩罚性赔偿。（资料来源：根据快资讯资料整理）

分析：根据《中华人民共和国食品安全法》规定，预包装食品的包装上应当有标签。标签应当标明生产者的名称、地址、联系方式以及生产许可证编号等信息，同时不得含有虚假内容。而涉案茶饼并无以上信息，应认为属于不符合我国食品安全标准，小军主张的 10 倍惩罚性赔偿有事实和法律依据，应当支持。最终，上海市奉贤区人民法院判决茶叶零售商退还小军货款 6 224 元，同时按照 10 倍赔偿标准赔偿小军 62 240 元；小军退还已购的全部茶叶。

知识链接

预包装食品，是指预先定量包装或者制作在包装材料、容器中的食品。预包装食品包括预先定量包装以及预先定量制作在包装材料和容器中并且在一定量限范围内具有统一的质量或体积标识的食品。

（六）产品召回制度

产品生产商、进口商、经销商在得知其生产、进口、经销的产品存在可能危及人身健康、财产安全的缺陷时，依法向政府部门报告，并告知消费者，从市场消费者手中无偿收回有问题的产品，实施修理、更换、赔偿等积极、有效的措施，从而消除缺陷产品的危害风险，提高企业信誉。这种挽救措施的方法即为召回制度。

微课

产品召回制度知多少

（七）产品质量监督检查制度

行政性监督检查是由市场监督管理部门组织的对产品质量实行以抽查为

同步思考

产品召回制度是我国法律明确规定的。对于有重大安全隐患的产品，由负有责任的公司发起召回，并给予消费者一定的补偿。那么，哪些缺陷产品可以召回？

头脑风暴

随着互联网的发展，近年来网络直播行业兴起，新的网络直播带货模式不断涌现，许多人看好其发展前景。但部分直播间带货套路满满，主播演戏砍价、哄抬价格。一些业内人士透露，“便宜货”已经成了直播间的引流手段，而消费者买回家的廉价商品可能过不了“质量关”。应如何规范和监管直播带货？请谈谈你的看法。

主要方式的监督检查制度，包括国家监督检查和地方监督检查。国家监督检查采用抽查方法，抽查的对象是：可能危及人体健康和人身财产安全的产品；影响国计民生的重要工业产品；用户、消费者、有关组织反映有质量问题的产品。地方监督检查由县级以上地方人民政府管理产品质量监督工作的部门在本行政区内，根据实际情况，制订监督抽查计划，确定受检产品目录，定期或不定期地组织实施。

另外，社会也可以对产品质量进行监督。产品质量的社会监督包括新闻舆论的监督、社会团体的监督、用户和消费者的监督。社会监督虽然不如行政监督那样有力，但它具有自己的优势。社会监督具有广泛性和经常性，它无时不在、无所不在，它时刻处于一种监督状态之中，对产品的生产者、销售者会形成一种无形的、无法摆脱的压力。所以，产品质量的社会监督能够弥补行政监督的不足。

协作创新

随着中国特色社会主义进入新时代，我国社会主要矛盾已经转化为人民日益增长的美好生活需要和不平衡不充分的发展之间的矛盾。解决好发展不平衡不充分问题，推动经济高质量发展，应把树立质量第一意识、提升质量水平作为重要抓手，加快推进质量强国建设。经过改革开放以来的持续快速发展，我国已成为世界第二大经济体、全球货物贸易第一大国，产品和服务质量明显提升，产品质量国家监督抽查合格率近年来稳定在90%以上。但同时我们也应看到，我国虽有多种产品产量居全球第一，但缺少核心技术和品牌优势，质量技术基础比较薄弱；产品质量标准体系尚不完善，产品质量水平还需进一步提高，质量强国建设任重而道远。

思考：企业经营者应如何提高和保证产品质量？

第 28 讲　赠品有问题商家要担责

——生产者及销售者的产品质量义务

学前思考

李女士在一家商场购物时，看到某品牌化妆品正在做促销活动，就购买了一套化妆品。在使用了随该化妆品赠送的面霜后，李女士的皮肤开始发痒，并出现了一些小红点。专业美容师告诉她，这是使用化妆品过敏引起的皮肤反应。李女士发现，赠品没有标注生产日期，因此怀疑自己使用了过期产品。李女士找到商场，导购员争辩说，赠品属于“非卖品”，国家没有“硬性”的使用期限等规定。

思考：赠品出现质量问题，商家是否要担责？

赠品质量不尽如人意，这在当前成为一个较为普遍的现象。案例中“非卖品”和“卖品”只是商家的说法，只要产品进入市场，生产者和销售者就必须遵守《产品质量法》的规定，履行自己的义务。

知识链接

送礼、送券、抽奖等促销手段屡见不鲜。相关人士特别提醒消费者，对于附送的赠品、奖品等，最好要求商家在购物凭证上注明赠送日期，或者另行开具书面单据，写明赠品的种类、数量、日期等，这样一旦赠品发生问题，也可以为维权提供证据。

一、生产者的产品质量义务

生产者对所生产的产品质量应尽的义务包括以下几个方面。

（1）生产者应当保证所生产产品的质量，对产品的质量负责，产品应当符合安全性的要求。生产者生产的产品不存在危及人身、财产安全的不合理的危险，应当符合保障人体健康和人身、财产安全的国家标准和行业标准。

法条链接

《产品质量法》第二十六条规定：“生产者应当对其生产的产品质量负责。”

（2）生产者保证产品具备或应当具备同类产品的基本使用功能。但是，产品生产者对产品存在使用性能的瑕疵作出说明的除外。

（3）生产者保证产品应当符合其包装上注明采用的产品标准，应与实际质量状况相符。

微课

销售三无产品，卖家要担责

（4）生产者保证产品或者其包装上的标志必须真实。生产者的禁止性义务包括：生产者不得生产国家明令淘汰的产品；不得伪造产地，不得伪造或者冒用他人的厂名、厂址；不得伪造或者冒用认证标志等质量标志；不得掺杂、掺假，不得以假充真、以次充好，不得以不合格产品冒充合格产品。

二、销售者的产品质量义务

销售者应尽的产品质量义务包括以下几个方面。

（1）执行进货检查验收义务。销售者向生产者购进货物或订立采购合同时，应该按照国家规定标准对购进的产品进行检查，验明产品合格证明和其他标志。

（2）产品质量保证义务。销售者在进货之后，应根据产品不同的特点，保证销售产品的质量。

（3）保证所销售产品的标志真实、合格的义务。产品或者其包装上的标志必须真实、合格，销售者不能擅自涂改或非法使用产品标志。

销售者的禁止性义务包括：销售者不得销售失效、变质的产品；不得伪造产地，伪造或者冒用他人的厂名、厂址；不得伪造或者冒用认证标志等质量标志；不得掺杂、掺假，不得以假充真、以次充好，不得以不合格产品冒充合格产品。

法条链接

《产品质量法》第五十条规定："在产品中掺杂、掺假，以假充真，以次充好，或者以不合格产品冒充合格产品的，责令停止生产、销售，没收违法生产、销售的产品，并处违法生产、销售产品货值金额百分之五十以上三倍以下的罚款；有违法所得的，并处没收违法所得；情节严重的，吊销营业执照；构成犯罪的，依法追究刑事责任。"

法治素养

随着央视"3·15"晚会曝光"土坑酸菜"，康师傅、统一公司流失数亿市值。在方便面卫生安全问题受到关注的时候，白象食品股份有限公司（以下简称白象公司）在官方微博上做了个直截了当的回应："一句话，没合作，放心吃，身正不怕影子斜。"一句简短回应，收获了众多网友的声援以及实际行动的支持，实现流量和销量双涨，让白象公司这个被人们忽视很久的品牌再次"出圈"。白象公司还特此发布了一则公告，呼吁消费者理性消费。公告最后表示："山河明朗，人间值得，五星闪耀，皆是中国。"短短16个字，更是将白象公司的民族担当体现得淋漓尽致，成功圈粉。

另外，食品安全信息显示，白象公司产品被抽检60多次，结果均为合格；其投资公司及分公司等也涉及近300次抽检，结果均为合格。这就是民族企业！当市场的喧嚣退尽，当欲望的潮水退尽，我们总能发现有一些闪光的国货，它们在市场上顽强打拼。但无论风雨都坚守良心和底线，坚持担当社会责任。（资料来源：根据搜狐网资料整理）

启示：民族企业家身上的责任、担当以及爱国主义精神，是值得我们学习的。我们学习专业知识的同时，更要学习"执着专注、精益求精、一丝不苟、追求卓越"的工匠精神，同时树立强烈的爱国主义精神与质量强国意识，增强民族自豪感。

知识链接

"三包"，指包修、包退、包换。经营者应依照国家规定和与消费者的约定，承担"三包"责任和其他责任。经营者对于实行"三包"的商品，如果质量不符合要求，便有予以免费修理、更换、退货的义务，即应当承担相应的民事责任；经营者如果不履行"三包"义务，则应承担赔偿的民事责任。

三、产品质量责任

（一）销售者的损害赔偿责任

我国《产品质量法》规定，售出的产品有下列情形之一的，销售者应当负责修理、更换、退货；给购买产品的消费者造成损失的，销售者应当赔偿损失：不具备产品应当具备的使用性能而事先未作说明的；不符合在产品或者其包装上注明采用的产品标准的；不符合以产品说明、实物样品等方式表明的质量状况的。

销售者依照上述规定负责修理、更换、退货、赔偿损失后，属于生产者的责任或者属于向消费者提供产品的其他销售者（以下简称供货者）的责任的，销售者有权向生产者、供货者追偿。

销售者未按照上述规定给予修理、更换、退货或者赔偿损失的，由市场监督管理部门责令改正。生产者之间，销售者之间，生产者与销售者之间订立的买卖合同、承揽合同有不同约定的，合同当事人按照合同约定执行。

（二）产品缺陷责任

产品缺陷责任，是指由于产品存在缺陷导致消费者或者第三人的人身、财产损害而发生的民事赔偿责任。

1. 产品缺陷责任的构成要件

一是产品存在缺陷。缺陷，是指产品存在危及人身、他人财产安全的不合理的危险；产品有保障人体健康和人身、财产安全的国家标准、行业标准的，缺陷是指不符合该标准。

二是因产品缺陷造成用户、消费者人身伤害或者财产损失。

三是产品缺陷与损害事实之间有因果关系。这是指损害事实的发生是因为产品缺陷所致。如果损害事实不是产品缺陷所致，则不负民事责任。

2. 归责原则

产品缺陷损害赔偿责任，即产品责任，是产品缺陷造成消费者人身伤害、财产损失而承担的民事责任。产品责任是一种特殊侵权责任，适用无过错责任原则。在产品责任领域，根据无过错责任原则，只要产品存在缺陷，并因而使消费者或者使用者人身遭受伤害或财产遭到损失，那么不论生产者或者销售者在制造或者销售产品的过程中是否存在过错行为，也不论生产者或者销售者与消费者或者使用者之间是否存在合同关系，生产者或者销售者都要对其产品造成的消费者或者使用者的人身伤害或者财产损失承担责任，除非存在法律规定的免责事由。

由于销售者的过错使产品存在缺陷，造成人身、他人财产损害的，销售者应当承担赔偿责任。销售者不能指明缺陷产品的生产者也不能指明缺陷产品的供货者的，销售者应当承担赔偿责任。

（三）赔偿主体和范围

《产品质量法》规定，因产品存在缺陷造成人身、他人财产损害的，受害

法条链接

《民法典》第一千二百零三条规定：“因产品存在缺陷造成他人损害的，被侵权人可以向产品的生产者请求赔偿，也可以向产品的销售者请求赔偿。产品缺陷由生产者造成的，销售者赔偿后，有权向生产者追偿。因销售者的过错使产品存在缺陷的，生产者赔偿后，有权向销售者追偿。”

同步思考

因为产品缺陷造成了损害，应当谁来承担责任？

人可以向产品的生产者要求赔偿，也可以向产品的销售者要求赔偿。属于产品的生产者的责任，产品的销售者赔偿的，产品的销售者有权向产品的生产者追偿。属于产品的销售者的责任，产品的生产者赔偿的，产品的生产者有权向产品的销售者追偿。

因产品存在缺陷造成受害人人身伤害的，侵害人应当赔偿医疗费、治疗期间的护理费、因误工减少的收入等费用；造成残疾的，还应当支付残疾者生活自助具费、生活补助费、残疾赔偿金以及由其扶养的人所必需的生活费等费用；造成受害人死亡的，并应当支付丧葬费、死亡赔偿金以及由死者生前扶养的人所必需的生活费等费用。

因产品存在缺陷造成受害人财产损失的，侵害人应当恢复原状或者折价赔偿。受害人因此遭受其他重大损失的，侵害人应当赔偿损失。

四、产品质量纠纷的解决途径

因产品质量发生民事纠纷时，当事人可以通过协商或者调解解决，也可以根据当事人各方的协议向仲裁机构申请仲裁，还可以向人民法院起诉。仲裁机构或者人民法院可以委托具备合法资格的产品质量检验机构，对有关产品质量进行检验。

法条链接

《产品质量法》第四十七条规定：“因产品质量发生民事纠纷时，当事人可以通过协商或者调解解决。当事人不愿通过协商、调解解决或者协商、调解不成的，可以根据当事人各方的协议向仲裁机构申请仲裁；当事人各方没有达成仲裁协议或者仲裁协议无效的，可以直接向人民法院起诉。”

因产品存在缺陷造成损害要求赔偿的诉讼时效期间为2年，自当事人知道或者应当知道其权益受到损害时起计算。因产品存在缺陷造成损害要求赔偿的请求权，在造成损害的缺陷产品交付最初消费者满10年丧失；但是，尚未超过明示的安全使用期的除外。

协作创新

余某在某商厦花500元购买了一套名牌西服，按照该商厦“买100，送50”的规定，余某获得了该商厦250元的赠券。回家后，余某发现该西服做工粗糙，经市场监管部门认定，该西服属假冒产品。于是，余某找到商厦，要求商厦退货，并给付3倍的赔偿。该商厦答应余某的要求时，向余某索要250元的赠券，由于余某已将赠券在该商厦消费，无法退还，商厦便要求余某退250元现金。余某则认为，该赠券是商店无偿赠与的，就拒绝退还。该商厦却告诉余某，如果不将赠券退还，就拒绝退该西服和赔偿。

思考：余某该不该退还赠券呢？

专题十　倡导诚信守法经营　提高依法维权意识——消费者权益保护法

第 29 讲　法治护航，让消费者放心消费
——认识消费者权益保护法

学前思考

浙江的李先生在某电商平台花费 100 多元入手了一个手包，收到包裹一个月后，李先生以异味重，怀疑包包是 LV 仿品、假货为由要求退货，结果被客服以及掌柜拉黑。

媒体与商家取得联系后，商家承认手包是高仿，但商品页面中均未提到 LV 字样。这一点李先生并不认同，因为该包皮面上印有和 LV 颇为类似的字母标识："我以为是 LV，100 多元买 LV 明显不可能，但我看着像 LV。"李先生"知假买假"的这番话语，引发了记者的疑问，直问李先生是不是"职业打假人"。他称："我不算职业打假的，只是觉得这东西是坑害消费者的。"李先生的行为立即引发网友对"职业打假人"的热议和关注。

从诞生之初，"职业打假人"这一身份就伴随着诸多争议，"知假买假"后请求"10 倍赔偿"等惩罚性赔偿也引起了社会的争议。（资料来源：根据《法治周末》资料整理）

思考：职业打假人是否属于普通消费者？他们能否拿得到 10 倍的惩罚性赔偿？

在市场竞争不断加剧的情况下，职业打假人的职能和作用越来越重要和必要。合法、可信的职业打假人不仅可以促进市场的健康发展，而且可以为消

微课

让消费者安心消费——认识消费者权益保护法

思政点滴

职业打假人需要充分了解与打假相关的法律法规，并且在行动中严格遵守法律规定，避免过度打假，或者使用非法手段对企业和个人进行诋毁或者恶意攻击等行为，这需要职业打假人在专业道德、自律性和公正性上不遗余力。

头脑风暴

生活中，有不少商家为了促销，会选择开展消费者购买某种商品赠送某种商品的活动。我们知道，消费者购买的商品会受到《消费者权益保护法》的保护。那么，赠品是否同样会受到保护呢？

费者提供有效的维权服务。不过，职业打假人的职责和行为也必须遵循市场法律规则和道德规范，职业打假人不得滥用权力或破坏市场秩序。

一、消费者与消费者权益

《中华人民共和国消费者权益保护法》(以下简称《消费者权益保护法》)第二条将“为生活消费需要购买、使用商品或者接受服务”的行为界定为消费者的消费行为。根据这一规定，消费者，是指为满足生活需要而购买、使用商品或者接受服务，由国家专门法律确认其主体地位和保护其消费权益的个人。

(1)消费者以生活消费为目的。生活消费，是指为了满足个人物质和文化生活需要而进行的各种物质和精神产品以及劳动服务的消费行为，包括人的衣、食、住、行、乐等各个方面。同时，为强调保护农民的切身利益与强化权益保护，《消费者权益保护法》第六十二条规定“农民购买、使用直接用于农业生产的生产资料，参照本法执行”，使得农民也享有消费者的权利。

同步思考

消费者应具有哪些法律特征？单位是否属于《消费者权益保护法》中的“消费者”？

(2)消费者的“消费”表现为购买、使用商品或者接受服务。也可以理解为消费者获得商品、使用商品或者接受服务，而“获得”的形式既可以是有偿的，也可以是无偿的。个体社会成员免费获得用于宣传或者其他商业目的的服务和商品也属于消费行为，这些个体社会成员也属于消费者范畴。

(3)消费者是个体社会成员。这也表明消费者可以是自然人，也可以是家庭，包括一个国家领域内所有的人。但法人和其他社会组织由于其目的是满足生产和经营的需要，因此其不属于消费者的范畴。

消费者权益，是指消费者在购买、使用商品或接受服务时依法享有的权利及该权利受到保护时而给消费者带来的应有的利益，其核心是消费者的权利。

思政点滴

作为消费者，我们应当行使和维护自己的权益，树立正确的消费观念，合理消费，形成文明、健康的消费习惯。同时，作为社会公民，我们还应当诚信、守法、尊重他人权益，并关注社会公共利益，摒弃不良的生活习惯，积极选择环保产品和服务，减少使用不可降解材料和对环境有害的化学物质，推广循环经济和可持续发展的理念，进一步保护自然环境，维护生态平衡。

法治素养

在当今的社会，随着经济的不断增长，许多时尚、新颖的东西会吸引大学生这个消费群体的目光。报纸、电视、网络等媒介的大肆宣传，都诱惑着大学生消费者。对此，李同学有几分无奈：“不是我自己愿意请客，往往是不得不请啊！别人请你吃饭，你总不能白吃别人的饭吧？别人请你吃了顿料理，你好意思在食堂里请他们吃吗？你总不能落伍吧！”我们同时也注意到，在大学的校园里，还有一群贫困家庭的孩子，依靠每月500块钱，照样很好地学习、生活。有的同学说："我们大学生的关注点应更多地集中在如何提高自己的学业上，而不是追赶潮流、盲目攀比。"（资料来源：根据《新京报》资料整理）

启示：大家可以就"大学生理性消费，你是怎么做的？"这个话题展开讨论，合理、适度消费，形成科学、正确的消费观。大学生应弘扬中华民族勤俭节约的传统美德，领悟到自力更生、艰苦奋斗是人生必备的品格，也是自己一生的宝贵财富。

二、消费者权益保护法

消费者权益保护法，是指调整在保护消费者权益过程中所发生的社会关系的法律规范的总称。《消费者权益保护法》经1993年10月31日第八届全国人民代表大会常务委员会第四次会议通过，自1994年1月1日起施行。这是我国制定的第一部保护消费者权益的专门法律。2014年3月15日，由2013年10月25日第十二届全国人民代表大会常务委员会第五次会议通过的新《消费者权益保护法》正式施行，这是消费者权益保护法实施20年来的第二次修正。

《消费者权益保护法》的适用对象可以从以下三个方面理解：

（1）消费者为"生活消费"需要购买、使用商品或者接受服务的，适用《消费者权益保护法》；

（2）农民购买、使用直接用于农业生产的生产资料时，参照《消费者权益保护法》执行；

（3）经营者为消费者提供其生产、销售的商品或者提供服务，应当遵守《消费者权益保护法》。

协作创新

在买卖关系中，消费者往往是弱势群体，1994年施行的《消费者权益保护法》在如今更加多元、复杂的消费环境下已有明显脱节之感，消费者常常要面对"有法却无法可依"的无奈，付出巨大的维权成本。2014年新《消费者权益保护法》的施行，将维权的天平更向消费者群体作出了倾斜，其中被称为"亮点"的7个新增条款让人感到消费者离维权的春天似乎更近了一些。

思考：《消费者权益保护法》被称为保护消费者权益的坚强后盾，请结合实际案例，并对比《消费者权益保护法》修正前后的不同。

第 30 讲　盲盒经济不能“盲”规则

——消费者的权利和经营者的义务

学前思考

近年来，盲盒经济迅猛发展，相对于传统营销方式而言，盲盒更具随机性和娱乐属性，因此颇受时下年轻消费者的欢迎。如今，盲盒经营模式已快速蔓延至美妆、文具、图书、餐饮等行业，一时间，大有“万物皆可盲盒”之势。然而，盲盒经济在快速发展的同时，也滋生了诸多乱象：一些商家不明示抽取概率，导致个别消费者为了获得稀有的“隐藏款”，不惜花费重金大量购买，助长了非理性消费；一些商家在销售盲盒时以次充好、以假充真，甚至借机兜售“三无产品”，商品信息公示不完全等，让盲盒消费变成风险之旅；一些商家表示不支持 7 天无理由退换货；一些商家盲盒存在个人信息泄露隐患……这些行为不仅损害了消费者的合法权益，而且扰乱了市场正常秩序，不利于行业的健康发展。（资料来源：根据《法治日报》资料整理）

思考：任何商业模式的创新、营销形态的更迭，都不能以损害消费者合法权益为代价。盲盒经济考虑不周可能会侵犯消费者哪些合法权益？经营者应履行哪些义务？

在消费者权益保护制度中，消费者的权利作为消费者权益在法律上的体现，是各国消费者权益保护法的核心。消费者的权利，是指消费者在消费过程中依法享有的各种权利的总和。

一、消费者的权利

我国《消费者权益保护法》第二章专门规定，消费者有以下权利。

（一）安全保障权

安全保障权，是指消费者在购买、使用商品和接受服务时，享有要求经营者保障其人身、财产安全不受损害的权利。这也是消费者最重要、最基本、最核心的权利。安全保障权具体包括消费者生命安全权、健康安全权、财产安全权等。侵犯安全保障权的行为有：经营者出售过期的商品；出售变质的食品或食品中含有对身体有害的物质；出售伪劣产品等。这些行为致使消费者的人身、财产受到损害。

头脑风暴

现实生活中，你见过哪些侵犯消费者安全保障权的行为？

（二）知悉真情权

知悉真情权，是指消费者享有知悉其购买、使用的商品或者接受的服务的真实情况的权利。具体地说，消费者有权根据商品或者服务的不同情况，要求经营者提供商品的价格、产地、生产者、用途、性能、规格、等级、主要成分、生产日期、有效期限、检验合格证明、使用方法说明书、售后服务，或者服务的内容、规格、费用等有关情况。一句话，凡是与消费者正确判断、选择、使用商品或者服务等有直接联系的信息，消费者都有权了解。只有这样，才能使消费者在购买商品或者接受服务时做到知己知彼，并且能够表达自己的真实意思。侵犯消费者知悉真情权的行为有：经营者对消费者的询问采取欺骗的回答，对所出售的商品提供虚假宣传或者故意扩大商品的功效等。

同步思考

快递行业“先签字、后验货”是否侵犯了消费者的权利？

学以致用

每当暑假来临，旅游市场就异常火爆。但在火爆的背后，也发生了一些让游客“不愉快”的事情。如北京的前门大街，虽然不是风景名胜，但却是著名的商业街，游客自然是不少的。遗憾的是，前门大街却爆出“铜人”强收合影费的新闻，让公众大跌眼镜。而事实上，类似的“合影费”，从各地报道的案例来看，早已不是个案：厦门鼓浪屿的铜人、桂林漓江身穿民族服装的女子、杭州吴山广场的卡通喜羊羊……而事实上，“合影费”不过是旅游市场乱象的冰山一角罢了，诸如强制消费、强制购物、票中票、天价消费等，公众并不陌生。这些年来，被媒体曝光的旅游市场乱象并不少见，这的确值得引起社会的关注。（资料来源：根据《重庆晨报》资料整理）

分析：客观来说，“合影费”不是不可以收，但关键是要收得明明白白、清清楚楚。但遗憾的是，当前一些景区或商业街的“合影费”，往往缺少“事先告知”的程序，侵犯了消费者的知情权。这提醒我们在出门游玩时，切记警惕自身消费安全，牢记天下没有免费的午餐，勿因一时“贪”念，败了游玩的兴致。

头脑风暴

因禁止游客携带食品入园且要翻包检查，上海迪士尼乐园被一位法学专业大学生告上法庭，这引发了舆论热议。事件一经网络发酵，随即招致广泛质疑：迪士尼是否有“禁带饮食”“翻包检查”的权利？园区内售卖高价餐饮是否合理？

（三）自主选择权

自主选择权，是指消费者可以根据自己的消费需求，自主选择自己满意的商品或者服务，决定是否购买或者接受的权利。自主选择权是消费者获得称心如意的商品或者服务的基本保证。自主选择权的具体内容体现为：消费者有权自主选择提供商品或者服务的经营者；自主选择商品品种或者服务方式；自主决定购买或者不购买任何商品或者服务；有权对所选择的商品或者服务进行比较、鉴别和挑选。

法治素养

3层包装拆开后只有2块饼干；一小捧果肉被分装在9个方盒子里；体积硕大的化妆品礼盒中仅放有60毫升精华液……近年来，商品过度包装现象越演越烈，豪华过度包装的粽子、月饼等亦层出不穷。

中国消费者协会（以下简称中消协）相关人员指出：“如果所有商家都出于增加利润的目的，让过度包装之风越演越烈，久而久之在货架上只能看到过度包装的产品，消费者只能被迫接受，并最终失去自主选择权。”中消协鼓励广大消费者主动参与社会监督，用随手拍的形式记录违反法规标准和公序良俗的过度包装和“天价”月饼，向当地市场监管部门、消协举报。（资料来源：根据中国新闻网资料整理）

启示：中消协倡导广大消费者在节日选择月饼时，践行绿色低碳的生活方式，追求文明、健康的生活理念，主动选择包装简约、适度的产品，抵制奢华浪费的包装产品，摒弃华而不实的“面子工程”，在欢度传统佳节、品尝传统美食、共享阖家团圆传统文化的同时，继承并弘扬中华民族勤俭节约的传统美德，共同营造绿色、环保、节约资源的可持续消费环境。

同步思考

明码标价77万多元的车辆，提车则需另外加价30万元，不加价买不到车……在多家汽车4S店，部分高档车型加价销售成为市场“潜规则”。加价销售合规、合法吗？

（四）公平交易权

公平交易权，是指消费者在购买商品或者接受服务时，有权获得质量保障、价格合理、计量正确等公平交易条件，有权拒绝经营者的强制交易行为。侵犯公平交易权的行为有：经营者故意抬高商品价格，经营者销售给消费者与购买商品质量不符的劣质商品等。

微课

细说商品“缺陷”也可索赔

（五）依法求偿权

依法求偿权，是指消费者因购买、使用商品或者接受服务受到人身、财产损害的，享有依法获得赔偿的权利。这是保障消费者在发生损害后可以得到法律救济的权利。消费者受到的损害包括人身损害和财产损害。侵犯消费者求偿权的行为有：经营者对消费者所受损害应得到的补偿不予负担；对消费者索取赔偿采取拖延方式，甚至使用暴力或威胁等手段。

（六）依法结社权

依法结社权，是指消费者享有依法成立维护自身合法权益的社会组织的权利。我国现有的消费者权益组织有中国消费者协会、地方消费者协会等组织。消费者可以通过这些组织保障自己的合法权益不受侵害。

（七）获取知识权

获取知识权，是指消费者享有获得有关消费和消费者权益保护方面的知识的权利。消费者有权获得消费方面、权益保护方面的知识，主要包括：选购商品的方法、商品的正确使用方法、应当注意的问题、服务的内容、消费者权益保护的法律和政策、消费者权益保护机构、消费者权益保护的途径等知识。消费者应当努力掌握所需商品或者服务的知识和使用技能，正确使用商品，提高自我保护意识。

（八）受尊重权及信息得到保护权

受尊重权及信息得到保护权，是指消费者在购买、使用商品和接受服务时，享有人格尊严、民族风俗习惯得到尊重的权利，享有个人信息依法得到保护的权利。经营者应尊重消费者下列权利：姓名权、名誉权、肖像权、各民族的风俗习惯等。经营者不得对消费者进行辱骂、诽谤、名誉诋毁、非法搜查、拘禁等行为；不得在商品包装、商标及广告宣传中使用有损消费者的文字、语言和图形等；不得将通过经营活动获取到的消费者身份信息、电话号码、家庭住址等个人信息泄露给他人，甚至出卖牟利等。

（九）监督权

监督权，是指消费者享有对商品和服务以及保护消费者权益工作进行监督的权利。监督权的内容包括消费者对商品和服务的质量、价格、计量、品种、供应、服务态度、售后服务等进行监督。消费者有权检举、控告侵害消费者权益的行为和国家机关及其工作人员在保护消费者权益工作中的违法失职行

知识链接

《中华人民共和国宪法》明确规定，中华人民共和国公民享有依法结社的自由。消费者依法成立维护自身合法权益的社会团体，是《宪法》在消费者权益保护法中的体现，也是法律帮助消费者从小、散、弱的个体逐步转变成为大、集、强的群体，从而真正保护消费者权利，实现真正的平等。

思政点滴

《消费者权益保护法》规定的消费者人格受尊重权正是《宪法》及《民法典》规定的各种人身权保护原则和制度在消费生活中的具体体现。我国是统一的多民族国家，《消费者权益保护法》中规定了消费者民族风俗习惯受尊重权，体现了《宪法》的精神，对于促进各民族团结，保障各民族人民的权益，都具有重大意义。

头脑风暴

“对不起，我们老板说你吃太多了，不接待你了，你走吧！”近日，康先生来到位于长沙市某海鲜烧烤自助餐厅吃饭时，遭到了店方的明确拒绝，理由是康先生“吃太多”，店铺会赔本。该海鲜烧烤自助餐厅也因拒绝吃得多的顾客登上热搜，引起广泛关注。该海鲜烧烤自助餐厅是否侵犯了消费者的合法权益？为什么？

为，有权对保护消费者权益工作提出批评、建议。

法治素养

当下，不少主播进入餐饮探店行业，许多消费者会通过探店主播的视频进行“种草”或“避雷”。这种模式一度被部分餐饮商家当作“流量变现”的渠道，但由于缺乏规范、主播良莠不齐，出现了虚假推荐、数据造假等情况。部分主播“探店”变“探钱”，给钱就说“真好吃”，不给钱就“不推荐”，这也让商家苦于“被探店”。

因探店者站在消费者角度来评价餐馆，法律也赋予消费者监督权，所以，餐饮商家很难对探店者的不客观评价进行抵制。于是探店者也就不担心商家反击。但是，探店者不客观点评餐饮商家，且通过网络广泛传播，会破坏餐饮市场公平竞争，损害不付款推广餐饮商家的声誉。（资料来源：根据新浪网资料整理）

启示：法律赋予了消费者监督权，也是为了保护消费者合法权益，当探店试吃变成生意，成为一种商业行为，那就更得讲规矩、讲诚信，遵守职业操守，让探店行为始终在探诚信、探品质、测服务的正常轨道上。

法条链接

《消费者权益保护法》第十九条规定：“经营者发现其提供的商品或者服务存在缺陷，有危及人身、财产安全危险的，应当立即向有关行政部门报告和告知消费者，并采取停止销售、警示、召回、无害化处理、销毁、停止生产或者服务等措施。采取召回措施的，经营者应当承担消费者因商品被召回支出的必要费用。”

二、经营者的义务

经营者义务，是指经营者在经营活动中应履行的法律义务。经营者义务是相对于消费者权利而言的，只有经营者履行了义务，才能保障消费者权益的实现。为了有效地保障消费者权益，约束经营者的经营行为，我国《消费者权益保护法》从12个方面规定了经营者应承担的主要义务。

（一）依法定或约定履行义务

经营者向消费者提供商品或服务，应当依照《产品质量法》和其他法律、法规规定履行义务。经营者和消费者有约定的，应当按照约定履行义务，但双方的约定不得违反法律、法规的规定。

新《消费者权益保护法》在经营者义务中增加了严禁强制交易条款。经营者向消费者提供商品或者服务，应当恪守社会公德，诚信经营，保障消费者的合法权益；不得设定不公平、不合理的交易条件，不得强制交易。如买车票搭售保险、安装燃气必须使用指定的灶具品牌等都是强制交易。

（二）听取意见和接受监督的义务

经营者应当听取消费者对其提供的商品或者服务的意见，接受消费者的监督。消费者有权对经营者和经营者的商品提出意见和建议，经营者应当认真接受消费者、社会和政府有关部门的监督。

（三）保障安全的义务

经营者应当保证其提供的商品或者服务符合保障人身、财产安全的要求。对可能危及人身、财产安全的商品和服务，应当向消费者作出真实的说明和明确的警示，并说明和标明正确使用商品或者接受服务的方法以及防止危害发生的方法。

（四）缺陷产品召回的义务

经营者发现其提供的商品或者服务存在缺陷，有危及人身、财产安全危险的，应当立即向有关行政部门报告和告知消费者，并采取停止销售、警示、召回、无害化处理、销毁、停止生产或者服务等措施。采取召回措施的，经营者应当承担消费者因商品被召回支出的必要费用。

同步思考

上海律师刘某因好友分享链接，参加拼多多的“砍价免费拿”活动，领取了一张“超级免单卡”，邀请多人砍价后，始终差0.9%。其后，他怀疑拼多多数据不真实，以拼多多在提供网络服务时涉嫌违背诚实信用原则、使用虚假数据隐瞒规则已构成欺诈为由，向人民法院递交了起诉材料。拼多多是否侵犯了消费者的权利？为什么？

（五）提供真实信息的义务

经营者向消费者提供有关商品或者服务的质量、性能、用途、有效期限等信息，应当真实、全面，不得作虚假或者引人误解的宣传。

经营者对消费者就其提供的商品或者服务的质量和使用方法等问题提出的询问，应当作出真实、明确的答复。

经营者提供商品或者服务应当明码标价。

采用网络、电视、电话、邮购等方式提供商品或者服务的经营者，以及提供证券、保险、银行等金融服务的经营者，应当向消费者提供经营地址、联系方式、商品或者服务的数量和质量、价款或者费用、履行期限和方式、安全注意事项和风险警示、售后服务、民事责任等信息。

（六）标明经营者真实身份的义务

经营者应当标明其真实名称和标记。租赁他人柜台或者场地的经营者，应当标明其真实名称和标记。标明经营者真实身份可以让消费者做到心中有数，不仅是对消费者权益的尊重，而且有利于承担发生纠纷后的举证责任。

头脑风暴

在饭店付款时，遇到服务员说“如果不开发票的话，可以获赠一听饮料或者抹去消费金额零头”的消费者，应不在少数。不少消费者可能会接受店家建议。对于商家不开发票而送礼品的行为，你怎么看？

思政点滴

消费者行使无理由退货权利时，应尽到基本的诚信义务，保证退货的商品完好。诚信是消费者与经营者应当共同遵守的原则。

（七）出具购货凭证和单据的义务

购货凭证或者服务单据是消费者和经营者之间权利和义务的重要证据。经营者提供商品或者服务，应当按照国家有关规定或者商业惯例向消费者出具发票等购货凭证或者服务单据；消费者索要发票等购货凭证或者服务单据的，经营者必须出具。

（八）保证商品、服务质量的义务

经营者应当保证在正常使用商品或者接受服务的情况下其提供的商品或者服务应当具有的质量、性能、用途和有效期限；但消费者在购买该商品或者接受该服务前已经知道其存在瑕疵，且存在该瑕疵不违反法律强制性规定的除外。

新《消费者权益保护法》对耐用商品和服务规定了举证责任倒置，举证负担由经营者来承担。经营者提供的机动车、计算机、电视机、电冰箱、空调器、洗衣机等耐用商品或者装饰装修等服务，消费者自接受商品或者服务之日起6个月内发现瑕疵、发生争议的，由经营者承担有关瑕疵的举证责任。

（九）履行退货、更换、修理义务

经营者提供的商品或者服务不符合质量要求的，消费者可以依照国家规定、当事人约定退货，或者要求经营者履行更换、修理等义务。没有国家规定和当事人约定的，消费者可以自收到商品之日起7日内退货；7日后符合法定解除合同条件的，消费者可以及时退货，不符合法定解除合同条件的，可以要求经营者履行更换、修理等义务。依照此规定进行退货、更换、修理的，经营者应当承担运输等必要费用。

消费者网上购物时，若不满意可以无理由退货；买到不符合质量要求的产品而修理、退货时由经营者承担运费。这是新《消费者权益保护法》中最受网购达人们瞩目的一条。

经营者采用网络、电视、电话、邮购等方式销售商品，消费者有权自收到商品之日起7日内退货，且无需说明理由，但下列商品除外：（1）消费者定作的；（2）鲜活易腐的；（3）在线下载或者消费者拆封的音像制品、计算机软件等数字化商品；（4）交付的报纸、期刊。

除以上所列商品外，其他根据商品性质并经消费者在购买时确认不宜退货的商品，不适用无理由退货。

消费者退货的商品应当完好。经营者应当自收到退回商品之日起7日内返还消费者支付的商品价款。退回商品的运费由消费者承担；经营者和消费者另有约定的，按照约定。

（十）公平、合理交易的义务

经营者在经营活动中使用格式条款的，应当以显著方式提请消费者注意商品或者服务的数量和质量、价款或者费用、履行期限和方式、安全注意事项和风险警示、售后服务、民事责任等与消费者有重大利害关系的内容，并按照消费者的要求予以说明。

经营者不得以格式条款、通知、声明、店堂告示等方式，作出排除或者限制消费者权利、减轻或者免除经营者责任、加重消费者责任等对消费者不公平、不合理的规定，不得利用格式条款并借助技术手段强制交易。否则，其内容无效。

（十一）对消费者信息严格保密的义务

经营者收集、使用消费者个人信息，应当遵循合法、正当、必要的原则，明示收集、使用信息的目的、方式和范围，并经消费者同意。经营者及其工作人员对收集的消费者个人信息必须严格保密，不得泄露、出售或者非法向他人提供。在发生或者可能发生信息泄露、丢失的情况时，应当立即采取补救措施。经营者未经消费者同意或者请求，或者消费者明确表示拒绝的，不得向其发送商业性信息。

法治素养

因涉及个人信息泄露，国家互联网信息办公室依据《中华人民共和国网络安全法》《中华人民共和国数据安全法》《中华人民共和国个人信息保护法》《中华人民共和国行政处罚法》等法律法规，对滴滴全球股份有限公司（以下简称滴滴公司）处人民币80.26亿元罚款，对滴滴公司董事长兼CEO、总裁各处人民币100万元罚款。

滴滴公司存在16项违法事实，以下是部分违法事实：

一是违法收集用户手机相册中的截图信息1 196.39万条；

二是过度收集用户剪切板信息、应用列表信息83.23亿条；

三是过度收集乘客人脸识别信息1.07亿条、年龄段信息5 350.92万条、

头脑风暴

经营者应讲诚信、守信用，自觉履行法定义务，为消费者创建健康、放心的购物环境。在生活中，你还知道有哪些霸王条款？消费者遭遇霸王条款该怎么办？

头脑风暴

几乎每个人都会收到儿童培训、推荐保险、房屋销售等各种各样的骚扰电话，或者诈骗短信等。个人信息泄露会带来诸多危害，如诈骗、境外赌博、冒充公安、坑蒙拐骗等违法行为均有可能发生。生活在网络时代的我们，一方面享受着网络所带来的好处，另一方面承受着网络所带来的危害。随着《中华人民共和国个人信息保护法》的实施，个人信息权益得到最大程度的保护。除了要求经营者坚守职业操守，作为消费者，我们应如何保护好个人信息？

知识链接

个人信息，是指以电子或者其他方式记录的与已识别或者可识别的自然人有关的各种信息，不包括匿名化处理后的信息。个人信息一般包括姓名、出生日期、身份证件号码、生物识别信息、住址、电话号码、电子邮箱、健康信息、行踪信息等。

职业信息 1 633.56 万条、亲情关系信息 138.29 万条、“家”和“公司”打车地址信息 1.53 亿条；

四是过度收集乘客评价代驾服务时、App 后台运行时、手机连接桔视记录仪设备时的精准位置（经纬度）信息 1.67 亿条。

（资料来源：根据今日头条资料整理）

启示：经营者要切实落实《消费者权益保护法》《个人信息保护法》等法律的相关规定，尊崇法治，深入学法、遵法守法；应当恪守社会公德，诚信经营，依法完善个人信息处理规则，履行公示告知义务，规范个人信息处理程序，采取必要措施保障消费者个人信息安全。

（十二）尊重消费者人格权的义务

经营者不得对消费者进行侮辱、诽谤，不得搜查消费者的身体及其携带的物品，不得侵犯消费者的人身自由。经营者有侮辱诽谤、搜查身体、侵犯人身自由等侵害消费者或者其他受害人人身权益的行为，造成严重精神损害的，受害人可以要求精神损害赔偿。

协作创新

王女士在某百货商店购买了一件纯羊毛大衣，售价 1 150 元。商店标明“换季商品，概不退换”。王女士穿了三天后发现衣服起毛球，于是到某检测检验机构进行检验。鉴定结果证明，该“羊毛大衣”所用原料为 100% 腈纶。王女士到购买衣服的百货商店要求退货并赔偿因此所造成的损失，商店营业员回答：“当时标明了是换季商品，概不退换，而且店内该柜台是出租给个体户的，现在个体户已破产，租借柜台的费用尚未付清，人也找不到，你只好自认倒霉。”

思考：百货商店（经营者）侵犯了王女士的什么权利？百货商店标示“换季商品，概不退换”的做法是否合法？百货商店对王女士应负哪些责任？

第 31 讲　网购商品纠纷，消费者如何维权？

——消费者权益的法律保护

学前思考

又是一年电商促销季，家住北京的李先生守在手机前，凑好了所有满减与优惠券，满怀期待地点击了付款按钮。李先生在某电商平台的某店铺以总价 1 800 余元的价格购买了茶几和斗柜，这个价格比没有优惠时便宜了近 500 元，客服允诺 11 月底发货。然而等待数周后，他并没有查到商品发货的信息，咨询商家后，商家客服回应称工厂生产孔位有问题，无法发货，并在随后的咨询中承诺 12 月底发货。到了 12 月 1 日，商家突然告知李先生，他购买的茶几不生产了。但李先生查询后发现，商家在另一个电商平台依然在售卖这款茶几。面对商家的一次次失约和欺骗，李先生向电商平台客服进行投诉。收到投诉后，商家要求李先生把原来的订单申请退款，重新拍一个差价的链接，然后才能重新发货。如果李先生不支付差价，该商家就拒绝发货。（资料来源：根据新浪财经资料整理）

思考：每年电商促销季，商品都会比平时优惠，很多消费者会在这个时候买下早已关注的商品，没想到商家却迟迟不发货。商家的类似行为是否涉嫌构成对消费者的欺诈？消费者应如何维权？

随着网络时代的迅速发展，人们日常生活已经离不开网络，电子商务消费已经成为普遍现象。在便利快捷、种类丰富的同时，电子商务消费也存在许多隐患，电子商务消费者应了解消费者权益争议的解决方式，培养自己的维权意识。

根据《消费者权益保护法》的规定，消费者如果认为自己的权益受到损害或者已经发生了实际的损害后果，可以通过相应途径来解决（见图 31–1）。

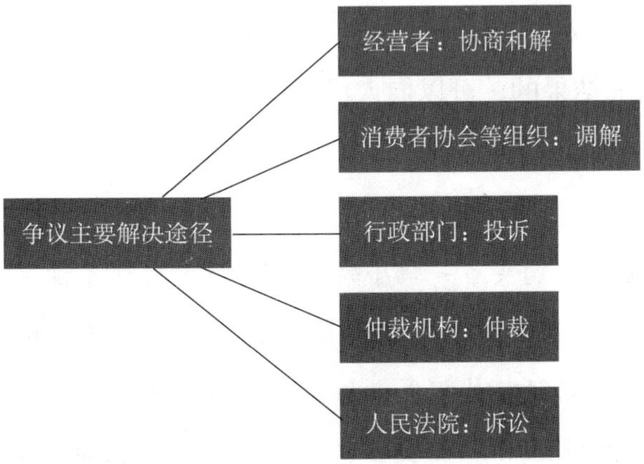

图 31–1　消费争议的主要解决途径

一、消费者和经营者发生消费者权益争议的解决方式

消费者和经营者发生消费者权益争议的，可以通过下列途径解决：

知识链接

消费者打官司需要注意以下几点：

（1）保存消费证据。消费者在消费活动中，一定注意向销售方索取购物凭证或服务收据。如果所购买的商品发生故障或突发事故，应保护好现场，必要时请有关部门勘查证明。

（2）明白消费权利。

（3）注意诉讼时效。《民法典》第一百八十八条规定："向人民法院请求保护民事权利的诉讼时效期间为三年。法律另有规定的，依照其规定。"

（4）选择维权渠道。消费者和经营者发生消费者权益争议的可以通过消费争议的解决途径加以解决。

（一）与经营者协商和解

协商和解，是指消费者在与经营者发生争议后，与经营者在法律地位平等的基础上，遵循自愿、公平和诚信原则，就发生的争议进行协商、达成和解的活动。

（二）请求消费者协会或者其他依法成立的调解组织调解

在与经营者协商无效之后，消费者可以向消费者协会或者其他依法成立的调解组织投诉，要求消费者协会或者其他调解组织从中调解纠纷，解决矛盾。

微课

奔驰女车主如何维权？

思政点滴

任何人在维护自己的合法权益时，都应当采用法律规定的方式，合法维权，而不可通过违法手段维护权益，否则将触犯法律，承担相应的法律责任。

（三）向有关行政部门投诉

消费者合法权益受到侵害后，根据商品和服务的性质，可以向市场监督管理部门和其他有关行政部门进行投诉，有关行政部门应当及时调查和处理。

（四）根据与经营者达成的仲裁协议提请仲裁机构仲裁

当事人双方自愿达成的仲裁协议是仲裁机构受理争议案件的依据，仲裁协议可以事前或事后达成。

（五）向人民法院提起诉讼

消费者在合法权益受到侵害并向消费者协会或者有关行政部门投诉、申诉后，不满意处理结果的，可以向人民法院起诉。

法治素养

王女士在4S店里购买了一辆小轿车，驾驶中发现了该车有故障，多次到店里维修。虽然经过多次维修，但是该车的故障一直没有解决。这让她很不满意，遂要求4S店赔付额外损失，但遭到拒绝。于是，她雇来两辆货车堵住4S店进出口。民警随后告诉王女士堵门的行为是违法的，扰乱了公共秩序，将面临被行政罚款的处罚。打医生、抢（占）飞机、砸汽车、闹房展……这些暴力行为方式，如今已经频频被消费者拿来维权。原本是维权，最后变成了违法。

启示：无论是消费者还是经营者，在消费行为中，必须遵纪守法、敬畏法律，否则将承担相应的法律后果。法律面前人人平等，没有人有违法而不承担责任的特权。大学生应树立依法维权的法治意识，培育自愿、平等、公平、诚信的商业道德。

二、承担损害赔偿责任的主体

（一）由生产者、销售者、服务者承担

消费者在购买、使用商品时，其合法权益受到损害的，可以向销售者要求赔偿。销售者赔偿后，属于生产者的责任或者属于向销售者提供商品的其他销售者的责任的，销售者有权向生产者或者其他销售者追偿。

消费者或其他受害人因商品缺陷造成人身、财产损害的，可以向销售者要求赔偿，也可以向生产者要求赔偿。属于生产者责任的，销售者赔偿后，有权向生产者追偿。属于销售者责任的，生产者赔偿后，有权向销售者追偿。此时，销售者与生产者被看作一个整体，对消费者承担连带责任。

消费者在接受服务时，其合法权益受到损害的，可以向服务者要求赔偿。

消费者在展销会、租赁柜台购买商品或者接受服务，其合法权益受到损害的，可以向销售者或者服务者要求赔偿。展销会结束或者柜台租赁期满后，也可以向展销会的举办者、柜台的出租者要求赔偿。

广告经营者、发布者设计、制作、发布关系消费者生命健康商品或者服务的虚假广告，造成消费者损害的，应当与提供该商品或者服务的经营者承担连带责任。

社会团体或者其他组织、个人在关系消费者生命健康商品或者服务的虚假广告或者其他虚假宣传中向消费者推荐商品或者服务，造成消费者损害的，应当与提供该商品或者服务的经营者承担连带责任。

头脑风暴

许先生在南京国展中心举行的第七届中国食品博览会暨采购交易会上，以 5 000 元的价格购买了两瓶茅台酒。可买后一查发现，这两瓶酒是假茅台酒。气愤不已的许先生回头再去找商家时，发现展销会已经结束，会展中心声称找不到商家。思考：许先生应向谁主张权利？

（二）由变更后的企业承担

消费者在购买、使用商品或者接受服务时，其合法权益受到损害，因原企业分立、合并的，可以向变更后承受其权利义务的企业要求赔偿，并且在企业分立的情况下，分立后的企业应当承担连带责任。

同步思考

“快速瘦身，两天瘦 5 斤”“一贴就灵，无效退款”……面对电视、网络上这些夸张的产品广告，加上名人明星代言的推波助澜，不少消费者上当，为这些所谓的“特效”药品、保健品付出大量钱财。名人代言虚假广告是否承担连带责任？

（三）网络交易平台提供者的责任

消费者通过网络交易平台购买商品或者接受服务，其合法权益受到损害的，可以向销售者或者服务者要求赔偿。网络交易平台提供者不能提供销售

者或者服务者的真实名称、地址和有效联系方式的，消费者也可以向网络交易平台提供者要求赔偿；网络交易平台提供者作出更有利于消费者的承诺的，应当履行承诺。网络交易平台提供者赔偿后，有权向销售者或者服务者追偿。网络交易平台提供者明知或者应知销售者或者服务者利用其平台侵害消费者合法权益，未采取必要措施的，依法与该销售者或者服务者承担连带责任。

三、侵犯消费者权益的法律责任

《消费者权益保护法》对各种侵害消费者合法权益的行为所应承担的法律责任作出了明确的规定，其形式有民事责任、行政责任和刑事责任。

（一）民事责任

经营者提供商品或者服务有下列情形之一的，除《消费者权益保护法》另有规定外，应当依照其他有关法律、法规的规定，承担民事责任：商品或服务存在缺陷的；不具备商品应当具备的使用性能而出售时未作说明的；不符合在商品或者其包装上注明采用的商品标准的；不符合商品说明、实物样品等方式表明的质量状况的；生产国家明令淘汰的商品或者销售失效、变质的商品的；销售的商品数量不足的；服务的内容和费用违反约定的；对消费者提出的修理、重作、更换、退货、补足商品数量、退还货款和服务费用或者赔偿损失的要求，故意拖延或者无理拒绝的；法律、法规规定的其他损害消费者权益的情形。

经营者对消费者未尽到安全保障义务，造成消费者损害的，应当承担侵权责任。

经营者提供商品或者服务，造成消费者或者其他受害人人身伤害的，应当赔偿医疗费、护理费、交通费等为治疗和康复支出的合理费用，以及因误工减少的收入。造成残疾的，还应当赔偿残疾生活辅助具费和残疾赔偿金。造成死亡的，还应当赔偿丧葬费和死亡赔偿金。

经营者侵害消费者的人格尊严、侵犯消费者人身自由或者侵害消费者个人信息依法得到保护的权利的，应当停止侵害、恢复名誉、消除影响、赔礼道歉，并赔偿损失。

经营者有侮辱诽谤、搜查身体、侵犯人身自由等侵害消费者或者其他受害人人身权益的行为，造成严重精神损害的，受害人可以要求精神损害赔偿。

思政点滴

作为风头正劲的经济新业态，网络直播电商依托互联网互动性强、传播范围广等特征，迅速爆红，不仅成为新的经济增长极，更大幅提高了人们生活的便利度。但由此导致的消费问题也随之显现。中国消费者协会提醒广大消费者，直播狂欢购物“双 11”，既要量力而行，理性消费，绕过商家套路，也要擦亮双眼，注重维权，合法保障自己的权利，真正抓住这场购物节带来的优惠红利。

头脑风暴

某大学生小王和同学去饭店就餐，其间她与其他两位同学一起上卫生间，走出门口，迎面遇上正端着一盆酸菜鱼汤的服务员周某，发生碰撞，结果服务员端的汤泼了出来，刚好浇在小王身上，造成一定面积的烫伤，小王住院治疗。饭店就餐被烫伤，谁来承担责任？应该如何赔偿？

微课

“假一赔三”帮你搞定无良商家

经营者提供商品或者服务，造成消费者财产损害的，应当依照法律规定或者当事人约定承担修理、重作、更换、退货、补足商品数量、退还货款和服务费用或者赔偿损失等民事责任。

经营者以预收款方式提供商品或者服务的，应当按照约定提供。未按照约定提供的，应当按照消费者的要求履行约定或者退回预付款；并应当承担预付款的利息、消费者必须支付的合理费用。

依法经有关行政部门认定为不合格的商品，消费者要求退货的，经营者应当负责退货。经营者提供商品或者服务有欺诈行为的，应当按照消费者的要求增加赔偿其受到的损失，增加赔偿的金额为消费者购买商品的价款或者接受服务的费用的 3 倍；增加赔偿的金额不足 500 元的，为 500 元。法律另有规定的，依照其规定。经营者明知商品或者服务存在缺陷，仍然向消费者提供，造成消费者或者其他受害人死亡或者健康严重损害的，受害人有权要求经营者赔偿损失，并有权要求所受损失 2 倍以下的惩罚性赔偿。

思政点滴

“产品即人品，经商即做人”，要想在市场中真正胜出，靠的不是歪门邪道，而是诚实守信。唯有诚实守信，商家才能经得起法律的检验与市场的考验；唯有诚实守信，商家才能赢得客户的信赖与同行的尊重，从而让生意越做越大。事实上，诚实守信就是最好的经营之道。

（二）行政责任

经营者有下列情形之一，除承担相应的民事责任外，其他有关法律、法规对处罚机关和处罚方式有规定的，依照法律、法规的规定执行；法律、法规未作规定的，由市场监督管理部门或者其他有关行政部门责令改正，可以根据情节单处或者并处警告、没收违法所得、处以违法所得 1 倍以上 10 倍以下的罚款，没有违法所得的，处以 50 万元以下的罚款；情节严重的，责令停业整顿、吊销营业执照：

同步思考

生活中典型的欺诈行为有哪些？

（1）提供的商品或者服务不符合保障人身、财产安全要求的；

（2）在商品中掺杂、掺假，以假充真，以次充好，或者以不合格商品冒充合格商品的；

（3）生产国家明令淘汰的商品或者销售失效、变质的商品的；

（4）伪造商品的产地，伪造或者冒用他人的厂名、厂址，篡改生产日期，伪造或者冒用认证标志等质量标志的；

（5）销售的商品应当检验、检疫而未检验、检疫或者伪造检验、检疫结果的；

（6）对商品或者服务作虚假或者引人误解的宣传的；

（7）拒绝或者拖延有关行政部门责令对缺陷商品或者服务采取停止销售、警示、召回、无害化处理、销毁、停止生产或者服务等措施的；

（8）对消费者提出的修理、重作、更换、退货、补足商品数量、退还货款和服务费用或者赔偿损失的要求，故意拖延或者无理拒绝的；

（9）侵害消费者人格尊严、侵犯消费者人身自由或者侵害消费者个人信息依法得到保护的权利的；

（10）法律、法规规定的对损害消费者权益应当予以处罚的其他情形。

经营者有前款规定情形的，除依照法律、法规规定予以处罚外，处罚机关应当记入信用档案，向社会公布。

思政点滴

有些商家为了节约成本、牟取暴利，铤而走险，违法经营，侵害消费者的合法权益。《消费者权益保护法》对经营者有了更多的约束，一旦经营者有规定的10种违法违规情形之一，将登上“黑榜”，被公之于众。这会如同个人信用记录一样如影随形，不仅影响这些经营者在市场的经营口碑，同时还给其在未来办理一些手续时设置了限制。

（三）刑事责任

违反《消费者权益保护法》，构成犯罪的行为有以下几种：经营者提供商品或者服务，造成消费者或者其他受害人受伤、残疾、死亡的；以暴力、威胁等方法阻碍有关行政部门工作人员依法执行职务的；国家机关工作人员玩忽职守或者包庇经营者侵害消费者合法权益的。

对上述这些行为，司法机关应根据情节依法追究刑事责任。经营者违反《消费者权益保护法》规定，应当承担民事赔偿责任和缴纳罚款、罚金，其财产不足以同时支付的，先承担民事赔偿责任。

协作创新

年纪大了，自然会更加注重身体健康。家住厦门的钟先生听说过“端粒酶”对老年人有好处，可是去药店购买这些进口保健品实在太贵了，听朋友说网上也可以买得到“端粒酶”，而且价格便宜得多，所以就在网上看了一下。

经过对比挑选，钟先生最终选择了安徽淮北一家价格较为合理的店家，购买了15盒“端粒酶”保健品，总共花了3 780元。收到商品后，钟先生发现商品包装与药店售卖的一模一样，也是无锡某康生物科技有限公司生产的，且上面还有热线电话。留了个心眼的他便拨打无锡总公司的热线电话询问，可对方的答复却让他傻了眼：“我们公司从来没有网上代理商，这个商品肯定是假的，你应该找有关部门维权要回损失。”可接下来钟先生的维权历程却并不顺利，厦门和淮北两个地区的有关部门均表示不属于它们的管辖范围。（资料来源：根据《厦门日报》资料整理）

思考：钟先生应该如何维权？

模块五　严格知识产权保护　规范电子商务秩序

——市场创新法律制度

学习导入

“出门不用带钱包，就带手机”“外卖、快递都非常快”“高铁很棒而且可以在旅途中用网络处理一些事情，让旅途更加充实”“中国的网购太方便了，下单之后最快一个小时就能到手中”“共享单车简直就是神器”……来自共建“一带一路”国家的20国青年评选出了他们心目中中国的“新四大发明”：高铁、支付宝、共享单车和网购。其中，支付宝、共享单车和网购这三项都是基于二维码扫一扫技术专利的应用。具有完全自主知识产权、达到世界先进水平的高铁作为中国制造的新名片，已经建立起互通互联的世界动脉。这四项或多或少都和网络有关，尤其网购已经成为我们最重要的购物方式，大到电器、电脑，小到厕纸、垃圾袋，无论是海外珍奇，还是乡土特产，“只有你想不到，没有你买不到”。

在互联网和电子商务迅速发展的背景下，2019年1月1日，《中华人民共和国电子商务法》（以下简称《电子商务法》）正式实施。这是中国首部电子商务领域的综合性法律，对于规范电子商务行为、维护市场秩序、促进电子商务可持续发展具有重要的意义，真正使电子商务实现了有法可依。《电子商务法》第四十一条至第四十五条可称为“电子商务平台的知识产权条款”，从法律层次为电子商务平台的知识产权保护确立了基本规则。

学习目标

【知识目标】

1. 了解电子商务法的基本内容
2. 了解知识产权的相关内容
3. 掌握专利权的主体、客体、内容及专利的授予条件
4. 掌握商标的注册条件及商标权的内容

5. 掌握关于电子商务合同的订立和履行的重要法律规定
6. 熟悉著作权的主体、客体、内容
7. 熟悉电子商务的经营者的范围和一般义务
8. 熟悉几种常见的电子商务领域不正当竞争行为

【技能目标】

1. 能够准确分析专利权、商标权、著作权的限制条件
2. 能够运用所学知识，处理知识产权涉及的法律问题
3. 能够正确分析电子商务经营者的具体法律义务
4. 能够清楚判断电子商务合同效力，提供完善合同的建议
5. 能够准确识别电子商务领域中的不正当竞争行为
6. 能够利用相关知识维护自己的合法权益

【素养目标】

1. 培养经世济民、诚信服务、德法兼修的职业素养
2. 树立尊重知识、崇尚创造和保护知识产权的法律意识
3. 弘扬持之以恒、精益求精、守正创新的工匠精神
4. 培育和践行社会主义核心价值观

专题十一　坚持守正创新　激发创新活力
——知识产权法

第 32 讲　让中国创造走出国门
——认识专利法

学前思考

全球新能源乘用车行业正迎来一波高潮。据外媒报道，预计在 2025 年，全球范围内的电动乘用车销量将会增长至 2 060 万辆，较 2021 年的 660 万辆将迎来超 2 倍的增长，届时电动乘用车销量将占汽车总销量的 23%。而对于当前在全球电动车市场占据主导地位的中国，身处这个领域的发展速度也可谓惊人。数据显示，2022 年全球新能源汽车销量超千万辆，中国新能源汽车销量继续蝉联全球第一。从一点一滴的技术积累做起，中国已经打造出一条具备技术含量和高性价比的供应链。2021 年，中国新能源汽车相关的专利超 3 万件，总量占全球同类专利的 70%。随着物联网和智能汽车的进一步发展，中国汽车厂商越来越重视知识产权的重要性，包括芯片、电池在内的主要零部件都在自主研发，核心领域不能被“卡脖子”。（资料来源：根据快资讯资料整理）

微课

认识知识产权法——无形资产越来越重要

思考：中国企业要走向世界，就必须遵循企业规划和专利布局，加大技术创新和应用工作，把握好知识产权这把“金钥匙”，为产品走出国门保驾护航。中国企业走出国门的核心竞争力是什么？

案例中，由“借船出海”走向“造船出海”的中国新能源汽车技术，拥有自主知识产权，得到了世界上越来越多国家的认可，以核心技术推动自主品牌的崛起，已经为中国创造正名。当今社会，如果企业欠缺专利，就缺乏核心竞争力，在国际市场上很难站稳脚跟。要回答案例中的问题，我们首先需要学习专利法的相关知识。

思政点滴

创新，是一个民族进步的灵魂，是一个国家兴旺发达的不竭源泉。

一、专利权与专利法

（一）专利权的概念

专利一般包括发明、实用新型和外观设计三种专利。专利权，是指国家专利主管部门依法授予发明创造者或者其权利继受者对其获得的发明创造在一定期限内依法享有的独占性使用权。

（二）专利法的概念

法条链接

《专利法》第一条规定："为了保护专利权人的合法权益，鼓励发明创造，推动发明创造的应用，提高创新能力，促进科学技术进步和经济社会发展，制定本法。"

专利法是调整因确认和保护发明创造而产生的社会经济关系的法律规范的总称。1984 年 3 月 12 日第六届全国人民代表大会常务委员会第四次会议通过《中华人民共和国专利法》（以下简称《专利法》），该法于 1992 年、2000 年、2008 年、2020 年四次修正。新修正的《专利法》自 2021 年 6 月 1 日起施行。

微课

发明者对发明创造的权利——认识专利法

二、专利权人

专利权人即专利权的主体，是指依法享有专利权并承担相应义务的人。

专利权人的产生有赖于发明人以及将发明创造申请专利的人。通常而言，发明人可以直接将其独立完成的发明创造申请专利，成为专利申请人；在专利申请被批准后，专利申请人就成为专利权人。

依据《专利法》的规定，发明人或者设计人、职务发明创造的单位、外国人和外国企业或者外国其他组织都可以成为专利权的主体。

（一）发明人或者设计人

知识链接

在完成发明创造过程中，只负责组织工作的人，为物质技术条件的利用提供方便的人或者从事其他辅助性工作的人，如实验员、描图员、机械加工工人等，均不是发明人或者设计人。

发明人或者设计人，是指对发明创造的实质性特点作出创造性贡献的人。只有在发明创造完成过程中对发明创造的构思以及构思的结构形式提出了具体的创造性见解的人才能被称作发明人。

两个以上单位或者个人合作完成的发明创造、一个单位或者个人接受其他单位或者个人委托所完成的发明创造，除另有协议的以外，申请专利的权利属于完成或者共同完成的单位或者个人；申请被批准后，申请的单位或者个人为专利权人。

（二）职务发明创造的单位

职务发明创造，是指执行本单位的任务或者主要是利用本单位的物质技术条件所完成的发明创造。对于职务发明创造来说，专利权的主体是该发明创造的发明人或者设计人的所在单位。根据《专利法》及其实施细则，以下情况属于职务发明创造：

（1）在本职工作中作出的发明创造。这里所称的本职工作，是指发明人或者设计人的职务范围，即工作职责的范围。

（2）履行本单位交付的本职工作之外的任务所作出的发明创造。

（3）退休、调离原单位后或者劳动、人事关系终止后1年内作出的，与其在原单位承担的本职工作或者原单位分配的任务有关的发明创造。

（4）主要利用本单位的物质技术条件所完成的发明创造。职务发明创造的专利申请和取得的专利权归发明人或者设计人所在单位。发明人或者设计人享有署名权和获得奖励、合理报酬、产权激励的权利。

知识链接

本单位的物质技术条件，是指本单位的资金、设备、零部件、原材料或者不对外公开的技术资料等。如果是少量利用本单位的物质技术条件，且这种物质技术条件的利用对发明创造的完成无关紧要，则不能认定是职务发明创造。

（三）外国人和外国企业或者外国其他组织

在中国有经常居所或者营业所的外国人，享有与中国公民或单位同等的专利申请权和专利权。在中国没有经常居所或者营业所的外国人、外国企业或者外国其他组织在中国申请专利的，依照其所属国同中国签订的协议或者共同参加的国际条约，或者依照互惠原则，依法办理。外国主体在中国申请专利和办理其他专利事务的，应当委托依法设立的专利代理机构办理。

（四）受让人

受让人，是指通过合同或继承而依法取得专利权的单位或个人。专利申请权转让之后，如果获得了专利，受让人就是该专利权的主体；专利权转让后，受让人成为该专利权的新主体。继受了专利申请权或专利权之后，受让人并不因此成为发明人、设计人，该发明创造的发明人、设计人也不因发明创造的专利申请权或专利权转让而丧失其特定的人身权利。

三、专利法的保护对象

专利法的保护对象即专利权的客体，是指依《专利法》可获得保护的发明创造。依据《专利法》的规定，专利权的客体为发明、实用新型和外观设计。

同步思考

请思考：实用新型专利与发明专利有哪些不同?

（一）发明

发明，是指对产品、方法或者其改进所提出的新的技术方案。发明可以分为产品发明和方法发明。产品发明是关于新产品、新物质的发明，如电子计算机、超导材料。方法发明是关于制造产品或解决问题的操作方法、制造方法，如加工方法、工艺流程、提炼方法等。

发明是发明人利用自然规律的结果。没有利用自然规律的方案不属于技术方案，不是发明，如体育比赛规则、逻辑推理法则等。发明通常是自然领域的智力成果，文学、艺术和社会科学领域的成果不能视为发明。发明必须是一种具体的技术方案。发明必须能够实施，达到一定的效果并具有可重复性，并且该技术方案应当是新的，与以往相比应当有一定的进步或难度。

（二）实用新型

实用新型，是指对产品的形状、构造或者其结合所提出的适于实用的新的技术方案。生活中通常称实用新型专利为小发明或小专利，与发明专利相比，它的创造性和技术水平较低，在专利权审批上采取简化审批程序、缩短保护期限、降低收费标准等办法加以保护。实用新型只能是具有立体形状构造的产品，排除气态、液态、粉末状、颗粒状等无确定形状的产品。

头脑风暴

小李经过3年的时间研究出一种自动筛选不合格产品的技术方法，但是由于没有及时申请专利而被他人盗用，而且小李也无法提供他人抄袭自己的证据，只能使自己3年的心血付出功亏一篑。大家觉得申请专利有什么作用?我们应当如何提升自己的专利权保护意识呢?

（三）外观设计

外观设计，又称工业产品外观设计，是指对产品的整体或者局部的形状、图案或者其结合以及色彩与形状、图案的结合所作出的富有美感并适于工业应用的新设计。

外观设计必须与产品相结合并适于工业应用。产品的色彩不能独立构成外观设计，除非产品色彩变化的本身已形成一种图案。

专利权客体的对比分析如表32–1所示。

表 32–1　专利权客体的对比分析

专利权种类	专利权特征	审查程序	具体分析
发明	（1）自然领域的智力成果 （2）必须是一种具体的技术方案	相对复杂	（1）产品发明 （2）方法发明
实用新型	（1）只能是产品 （2）必须具有立体形状构造 （3）具有实用性	相对简单	实用的新的技术方案
外观设计	（1）以产品为载体 （2）应适于工业应用 （3）符合一般审美要求	相对简单	工业应用的新设计

法条链接

《专利法》第十二条规定："任何单位或者个人实施他人专利的，应当与专利权人订立实施许可合同，向专利权人支付专利使用费。被许可人无权允许合同规定以外的任何单位或者个人实施该专利。"

（四）专利权的内容

专利权的内容，即专利权人的权利与义务。专利申请一旦通过审查获得授权，专利权人就享有《专利法》赋予的专利权，但也要承担一定的义务。

1. 专利权人的权利

（1）独占权。发明和实用新型专利权被授予后，除《专利法》另有规定的以外，任何单位或者个人未经专利权人许可，都不得实施其专利，即不得为生产经营目的制造、使用、许诺销售、销售、进口其专利产品，或者使用其专利方法以及使用、许诺销售、销售、进口依照该专利方法直接获得的产品。

外观设计专利权被授予后，任何单位或者个人未经专利权人许可，都不得实施其专利，即不得为生产经营目的制造、许诺销售、销售、进口其外观设计专利产品。

（2）许可权。专利权人自愿以书面方式向国务院专利行政部门声明愿意许可任何单位或者个人实施其专利，并明确许可使用费支付方式、标准的，由国务院专利行政部门予以公告，实行开放许可。

（3）转让权。专利权人有权将自己的专利权转让给他人。转让专利申请权或者专利权的，当事人应当订立书面合同，并向国务院专利行政部门登记，由国务院专利行政部门予以公告。专利申请权或者专利权的转让自登记之日起生效。

（4）标记权。专利权人享有在其专利产品或者该产品的包装上标明专利标识的权利。

法治素养

华为是中国科技的骄傲，也是全球科技竞争中的一支强大力量。华为

头脑风暴

尽管我国专利申请数量蝉联世界第一，但我国却还不是专利强国，尤其是在一些核心领域和关键技术上被“卡脖子”。中国企业应如何提升自主创新能力？

Mate 60 Pro 于 2023 年 8 月 29 日开启预售，这是华为继被美国封锁以来时隔 3 年再次采用麒麟旗舰芯片的手机。华为并没有倒下，反而依靠自己的创新在不断壮大。央视新闻评论认为，华为的突围说明自主创新大有可为，科技必须自立自强。此次 Mate 60 Pro 的发售，彰显了中国心、中国芯的力量，也为自主创新的未来打开了更广阔的想象空间。

启示：创新的根本还是核心技术的创新。每个领域都存在未曾有人涉足的无人区，与其停留在想象中，不如迈出大步，在未知之地留下坚实脚印。正如习近平总书记所强调的，“创新是民族进步之魂”“惟创新者进，惟创新者强，惟创新者胜”。只有在自主中求发展，在创新中谋强大，才能真正在未来的发展中，既有“芯”更有魂，既能强更能胜。

2. 专利权人的义务

（1）按照规定履行缴纳年费的义务。根据《专利法》的规定，专利权人应当自被授予专利权的当年开始缴纳年费。

（2）实施专利的义务。专利权人既可以自己实施，也可以许可他人实施。专利发明只有经过实施才能转化为生产力，促进经济和社会进步。

四、授予专利权的条件

（一）授予发明、实用新型专利权的条件

依照《专利法》的规定，授予专利权的发明和实用新型，应当具备新颖性、创造性和实用性。

1. 新颖性

同步思考

李某设计了一款智能吸尘器，向国家有关部门申请专利，但发现国外已有这类产品销售。请问这款智能吸尘器是否还具有新颖性？

新颖性，是指该发明或者实用新型不属于现有技术；也没有任何单位或者个人就同样的发明或者实用新型在申请日以前向国务院专利行政部门提出过申请，并记载在申请日以后公布的专利申请文件或者公告的专利文件中。现有技术，是指申请日以前在国内外为公众所知的技术。新颖性是授予专利权的最基本的条件之一。因此新颖性的判断，实际上就是关于相关技术是否已经被公开的判断。

申请专利的发明创造在申请日以前 6 个月内，有下列情形之一的，不丧失新颖性：（1）在国家出现紧急状态或者非常情况时，为公共利益目的首次公开的；（2）在中国政府主办或者承认的国际展览会上首次展出的；（3）在规定的学术会议或者技术会议上首次发表的；（4）他人未经申请人同意而泄露

其内容的。

2. 创造性

创造性，是指与现有技术相比，该发明具有突出的实质性特点和显著的进步，该实用新型具有实质性特点和进步。突出的实质性特点，是指与现有技术相比，发明有明显的本质区别，本领域的普通技术人员已不能直接从现有技术中得出该发明的全部必要技术特征；显著的进步，是指与最接近的现有技术相比有所发展和前进。

3. 实用性

实用性，是指该发明或者实用新型能够制造或者使用，并且能够产生积极效果。发明创造应当具有可实施性、再生性和有益性。申请专利的发明创造不只是一种纯理论的方案，还必须能够在实际中得到应用，并产生实际作用。

同步思考

知识产权、专利，听上去高深莫测，似乎离我们的生活很远。但是专利并不高高在上，很多人把专利想象得很复杂，以为只有高精尖的技术才能申请专利，实际情况并非如此。只要比现有技术有所创新，又能产生积极效果，就可以申请专利。比如汤勺、勺把大都是直的，很容易掉进汤碗里。一名小朋友在勺子把的尾端设计一个钩，使勺子不用时可以挂在碗边上。这项发明后来就申请了专利。申请专利要具备哪些条件？案例中的发明可以申请哪种专利？

（二）授予外观设计专利权的条件

依据《专利法》的规定，授予专利权的外观设计，首先，应当不属于现有设计，即授予专利权的外观设计，应当不属于申请日以前国内外公众所知的设计；其次，没有任何单位或者个人就同样的外观设计在申请日以前向国务院专利行政部门提出过申请，并记载在申请日以后公告的专利文件中；再次，授予专利权的外观设计与现有设计或者现有设计特征的组合相比，应当具有明显区别；最后，授予专利权的外观设计不得与他人在申请日以前已取得的合法权利相冲突。

思政点滴

习近平总书记2016年4月19日在网络安全和信息化工作座谈会上强调："互联网核心技术是我们最大的'命门'，核心技术受制于人是我们最大的隐患。"不掌握核心技术，我们就会被卡脖子、牵鼻子，不得不看别人脸色行事。而真正的核心技术是花钱买不来的、市场换不到的。我们必须争这口气，下定决心、保持恒心、找准重心，增强抓核心技术突破的紧迫感和使命感。

法治素养

庄子在《逍遥游》中讲了这样一个故事："宋人有善为不龟手之药者，世世以洴澼絖为事。客闻之，请买其方百金。聚族而谋曰：'我世世为洴澼絖，不过数金；今一朝而鬻技百金，请与之。'客得之，以说吴王。越有难，吴王使之将，冬与越人水战，大败越人。裂地而封之。"

故事的大意是，宋国有一户善于调制不皲手药物的人家，世世代代以漂洗丝絮为职业。有个游客听说了这件事，愿意用百金的高价收买他的药方。拥有药物发明的这一家人聚集在一起商量："我们世世代代在河水里漂洗丝絮，所得不过数金，如今一下子就可卖得百金。还是把药方卖给他吧。"游客得到药方后，立即去游说吴王。正巧越国发难，吴王就派这位游客统率部队，冬天跟越军在水上交战。由于不皲手药物的神奇疗效，吴国军队大获全胜，吴王便用土地封赏了游客。

启示：在侵犯知识产权案件时有发生的今天，我国古代的这位游客的观念和做法，依然值得许多人效法和学习。同时，庄子的故事还告诉我们，同样一项发明，从不同的角度去审视，用于不同的方向和领域，所产生的社会效益和经济效益会大不一样。因此，我们应当继承、发扬中华优秀传统文化中，像那位游客一样，不仅重视发明创造、尊重知识产权，而且更加重视发明创造的转化和利用，使其发挥最大的社会效益和经济效益。

五、《专利法》不予保护的对象

根据《专利法》的规定，对于下列各项，不授予专利权：

（1）科学发现。如天文学家通过观测发现了一颗新星，牛顿发现万有引力定律。

（2）智力活动的规则和方法。如计算方法、游戏规则等不能授予专利权。但是进行智力活动的设备与工具等，如果符合专利条件，可以授予专利权。

（3）疾病的诊断和治疗方法。如中医的针灸等都不能授予专利权。但是对于血液、毛发、尿样等脱离了人体的物质的化验方法则不属于疾病的诊断和治疗方法，可以授予专利权。另外，用于诊断或者治疗疾病的药品、仪器、设备等在符合要求的前提下也可以授予专利权。

（4）动物和植物品种。不管是天然的品种还是人工培育的品种都不能申请专利，但对于动物和植物品种的生产方法，可以授予专利权。

（5）原子核变换方法及用原子核变换方法获得的物质。

（6）对平面印刷品的图案、色彩或者二者的结合作出的主要起标识作用的设计。

（7）违反法律、社会公德或者妨害公共利益的发明创造，以及对违反法律、行政法规的规定获取或者利用遗传资源，并依赖该遗传资源完成的发明创造，不授予专利权。

六、专利权的申请

发明人或设计人要取得专利权，必须按照《专利法》的规定向国务院专利行政部门提出申请。

（一）专利申请的原则

1. 单一性原则

单一性，是指一份专利只能含有一项发明创造。但是属于一个总的发明构思的两项以上的发明或者实用新型，可以作为一件申请提出；用于同一类别并且成套出售或者使用的产品的两项以上外观设计，可以作为一件申请提出。

2. 先申请原则

先申请，是指两个或两个以上的申请人分别就同样的发明创造申请专利的，专利权授予最先申请的人。

3. 优先权原则

优先权，是指将专利申请人首次提出专利申请的日期，视为后来一定期限内专利申请人就相同主题在他国或本国提出专利申请的日期。专利申请人依法享有的这种权利称为优先权。

申请人自发明或者实用新型在中国第一次提出专利申请之日起 12 个月内，或者自外观设计在中国第一次提出专利申请之日起 6 个月内，又向国务院专利行政部门就相同主题提出专利申请的，可以享有优先权。

知识链接

国务院专利行政部门收到专利申请文件之日为申请日。如果申请文件是邮寄的，以寄出的邮戳日为申请日。

（二）专利申请的审批

1. 发明专利的审查批准

（1）初步审查。国务院专利行政部门审查专利申请是否具备《专利法》规定的申请文件和其他必要的文件，以及这些文件是否符合规定的格式。

（2）早期公开。国务院专利行政部门收到发明专利申请后，经初步审查认为符合要求的，自申请日起满 18 个月，通过《专利公报》向社会公布。国务院专利行政部门可以根据申请人的请求早日公布其申请。

（3）实质审查。发明专利申请自申请日起 3 年内，国务院专利行政部门可以根据申请人随时提出的请求，对其申请进行实质审查；申请人无正当理由逾期不请求实质审查的，该申请即被视为撤回。国务院专利行政部门认为必要的时候，可以自行对发明专利申请进行实质审查。

（4）授权决定。发明专利申请经过实质审查没有发现驳回理由的，由国务院专利行政部门作出授予发明专利权的决定，发给发明专利证书，同时予以登记和公告。发明专利权自公告之日起生效。

2. 实用新型和外观设计的审查批准

实用新型和外观设计专利申请经初步审查没有发现驳回理由的，由国务院专利行政部门作出授予实用新型专利权或者外观设计专利权的决定，发给相应的专利证书，同时予以登记和公告。实用新型专利权和外观设计专利权自公告之日起生效。

3. 专利复审

专利申请人对国务院专利行政部门驳回申请的决定不服的，可以自收到通知之日起 3 个月内向国务院专利行政部门请求复审。国务院专利行政部门复审后，作出决定，并通知专利申请人。

专利申请人对国务院专利行政部门的复审决定不服的，可以自收到通知之日起 3 个月内向人民法院起诉。

（三）专利权的终止

专利权的终止，是指专利权因期限届满或其他原因在期限届满前失去法律效力。

《专利法》规定，有下列情形之一的，专利权在期限届满前终止：

（1）没有按照规定缴纳年费的；

（2）专利权人以书面声明放弃其专利权的。

专利权在期限届满前终止的，由国务院专利行政部门登记和公告。

法治素养

蔡雨辰留学期间，在一次研究中，从德国著名工程师赫尔曼·肯佩尔提出的磁悬浮列车中获得了设计研发灵感，构想出了磁悬浮汽车的概念性模型，并在导师帮助下将磁悬浮汽车模型——“The Float 浮舟”成功设计出来了。后来，蔡雨辰带着磁悬浮汽车“The Float 浮舟”概念模型参加了雷诺集团举办的模块化汽车设计大赛。蔡雨辰及其设计的磁悬浮概念汽车成为全场众多汽车模型中的焦点，更是毫无悬念地获得了此次设计大赛的冠军。在获奖之后，她为自己的磁悬浮汽车模型和发明申请了专利，她也因此成为一位年轻的专利持有者。一家德国公司愿意出高价买下蔡雨辰设计的磁悬浮汽车这一专利。令人没有想到的是，蔡雨辰不受金钱名利的诱惑，毫不犹豫地拒绝了这一丰厚的条件，执意将这一设计专利带回国内，让国内的自主品牌来继续研究，为祖国磁悬浮概念汽车研究添砖加瓦。蔡雨辰的这种爱国精神赢得了国人的称赞与喝彩。（资料来源：根据快资讯资料整理）

启示：热爱祖国是中华民族的传统美德，是每个公民不可磨灭的神圣义务。以热爱祖国为荣，不仅是公民普遍的道德准则，也是公民基本的生活规范。由爱国主义形成的强烈情感，就是对祖国和人民的深深热爱。大学生应该将自己所学的知识转化为实际行动来报效祖国。

七、专利权的保护

（一）专利权的保护期限

发明专利权的保护期限为 20 年，实用新型专利权的保护期限为 10 年，外观设计专利权的保护期限为 15 年，均自申请日起计算。

（二）专利侵权行为

专利侵权，即侵犯专利权的行为，是指侵权人未经专利权人许可，没有法律依据，侵犯专利权，给权利人造成损害的行为。专利侵权行为包括未经专利权人许可实施其专利的行为、假冒他人专利的行为、以非专利产品冒充专利产品的行为、以非专利方法冒充专利方法的行为等。

（三）专利侵权的解决途径

未经专利权人许可，实施其专利，即侵犯其专利权，引起纠纷的，由当事人协商解决；不愿协商或者协商不成的，专利权人或者利害关系人可以向人民法院起诉，也可以请求管理专利工作的部门处理。

（四）专利侵权的诉讼时效

侵犯专利权的诉讼时效为 3 年，自专利权人或者利害关系人知道或者应当知道侵权行为以及侵权人之日起计算。发明专利申请公布后至专利权授予前使用该发明未支付适当使用费的，专利权人要求支付使用费的诉讼时效为 3 年，自专利权人知道或者应当知道他人使用其发明之日起计算，但是，专利权人于专利权授予之日前即已知道或者应当知道的，自专利权授予之日起计算。

同步思考

甲公司于 2023 年 10 月 20 日获得一项外观设计专利，乙公司未经许可，为生产经营目的制造该专利产品并销售。请问乙公司是否构成侵权？如构成侵权，该如何处理？

协作创新

某医疗题材电影让药品专利和公众健康问题再一次进入大众的视野。电影中的药贩子从印度直接购买仿制的抗癌药格列宁，价格远低于国内正规药企销售的药品价格。他的行为虽然帮助了无数个家境困难的患者，然而他却以销售假药罪锒铛入狱，引起了无数人的反思。电影中某专利药企代表的冷酷无情和众多患者的悲伤无奈形成了鲜明对比，专利药品的超高定价和患者的低支付能力之间形成了一对尖锐的矛盾。该电影并非完全虚构，而是取材于真实发生的案例。在那起真实的案例中，慢性粒细胞白血病患者陆某同样帮助病友从印度购买仿制的抗癌药格列卫，不过值得欣慰的是，陆某最后并没有被检察机关起诉，在专利权与人权（健康权）冲突的天平上，我国的检察机关选择了倾向于人权和健康权的保护。

思考：专利权人与患者之间、专利权与健康权之间的冲突通过电影的演绎，显得更加明显、激烈，为什么进口的抗癌药价格那么高？明知有药能治病但却消费不起的患者，究竟有没有使用专利药品的权利？

第 33 讲　护航品牌经济　优化营商环境

——认识商标法

学前思考

经营了十几年，用着“逍遥镇胡辣汤”招牌的商户，突然被西华县逍遥镇胡辣汤协会起诉商标侵权，要么支付 30 000 ～ 50 000 元赔偿，要么每年缴纳 1 000 元的会费加入该协会，接受协会统一管理。几十家小吃店的商户因卖的肉夹馍带“潼关”两字，被陕西潼关肉夹馍协会告上法庭，要求赔偿 30 000 ～ 50 000 元。如果需要继续使用“潼关肉夹馍”商标，须缴纳 99 800 元。美食这事还没完，水果又开始了，几十家卖库尔勒香梨的水果店被库尔勒香梨协会起诉，一箱 22 元的梨要赔 6 000 元。

思考：商标作为一种无形资产，往往是企业在市场中的通行证，代表企业品牌文化的精髓，同时也是企业荣誉的载体。逍遥镇胡辣汤、潼关肉夹馍、库尔勒香梨三者商标性质有何不同？这些协会的商标维权行为是否会得到支持？

知识产权是创新的原动力，商标品牌创新的价值在于引导消费者的品牌消费，以商标品牌的竞争取得市场优势，扩大市场份额，帮助企业做大做强。中国市场经济成熟的重要标志之一，就是诞生了一大批具有世界竞争力和影响力的全球知名商标品牌。要回答案例中的问题，我们首先要学习商标的相关知识。

一、商标概述

（一）商标的概念

商标，俗称“品牌”，是指能够将不同商品和服务相区别的显著标志。商标通常由文字、图形、字母、数字、三维标志、颜色组合和声音等以及上述要素的组合。对于生产者或经营者来说，商标是其商品、服务质量和信誉的标志；对于消费者来说，商标是消费行为的向导。英国品牌价值调查机构 Brand Finance 发布的 2022 年全球最具价值品牌 10 强见表 33–1。

表 33–1　2022 年全球最具价值品牌 10 强

排名	品牌	品牌价值（亿美元）	行业
1	苹果（Apple）	3 550	科技
2	亚马逊（Amazon）	3 503	科技
3	谷歌（Google）	2 634	科技
4	微软（Microsoft）	1 842	科技
5	沃尔玛（Walmart）	1 119	零售
6	三星（Samsung）	1 073	科技
7	脸书（Facebook）	1 012	科技
8	中国工商银行（ICBC）	751	金融
9	华为（HUAWEI）	712	科技
10	威瑞森通信（Verizon）	696	科技

（二）商标的分类

1. 按照商标使用人不同划分

按照商标使用人不同，可以将商标分为商品商标和服务商标。商品商标，是指生产经营者在其生产经营的商品上所使用的商标，如“华为”“格力”等；服务商标，是指服务项目的经营者在其经营的服务项目上使用的商标，如“东方航空”等。

2. 按照商标构成要素不同划分

按照商标构成要素不同，可以将商标分为文字商标、图形商标、数字商标以及组合商标。文字商标是以文字为主组成的商标，如“三洋”（电视机）、“凤凰”（自行车）等；图形商标是由各式各样的图画、图形、图像、构图等构成的商标；数字商标是由阿拉伯数字组成的商标，如“999”感冒灵颗粒；组合商标是由文字、图形、数字等组合起来的商标，它是上述要素的组合。

同步思考

让你印象深刻的商标有哪些？请详细描述它们的构成要素。

知识链接

我国商标的雏形出现于春秋战国时期的兵器上，如“干将”“莫邪”两把剑。现存最早且较完整的商标出现于北宋——山东“济南刘家功夫针铺”使用“白兔”标志。

法条链接

《商标法》第一条规定：“为了加强商标管理，保护商标专用权，促使生产、经营者保证商品和服务质量，维护商标信誉，以保障消费者和生产、经营者的利益，促进社会主义市场经济的发展，特制定本法。”

3. 按照商标注册与否划分

按照商标注册与否，可以将商标分为注册商标与未注册商标。注册商标，是指经商标所有人申请，经国家商标主管部门审查并核准注册的商标；未注册商标，是指商品生产经营者使用的但未经商标主管部门核准注册的商标。大多数国家的商标法均规定，注册商标所有人享有商标专用权，未注册商标使用人不享有商标专用权。

4. 按照商标用途不同划分

按照商标用途不同，可以将商标分为证明商标、防御商标、联合商标、等级商标。证明商标，是指能够证明使用该商标的商品质量达到特定标准或商品原料符合特定的要求的商标，如绿色食品标志、纯羊毛标志等；防御商标，是指将同一商标注册于不同的商品或者服务上，构成防御体系，以防止他人使用与自己相同或近似的商标；联合商标，是指为了更有效地防止他人侵犯自己的商标专用权而申请注册的几个直接联系在一起的商标，如杭州娃哈哈集团注册了“娃哈哈”商标，同时又注册了“哈哈娃”“娃娃哈”等商标；等级商标是商标所有者为区别自己同另一种产品的质量、规格等而使用的商标。

二、商标法概述

商标法是确认商标专用权，规定商标注册、使用、转让、保护和管理的法律规范的总称。它的作用主要是加强商标管理，保护商标专用权，促进商品的生产者和经营者保证商品和服务的质量，维护商标的信誉，以保证消费者的利益，促进社会主义市场经济的发展。《中华人民共和国商标法》（以下简称《商标法》）于 1982 年 8 月 23 日第五届全国人民代表大会常务委员会第二十四次会议通过，1983 年 3 月 1 日起正式施行。《商标法》在实施近 40 年时间内，经历了 1993 年、2001 年、2013 年、2019 年四次修正，最新《商标法》在 2019 年 11 月 1 日起正式施行。

思政点滴

中国每年有效商标注册量连续多年位居世界第一，已是商标申请第一大国。近年来在国家大力深化“放管服”改革、优化营商环境的大背景下，2019 年修正的《商标法》及配套规章的施行在知识产权领域为市场主体创造更为公平、公正、透明的法治环境，对培育、激发、保护、稳定市场主体的活力起到积极、有效的推动作用，并为新一轮商标法的全面修改奠定坚实的基础。

微课

认识商标法：商标注册有条件

三、商标注册

（一）商标注册的原则

1. 自愿注册与强制注册相结合原则

自愿注册与强制注册相结合原则，即商标使用人是否申请注册商标，取决于自己。但是同时，我国《商标法》明确规定，法律、行政法规规定必须使用注册商标的商品，必须申请商标注册，未经核准注册的，不得在市场销售。

2. 申请在先和使用在先相结合的原则

两个或者两个以上的商标注册申请人，先后在同一种商品或者类似商品上，以相同或者近似的商标申请注册的，商标权授予申请在先的人；两人或者两个以上的商标注册申请人在同一天注册的，商标权授予使用在先的人。

3. 优先权原则

这一原则表现为两个方面：一是商标注册申请人自其商标在外国第一次提出商标注册申请之日起6个月内，又在中国就相同商品以同一商标提出商标注册申请的，依照该外国同中国签订的协议或者共同参加的国际条约，或者按照相互承认优先权的原则，可以享有优先权。二是商标在中国政府主办的或者承认的国际展览会展出的商品上首次使用的，自该商品展出之日起6个月内，该商标的注册申请人可以享有优先权。

法治素养

商标抢注这一行为近年来屡见不鲜，尤其是在世界杯、奥运会这样的顶级体育赛事期间，获得广泛关注的吉祥物、运动员最容易成为商标抢注的目标。例如，北京冬奥会的吉祥物“冰墩墩”。截至2022年2月8日，与“冰墩墩”相关的商标一共有177个，不过除了北京2022年冬奥会和冬残奥会组织委员会分别申请注册的各类商标外，其他抢注商标大多已被驳回，并处于“无效”状态。2018年俄罗斯世界杯吉祥物“扎比瓦卡”商标曾被个人或公司申请注册近20次，最终均未注册成功，显示为“商标无效”。2022年4月，《国家知识产权局关于持续严厉打击商标恶意注册行为的通知》明确强化整治重点，打击典型行为，强化整治以“囤商标”“傍名牌”“搭便车”“蹭热点”为突出表现的商标恶意囤积和商标恶意抢注行为，重点打击违反诚实信用原则，违背公序良俗，谋取不正当利益，扰乱商标注册秩序的典型违法行为。（资料来源：根据国家知识产权局官网资料整理）

启示：恶意抢注商标行为，已经成为违背公共道德、破坏经济秩序、影响社会公平和稳定的一大公害。我们每一位公民都应遵守社会公德、尊崇法治、尊重知识产权，自觉践行社会主义核心价值观。

法条链接

《商标法》第四条规定：“自然人、法人或者其他组织在生产经营活动中，对其商品或者服务需要取得商标专用权的，应当向商标局申请商标注册。不以使用为目的的恶意商标注册申请，应当予以驳回。本法有关商品商标的规定，适用于服务商标。”

法条链接

《商标法》第七条规定：“申请注册和使用商标，应当遵循诚实信用原则。商标使用人应当对其使用商标的商品质量负责。各级工商行政管理部门应当通过商标管理，制止欺骗消费者的行为。”

法条链接

《商标法》第九条规定：“申请注册的商标，应当有显著特征，便于识别，并不得与他人在先取得的合法权利相冲突。”

（二）商标注册的条件与禁止

1. 申请注册的商标应当具备的条件

（1）商标应当有显著特征，便于识别，并不得与他人在先取得的合法权利相冲突。

（2）商标应当具备法定的构成要素。任何能够将自然人、法人或者其他组织的商品与他人的商品区别开的标志，包括文字、图形、字母、数字、三维标志、颜色组合和声音等，以及上述要素的组合，均可以作为商标申请注册。

> **头脑风暴**
>
> 恶意抢注商标的行为为何屡禁不止？企业应该如何保护自己的品牌？

2. 不得作为商标使用的标志

依据《商标法》的规定，下列标志不得作为商标使用：

（1）同中华人民共和国的国家名称、国旗、国徽、国歌、军旗、军徽、军歌、勋章等相同或者近似的，以及同中央国家机关的名称、标志、所在地特定地点的名称或者标志性建筑物的名称、图形相同的；

（2）同外国的国家名称、国旗、国徽、军旗等相同或者近似的，但经该国政府同意的除外；

（3）同政府间国际组织的名称、旗帜、徽记等相同或者近似的，但经该组织同意或者不易误导公众的除外；

（4）与表明实施控制、予以保证的官方标志、检验印记相同或者近似的，但经授权的除外；

（5）同“红十字”、“红新月”的名称、标志相同或者近似的；

（6）带有民族歧视性的；

（7）带有欺骗性，容易使公众对商品的质量等特点或者产地产生误认的；

（8）有害于社会主义道德风尚或者有其他不良影响的。

县级以上行政区划的地名或者公众知晓的外国地名，不得作为商标。但是，地名具有其他含义或者作为集体商标、证明商标组成部分的除外；已经注册的使用地名的商标继续有效。

学以致用

从2012年开始，贵州茅台一直在为申请“国酒茅台”商标而努力，并一度通过初审。然而在其他白酒企业的联手反对之下，“国酒”商标之争经历多年后，终于宣告失败。2016年12月26日，国家商标局下发关于第8377533号“国酒茅台及图”商标不予注册的决定。长达四年的茅台商标异议案终于

落下帷幕。（资料来源：根据《成都商报》资料整理）

分析：国家商标局认为，被异议商标为“国酒茅台及图”中的“国酒”一词带有“国内最好的酒”“国家级酒”的评价性含义，若由被异议人永久性地独占使用，容易对公平的市场竞争秩序产生“其他不良影响”。因此，国家商标局决定，“国酒茅台及图”商标不予注册。

3. 不得作为商标注册的情形

下列标志不得作为商标注册：

（1）仅有本商品的通用名称、图形、型号的；

（2）仅直接表示商品的质量、主要原料、功能、用途、重量、数量及其他特点的；

（3）其他缺乏显著特征的。

4. 不予注册并禁止使用的情形

（1）以三维标志申请注册商标的，仅由商品自身的性质产生的形状、为获得技术效果而需有的商品形状或者使商品具有实质性价值的形状，不得注册。

（2）就相同或者类似商品申请注册的商标是复制、摹仿或者翻译他人未在中国注册的驰名商标，容易导致混淆的，不予注册并禁止使用。

（3）就不相同或者不相类似商品申请注册的商标是复制、摹仿或者翻译他人已经在中国注册的驰名商标，误导公众，致使该驰名商标注册人的利益可能受到损害的，不予注册并禁止使用。

（4）未经授权，代理人或者代表人以自己的名义将被代理人或者被代表人的商标进行注册，被代理人或者被代表人提出异议的，不予注册并禁止使用。

（5）就同一种商品或者类似商品申请注册的商标与他人在先使用的未注册商标相同或者近似，申请人与该他人具有前款规定以外的合同、业务往来关系或者其他关系而明知该他人商标存在，该他人提出异议的，不予注册。

（6）商标中有商品的地理标志，而该商品并非来源于该标志所标示的地区，误导公众的，不予注册并禁止使用；但是，已经善意取得注册的继续有效。

同步思考

“西湖××龙井”“景德镇××瓷器”等含地理标志的商标是否符合我国《商标法》的规定？

（三）商标注册的程序

1. 申请

商标注册申请人应当按规定的商品分类表填报使用商标的商品类别和商品名称，提出注册申请。商标注册申请人可以通过一份申请就多个类别的商品申请注册同一商标。商标注册申请等有关文件，可以以书面方式或者数据电文方

同步思考

注册商标需要哪些步骤？

式提出。申请商标注册所申报的事项和所提供的材料应当真实、准确、完整。

2. 审查

对申请注册的商标是否进行审查及如何审查，主要的做法有两种，即形式审查和实质审查。

（1）形式审查，主要是审查申请人是否具备法定资格，申请文件是否齐全、完善，从而决定是否受理该申请。

（2）实质审查，是指对申请注册的商标是否具备法定构成要素，是否具有法律禁用的内容，是否同他人已注册或已申请的商标相混同所进行的审查。

3. 公告核准

申请注册的商标，凡符合《商标法》规定的，由商标局初步审定，予以公告。凡不符合《商标法》规定的，由商标局驳回申请，不予公告。

4. 异议

对初步审定公告的商标，自公告之日起3个月内，任何人均可以向商标局提出异议。对驳回申请、不予公告的商标，商标局应当书面通知商标注册申请人。商标注册申请人不服的，可以自收到通知之日起15日内，向商标评审委员会申请复审。

5. 核准注册

公告期满无异议或异议不成立的，当事人又不提出复审或复审理由不成立的，商标局予以核准注册，发给商标注册证，并予以公告。

头脑风暴

小明想要注册商标，他需要准备哪些资料呢？企业申请注册商标需要准备哪些资料呢？

四、商标权的取得

（一）商标权的概念

商标权，是指商标所有人对其商标享有的独占、排他的权利。从权利的特征来看，商标权与一般的知识产权一样，具有无形性、法定性、专有性、地域性和时间性。

（二）商标权的主体

商标权的主体是注册商标所有人，既包括商标的最初注册人，也包括注册商标的受让人。根据《商标法》的规定，商标权的主体包括：自然人、法人和其他组织。其中，外国人或者外国企业在中国申请商标注册的，必须符合以下条件：其所属国和中华人民共和国签订了有关协议或者该外国人的所属国与中国共同参加了有关的国际条约；或者该外国人的所属国受理中国商标申请人的商标注册申请。

两个以上的自然人、法人或者其他组织可以共同向商标局申请注册同一商标，共同享有和行使该商标专用权。

（三）商标权的客体

商标权的客体是经商标行政管理部门核准注册的商标，即注册商标。

（四）商标权的内容

1. 商标权人的权利

（1）专有使用权。商标一经注册，对商标权人来说就享有独占的专有权利，任何人不能侵犯其商标权。

（2）转让权。转让权即商标权人依法将其所有的商标专用权转让给他人的权利。转让注册商标，除了转让人和受让人签订合同之外，还应共同向商标局提出申请，经商标局核准后公告。受让人自公告之日起享有商标专用权。

（3）许可使用权。注册商标所有权人通过签订许可使用合同，许可他人使用其注册商标的权利。

（4）禁止权。商标权人有权禁止他人未经自己的许可在相同或类似商品上使用与其注册商标相同或者近似商标的权利。

2. 商标权人的义务

（1）保障商品质量的义务。商标权人应该对其使用注册商标的商品进行质量保证，不得粗制滥造，以次充好，欺骗消费者。

（2）使用注册商标的义务。商标权人应该对其申请注册的商标进行使用，不能无故闲置。没有正当理由连续 3 年不使用的，任何单位或者个人可以向商标局申请撤销该注册商标。

（3）商标注册人在使用注册商标的过程中，不得自行改变注册人名义、地址和其他注册事项，不得自行转让注册商标。如果自行改变注册商标及注册人名义、地址或者其他注册事项，由地方市场监督管理部门责令限期改正；期满不改正的，由商标局撤销其注册商标。

（4）缴纳取得和使用注册商标所规定的各项费用等。

知识链接

在商标转让中，商标的定价在很大程度上是由商标本身的价值而定的。通常，商标的定价主要由以下 4 个因素决定：商标的知名度、商标的类别、商标的完整性、商标的有效期。

法治素养

“头顶马聚源，脚踩内联升，身穿瑞蚨祥，腰缠四大恒。”这首老北京民谣，形象地反映了老字号在百姓心中的分量，也印证了这些老字号的辉煌历史。凭借独特的文化传统、独到的经营理念、独家的加工工艺，很多老字号历经百年而不衰。它们浸润着深厚的历史底蕴，承载着优秀的传统文化，也展示出丰富的经济文化价值。然而，随着老字号企业的发展，商标权属争议、“搭便车”、傍名牌等涉老字号知识产权纠纷案件时有发生，成为影响老字号发展的障碍。近年来，老字号品牌保护日益受到重视。中共中央、国务院印发的《知识产权强国建设纲要（2021—2035年）》提出，加强驰名商标保护，发展传承好传统品牌和老字号品牌。

启示：透过中华老字号商标在多年的风云变幻里基业长青、不断壮大的历程，感受它们精湛的技艺和品质，品味精益求精、力求完美的工匠精神。商标的传承能对人起到熏陶和教化作用，中华老字号商标具有中华民族的传统文化背景，极富文化底蕴，足以唤起当代大学生强烈的民族自豪感和家国情怀。老字号企业应增强知识产权保护意识和能力，全社会要以法治方式守护百年匠心。

五、注册商标的保护

（一）注册商标的保护期限和续展

注册商标的有效期为10年，自核准注册之日起计算。注册商标有效期满，需要继续使用的，商标注册人应当在期满前12个月内按照规定办理续展手续；在此期间未能办理的，可以给予6个月的宽展期。每次续展注册的有效期为10年，自该商标上一届有效期满次日起计算。期满未办理续展手续的，注销其注册商标。

（二）商标侵权行为的表现形式

注册商标的专用权，以核准注册的商标和核定使用的商品为限。

有下列行为之一的，均属侵犯注册商标专用权：

（1）未经商标注册人的许可，在同一种商品上使用与其注册商标相同的商标的；

（2）未经商标注册人的许可，在同一种商品上使用与其注册商标近似的商标，或者在类似商品上使用与其注册商标相同或者近似的商标，容易导致混淆的；

（3）销售侵犯注册商标专用权的商品的；

（4）伪造、擅自制造他人注册商标标识或者销售伪造、擅自制造的注册商标标识的；

（5）未经商标注册人同意，更换其注册商标并将该更换商标的商品又投入市场的；

（6）故意为侵犯他人商标专用权行为提供便利条件，帮助他人实施侵犯商标专用权行为的；

（7）给他人的注册商标专用权造成其他损害的。

将他人注册商标、未注册的驰名商标作为企业名称中的字号使用，误导公众，构成不正当竞争行为的，依照《中华人民共和国反不正当竞争法》处理。

注册商标中含有的本商品的通用名称、图形、型号，或者直接表示商品的质量、主要原料、功能、用途、重量、数量及其他特点，或者含有的地名，注册商标专用权人无权禁止他人正当使用。三维标志注册商标中含有的商品自身的性质产生的形状、为获得技术效果而需有的商品形状或者使商品具有实质性价值的形状，注册商标专用权人无权禁止他人正当使用。商标注册人申请商标注册前，他人已经在同一种商品或者类似商品上先于商标注册人使用与注册商标相同或者近似并有一定影响的商标的，注册商标专用权人无权禁止该使用人在原使用范围内继续使用该商标，但可以要求其附加适当区别标识。

思政点滴

商标是附着在商品/服务上进入公共领域的商业标志，除了承载企业商誉之外，还自觉或不自觉地负载着一定的价值传扬和文化传播功能。近年来，市场上不少的人另辟蹊径，通过剪裁拼凑一些知名商标而形成不同的商标名称，如京淘亚马、淘拼京、阿京腾百和阿里恒大等，具有明显打擦边球、制造营销噱头的故意，且吸引公众关注的行为本身也容易对公共秩序、营商文化、社会道德风尚产生不良影响。任何企业都应该树立起明确的品牌意识，注重商标保护，对于傍名牌、搭便车的恶意行为，要迅速采取法律措施，积极维权。

学以致用

华为作为世界500强，其名下的“华为”和花瓣商标大家都不陌生，八瓣花瓣由聚拢到散开，寓意着华为发展事业上的兴盛。花瓣下面配上黑色的“HUAWEI”字母，在花瓣红色的映衬下，标志显得独立且吸引人。红色给人一种冲动感，让华为显得更加出众。

然而，深圳市某公司的网店冒用华为名头，并且使用做了部分改动的花瓣图案标志，使用的花瓣只有六瓣，并且对下方的“HUAWEI”字母也进行了改动，不细看的人很容易看错，还向消费者展示了一张虚假的华为网络渠道销售授权书来销售数码产品，营造一种经华为授权的假象，造成消费者误认。（资料来源：根据杭州中院公众号资料整理）

分析：法院认为该公司的商标侵权行为可以适用惩罚性赔偿。惩罚性赔偿应以前述认定的侵权获利为基数，在1倍以上5倍以下确定赔偿数额，最终该公司被判惩罚性赔偿500万元。

（三）侵犯注册商标专用权的解决途径

侵犯注册商标专用权行为，引起纠纷的，由当事人协商解决；不愿协商或者协商不成的，商标注册人或者利害关系人可以向人民法院起诉，也可以请求市场监督管理部门处理。

对侵犯商标专用权的赔偿数额的争议，当事人可以请求进行处理的市场监督管理部门调解，也可以依照《中华人民共和国民事诉讼法》向人民法院起诉。经市场监督管理部门调解，当事人未达成协议或者调解书生效后不履行的，当事人可以依照《中华人民共和国民事诉讼法》向人民法院起诉。

协作创新

很多男孩都痴迷于AJ的运动鞋，AJ的全称为AIR JORDAN（飞人乔丹），而国内有一个牌子叫中国乔丹，针对这个问题，两者已经打了8年的官司。2020年4月8日最高人民法院作出终审判决，持续8年之久的乔丹商标之争终于落下帷幕。

2000年，福建省晋江陈埭溪边日用品二厂正式改名为“乔丹体育股份有限公司”（以下简称乔丹体育）。作为国内知名度较高的体育用品企业，乔丹体育拥有“乔丹”“QIAODAN”等多个注册商标，此外还申请注册了与乔丹两个孩子姓名相同的“杰弗里·乔丹”和“马库斯·乔丹”商标。

2012年，迈克尔·乔丹向国家工商行政管理总局商标评审委员会申请，要求撤销乔丹体育的78个相关注册商标，但被驳回。不服裁决，乔丹向北京市第一中级人民法院提起行政诉讼，请求撤销商评委裁定。北京市一中院判决维持裁定，后乔丹向北京市高级人民法院提起上诉，北京高院二审维持原判。不服二审判决，乔丹向最高人民法院申请再审，请求撤销裁定及一审、二审判决。2020年3月，最高人民法院裁决，乔丹体育公司第25类服装、鞋、帽、袜等商品上的第6020578号“乔丹＋图形”商标被撤销。最高人民法院裁定：一审、二审判决认定事实和适用法律均有错误，应予撤销。本判决为终审判决。（资料来源：根据搜狐网资料整理）

思考：如此商标行为，能否真正赢得市场与口碑？

第 34 讲　传承红色根脉　守护精神家园
——认识著作权法

学前思考

一段“熊猫明历险记剧组”新年晚会视频里，《黄河大合唱》被篡改成了“年终奖”版，歌词低俗。表演者戴着熊猫图案的帽子唱道：“年终奖，年终奖，我们在嚎叫，我们在嚎叫……”近几年，《黄河大合唱》的恶搞版成了非常火爆的晚会节目，原本的合唱歌曲似乎成了小品表演，演出单位除了一些企业，还包括幼儿园、中学、大学等教育机构。对此，《黄河大合唱》的创作者冼星海、光未然的后人通过中国之声表达了他们的愤怒和不满，因为恶搞歌曲是对历史的不尊重，呼吁有关单位停止这样的演出，并要求限制相关视频的传播。（资料来源：根据央广网资料整理）

思考：近些年，各种“抗日神剧”“宫廷戏说”“名著改编”层出不穷，一些红色经典也莫名被恶搞中招，涉及《国际歌》《东方红》《地道战》《闪闪的红星》《铁道游击队》等。守卫和传承经典，该如何避免经典作品被泛娱乐化？

思政点滴

《黄河大合唱》是人民音乐家冼星海谱曲、光未然填词的影响力极大的一部交响乐，它以黄河为背景，广阔地展现了抗日战争的壮丽图景，向全世界展示了中华民族解放的战斗决心，塑造了中华民族巨人般的英雄形象。

著作权，又称版权，有狭义和广义之别。狭义的著作权，是指作者或者其他著作权人依法对其文学、艺术和科学领域内的作品所享有的专有权利，包括著作人身权和著作财产权。广义的著作权，还包括著作邻接权，即作品传播者依法所享有的权利。著作邻接权也包括人身权利和财产权利两个部分。本讲所讲的著作权是狭义的著作权。

著作权法是调整著作权法律关系的法律规范的总称。著作权法律关系，是指著作权取得、使用、使用许可、转让和保护各环节中所产生的各种具有法律权利义务内容的社会关系。《中华人民共和国著作权法》（以下简称《著作权法》）于 1990 年 9 月 7 日第七届全国人民代表大会常务委员会第十五次会议通过，并于 2001 年 10 月 27 日第九届全国人民代表大会常务委员会第二十四次会议、2010 年 2 月 26 日第十一届全国人民代表大会常务委员会第十三次会议和 2020 年 11 月 11 日第十三届全国人民代表大会常务委员会第二十三次会议进行三次修正，新《著作权法》自 2021 年 6 月 1 日起施行。

法条链接

《著作权法》第一条规定：“为保护文学、艺术和科学作品作者的著作权，以及与著作权有关的权益，鼓励有益于社会主义精神文明、物质文明建设的作品的创作和传播，促进社会主义文化和科学事业的发展与繁荣，根据宪法制定本法。”

一、著作权的主体

著作权的主体又称著作权人，是指依法对文学、艺术和科学作品享有著作权的人。根据《著作权法》的规定，著作权人包括作者以及其他依法享有著作权的自然人、法人或者非法人组织。

（一）作者

作者是对作品做出创造性劳动的人。创造性劳动，是指直接产生文学、艺术和科学作品的智力活动。为他人创作进行组织工作，提供咨询意见、物质条件，或者进行其他辅助性的工作和劳务，均不视为创造性的劳动。除此之外，由法人或者非法人组织主持，代表法人或者非法人组织意志创作，并由法人或者非法人组织承担责任的作品，法人或者非法人组织视为作者。被视为作者的自然人、法人或非法人组织可被认定为著作权的主体。

（二）作者以外其他依法享有著作权的人

思政点滴

中华优秀传统文化是中华民族的精神命脉，是涵养社会主义核心价值观的重要源泉，也是我们在世界文化激流中站稳脚跟的坚实根基。

其他著作权人，是指依照法律规定或者通过约定，虽未参加作品创作的自然人、法人或者非法人组织而成为著作权的主体。

作者以外的自然人、法人或者其他组织成为著作权人，主要有以下几种途径：依照法律法规取得著作权，如职务作品，电影、电视、录像作品；依照合同取得著作权，这是其他著作权人取得著作权的主要方式；依照继承关系取得著作权；以其他方式取得著作权，如作者身份不明的作品，由作品原件的所有人行使除署名权以外的著作权。

（三）外国人、无国籍人

同步思考

外国人的著作权是否受我国法律保护？

随着国际经济文化的深入交流，外国作品不断传入中国，对于外国人可否享有著作权的问题，《著作权法》分别作出了规定：对外国人、无国籍人的作品，首先应当看其作品是否在中国首次发表，如果“外国人、无国籍人的作品首先在中国境内出版的，依照本法享有著作权”。其次，要看该外国人、无国籍人所属国与中国签订的国际条约，“外国人、无国籍人的作品根据其作者所属国或者经常居住地国同中国签订的协议或者共同参加的国际条约享有的著作权，受本法保护”“未与中国签订协议或者共同参加国际条约的国家的作者以及无国籍人的作品首次在中国参加的国际条约的成员国出版的，或者在成员国和非成员国同时出版的，受本法保护”。据此，具备一定条件的外国人和无国籍人也可以成为我国《著作权法》的主体。

二、几种特殊作品的著作权归属

对以下几种特殊作品，由于著作权主体比较复杂，为确认其著作权的归属，《著作权法》作出了专门规定。

（一）演绎作品

演绎作品，是指以改编、翻译、注释、整理等方式对已有作品进行再创作而产生的作品。由于演绎者在演绎作品的创作中付出了创造性的劳动，因此演绎作品的著作权由改编、翻译、注释、整理人享有。但演绎作品的著作权独立于原作品著作权之外，演绎者在行使演绎作品著作权时，不得侵犯原作品的著作权。第三人在使用演绎作品时，应取得原作品作者和演绎作品作者的许可，并支付报酬。

（二）合作作品

合作作品，是指两人以上共同创作所完成的作品。这种作品是基于合作作者的个人创作与集体协作而形成的，所以我国《著作权法》将其分为两种情况。一是合作作品不可以分割使用的，其著作权由各合作作者共同享有。在共同行使著作权有争议时，合作作者可协商解决，协商不成的，任何一方不得阻止他方行使除转让许可他人专有使用、出质以外的其他权利，但是所得收益应当合理分配给所有合作作者。二是合作作品可以分割使用的，作者对各自创作的部分可以单独享有著作权，但行使著作权时不得侵犯合作作品整体的著作权。

知识链接

2020年新修正的《著作权法》对“作品”的定义作出了调整，将“电影作品和以类似摄制电影的方法创作的作品”的表述修改为“视听作品”。这意味着《著作权法》保护的范围进一步扩大，网络短视频等新类型作品将获得有力的法律保护。

（三）汇编作品

汇编若干作品、作品的片段或者不构成作品的数据或者其他材料，对其内容的选择或者编排体现独创性的作品，为汇编作品，其著作权由汇编人享有，但行使著作权时，不得侵犯原作品的著作权。

（四）视听作品

视听作品中的电影作品、电视剧作品的著作权由制作者享有，但编剧、导演、摄影、作词、作曲等作者享有署名权，并有权按照与制作者签订的合同获得报酬。视听作品的著作权归属由当事人约定；没有约定或者约定不明确的，由制作者享有，但作者享有署名权和获得报酬的权利。视听作品中的剧本、音乐等可以单独使用的作品的作者有权单独行使其著作权。

思政点滴

党的二十届三中全会审议通过的《中共中央关于进一步全面深化改革 推进中国式现代化的决定》强调："中国式现代化是物质文明和精神文明相协调的现代化。必须增强文化自信，发展社会主义先进文化，弘扬革命文化，传承中华优秀传统文化。"

法治素养

2018年10月，虎牙直播200万订阅的某主播在直播过程中，竟公然篡改国歌曲谱，以嬉皮笑脸的方式表现国歌内容，并将国歌作为自己所谓"网络音乐会"的"开幕曲"。很快，该主播直播间被虎牙封禁。同国旗、国徽一样，国歌也能够展现一个国家的民族精神，激发民族凝聚力。我国的国歌《义勇军进行曲》诞生于1935年中华民族生死存亡的危急关头，被称为中华民族解放的号角，对激励中国人民的爱国主义精神起着巨大的作用。（资料来源：根据中华网资料整理）

启示：《中华人民共和国国歌法》第十五条规定："在公共场合，故意篡改国歌歌词、曲谱，以歪曲、贬损方式奏唱国歌，或者以其他方式侮辱国歌的，由公安机关处以警告或者15日以下拘留；构成犯罪的，依法追究刑事责任。"一切国家机关、社会组织和公民个人都必须树立依法奏唱、播放和使用国歌的法律意识，自觉、规范地使用国歌。

（五）职务作品

知识链接

职务作品著作权有三个构成要件：一是自然人作者。该作者与用人单位要受到劳动合同的制约，且属于在工作中完成的作品，其相应的著作权关系要受到劳动合同关系的影响，对该作品的使用方式仅限于作者所在单位的法定业务范围之内，且这种使用通常是无偿的。二是作者在工作中利用了单位的物质技术条件，并由单位承担责任的作品，即单位为作者完成创作专门提供了资金、设备或者资料等。三是作者是根据劳动合同，由单位主持，根据单位的意志创作，并由该单位承担责任。

自然人为完成法人或者非法人组织工作任务所创作的作品是职务作品，除《著作权法》规定以外著作权由作者享有，但法人或者非法人组织有权在其业务范围内优先使用。作品完成两年内，未经单位同意，作者不得许可第三人以与单位使用的相同方式使用该作品。《著作权法》规定了三种情形的职务作品，作者享有署名权，著作权的其他权利由法人或者非法人组织享有，法人或者非法人组织可以给予作者奖励（见表34–1）。

表34–1 职务作品

序号	情形
1	主要是利用法人或者非法人组织的物质技术条件创作，并由法人或者非法人组织承担责任的工程设计图、产品设计图、地图、示意图、计算机软件等职务作品
2	报社、期刊社、通讯社、广播电台、电视台的工作人员创作的职务作品
3	法律、行政法规规定或者合同约定著作权由法人或者非法人组织享有的职务作品

（六）委托作品

受委托创作的作品，是指当事人一方委托另一方所创作出的作品，对于受委托创作的作品，著作权的归属由委托人和受托人通过合同约定。合同未作明确约定或者没有订立合同的，著作权属于受托人。

三、著作权的内容

著作权的内容，是指著作权人享有的权利和承担的义务。根据《著作权法》的规定，著作权的内容包括两个方面，即著作人身权（又称精神权利）和著作财产权（又称经济权利）。

（一）著作人身权

著作人身权，是指作者对其作品所享有的各种与人身相联系而又无直接财产内容的权利。根据我国《著作权法》，著作人身权的内容包括发表权、署名权、修改权和保护作品完整权四项权利。其中，保护作品完整权是指保护作品不受歪曲和篡改的权利，主要是为了保护作者的名誉和声望以及其他人身权利不受侵害。

（二）著作财产权

著作财产权是能够给著作权人带来经济利益的权利，是指作者及其他著作权人通过某种形式使用作品，从而获得经济报酬的权利。著作财产权包括使用权和获得报酬权，具体包括：复制权、发行权、出租权、展览权、表演权、放映权、广播权、信息网络传播权、摄制权、改编权、翻译权、汇编权、应当由著作权人享有的其他权利。

四、著作权的客体

著作权的客体，是指《著作权法》保护的对象，即作品，是指文学、艺术和科学领域内具有独创性并能以一定形式表现的智力成果。一般认为，作品应当具备独创性和可复制性两个条件。作品具体包括：（1）文字作品；（2）口述作品；（3）音乐、戏剧、曲艺、舞蹈、杂技艺术作品；（4）美术、建筑作品；（5）摄影作品；（6）视听作品；（7）工程设计图、产品设计图、地图、示意图等图形作品和模型作品；（8）计算机软件；（9）符合作品特征的其他智力成果。

同步思考

是否所有创作作品都享有著作权？举例说明哪些作品不能赋予著作权。

头脑风暴

我们应该怎么保护自己的著作权？

微课

著作权是否可以作为遗产继承？

思政点滴

版权是文化价值的利益化，版权保护是文化产业发展的基础制度和重要保障，坚持原创，切勿犯拿来主义错误。

五、著作权的保护期限和限制

（一）著作权的保护期限

著作权的保护期限，是指著作权人依法取得的著作权的有效期限在保护期内，著作权人的著作权受法律保护；超过保护期，该作品即进入公有领域，作者或者其他著作权人不再享有专有使用权。根据《著作权法》的规定，著作权的保护期限的具体规定包括以下两个方面：

（1）作者的署名权、修改权、保护作品完整权的保护期不受限制。这是由我国对公民人身权的保护“始于出生，终于死亡”并且在公民死亡后依然享有部分人身权这一民法原理所决定的。

（2）对于著作权中的财产权利和作品的发表权，《著作权法》也做出了一般性规定：自然人的作品的发表权、使用和获得物质报酬权的保护期为作者终生及其死亡后 50 年，截止于作者死亡后第 50 年的 12 月 31 日。这是一个关于著作权保护期限的基本规定。同时，《著作权法》还对几种特殊情况做了变通规定：

1）如果是合作作品，截止于最后死亡的作者死亡后第 50 年的 12 月 31 日。

2）法人或者其他组织的作品、著作权及其发表权的保护期为 50 年，截止于作品首次发表后第 50 年的 12 月 31 日，但作品自创作完成后 50 年内未发表的，不再保护。

3）视听作品，其发表权的保护期为 50 年，截止于作品创作完成后第 50 年的 12 月 31 日，但作品自创作完成后 50 年内未发表的，不再保护。

（二）著作权的限制

著作权的限制主要是针对著作权人所享有的财产权利的限制。著作权人依法享有的人身权利不受任何限制。根据《著作权法》的规定，著作权的限制主要体现在以下两个方面。

1. 合理使用

合理使用，是指根据法律的明确规定，不必征得著作权人同意而无偿使用他人已发表作品的行为。合理使用一般只限于为个人消费或公益性使用等目的少量使用他人作品的行为，可以不经著作权人许可，不向其支付报酬，但应当指明作者姓名、作品名称，并且不得侵犯著作权人依照《著作权法》

享有的其他权利。

2. 法定许可使用

法定许可使用，是指非著作权人在法律规定的情况下，可以不经著作权人许可而使用其作品，但应当支付报酬的一种制度。根据《著作权法》的有关规定，法定许可主要有以下情况：

第一，为实施义务教育和国家教育规划而编写出版教科书，可以不经著作权人许可，在教科书中汇编已经发表的作品片段或者短小的文字作品、音乐作品或者单幅的美术作品、摄影作品、图形作品，但应当按照规定向著作权人支付报酬，指明作者姓名或者名称、作品名称，并且不得侵犯著作权人依照《著作权法》享有的其他权利。

第二，作品刊登后，除著作权人声明不得转载、摘编的外，其他报刊可以转载或者作为文摘、资料刊登，但应当按照规定向著作权人支付报酬。

第三，录音制作者使用他人已经合法录制为录音制品的音乐作品制作录音制品，可以不经著作权人许可，但应当按照规定支付报酬；著作权人声明不许使用的不得使用。

第四，广播电台、电视台播放他人已发表的作品，可以不经著作权人许可，但应当支付报酬。当事人另有约定的除外。

头脑风暴

经常刷抖音时我们会发现，不少影视作品被剪辑成一个个小片段在平台上播放。这也不免引发思考：此种行为是否构成侵权？如果构成侵权，抖音平台是否应当承担责任呢？

协作创新

“我的眼睛就是尺，不用回放了。”“我就是干这个的！”“这是什么表演？我怀疑他是想要抢一个镜头。”“大家都知道，这个选手是一个有故事的人。”……在2022年春节期间火出圈的，除了一众冬奥会中国运动健儿，还有“新晋体育名嘴”王濛与她的“唠嗑儿式解说”。精准的用词和频出的金句也让“王濛解说”这一话题频繁登上微博热搜。王濛是我国前速度滑冰和短道速滑国家队成员，此次她在咪咕体育平台上专业又不失趣味的解说方式不仅点燃了观众的激情，而且将比赛直播的热度一次次拉高。（资料来源：根据《新京报》资料整理）

思考： 王濛“出圈”，是个人表达风格+业务能力突出、媒体展现形式日益丰富、主流媒体积极拥抱新环境共同作用的结果。那么，王濛对于体育赛事的精彩解说在法律意义上是否构成作品？如果构成作品，又属于什么类型的作品？

专题十二 规范电子商务行为 维护网上交易安全 ——电子商务法

第 35 讲 为电子商务发展提供法治保障 ——认识电子商务法

学前思考

近年来，我国电子商务飞速发展，市场规模跃居全球第一。同时，电子商务市场也出现了电商野蛮生长、虚假宣传、制假售假、刷单炒信、“大数据杀熟”、强制“二选一”等现象，扰乱了电商市场公平竞争秩序，损害了消费者合法权益，影响了互联网经济健康发展。在我国电商规模发展成为全球第一的今天，一部规范电商行业相关市场行为的法律的出现，是必要并且也是必然的。《中华人民共和国电子商务法》（以下简称《电子商务法》）从最初开门立法到最后表决通过，经历 3 次公开征求意见、4 次审议才最终落定，其在一定程度上回应了电商行业在发展过程中一些较为突出的问题。自此，规范电子商务行为、保障电子商务各方主体合法权益有了一部专门法，这也是我国电商领域首部综合性法律。

思考：这部关系到亿万消费者“买买买”的法律，带来了哪些改变和影响？

法条链接

《电子商务法》第一条规定：“为了保障电子商务各方主体的合法权益，规范电子商务行为，维护市场秩序，促进电子商务持续健康发展，制定本法。”

公平竞争是市场经济的“引擎”，法治则是公平竞争的“后盾”。于 2019 年 1 月 1 日施行的《电子商务法》，不仅明确了电商公平竞争的行业法基准，还推动形成有关部门、电商行业组织、电商经营者、消费者等共同参与的电商市场治理体系，为打造公平竞争的电商环境提供了法治保障。

一、电子商务的概念与功能

（一）电子商务的概念

从广义上讲，电子商务（Electronic Commerce，EC）就是通过电子手段进行的商务活动。电子商务经营者通过使用互联网等电子工具，使公司内部、供应商、客户和合作伙伴之间，利用电子业务共享信息，实现企业间业务流程的电子化，配合企业内部的电子化生产管理系统，提高企业的生产、库存、流通和资金等各个环节的效率。

从狭义上讲，电子商务，是指通过使用互联网等电子工具在全球范围内进行的商务贸易活动。它是以计算机网络为基础所进行的各种商务活动，包括商品和服务的提供者、广告商、消费者、中介商等有关各方行为的总和。人们一般理解的电子商务是指狭义上的电子商务。

根据我国2018年8月31日第十三届全国人民代表大会常务委员会第五次会议通过的《电子商务法》的规定，电子商务是指通过互联网等信息网络销售商品或者提供服务的经营活动。

法条链接

《电子商务法》第二条规定："中华人民共和国境内的电子商务活动，适用本法。本法所称电子商务，是指通过互联网等信息网络销售商品或者提供服务的经营活动。法律、行政法规对销售商品或者提供服务有规定的，适用其规定。金融类产品和服务，利用信息网络提供新闻信息、音视频节目、出版以及文化产品等内容方面的服务，不适用本法。"

（二）电子商务的功能

与传统商务相比，电子商务有其独特的功能：

1. 交易技术网络化

电子商务主要借助网络技术在各个交易主体之间实现信息交换和传输，完成包括采购、销售、仓储、物流等各项商务活动。应该注意的是，随着人工智能（AI）技术和大数据技术的不断发展，电商交易越来越呈现智能化、网络化特征。

2. 交易过程虚拟化

电商活动摆脱了传统线下面对面的交易模式，通过计算机等终端设备进行信息传输、共享和互动完成各种商务活动，交易过程呈现数字化、虚拟化特征。有形市场交易过程的电子化、网络化及市场形态的虚拟化、多元化，使得买卖双方有更大的时空选择。

头脑风暴

结合自己的网购经历，用一个真实的网购流程来说明电子商务具有哪些特征。

3. 交易范围全球化

电子商务通过网络技术使得信息在全球范围内自由流通，突破了时间和空间的限制，打破了国家和地区间有形和无形的各种壁垒，实现了交易范围的全球化。同时，电子商务的全球化特征进一步加深了世界各国的经济联系。

4. 交易效率瞬时化

通过网络技术传递的电子数据信息传送速度快捷，几乎瞬时到达，由此，电子商务实现了交易的瞬时性，大大提高了贸易活动的效率。用户足不出户，轻点手指，就可以在几分钟内完成交易下单。同时，交易的瞬时、高效特征也使得集中竞购成为可能。

5. 交易成本低廉化

电子商务交易模式极大地降低了生产、加工、销售、运输、通信的成本，减少了交易环节，使得交易成本大幅降低。与此同时，企业通过电子商务精确获取供需数据，可以避免盲目生产经营和资源的巨额浪费，降低社会成本。

6. 交易流程透明化

从注册、登录到询价、下单，再到物流配送的各个电子商务过程，均通过网络沟通信息，各项关键数据公开透明，可供及时查询和核对。根据法律规定，交易信息须依法保留一定期间（如《电子商务法》规定电商平台须保留商品信息和交易信息 3 年以上），这有助于避免交易纠纷。

二、电子商务面临的法律问题

（一）消费者方面

1. 个人隐私权保护

电子商务使得人们的生活方式发生了深刻变化。人们为了满足电子商务和获取网络服务的需要，常常不得不向交易对方提供详尽的个人资料，这些资料往往蕴藏着巨大的经济效益。基于电子商务网络化、数字信息化的交易特点，个人隐私被不当利用和泄露已经成为如今网络社会的巨大风险，近年来因隐私权在网络环境下遭受侵犯而引起的法律纠纷也屡见不鲜。同时，在电子商务环境下个人隐私权受到侵害后，个体在寻求法律救济时往往会面临许多难题，如侵权对象认定、电子证据的采集、侵权责任的界定和承担以及管辖法院的确定等。

法治素养

很多消费者在电子商务活动中或多或少都会有信息被泄露、隐私被侵犯、消费者权益被侵害的不愉快经历。这反映了部分电子商务经营者不诚实守信、不合法经营的短视行为和无序竞争的现象。这种短视行为和无序竞争，轻则影响电子商务健康发展，重则影响整个社会经济的健康发展，须承担法律责任。

启示：诚信原则既是道德要求，也是法治要求，同时也是经济、社会持续、健康发展的要求。法律法规明确规定和保护诚信原则，这体现了法律和道德的重合和相互促进。

2. 消费者知情权

电子商务作为一种新型的市场交易方式，一方面带给人们便捷、丰富的消费商品和服务信息；另一方面增加了消费者遭受损害的机会。在用以吸引消费者的各种产品宣传和评价体系中，商家有时候会“剑走偏锋”“用力过猛”而侵害消费者对经营者和产品信息的知情权。例如，在产品宣传中引人误解虚假宣传或者夸大宣传，在评价产品时雇用“网络水军”虚构好评或给竞争对手差评，在竞争排序中雇人“刷单”，虚构交易记录等。由于这些侵害消费者知情权的行为取证困难、形式多样、具有较大迷惑性、难以监管，因此通过已有的法律法规加以调整难以取得较好的法律实效。

（二）经营者方面

1. 不正当竞争

不正当竞争，是指经营者违反法律规定，损害其他经营者的合法权益，扰乱社会经济秩序的行为。近年来，电子商务领域中出现了新型不正当竞争行为，如域名抢注、网络虚假广告宣传、通过网络恶意评价诋毁商誉、通过网络侵犯商业秘密以及具有市场支配地位的电子商务经营者滥用市场支配地位，排除、限制竞争的行为等。这些新形态的不正当竞争行为虽然可以适用《反不正当竞争法》进行规制，但是具体行为的认定、证据的固定等各方面都面临新问题，需要结合电子商务的具体行为特征具体分析和解决。

法治素养

电子商务领域的不正当竞争具体表现为以下几个方面。一是商业诋毁。近年来，网络推手、网络水军成为活跃在中国互联网舆论热点背后的一股力量，网络推手利用抹黑对手的“黑稿”进行商业诋毁，也成为近年来出现的互联网乱象之一。二是“搭便车”。不同电商平台出于商业目的，互相盗用对方网站图片进行网络营销，并先后遭到对方起诉，这种“搭便车”行为严重违反了电商领域的公平竞争原则。三是搜索引擎排名。电商企业在搜索引擎排名、域名抢注、恶意插标等方面的行为，使电商领域的竞争变得更加无序。

四是电商平台上的企业“挂羊头卖狗肉”。这种种不正当竞争的手段和行为，严重扰乱了社会秩序和整个电商行业的发展。

启发： 深入了解电子商务领域的不正当竞争行为，通过讨论强化信用约束，规范经营者电子商务行为，净化网络交易环境，保障消费者和经营者的合法权益，提升网络商品和服务质量，促进电子商务持续健康发展。经营者要通过公平竞争的方式创造竞争优势，规范经营行为，维护市场秩序。同时，营造学法、知法、守法、懂法、用法的良好氛围。

2. 知识产权保护

知识产权是一种无形财产权，具有专有性、排他性、地域性等特点。在电子商务日益发展的今天，传统知识产权保护遇到了新问题。不仅知识产权的专有性会与互联网信息公开、公知、公用特点产生矛盾和冲突，而且知识产权地域性会与互联网信息的国际化、无边界传输产生矛盾和冲突。在传统知识产权诉讼程序中，法院管辖地是根据被告所在地和侵权行为发生地来确定的，而电子商务中的知识产权侵权行为地、侵权人将由于互联网的国际化特点而难以确定。

（三）政府监管方面

1. 税收监管

电子商务中纳税环节、纳税地点、纳税方式、国际税收管辖权等都遇到新的问题。以传统的税收理论和税收原则建立起来的税收制度如何适应电子商务，是税收管理面临的电子商务时代的挑战。具体可表现为：（1）纳税义务的确定出现困难。在电子商务中，由于许多交易对象（如书籍、音乐等）被数字化，因此很难对信息内容加以确定。（2）纳税人的身份难以确定。互联网网址或网名与所有者身份并无必然联系，网址或网名并不能提供所有者的身份和所在地。（3）计算机加密技术加大了税务机构获取信息的难度。（4）互联网电子商务具有全球化的国际性特点，国际避税问题在电子商务中表现得更为突出。

微课

依法诚信纳税　共建和谐社会

法治素养

直播间里满屏的“火箭”“游艇”“飞机”、带货榜上销量过亿的成交数据……近年来，网红直播行业风生水起，各类主播层出不穷，收入不菲，一些网红的吸金能力甚至已超过了部分上市公司。可另一边，“主播欠税”却屡屡上热搜。作为一种新业态，直播行业中复杂的业务形式、盈利模式、劳务关系等，也给税收征管带来了不小的考验。例如，类似网络主播、自媒体、微商等的收入来源十分多元化，一个人可能拥有多个网络角色，可同时获得多个渠道的收入。面对这些新情况，传统的征管手段有时难免“玩不转”，红火的直播间竟成了纳税“黑洞”，社会影响十分恶劣。（资料来源：根据长安观察资料整理）

启示：党的十八届三中全会通过的《中共中央关于全面深化改革若干重大问题的决定》明确指出：“财政是国家治理的基础和重要支柱。”税收是国家财政收入的重要来源，对于夯实国家财政基础、促进经济健康发展、调节收入分配差距、实现社会的共同富裕具有十分重要的意义。《电子商务法》将网络主播纳入电子商务经营者范畴，《网络交易监督管理办法》更是明确规定，个人从事网络交易活动年交易额累计超过10万元的，应当依法登记并申报纳税。然而，在我国当前的网络直播领域，偷逃税的问题依然存在。网络主播通过各种手段偷逃税，严重侵蚀了国家财政收入，损害了社会的公平正义，会拉大贫富差距，直接影响共同富裕的实现，损害国家宪法和税收法律的权威。

法条链接

《电子商务法》第五条规定：“电子商务经营者从事经营活动，应当遵循自愿、平等、公平、诚信的原则，遵守法律和商业道德，公平参与市场竞争，履行消费者权益保护、环境保护、知识产权保护、网络安全与个人信息保护等方面的义务，承担产品和服务质量责任，接受政府和社会的监督。”

2. 广告监管

电商广告与传统媒体广告最大的区别在于：传统媒体广告通常与广告所推销的商品销售经营场所相分离，而电商广告恰恰是这二者的紧密结合。线下实体店的营业员常做的推介、说明、示范等活动，在电子商务平台上只能通过平台网页展示。电商广告形式、载体呈现多样化趋势，如微信推送、网页弹出、小视频嵌入、各种App显示等，层出不穷。由于电商广告技术门槛低、对消费者影响大、容易逃避监管，因此网络欺诈广告已经成为消费者合法权益和社会正常经济秩序的重大威胁。如何在《中华人民共和国广告法》框架内对电商广告加以有效规制、实施有效监管，是《电子商务法》亟须探讨解决的问题。

三、电子商务法的定义和作用

（一）电子商务法的定义

电子商务法，是指调整运用现代电子信息技术手段，进行商品、服务、信息和其他交换等商务活动的法律规范的总称。

（二）电子商务法的作用

1. 创建电子商务法律环境

电子商务是一种新的经济模式，其涉及的数据电文、电子交易、电子支付、电子认证、现代物流等新的形式和手段，需要有新的法律规范，需要在法律上适时作出明确的规定，电子商务才能有法可依。

2. 保障网络交易安全有序

网络交易是电子商务的主要形式和途径。电子商务的网络安全问题是电子商务发展中的一个重要制约因素。电子商务可能存在的安全隐患，使人们对电子商务产生怀疑，难以建立交易的信心，从而阻碍了电子商务的普及和发展。电子商务立法就是在法律方面对电子商务起到可靠的保障作用。

3. 鼓励电子商务长远发展

电子商务的立法有助于规范电子商务行为，惩治电子商务欺诈行为，解决电子商务争端，鼓励电子商务健康长远发展。

4. 促进信息技术发展

信息技术既是电子商务的基础和手段，也是电子商务交易的技术支持。通过电子商务的立法规范信息技术的相关内容，采用科学的技术和法律手段解决信息技术方面出现的新问题，不仅有利于电子商务的顺利进行，而且促进了信息技术的进步和发展。

协作创新

国家统计局的数据显示，2023 年全国电子商务平台交易额突破了 46 万亿元，同比增长 9.4%。根据海关总署发布的数据，2023 年我国跨境电商进出口额达 2.38 万亿元。通过以上的这些数据我们可以看出，我国已成为世界第一出口大国，又有着世界第一的电商市场。

我国是电商行业的后起之秀，如今却成了世界电商行业中的佼佼者，目前中国电商市场规模已经位居全球第一。现在全世界很多国家开始限制电商的发展，原因是电商平台劣质产品较多，低价产品影响了实体店的生存，这将对该国的经济和社会的发展产生深远的影响。

思考：电商是制造假货的源泉吗？电商的低价会影响实体店的生存吗？

第 36 讲 “电商捧哏”也须承担销售者责任
——电子商务经营者

学前思考

近日，一份“神仙职业”登上网络热搜，“没错的”“要的呀”这些经常在直播中听到的“电商捧哏”逐渐火了起来。然而，在这份新兴职业的背后，却暗藏着许多防不胜防的套路，有的甚至游走在法律边缘，在网络上引起热议。“上链接”“最后三单”“手慢就没了”……随手点开一个电商直播间，几乎都能听到类似的画外音，“电商捧哏”就是帮助主播铺垫直播间氛围、带动用户激情下单的“气氛组”。这些“电商捧哏”的话术和节奏都是固定的，就是通过制造商品的稀缺感，给用户营造出一种“手慢无”的抢购紧张感，将用户带入“全网最低价”“库存快没了”的购物节奏中，让“再不买就没了”的喧嚣回响在用户耳边。不少消费者往往就在这种“诱惑”下激情下单的。（资料来源：根据中工网资料整理）

思考：电商行业将“电商捧哏”称为“直播中控”。“电商捧哏”等直播现象是否合理合法？

电子商务经营者制度是《电子商务法》的基本法律制度，《电子商务法》针对电子商务平台经营者在电子商务活动中的地位、作用及行为，规定了一系列具体法律义务。回答案例中的问题，我们首先要结合相关法律制度界定“电商捧哏”的身份，是否属于电子商务经营者。

法条链接

《网络直播营销管理办法（试行）》第三条规定：“从事网络直播营销活动，应当遵守法律法规，遵循公序良俗，遵守商业道德，坚持正确导向，弘扬社会主义核心价值观，营造良好网络生态。”

一、电子商务经营者概述

电子商务经营者是电子商务法律关系的主体。电子商务经营者，是指通过互联网等信息网络从事销售商品或者提供服务的经营活动的自然人、法人和非法人组织，包括电子商务平台经营者、平台内经营者以及通过自建网站、其他网络服务销售商品或者提供服务的电子商务经营者（见图 36–1）。

（1）电子商务平台经营者，是指在电子商务中为交易双方或者多方提供网络经营场所、交易撮合、信息发布等服务，供交易双方或者多方独立开展交易活动的法人或者非法人组织。例如，淘宝、京东、拼多多等电子商务平台经营者。

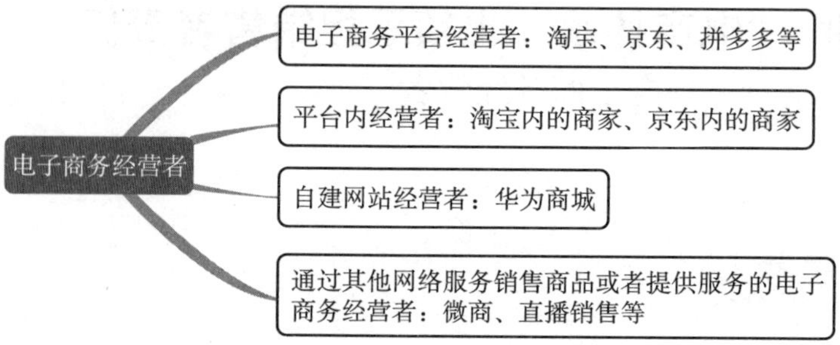

图 36-1　电子商务经营者

（2）平台内经营者，是指通过电子商务平台销售商品或者提供服务的电子商务经营者。例如，在淘宝、京东、拼多多等平台上的第三方商家。

（3）通过自建网站、其他网络服务销售商品或者提供服务的电子商务经营者。例如，通过微信、微博等工具销售产品的微商，以及通过抖音或直播提供服务或者销售商品的主体。

二、电子商务经营者的一般法律义务

电子商务经营者的一般法律义务，是指电子商务平台经营者、平台内经营者以及通过自建网站、其他网络服务销售商品或者提供服务的电子商务经营者都应当遵循的法律义务。根据《电子商务法》的规定，电子商务经营者的一般法律义务包括以下几个方面：

（一）电子商务经营者的主体登记与资格审核义务

我国《电子商务法》第十条规定："电子商务经营者应当依法办理市场主体登记。"只要是在中国境内开展电子商务活动的，不管是自然人、法人还是非法人组织，都应当遵守《电子商务法》的规定，不仅包括自建网站或 App 的自营电商，而且包括通过公众号、小程序、朋友圈、群、私信、头条、直播、短视频等各种社交与信息媒体销售商品或提供服务的经营者。《电子商务法》也规定了不需要登记的例外情形（见表 36-1）。

表 36-1　不需要办理市场主体登记的情形

序号	不需要办理市场主体登记的情形
1	个人销售自产农副产品、家庭手工业产品
2	个人利用自己的技能从事依法无须取得许可的便民劳务活动和零星小额交易活动
3	依照法律、行政法规不需要进行登记的情况

同步思考

小琪发现，自己的微信朋友圈里有不少朋友做起了微商，她也买了几次面膜之类的产品，感觉有的产品质量不错，有的产品却很糟糕。但在进行退货退款操作时，她却遭遇了不少麻烦：卖家总是以各种理由推脱。为此，小琪甚至和一些老同学翻了脸。随着《电子商务法》的实施，小琪再在朋友圈里消费，就会放心很多。这是为什么？

微课

增强法治意识　共筑诚信社会

法条链接

《电子商务法》第十条规定："电子商务经营者应当依法办理市场主体登记。但是，个人销售自产农副产品、家庭手工业产品，个人利用自己的技能从事依法无须取得许可的便民劳务活动和零星小额交易活动，以及依照法律、行政法规不需要进行登记的除外。"

（二）依法纳税与办理纳税登记义务

根据《电子商务法》规定，电子商务经营者应当依法履行纳税义务，并依法享受税收优惠。前述提到过的不需要办理市场主体登记的电子商务经营者在首次纳税义务发生后，应当依照税收征收管理法律、行政法规的规定申请办理税务登记，并如实申报纳税。

（三）合法合规经营的义务

根据《电子商务法》规定，电子商务经营者合法合规经营义务主要体现在以下几个方面：

1. 依法办理行政许可的义务

电子商务经营者从事经营活动，依法需要取得相关行政许可的，应当依法取得行政许可。这意味着所有通过电子商务销售商品或者提供服务的主体都应当依法办理营业执照并依法纳税，相关行业的经营者还需要取得一定的行政许可。例如，通过电子商务销售食品的个人，应当在开展业务前依法办理个体工商户登记、营业执照以及食品经营许可证。

2. 依法开具发票义务

电子商务经营者销售商品或者提供服务应当依法出具纸质发票或者电子发票等购货凭证或者服务单据。电子发票与纸质发票具有同等法律效力。

学以致用

谢小姐在网上看中了一件衣服，价格为500元，由于当时该购物网站正在进行系统更新和维护，无法完成支付宝交易，因此她选择了汇款购买。收到衣服后，谢小姐发现该衣服并不是卖家说的“专柜正品”，而是“精仿版”，气愤的谢小姐决定退货，可对方在电话中说，页面上明确写了“不退不换”。谢小姐再打去电话或留言，对方干脆置之不理。谢小姐想维权，可是没有通过支付宝的交易，毫无保障，更重要的是自己连购物的凭据也没有。（资料来源：根据中新网资料整理）

分析：按照《电子商务法》的规定，电子商务经营者具有依法开具发票义务，无论是哪种形式的购物，商家必须主动提供发票，这是商家的法律责任。消费者在进行商品维权的时候，必须持有凭据，其中发票是最重要的凭据。网络购物“无发票”的潜规则违反法律规定，属于无效。网络购物是新兴事物，消费者一定要索取发票，遇到不给发票的商家，消费者可以向市场监管部门投诉。

同步思考

某电子商务经营者未在首页显著位置公示营业执照信息、行政许可信息，没有上述信息的链接标识，没有明示用户信息查询、更正、删除以及用户注销的方式、程序，且对用户信息查询、更正、删除、注销附加不合理条件。这是否符合法律规定？该电子商务经营者应该承担什么责任？

3. 依法亮照义务

电子商务经营者应当在其首页显著位置，持续公示营业执照信息、与其经营业务有关的行政许可信息，或者上述信息的链接标识。但是属于依照《电子商务法》第十条规定的不需要办理市场主体登记情形等信息的除外。

4. 业务终止提前告知义务

电子商务经营者自行终止从事电子商务的，应当提前30日在首页显著位置持续公示有关信息。

5. 依法披露信息义务

电子商务经营者应当全面、真实、准确、及时地披露商品或者服务信息，保障消费者的知情权和选择权。电子商务经营者不得以虚构交易、编造用户评价等方式进行虚假或者引人误解的商业宣传，欺骗、误导消费者。

法治素养

杭州张小泉电子商务有限公司受张小泉菜刀拍蒜断裂舆情影响以及部分商品负面评价，要求运营部提高部分商品的好评率，组织内部人员建立微信群，以拍A发B或者拍A发A、成交价0元或者1元（个别商品2元、10元、20元）、拍图好评的方式，提高商品的好评率而降低差评率。杭州市临平区市场监督管理局认为，当事人通过刷单虚假交易，提升店铺竞争优势，违反了《反不正当竞争法》和《电子商务法》等有关规定，责令停止违法行为，并处25万元罚款。（资料来源：根据首条财经资料整理）

启示：评价权是消费者对商品和服务进行监督权利的延伸和应有之义，也是保护消费者知情权和选择权的关键。尊重和保护消费者的评价权，确保消费者真实、客观地评价商品，是展示、披露商品信息的关键所在。这是网络平台以及网店不可推卸的义务。《电子商务法》《网络交易监督管理办法》《反不正当竞争法》都有明确的规定，禁止以利益引诱进行虚假宣传。商家组织内部员工以刷单方式提高好评率的行为既侵犯了消费者的评价权和知情权，也构成不正当竞争和虚假宣传。商家应自觉抵制“刷好评”，做到诚信服务，合法经商，以提高商品质量和服务水平来提升自身形象，赢得消费者信任。

6. 不可滥用市场支配地位

电子商务经营者因其技术优势、用户数量、对相关行业的控制能力以及其他经营者对该电子商务经营者在交易上的依赖程度等因素而具有市场支配地位的，不得滥用市场支配地位，排除、限制竞争。

7. 合法经营跨境电商业务的义务

电子商务经营者从事跨境电子商务，应当遵守进出口监督管理的法律、行政法规和国家有关规定。

（四）个人信息保护义务

根据《电子商务法》规定，电子商务经营者对个人信息的保护义务主要体现在以下几个方面：

1. 搜索与广告规制义务

电子商务经营者根据消费者的兴趣爱好、消费习惯等特征向其提供商品或者服务的搜索结果的，应当同时向该消费者提供不针对其个人特征的选项，尊重和平等保护消费者合法权益。电子商务经营者向消费者发送广告的，应当遵守《中华人民共和国广告法》的有关规定。

2. 合法收集、使用个人信息

电子商务经营者收集、使用其用户的个人信息，应当遵守法律、行政法规有关个人信息保护的规定。

3. 保护用户查询权、更正权、删除权

电子商务经营者应当明示用户信息查询、更正、删除以及用户注销的方式、程序，不得对用户信息查询、更正、删除以及用户注销设置不合理条件。电子商务经营者收到用户信息查询或者更正、删除的申请的，应当在核实身份后及时提供查询或者更正、删除用户信息。用户注销的，电子商务经营者应当立即删除该用户的信息；依照法律、行政法规的规定或者双方约定保存的，依照其规定。

4. 数据信息提供与安全保护

有关主管部门依照法律、行政法规的规定要求电子商务经营者提供有关电子商务数据信息的，电子商务经营者应当提供。有关主管部门应当采取必要措施保护电子商务经营者提供的数据信息的安全，并对其中的个人信息、隐私和商业秘密严格保密，不得泄露、出售或者非法向他人提供。

知识链接

个人信息可以分为三类。第一类用于建立特定主体之间互动的渠道，如电话号码、电子邮箱、地址、IMEI号等。第二类用于认证特定个人电子身份，如用户名密码、指纹、虹膜、Face ID等。一旦被泄露、滥用、误用，与电子身份紧密相连的各种权益都将处于巨大的风险之中。第三类用于描述特定个人某些方面的特征或情况，如浏览记录、婚史、行踪轨迹、教育经历、疾病史、宗教信仰、血型、基因信息等。

头脑风暴

互联网时代，如何保障个人信息安全？

学以致用

廖先生经常通过某旅行服务网站预订某家特定酒店的房间，常年价格在

380元到400元。偶然一次，他通过前台了解到，酒店房间淡季价格在300元上下，用朋友账号查询后发现，果然是300元；但用自己的账号去查，还是380元。廖先生怀疑自己被常用的电商平台“杀熟”。

分析：电子商务经营者积累了大量的用户个人信息、交易记录等，并利用大数据对消费者进行个人画像，有目的地提供搜索结果，进行精准营销。有些平台甚至出现“大数据杀熟”的情况，引发公众不满。为此，《电子商务法》明确规定，一是在针对消费者个人特征提供商品、服务搜索结果的同时，要一并提供非针对性选项，通过提供可选信息，保护消费者的知情权、选择权。二是电子商务经营者向消费者发送广告的，还应遵守《中华人民共和国广告法》的有关规定。三是明确违反规定的，由市场监督管理部门责令限期改正，没收违法所得，可以并处罚款。电子商务经营者要保护消费者合法权益，维护市场秩序，公平竞争，优化营商环境。

同步思考

李先生从某大型旅游平台购买特价机票后发现，宁波飞北京标价480元的机票中，搭售了3个项目，包括酒店优惠券、航空意外险和旅游券；而标价为1 380元的机票中并无任何搭售。经营者这种恶意搭售行为侵犯了消费者哪些权利？

（五）消费者权益保护义务

根据《电子商务法》规定，电子商务经营者对消费者权益的保护义务主要体现在以下几个方面：

头脑风暴

网购商品在运输中受损的责任由谁承担？

1. 提供合法的商品、服务

电子商务经营者销售的商品或者提供的服务应当符合保障人身、财产安全的要求和环境保护要求，不得销售或者提供法律、行政法规禁止交易的商品或者服务。

2. 不得随意搭售

电子商务经营者搭售商品或者服务，应当以显著方式提请消费者注意，不得将搭售商品或者服务作为默认同意的选项。

3. 交付风险

电子商务经营者应当按照承诺或者与消费者约定的方式、时限向消费者交付商品或者服务，并承担商品运输中的风险和责任。但是，消费者另行选择快递物流服务提供者的除外。

4. 收取押金应明示并合理退还

电子商务经营者按照约定向消费者收取押金的，应当明示押金退还的方式、程序，不得对押金退还设置不合理条件。消费者申请退还押金，符合押金退还条件的，电子商务经营者应当及时退还。

法治素养

绿色发展是构建现代化经济体系的必然要求，是电子商务高质量发展的重要内容。为了支持和服务电商企业绿色发展，引导电商企业提高绿色发展能力，积极探索形成资源节约、环境友好的企业发展模式，推动塑料污染治理、快递包装绿色转型等取得实效，商务部办公厅发布了《关于推动电子商务企业绿色发展工作的通知》，从持续推动电商企业节能增效、协同推进快递包装绿色供应链管理、发挥平台优势培育绿色发展生态以及保障措施4个方面推出12项举措，强化电子商务企业绿色发展理念，形成电子商务绿色发展生态环境，促进电子商务领域绿色消费，推动我国电子商务高质量发展。

启示：电子商务企业应牢固树立生态环境保护主体责任意识，将生态环境保护和可持续发展作为企业发展的基本准则，严格遵守《电子商务法》《中华人民共和国固体废物污染环境防治法》及塑料污染治理、快递包装绿色转型等法律法规和政策标准要求，合法合规经营，积极履行生态环境保护社会责任，自觉接受公众和社会监督。消费者应传播绿色环保理念，提升绿色环保意识，倡导绿色消费。

三、电子商务平台经营者的特定法律义务

电子商务平台经营者是《电子商务法》规范的主要对象，它最大的特点是为平台内经营者和消费者开展电子商务活动提供了一个巨大的虚拟网络市场。这个市场不仅具有一般商场所具有的商品和服务，还集合了众多的第三方中间服务商，如电子支付、快递物流等。电子商务平台经营者集中反映了电子商务各方主体的经营规则和法律诉求，因此，可以说，《电子商务法》对电子商务行为的规范、管制以及法律责任的认定和处罚在很大程度上就是对电子商务平台经营者的规范与管制。根据《电子商务法》规定，电子商务平台经营者的特定法律义务包括以下几个方面。

（一）主体身份登记、核验及公示义务

电子商务平台经营者对主体身份登记、核验义务不仅是形式审查义务，更是实质审查义务。主体身份登记及核验不限于收取、登记信息，而是要对收取的信息进行核验，即“核实有无＋验明真伪”。电子商务平台的主体身份登记及核验义务不仅包括收集、登记相关信息，更为重要的是要验证信息的真实

知识链接

党的二十届三中全会审议通过的《中共中央关于进一步全面深化改革　推进中国式现代化的决定》指出：“加快经济社会发展全面绿色转型，健全生态环境治理体系，推进生态优先、节约集约、绿色低碳发展，促进人与自然和谐共生。”

头脑风暴

近年来，随着电子商务、快递、外卖等行业在我国居民生活中的渗透率越来越高，快递和快餐包装的使用和不当处置导致的塑料垃圾污染已成为亟待解决的问题。电商企业在日常经营管理中，应如何做到绿色发展？

法条链接

《电子商务法》第三十条规定：“电子商务平台经营者应当采取技术措施和其他必要措施保证其网络安全、稳定运行，防范网络违法犯罪活动，有效应对网络安全事件，保障电子商务交易安全。电子商务平台经营者应当制定网络安全事件应急预案，发生网络安全事件时，应当立即启动应急预案，采取相应的补救措施，并向有关主管部门报告。”

性。在实际生活中，电子商务平台履行主体身份登记、核验及公示义务存在较大的难度，需要做大量工作。

（二）竞价排名和广告标注义务

竞价排名是一项广告投放业务，一般应由电子商务平台和商家通过服务协议和交易规则等双方的合约进行详细约定，属于意思自治范围，只要不违反法律的强制性规定即可。《电子商务法》对竞价排名机制的规制是建立在保护消费者合法权益的基础上规范和平衡三方利益的需要，是一个初步的原则性规范。

电子商务平台竞价排名和广告标注法律义务包括以下几个方面：

（1）电子商务平台经营者可以开展竞价排名业务，但至少应当向消费者提供价格、销量、信用三种搜索排序方式。电子商务平台经营者可以提供更多的排序方式，但不能不提供或者少提供。

（2）对于竞价排名的商品或者服务，应当显著标明“广告”。

（三）保护知识产权的义务

知识产权权利人认为其知识产权受到侵害的，有权通知电子商务平台经营者采取删除、屏蔽、断开链接、终止交易和服务等必要措施。通知应当包括构成侵权的初步证据。电子商务平台经营者接到通知后，应当及时采取必要措施，并将该通知转送平台内经营者；未及时采取必要措施的，对损害的扩大部分与平台内经营者承担连带责任。因通知错误造成平台内经营者损害的，依法承担民事责任。恶意发出错误通知，造成平台内经营者损失的，加倍承担赔偿责任。

平台内经营者接到转送的通知后，可以向电子商务平台经营者提交不存在侵权行为的声明。声明应当包括不存在侵权行为的初步证据。

电子商务平台经营者接到声明后，应当将该声明转送发出通知的知识产权权利人，并告知其可以向有关主管部门投诉或者向人民法院起诉。电子商务平台经营者在转送声明到达知识产权权利人后 15 日内，未收到权利人已经投诉或者起诉通知的，应当及时终止所采取的措施。

（四）电子商务平台的其他法律义务

电子商务平台法律义务规定是《电子商务法》的核心内容之一，涉及参

法条链接

《电子商务法》第三十一条规定：“电子商务平台经营者应当记录、保存平台上发布的商品和服务信息、交易信息，并确保信息的完整性、保密性、可用性。商品和服务信息、交易信息保存时间自交易完成之日起不少于三年；法律、行政法规另有规定的，依照其规定。”

法条链接

《电子商务法》第三十二条规定：“电子商务平台经营者应当遵循公开、公平、公正的原则，制定平台服务协议和交易规则，明确进入和退出平台、商品和服务质量保障、消费者权益保护、个人信息保护等方面的权利和义务。”

法条链接

《电子商务法》第四十一条规定：“电子商务平台经营者应当建立知识产权保护规则，与知识产权权利人加强合作，依法保护知识产权。”

同步思考

网络侵犯知识产权行为都有哪些？

与主体、税务、网络安全、服务协议和交易规则、广告和推广、信用评价、平台责任和知识产权保护机制等。电子商务平台经营者还需要履行其他法律义务，如履行报送身份信息和纳税信息、审查处置和报告、网络安全和交易安全保障、交易信息保存、违规处置公示、禁止集中竞价等义务。

头脑风暴

小王大学毕业后注册了一家公司从事小饰品等物品的贸易经营，同时在电商平台上注册了网店。前几天他在电商平台上浏览时，发现公司安排人拍摄的商品展示图片被其他商家在电商平台上使用了。小王联系该商家，让其下架该商品展示图片，并就侵权行为承担相应责任，但该商家没有理会。小王应如何维护自己的合法权益？

学以致用

近年来，网络社区团购、网络直播营销等远程购物方式颇受消费者欢迎，但随之而来的消费纠纷也不断增多，主要集中在货不对版、虚假宣传、诱导消费、售后无保障、退货退款难等。在进行网络购物时，消费者应如何规避购物陷阱和消费风险？

分析：消费者应选择正规平台，知悉促销规则。消费者在网购时应认真阅读各平台和商家的促销规定细则，了解并确认优惠活动的使用条件、折扣范围和期限等内容，下单前了解清楚网页、直播间推荐的商品来源、功能、质量及价格等情况，不要相信绝对化用语的广告宣传，有不明确的地方，及时咨询商家和平台客服。消费者在选购商品时，针对预付定金的商品，要详细了解预售规则、商品介绍、赠品信息、发货时间、退换货规则等。同时，消费者应提前关注商品的价格变化，避免落入商家“先涨价再降价”的消费套路，如商家未赠送运费险，可在下单时自行选购，以抵扣退换货产生的运费。另外，消费者应专注商品质量，杜绝盲目跟风。面对跨店凑满减、直播间抢红包等促销行为时，消费者要保持理性，着重关注商品的主体信息、功能功效、质量保障等信息。对于“一折秒杀”“清仓甩卖”等超低折扣商品消费者更要认真辨别。同时，消费者要注意甄别非正常返利促销活动和“消费返利”风险，不要被“高额返利”“全额返现”等宣传所诱惑而盲目消费。在网购时消费者要及时保存相关宣传资料及购物凭证，以备后续维权。

四、电子商务平台经营者的法律责任

（一）禁止滥用平台优势地位的责任

电子商务平台经营者滥用优势地位，损害平台内经营者合法权益的，罚款最高可达200万元。根据《电子商务法》规定，电子商务平台经营者不得利用服务协议、交易规则以及技术等手段，对平台内经营者在平台内的交易、交易价格以及与其他经营者的交易等进行不合理限制或者附加不合理条件，或者

头脑风暴

"二选一"是指部分电商平台经营者为了追逐商业利益、打击竞争对手，要求合作商家只能入驻一家网络销售平台，不能同时入驻竞争对手平台。2019年京东起诉天猫滥用市场支配地位，索赔10亿元，唯品会及拼多多以第三人身份加入诉讼，被业界称为电商领域的一次"火星撞地球"。请问：电商平台"二选一"是一种什么性质的行为？

向平台内经营者收取不合理费用。

（二）自营业务的规定及法律责任

根据《电子商务法》规定，电子商务平台经营者在其平台上开展自营业务的，应当以显著方式区分标记自营业务和平台内经营者开展的业务，不得误导消费者。电子商务平台经营者对其标记为自营的业务依法承担商品销售者或者服务提供者的民事责任。

现实生活中，很多电商平台采取了混合经营模式，即一部分商品和服务来源于平台内商家，同时也有一部分商品和服务来源于平台自身。例如，京东除了第三方商家之外，还有很大一部分商品和服务是自营的，这就是典型的混合经营模式。在这种情况下，电商平台的法律身份会发生变化，其会从平台角色转变为平台和商家双重角色。当然，其法律义务和法律责任也会相应地发生变化。根据法律规定，对于自营业务，平台有义务对此予以标识，以让消费者能很清楚地辨别自营业务与他营业务；同时，因为平台经营自营业务时具有了商品或服务主体提供者的角色，所以平台应对该业务承担商品或服务提供主体的民事责任。

法条链接

《民法典》第一千一百九十七条规定："网络服务提供者知道或者应当知道网络用户利用其网络服务侵害他人民事权益，未采取必要措施的，与该网络用户承担连带责任。"

（三）电子商务平台的连带责任

根据《电子商务法》规定，电子商务平台经营者知道或者应当知道平台内经营者销售的商品或者提供的服务不符合保障人身、财产安全的要求，或者有其他侵害消费者合法权益行为，未采取必要措施的，依法与该平台内经营者承担连带责任。

同步思考

买到假货，是找平台理论，还是要求平台网店赔偿？二者谁应承担更大的责任？

（四）建立信用评价制度的责任

电子商务平台经营者应当建立健全信用评价制度，公示信用评价规则，为消费者提供对平台内销售的商品或者提供的服务进行评价的途径。电子商务平台经营者不得删除消费者对其平台内销售的商品或者提供的服务的评价。电子商务平台经营者没有为消费者提供评价途径或者擅自删除评价的最高可面临50万元的行政罚款。

协作创新

保某在南通市某餐厅用餐，席间饮酒过多。用餐结束后，保某因醉酒操作手机不方便，便请餐厅工作人员帮忙用其本人手机在某网约车平台 App 下单约车。网约车司机蔡某接单后，驾车到达餐厅门口。保某上车后，车辆在原地停留数分钟后保某又打开车门。约 5 分钟后，蔡某从驾驶室开门下车，并扶保某下车。下车后，保某站立不稳当即倒地，蔡某未作停留便驱车离开，其间蔡某自行取消订单。约 3 分钟后，保某从躺倒的地面挣扎站起，独自沿河边道路慢行。次日，保某被发现溺亡于上车点前河道。保某家属认为司机蔡某和网约车公司对保某的死亡负有责任，向人民法院起诉索赔。

思考：结合《民法典》和《电子商务法》的相关规定，网约车公司对保某的死亡是否应承担责任？

法条链接

《民法典》第八百二十二条规定："承运人在运输过程中，应当尽力救助患有急病、分娩、遇险的旅客。"

第 37 讲　赋能电子商务更高效、更安全

——电子商务合同

学前思考

中国互联网行业的快速发展，不仅使得电子商务行业持续繁荣，继续加速增长，而且推动了线上交易、线上支付等方式的发展。电子合同在其中扮演了重要的角色。消费者在购物平台下单购买并成功提交订单的行为实际上便已成立了一份电子合同。电子合同的应用顺应了互联网、数字化的发展趋势，保障了电商行业合同签署的安全和管理的便捷。通过电子合同，签约方可以在线上进行查看和签署合同。相较于纸质合同，电子合同签署时间缩短到 1～3 分钟，高效、便捷，且电子合同不受时间、地域的限制，交易方异地也能进行购买下单并签署电子合同，满足了电商中各种签署场景的需求。

思考：随着互联网行业的兴起，民事主体间采用电子签名形式订立合同的做法已日益普遍。电子合同具有法律效力吗？相比传统的纸质合同，它具有哪些特点？

随着科学技术的不断发展，如今签订合同不再拘泥于以前的纸质版，电子合同应运而生。由于电子合同存在一定的法律风险，因此很多人在签订之前都会询问电子合同的法律效力。对于用户而言，电子合同的有效性、合法性成为关心的首要问题。《电子商务法》肯定了电子签名技术为电子商务交易过程中提供在线订立条约的可能，对解决线上签约系列问题提供了重要的

同步思考

生活中你接触过哪些电子合同？

法律保障。

一、电子商务合同的概念和特征

电子商务合同，简称电子合同，是指以电子数据交换（EDI）、电子邮件（E-mail）等能够完全、准确地反映双方当事人意思表示一致的电子数据信息的形式，通过互联网订立的商品或服务交易合同。它具有无纸化、虚拟化、信息传递快速化、技术化与标准化等特征。

二、电子合同与传统合同的区别

电子合同与传统合同的区别是显而易见的。

（一）订立方式有区别

电子合同是通过互联网以数据电文的方式订立的。传统合同常常表现为店堂交易，并将商家所开具的发票作为合同的依据。

（二）合同主体有区别

电子合同交易的主体具有虚拟性和广泛性的特点，订立合同的各方当事人通过在网络上的运作，可以互不谋面。电子合同的交易主体可以是世界上的任何自然人、法人和非法人组织。

（三）合同生效的方式、时间和地点有区别

传统合同一般以当事人签字或者盖章的方式表示合同生效，而在电子合同中，表示合同生效的传统的签字盖章方式被电子签名代替。传统合同的生效地点一般为合同成立的地点，而采用数据电文形式订立的合同，收件人的主营业地为合同成立的地点；没有主营业地的，其经常居住地为合同成立的地点，而且电子合同采取到达即生效原则。

（四）合同订立效率有区别

电子数据信息能够以光速在网络上运行，从而使得电子合同订立所需要的时间大大减少、空间被压缩，因而电子合同要约和承诺的有效期相比传统合同大大缩短。

电子合同与传统合同的主要区别如表 37–1 所示。

表 37–1　电子合同与传统合同的主要区别

合同类型	订立方式	合同主体	生效情形	效率
传统合同	当面交易、书面签署	自然人、法人和非法人组织	一般自签章之日起在合同成立地成立、生效	较低
电子合同	数据电文形式	网络虚拟主体	电子签名生成之日，在收件人主营业地成立生效	较高

法治素养

在北京某医院，常来就诊的韩女士轻车熟路地打开手机里的“医保码”，“省事，不用老惦记着带卡”。韩女士有个 3 岁的女儿，以前带孩子就诊，缴费时经常需要手忙脚乱地找孩子的医保卡。如今，她开通了亲情账户，把孩子的医保码也存进她手机里。2019 年 11 月 24 日，国家医保局启用全国医保电子凭证系统，签发了全国首张医保电子凭证。医保电子凭证启动之初仅覆盖河北、吉林、黑龙江、上海、福建、山东、广东 7 省（市）的部分城市，如今已实现全覆盖——截至2022 年 10 月，医保电子凭证全渠道授权用户已达 12.3 亿，31 个省（区、市）和新疆生产建设兵团均已支持使用医保电子凭证，全国约 40 万家定点医疗机构、40 万家定点药店开通医保电子凭证结算服务。（资料来源：孙秀艳 . 医保电子码让就医更方便［N］. 人民日报，2022–11–01.）

启示：党的二十大报告指出，加快建设网络强国、数字中国。日新月异的数字技术正在改变政府管理方式，大大提升服务水平，不少政务服务事项实现了“网上办”“码上办”，电子证照广泛应用于多领域，并实现全国互通互认。这些有益探索将带来更多民生福祉，有力彰显了以人为本、执政为民的执政理念。

三、电子商务合同的订立

电子商务合同本质上也是合同，在立法时，为了避免重复立法，《电子商务法》中有关电子商务合同的规定被大幅压缩，故在电子商务当事人订立和履行合同时，需要参考《民法典》合同编的规定。电子商务合同订立仍然需要遵守合同订立的基本流程——要约和承诺。本部分仅对《民法典》中没有规定的

法条链接

《电子签名法》第三条规定：“民事活动中的合同或者其他文件、单证等文书，当事人可以约定使用或者不使用电子签名、数据电文。当事人约定使用电子签名、数据电文的文书，不得仅因为其采用电子签名、数据电文的形式而否定其法律效力。前款规定不适用下列文书：（一）涉及婚姻、收养、继承等人身关系的；（二）涉及停止供水、供热、供气等公用事业服务的；（三）法律、行政法规规定的不适用电子文书的其他情形。”

内容和电子商务合同特别的内容进行展开介绍。电子商务合同订立与生效的其他内容，请参见本书专题四相关内容，在此不再赘述。

（一）电子商务合同当事人身份的确认

电子商务合同当事人身份的真实有效是电子商务合同订立的前提。在电子商务中，交易主体一般采用“非面对面”交易方式，对于各交易方主体身份的确认，不可能像传统合同那样采用当面确认、书面签名、盖章等方式，因此就必须借助具有签名功能的电子工具，从形式上保证电子合同意思表示的真实性，这种电子工具便是电子签名。

法条链接

《电子签名法》第四条规定：“能够有形地表现所载内容，并可以随时调取查用的数据电文，视为符合法律、法规要求的书面形式。”

1. 电子签名的概念

《中华人民共和国电子签名法》（以下简称《电子签名法》）规定了电子签名的定义：“本法所称电子签名，是指数据电文中以电子形式所含、所附用于识别签名人身份并表明签名人认可其中内容的数据。本法所称数据电文，是指以电子、光学、磁或者类似手段生成、发送、接收或者储存的信息。”

同步思考

电子合同和电子签名有什么区别？

简单来讲，电子签名并非是书面签名的数字化扫描图像，而是附加于一项数据电文之中或之后的，或与之有逻辑上联系的电子数据信息，可用来证明数据电文发出者身份，确定签名人与数据信息的联系，并表明签署者承认该数据电文中所包含的信息内容。

2. 电子签名的特征

（1）电子签名是通过计算机系统处理得到的一种数据，是一种加密的信息，必须借助计算机系统的解密程序进行鉴别，只有通过显示器等电子设备才能显示出来。

法条链接

《电子签名法》第十四条规定：“可靠的电子签名与手写签名或者盖章具有同等的法律效力。”

（2）电子签名不需要签名者亲自出现在交易现场，而是通过网络完成签名过程的一种非面对面的远距离认证方式。

（3）电子签名存在多种形态。电子签名是通过一组数字、字母或符号的相互组合形成的一串数据，电子签名附加在数据电文上，会因签名人每次使用的信息数据系统以及数据电文不同而存在多种形态，而传统的手书签名的形式与内容往往是固定的，一般就是具有签名人个人特征的手写的名字。

3. 可靠的电子签名

电子签名同时符合《电子签名法》规定条件的，视为可靠的电子签名（见表 37–2）。

表 37-2　可靠的电子签名情形

序号	可靠的电子签名情形
1	电子签名制作数据用于电子签名时，属于电子签名人专有
2	签署时电子签名制作数据仅由电子签名人控制
3	签署后对电子签名的任何改动能够被发现
4	签署后对数据电文内容和形式的任何改动能够被发现
当事人也可以选择使用符合其约定的可靠条件的电子签名	

学以致用

韩某与尚某系朋友关系，尚某多次向韩某借款，合计 3 135 元，韩某通过微信转账给尚某。2022 年 12 月 26 日，尚某与韩某在微信某小程序上签订欠款合同一份，载明欠款金额 3 135 元，欠款期限自 2022 年 12 月 26 日至 2023 年 12 月 25 日。欠款到期后，尚某未能按时还款，韩某持该电子欠款合同诉至人民法院，要求尚某偿还上述欠款。

分析：韩某与尚某在签订电子欠款合同时，须进行身份认证和人脸识别，合同上的签名为双方本人的电子签名；平台出具的《电子合同签约证明》中载明了双方签订该合同时的身份信息及人脸认证情况，且对韩某提交的电子合同进行了哈希信息对比，两份电子合同哈希值一致，不存在修改的情况，因此能够认定合同系双方真实意思表示。同时韩某也提供了向尚某支付借款的转账凭证，足以证明双方之间形成民间借贷关系。最终，法院判决尚某偿还韩某欠款 3 135 元。依据我国《民法典》的规定，电子合同依法成立并且经可靠的数字签字后，与纸质合同同样具有法律效力，当事人要按约定履行合同，在诉讼中可以作为证据使用。在现实生活中，签订电子合同时要注意选择安全、可靠的平台，关注使用的用户是否有实名认证，签订的借条是否进行区块链存证，确保借贷的便捷高效和信息安全。

（二）要约的撤回和撤销

1. 电子商务要约的撤回

要约的撤回，是指要约人在要约发出之后，到达受要约人之前，有权宣布取消要约。在传统合同中，例如通过信件发出要约，可以通过电话或者电报的方式使要约撤回的通知先到达受要约人。这一制度体现了对要约人的保护和对要约人意志的尊重。但是在电子商务合同中往往难以实现，因为数据电文在信息系统之间的传输几乎没有延迟，要约人只要发出电子商务要约，该电子商务要约的数据信息几乎瞬时到达受要约人的信息系统，这就导致电子商务要约的撤回成为理论上才存在的一项权利。

2. 电子商务要约的撤销

要约的撤销，是指在要约生效后，要约人欲使其丧失法律效力而取消该项要约的意思表示。由于整个电子交易过程的时间非常短，就会导致电子商务要约的撤销与撤回一样，往往只存在于理论层面。但是，受要约人在收到要约后，有一个考虑期。此期限的长短由要约人决定或由交易习惯确定。在考虑期届满前，要约人可以撤销要约。因此，要约能否撤销，取决于考虑期的长短和受要约人的回应速度。

如果当事人采用电子自动交易系统从事电子商务，承诺由交易系统自动回应，则要约人没有机会撤销要约。如果当事人仅在网上协商，则与口头方式无异，要约人在受要约人作出承诺前是可以撤销要约的。

法条链接

《民法典》第四百九十一条规定："当事人采用信件、数据电文等形式订立合同要求签订确认书的，签订确认书时合同成立。当事人一方通过互联网等信息网络发布的商品或者服务信息符合要约条件的，对方选择该商品或者服务并提交订单成功时合同成立，但是当事人另有约定的除外。"

（三）电子商务合同成立的时间和地点

1. 电子商务合同成立的时间

电子商务承诺的生效时间是电子商务合同成立的时间。依据《电子商务法》规定："电子商务经营者发布的商品或者服务信息符合要约条件的，用户选择该商品或者服务并提交订单成功，合同成立。当事人另有约定的，从其约定。"由此可见，电子商务承诺的生效时间为"用户选择该商品或者服务并提交订单成功"之时。

头脑风暴

许多电商平台和品牌官网利用格式条款设立"消费者成功下单并付款后，并不代表双方已建立合同关系，只有商家确认发货后，才算合同成立"或者"在任何情况下，由于商品缺货对消费者带来任何损失不负任何责任"等规定来免除自身责任，这是否合理？

2. 电子商务合同成立的地点

电子商务承诺生效的地点就是电子商务合同成立的地点。采用数据电文形式订立合同的，收件人的主营业地为合同成立的地点；没有主营业地的，其住所地为合同成立的地点。当事人另有约定的，按照其约定。

（四）电子商务格式合同的限制

网络对于消费者不公平、不利的格式条款表现五花八门，主要有：电子商务经营者减轻或免除自己的责任；加重消费者的责任；限制或剥夺消费者的权利；不合理地分配风险；缩短法定的瑕疵担保期限；转移法定的举证责任；约定有利于自己的纠纷解决条款等。这些不合理的条款还往往被经营者故意置于合同的尾部、非主页的中间或者夹杂于其他条款之中；用小字或模糊字体展现而使消费者难以发现；被制定得晦涩难懂，让消费者不知所云等。

法治素养

张某通过某网购平台中的店铺购得一部手机。签收手机当日，张某连接互联网并激活了手机，下载并安装了其平时工作所需的一款软件。张某安装后发现该软件出现闪退现象，无法正常使用，遂联系该店铺客服人员协商退货事宜。店铺客服人员称因手机已被激活即为二手机，除质量问题外，不能退货。张某交涉未果，将店铺诉至人民法院要求退款。

张某当庭演示店铺在案涉手机商品展示页面的上方显著位置标注了“七天无理由退货”，而关于“已激活的数码产品无质量问题，不支持七天无理由退换，请您确认需求后再激活使用”的提示设置在商品详情的最下方，提示内容并不显著，一般消费者很难注意，且该提示信息并非订单支付前必须查阅的内容。

启示：该店铺没有尽到主动提示、设置显著确认程序的义务，属于在履行对消费者的告知义务中存在瑕疵，故该格式性条款不适用于此次销售，店铺不得拒绝七天无理由退货。消费者在网购时要注意甄别哪些商品不属于“七天无理由退货”的商品、哪些商品属于可以不适用“七天无理由退货”的商品，理性消费，避免产生退货纠纷，合理合法利用此规定维护自身权益。

四、特殊情况下电子合同的效力

（一）当事人的行为能力

1. 非完全民事行为能力情况

在电子商务中推定当事人具有相应的民事行为能力。但是，有相反证据足以推翻的除外。当事人订立合同，应当具有相应的民事权利能力和民事行为能力。完全民事行为能力人可以独立实施民事法律行为。限制民事行为能力人订立的合同，经法定代理人追认后，该合同有效。但纯获利益的合同或者与其年龄、智力、精神健康状况相适应而订立的合同，不必经法定代理人追认。在实际交易过程中，限制民事行为能力人和无民事行为能力人仍不可避免会参与民事法律行为。但应当以签订小额、简单、满足日常学习生活需要的电子商务合同为限。除非事后追认，在固定、保留相应证据的情况下，可以要求撤销交易，也可以诉求合同不发生法律效力，法院应当支持。

法条链接

《电子商务法》第四十九条规定：“电子商务经营者发布的商品或者服务信息符合要约条件的，用户选择该商品或者服务并提交订单成功，合同成立。当事人另有约定的，从其约定。电子商务经营者不得以格式条款等方式约定消费者支付价款后合同不成立；格式条款等含有该内容的，其内容无效。”

2. 消费者匿名交易情况

在法律关系简单的电子交易中，消费者可以不提供真实身份信息。在成立电子合同的过程中，电子商务经营者可以将消费者所填写的数据、上网购物行为作为其具有行为能力的初步证据。电子商务经营者必须提交自己的真实身份信息，并在发票中予以标明。若发生商品质量问题纠纷，消费者只需持有证明经营者真实身份、证明交易确实存在的发票就可以进行交涉并依法维权。

（二）未授权支付

未授权支付，又称非授权支付，是指在未经用户以约定的方式授权的情况下，用户以外的他人发出支付指令，导致用户账户资金减少或授信额度被占用的情况。

电子支付中用户有妥善保管电子支付安全工具及遗失及时告知义务。《电子商务法》规定：用户应当妥善保管交易密码、电子签名数据等安全工具。用户发现安全工具遗失、被盗用或者未经授权的支付的，应当及时通知电子支付服务提供者。

未经授权的支付造成的损失，由电子支付服务提供者承担；电子支付服务提供者能够证明未经授权的支付是因用户的过错造成的，不承担责任。

电子支付服务提供者发现支付指令未经授权，或者收到用户支付指令未经授权的通知时，应当立即采取措施防止损失扩大。电子支付服务提供者未及时采取措施导致损失扩大的，对损失扩大部分承担责任。

头脑风暴

小明在手机上下载某视频App，按提示绑定了支付宝账号，免费试用了黄金视频会员7天服务。不承想，免费试用期到期后，该App居然每月定期从他支付宝账户扣15元会员费，且不需要密码验证。小明发现后，想停止扣费也找不到办法，只能眼睁睁地看着账户里的钱被扣走。不需要密码，支付宝账户的钱也可以被扣，这是为什么呢？小明如何在支付宝和微信中关闭“自动扣款”功能呢？

（三）电子错误

电子商务合同的订立依赖于信息系统，而信息系统错误操作的概率很高，且因其可在极短的时间内将该错误要约送达相对方，将会导致订立合同双方意思表示不真实，因此，对电子商务信息系统事先进行检测并预设纠错程序显得尤为重要。依照《消费者权益保护法》确定的保护弱势方的法律原则，若商家未完全履行检测并预设纠错程序义务的，在一定的条件下，消费者可以不受这种意料之外合同的约束。所以，《电子商务法》规定：电子商务经营者应当清晰、全面、明确地告知用户订立合同的步骤、注意事项、下载方法等事项，并保证用户能够便利、完整地阅览和下载。

电子商务经营者应当保证用户在提交订单前可以更正输入错误。

用户在发出支付指令前，应当核对支付指令所包含的金额、收款人等完整信息。支付指令发生错误的，电子支付服务提供者应当及时查找原因，并采取相关措施予以纠正。造成用户损失的，电子支付服务提供者应当承担赔偿责任，但能够证明支付错误非自身原因造成的除外。

法治素养

2023年11月11日，李先生得知某羽绒服官方商城正在做活动，就注册会员并下单选购了2件羽绒服，共计290元。李先生下单成功后，商家并未及时发货，以网站故障为由，单方面取消了订单。事后，商家提出给购买10件以内的消费者发放50元优惠券作为补偿。12月12日，李先生收到一条来自商城的短信，大概内容是可以以4折的优惠价来购买之前被“砍单”的商品，这意味着一件吊牌价2 098元的羽绒服，能以839.2元的价格买走，但较“砍单”之前的145元贵出了好几倍。李先生怀疑网站是故意利用虚假促销活动收集消费者信息，遂投诉到了消协。

启示：在集中打折和促销时，商家为吸引顾客大量接单，但事后又大量取消订单，违反了诚信原则，构成了恶意磋商。因恶意行为进行磋商导致对方损失的，需要进行赔偿，这样才能营造竞争公平、市场开放、经营合法、秩序规范的经济发展环境。

协同创新

随着电子商务的快速发展，网络购物日益风行，不同年龄层的消费者都可以通过网购的方式满足购物需求。网购发展越迅速，随之而来的争端纠纷就越多，如卖家单方违约“拒不发货”、网购商品在运输过程中被损毁灭失、快递柜丢件、网购遇到纠纷、维权困难等。随着《民法典》的出台，电子合同在电子商务领域的应用不仅有法可依，也加速了其普及和应用。

《民法典》合同编的出台，对电子合同相关问题作出了明确规定，弥补了原《合同法》对电子合同未作规定的不足，为解决“网购”纠纷提供了明确的法律依据。结合《民法典》合同编和《电子商务法》的相关规定，思考：商品在运输过程中的风险，谁来承担？网购遇到纠纷，该如何解决？

知识链接

电子合同出现错误的原因有很多，可能是：发出前的支付指令存在错误；发出中的支付指令因某种原因出现更改，到达电子支付服务提供者时与原支付指令不符；正确的支付指令被电子支付服务提供者错误执行或者被多次重复执行。为了合理保护电子支付服务用户权益，《电子商务法》规定，支付指令发生错误的，应由电子支付服务提供者承担过错的举证责任，如果电子支付服务提供者无法证明支付错误是用户自身原因造成的，应当承担赔偿责任。

知识链接

消费者在电商网站上下单，必须提交地址、联系电话等具体个人信息，这意味着商家可以掌握大量潜在用户的准确个人信息。值得注意的是，当商家推出“秒杀”“竞拍”等低价促销活动时，会吸引大量消费者同时下单，如果商家单方面取消订单，大量消费者的权益会受损。

模块六　完善社会保障体系　促进社会和谐发展
——社会保障法律制度

学习导入

党的二十大报告指出："健全劳动法律法规，完善劳动关系协商协调机制，完善劳动者权益保障制度，加强灵活就业和新就业形态劳动者权益保障。""社会保障体系是人民生活的安全网和社会运行的稳定器。健全覆盖全民、统筹城乡、公平统一、安全规范、可持续的多层次社会保障体系。完善基本养老保险全国统筹制度，发展多层次、多支柱养老保险体系。实施渐进式延迟法定退休年龄。扩大社会保险覆盖面，健全基本养老、基本医疗保险筹资和待遇调整机制，推动基本医疗保险、失业保险、工伤保险省级统筹。"

党的二十大开启了全面推进中国式现代化建设的新征途。作为有别于资本主义国家的现代化新道路，中国式现代化创造出包括中国特色社会保障制度在内的人类文明新形态。《中华人民共和国劳动合同法》（以下简称《劳动合同法》）的颁布实施，能够更好地保护劳动者的合法权益，有利于构建和发展和谐稳定的劳动关系，有利于促进社会主义和谐社会建设。社会保障是国家通过立法保障劳动者和社会成员因年老、疾病、失业、丧失劳动能力时获得物质帮助的一种社会安全保险制度。它是改善民生、维护社会公平、增进人民福祉的基本制度保障，是实现老有所养、伤有所助、失有所保的基础，在构建社会主义和谐社会的过程中，具有极其重要的作用。

学习目标

【知识目标】

1. 了解劳动合同的适用范围
2. 掌握劳动合同的订立方式和主要条款
3. 掌握社会保险的主要种类及其相关内容

4. 熟悉劳动合同的解除
5. 熟悉劳动纠纷解决方式
6. 熟悉社会保险的费用缴纳和赔付

【技能目标】

1. 能够草拟和审查劳动合同的内容和效力
2. 能够计算试用期及试用期工资
3. 能够计算劳动合同解除后的经济补偿金
4. 能够合理解决劳动纠纷，维护劳动者权益
5. 能够计算社会保险费用缴纳额

【素养目标】

1. 弘扬热爱劳动、诚信劳动和爱岗敬业的劳模精神
2. 培养干一行、爱一行、专一行的精神
3. 树立权利与义务对等的法治理念和程序正当的法治思维
4. 培养依法主动维权意识，构建社会主义和谐社会
5. 培育和践行社会主义核心价值观

专题十三　构建和谐劳动关系　维护劳动者合法权益——劳动合同法

第38讲　构建公平和谐劳动关系的重要法律保障

——认识劳动合同法

学前思考

张某为某师范学校大四学生，已完成学校全部课程，但仍未取得毕业证。张某利用毕业之前的过渡期，于2022年2月到某委托机构从事辅导小学生学习的工作。张某工作了5个多月后，由于该委托机构未按时足额支付其劳动报酬，张某被迫离职。张某向该市劳动人事争议仲裁委员会提起劳动仲裁，请求裁令：确认其与委托机构存在劳动关系；委托机构支付未签订劳动合同2倍工资差额；委托机构支付被迫解除劳动关系经济补偿金。（资料来源：根据澎湃新闻资料整理）

思考：张某的请求成立吗？

《中华人民共和国劳动合同法》（以下简称《劳动合同法》）的颁布实施进一步明确了劳动合同的法律地位，为规范劳动合同双方当事人的权利和义务，保护劳动者的合法权益，提供了有力的法律保障。用人单位应学习并运用好《劳动合同法》，做好人力资源管理工作，提升员工关系管理水平，避免劳资冲突，为构建和谐劳动关系，进而为构建社会主义和谐社会和全面建设小康社会作出新的更大的贡献。

法条链接

《劳动合同法》第一条规定："为了完善劳动合同制度，明确劳动合同双方当事人的权利和义务，保护劳动者的合法权益，构建和发展和谐稳定的劳动关系，制定本法。"

一、劳动合同的概念

劳动合同是劳动者与用人单位之间确立劳动关系，明确双方权利和义务的书面协议。劳动合同是确立劳动关系的普遍性法律形式，是明确用人单位与劳动者权利、义务的依据。

（一）劳动者

劳动者，是指具有劳动能力，以从事劳动获取合法劳动报酬的自然人。自然人要成为劳动者，须具有劳动权利能力和劳动行为能力。即年满16周岁、有劳动能力的公民是具有劳动权利能力和劳动行为能力的人，但文艺、体育、特种工艺单位录用人员例外。除法律另有规定以外，任何单位不得与未满16周岁的未成年人发生劳动关系。凡违反规定使用童工的应承担相应的法律责任。

同步思考

生活中，哪些用工或者聘用不适用《劳动合同法》？

根据《中华人民共和国劳动法》（以下简称《劳动法》）的规定，劳动者的劳动权利主要有：平等就业和选择职业的权利、取得劳动报酬的权利、休息休假的权利、获得劳动安全卫生保护的权利、接受职业技能培训的权利、享受社会保险和福利的权利、提请劳动争议处理的权利以及法律规定的其他劳动权利。

微课

劳动者讨回“公道”的“工具”

学以致用

某建筑公司承接了某小区居民楼的相关工程。该建筑公司将木方材料的供应、制作、安装等有关工程承包给了无施工资质的个体包工头李某。史某通过熟人介绍，来到该工地从事木工工作，约定劳务费为每天330元，由李某负责发放。不幸的是，史某在项目工地工作没多久，便受了伤。经有关部门认定，史某所受伤害为工伤。史某受伤后未再到案涉工地工作。史某向劳动人事争议仲裁委员会申请仲裁。（资料来源：根据中国江苏网资料整理）

法条链接

《劳动合同法》第二条规定：“中华人民共和国境内的企业、个体经济组织、民办非企业单位等组织（以下称用人单位）与劳动者建立劳动关系，订立、履行、变更、解除或者终止劳动合同，适用本法。国家机关、事业单位、社会团体和与其建立劳动关系的劳动者，订立、履行、变更、解除或者终止劳动合同，依照本法执行。”

分析：在建筑行业，经常会出现建筑公司将工程分包给不具备用工主体资格的自然人或组织，也就是我们俗称的“包工头”，包工头再另行雇佣劳动者进行施工的情况。这些劳动者与建筑公司之间一般不存在劳动关系，但他们如果在施工工程中发生事故造成损伤，建筑公司是需要承担用工责任的，劳动者也可进行工伤认定并享受工伤待遇。劳动行政部门也出台了相关规定，对建筑施工等用人单位将工程（业务）转包、分包给不具有用工主体资格的自然人或组织，具有用工主体资格的这些用人单位需承担用工责任。

（二）用人单位

用人单位应是依法成立或核准登记的企业、个体经济组织、民办非企业单位、国家机关、事业单位、社会团体，其依法具有使用和管理劳动者的权利。用人单位应同时具有用人权利能力和用人行为能力。用人单位分支机构依法取得营业执照或者登记证书的，可以作为用人单位与劳动者订立劳动合同；未依法取得营业执照或者登记证书的，受用人单位委托可以与劳动者订立劳动合同。

目前，根据我国法律规定，用人单位可以是国家机关、事业单位、企业、社会团体、民办非企业单位、依法登记的个体工商户等，但个人不能作为用人单位。

同步思考

保姆与雇主所签订的合同是否为劳动合同？

（三）劳动关系与劳务关系

劳动关系，是指用人单位与劳动者之间基于用工行为形成的，劳动者接受用人单位管理、从事有报酬劳动，并由用人单位提供劳动条件的社会关系。劳动关系具有长期性、持续性和稳定性的特点。建立劳动关系，应当订立书面劳动合同。

劳务关系，是指提供劳务一方（自然人）与接受劳务一方（自然人、法人或者非法人组织）之间，基于劳务提供与报酬支付形成的民事合同关系。劳务关系具有短期性、一次性和临时性的特点。建立劳务关系，既可以书面形式，也可以口头形式。

头脑风暴

在平时的工作和生活中，有些概念极易让我们混淆，劳动关系与劳务关系仅一字之差，但在法律规定上大相径庭。二者究竟有什么区别呢？

法治素养

2023年4月，疑似“中国电科员工怒怼领导清明节强制安排加班”的相关聊天记录在网络热传。中国电科称该聊天记录所涉单位和人员非集团公司所属成员单位和员工。此事件成为网络热点，主要是一部分年轻人非常抵触“强迫加班、超时加班”的企业文化。由于移动互联网和社交媒体的存在，在“加班文化”影响下，职工有可能长时间被在线安排工作，搞得人心疲惫，透支健康，影响正常的生活。与老一代工作者不同，年轻一代多是独生子女，成长环境优越，对过度加班的文化耐受度低；同时，相对独立的个性以及拥有维护自身权利的意识，令他们自然地排斥“加班文化”。（资料来源：根据《21世纪

经济报道》资料整理）

启示：推动构建和谐劳动关系，关系到国家经济社会发展和社会和谐稳定大局，关系到广大职工群众和企业的切身利益，是加强和创新国家和社会治理的重要内容，也是社会主义核心价值观的本质要求。企业管理者要自觉终结不合法的“被自愿”加班问题，改变不合理的管理方式，倾听职工心声，依法维护职工合法权益，以和谐的劳动关系为底色促进企业健康发展。大学生应该树立正确的劳动观，尊重劳动、热爱劳动，弘扬劳动精神。

二、劳动合同的种类

根据《劳动合同法》的规定，劳动合同分为固定期限劳动合同、无固定期限劳动合同和以完成一定工作任务为期限的劳动合同。签订何种类型的劳动合同，用人单位与劳动者可以通过自由协商确定，但要遵守法律强制性规定。

（一）固定期限劳动合同

固定期限劳动合同，是指用人单位与劳动者协商一致约定明确终止时间的劳动合同。用人单位与劳动者协商一致，可以订立固定期限劳动合同。双方约定的劳动合同期满，双方无续订劳动合同的意思表示，劳动合同即告终止。如果双方有续订劳动合同的意思表示的，可以续订。

固定期限劳动合同在具备法定终止情形时，如劳动者丧失劳动能力，用人单位破产、解散，该固定期限劳动合同亦终止。

> **同步思考**
>
> 你在初次就业时会选择签订哪种期限的劳动合同？

（二）无固定期限劳动合同

无固定期限劳动合同，是指用人单位与劳动者约定无确定终止时间的劳动合同。即双方当事人在合同书上只约定合同生效的起始日期，没有确定合同的终止日期。在不出现法律、法规规定的或者当事人约定的变更、解除劳动合同的条件或者法定终止情形时，无固定期限劳动合同可持续至劳动者法定退休年龄为止。

> **头脑风暴**
>
> 无固定期限劳动合同是“铁饭碗”吗？

无固定期限劳动合同在符合法律、法规规定的或双方当事人约定的变更、解除的条件或法定终止情形时，可以依法解除、变更、终止。

用人单位与劳动者协商一致，可以订立无固定期限劳动合同。有下列情形之一的，劳动者提出或者同意续订、订立劳动合同的，除劳动者提出订立固定期限劳动合同外，用人单位应当与劳动者订立无固定期限劳动合同：（1）劳动者在该用人单位连续工作满 10 年的；（2）用人单位初次实行劳动合同制度或者国有企业改制重新订立劳动合同时，劳动者在该用人单位连续工作满 10 年且距法定退休年龄不足 10 年的；（3）连续订立二次固定期限劳动合同，且劳动者没有《劳动合同法》规定的过失性辞退和非过失性辞退情形，续订劳动合同的。用人单位自用工之日起满 1 年不与劳动者订立书面劳动合同的，视为用人单位与劳动者已订立无固定期限劳动合同。

为保证劳动者签订无固定期限劳动合同选择权的实现，《劳动合同法》规定了用人单位不履行该义务时应当加倍支付工资，即用人单位违反《劳动合同法》规定不与劳动者订立无固定期限劳动合同的，自应当订立无固定期限劳动合同之日起向劳动者每月支付 2 倍的工资。

同步思考

陈某与公司连续两次签订 2 年的劳动合同，末次合同到期前公司通知陈某到期后不再续签并支付了陈某终止劳动合同的经济补偿金。陈某认为公司违法解除与自己的劳动合同。你认为公司终止与陈某的劳动关系是否合理？

学以致用

小王从 2021 年 2 月 1 日起在一家服装公司工作，每月工资为 6 000 元，双方未签订书面劳动合同。其后小王多次向公司提出订立书面合同的要求，公司却没有回应。2022 年 3 月，公司突然通知小王签订书面合同，薪水降为每月 3 000 元。小王应该怎么用法律维护自己的合法权益？

分析：从 2021 年 2 月至 2022 年 3 月，小王在该单位工作已满一年，用人单位与小王未签订书面劳动合同，那么视为用人单位与小王签订了无固定期限劳动合同，小王可要求公司签订无固定期限劳动合同，同时小王可获得从 2021 年 3 月至 2022 年 1 月（自用工之日起满一个月的次日至满一年的前一日）共 11 个月的双倍工资补偿，即除了正常的工资外，小王可再获得 66 000（6 000×11）元。

（三）以完成一定工作任务为期限的劳动合同

以完成一定工作任务为期限的劳动合同，是指用人单位与劳动者约定以某项工作任务的完成为合同期限的劳动合同。当该项工作完成后，劳动合同即告终止。这种劳动合同没有明确约定合同有效时间的长短，而是把某项工作任务完成的时间作为劳动合同终止的时间，实际是固定期限劳动合同的转化，主要是便于用人单位根据工作性质、工作任务完成的状况，灵活确定劳动合同开始和结束的时间，具有较大的灵活性。

思政点滴

党的二十大报告指出：“就业是最基本的民生。强化就业优先政策，健全就业促进机制，促进高质量充分就业。”

《劳动合同法》对以完成一定工作任务为期限的劳动合同在签订上没有特

殊或强制性的要求，用人单位与劳动者协商一致，可以订立以完成一定工作任务为期限的劳动合同。它适用于建筑业以及临时性、季节性的工作，或者由于工作性质可以采取此种合同期限的工作。

学以致用

2019 年，某建筑公司承接了一项工程，并在工程设计之初就与建筑师孙先生签订了以完成一定工作任务为期限的劳动合同，双方约定待项目工程验收完成之日，劳动合同到期终止。但到 2022 年 6 月时，该项目尚未完成，公司人力资源经理就告诉孙先生，要求他在 1 个月后自行离职，否则就要辞退他。孙先生十分不解，人力资源经理说道："职工签订以完成一定工作任务为期限的劳动合同就相当于'临时工'，公司不想用就可以不用。"这种说法是否正确？这种情况下的劳动合同是否可以随意解除？（资料来源：根据法顾百家资料整理）

分析：人力资源经理的说法不正确。（1）"临时工"的概念在法律上已经不存在，案例中企业所谓的"临时工"实际上是以完成一定工作任务为期限的临时性用工，属于劳动关系；（2）以完成一定工作任务为期限的劳动合同只是我国法律中规定的用人单位可以与劳动者签订的劳动合同类型之一，与其他劳动合同本身并不存在差别。劳动者签订以完成一定工作任务为期限的劳动合同时也应当享受相应权利，用人单位随意解除属于违法行为，用人单位需要支付赔偿金。

三、劳动合同法律体系

《劳动合同法》于 2007 年 6 月 29 日第十届全国人民代表大会常务委员会第二十八次会议通过，自 2008 年 1 月 1 日起施行。根据 2012 年 12 月 28 日第十一届全国人民代表大会常务委员会第三十次会议《关于修改〈中华人民共和国劳动合同法的决定〉》修正，自 2013 年 7 月 1 日起施行。

《劳动合同法》是全面调整劳动合同关系的法律规范，在规范用人单位与劳动者订立、履行、解除、变更、终止、续订劳动合同中发挥着重要作用。

协作创新

李某在某快递公司从事快递员工作，双方未签订劳动合同。工作场所张贴了该快递公司的名称及外派员工作规范并设置考勤机。李某的工作为收件和派件，按件计酬，但需扣除李某每月租赁公司交通工具的费用及盒饭费用，如李某工作中发生丢件则由该快递公司对其处以罚款。

李某在工作期间受伤后申请劳动仲裁，要求确认与该快递公司存在劳动关系并要求该快递公司支付未签订劳动合同的双倍工资差额。

思考：李某和快递公司是否构成劳动关系？如果不构成，请分析原因。

第 39 讲　维护劳动权益的一纸契约
——劳动合同

学前思考

员工刘瑜虽然有考公考编的打算，但她并未因此消极怠工，其业绩一直排在部门前列。2022 年 6 月，分管经理找她谈话，表示“公司不接受一心二用的员工”，继而以“考验忠诚度”为由，要求她“次月必须卖出 90 万元以上的保险产品”，否则她要转岗去做柜员。

“这确实是强人所难，近两年行情不好，资深销售一个月也只能卖到 45 万元。”无奈之下，刘瑜只好接受转岗，“绩效收入至少降低了 20%”。除了调岗，更让刘瑜难受的是“冷暴力”，“开会不通知我，聚会、团建也不喊我，这不是逼我离职吗？”（资料来源：根据《工人日报》资料整理）

思考：对于很多人来说，职业生涯规划是在实践中不断完善的，因此变换工作岗位甚至跳槽并不少见。与此同时，一些用人单位通过调岗降薪、加重绩效考核等方式变相逼迫员工辞职的现象也屡见不鲜。那么，面对如此“软裁员”，劳动者应当如何维护自身权益？

微课

维护劳动权益的一纸契约

“软裁员”是企业采取的变相裁员的方式，以降薪、换岗和换工作地点等方式，迫使员工主动辞职，从而避免《劳动合同法》的一些规定和补偿，是一种常见的变相裁员的方法。对于企业调动工作岗位、地点等行为，我们应该学会利用劳动合同来保护自己的合法权益，在劳动合同中明确约定工作岗位、工作职位、工作内容、工作地点、工作时间以及工资等内容，这也是我们学习签订劳动合同的主要内容。

法条链接

《劳动合同法》第三条规定："订立劳动合同，应当遵循合法、公平、平等自愿、协商一致、诚实信用的原则。依法订立的劳动合同具有约束力，用人单位与劳动者应当履行劳动合同约定的义务。"

一、劳动合同的订立形式

用人单位自用工之日起应当与劳动者建立劳动关系。对于已建立劳动关系，未同时订立书面劳动合同的，应当自用工之日起1个月内订立书面劳动合同。在实际生活中，经常发生用人单位不与劳动者订立书面劳动合同的情况。为了维护劳动者合法权益，《劳动合同法》对此类违法行为作出专门规定：

（1）书面劳动合同是劳动合同唯一合法形式，不承认口头劳动合同，达成口头劳动合同的，视为尚未订立劳动合同。注意，例外的是，非全日制用工双方当事人可以订立口头协议。

（2）劳动关系一经建立，应该签订书面劳动合同。已建立劳动关系，未同时订立书面劳动合同的，应当自用工之日起1个月内订立书面劳动合同。

（3）用人单位自用工之日起超过1个月但不满1年未与劳动者订立书面劳动合同的，应当向劳动者每月支付2倍的工资。

（4）用人单位自用工之日起满1年不与劳动者订立书面劳动合同的，视为用人单位与劳动者已订立无固定期限劳动合同。

（5）用人单位违反本法规定不与劳动者订立无固定期限劳动合同的，自应当订立无固定期限劳动合同之日起向劳动者每月支付2倍的工资。

同步思考

张某在郑州工作，希望申请廉租房，主管部门要求其出示在郑州工作的劳动合同。张某在郑州一公司工作已经6个月了，多次向经理申请订立书面劳动合同，而经理却找各种理由拖延。请问：张某可以向公司提出什么要求以维护自身权利？

学以致用

申请人小唐到某外地驻青公司应聘会计岗位并被录用，双方订立了期限为两年的劳动合同。小唐被告知该公司现在处于筹备期，正式上班时间为1个月以后。在等待上岗的时间里，小唐到某国企进行面试。待到该外地驻青公司上班一周后，小唐收到了国企的录用通知，于是向该外地驻青公司提出辞职，并要求该公司支付自劳动合同订立之日至今的工资，但该公司仅同意支付一周的工资，由此双方产生了争议。小唐主张，其与该公司自订立劳动合同之日即存在劳动关系，该公司虽1个月未安排上岗，但应视为该期间为待岗，至少支付待岗工资。该公司主张，应自小唐实际提供劳动之日起建立劳动关系。（资料来源：根据搜狐网资料整理）

分析：根据《劳动合同法》第十条第三款"用人单位与劳动者在用工前订立劳动合同的，劳动关系自用工之日起建立"的规定，本案中小唐虽然在用工前一个月即订立了劳动合同，但是双方劳动关系应自实际用工之日起建立，故未上岗的一个月内不应视为待岗状态。用人单位提前与劳动者订立劳动合同

知识链接

劳动者需要提供能够证明其与用人单位确实存在劳动关系的证据。未签订劳动合同的劳动关系自用工之日起计算，签订了劳动合同但未用工的，劳动关系自实际用工之日起建立。

的行为不能片面地代表建立了劳动关系，还要根据双方实际提供劳动的情况来认定，用人单位与劳动者在此方面要注意维护好自身的权益。

二、劳动合同的内容

劳动合同的内容就是劳动合同的条款，一般分为必备条款和可备条款。

（一）必备条款

劳动合同必备条款是法律规定劳动合同必须具备的条款，它是生效劳动合同所必须具备的条款。根据《劳动合同法》的规定，劳动合同应当具备以下条款：

（1）用人单位的名称、住所和法定代表人或者主要负责人。

（2）劳动者的姓名、住址和居民身份证或者其他有效身份证件号码。

（3）劳动合同期限。

（4）工作内容和工作地点。

工作内容包括劳动者从事劳动的工种和岗位等。这是劳动者判断自己是否胜任该工作、是否愿意从事该工作的关键信息。工作地点，是指劳动者可能从事工作的具体地理位置。劳动者的工作地点和居住地点可能不一致，这就导致工作地点的远近也是劳动者判断是否订立劳动合同必不可少的信息，是用人单位必须告知劳动者的内容。

（5）工作时间和休息休假。

1）工作时间，是指劳动者在一昼夜或者一周内从事生产或工作的时间。换言之，是劳动者每天应工作的时数或者每周应工作的天数。目前，我国实行的工时制度主要有标准工时制、不定时工作制和综合计算工时制三种类型。不定时工作制，又称无定时工作制、不定时工作日，是指没有固定工作时间限制的工作制度，主要适用于因工作性质或工作条件不受标准工作时间限制的工作岗位，企业中的长途运输人员、出租车司机、高级管理人员、推销员等人员可以实行不定时工作制。综合计算工时制，又称综合计算工作日，是指用人单位根据生产和工作的特点，分别以周、月、季、年等为周期，综合计算劳动者工作时间，但其平均日工作时间和平均周工作时间仍与法定标准工作时间基本相同的一种工时形式。实行综合计算工时制必须经过劳动行政部门的审批。适用综合计算工时制的有交通、邮电、航空、渔业、勘探、建筑、旅游等行业受季

微课

把守劳动者的劳动权益底限

知识链接

我国现行的标准工时制度是劳动者每日工作时间不超过 8 小时，平均每周工作时间不超过 40 小时。对实行计件工作的劳动者，用人单位应当根据每日工作 8 小时、每周工作 40 小时的工时制度，合理确定其劳动定额和计件报酬标准。

法条链接

《劳动法》第四十一条规定："用人单位由于生产经营需要，经与工会和劳动者协商后可以延长工作时间，一般每日不得超过 1 小时；因特殊原因需要延长工作时间的，在保障劳动者身体健康的条件下延长工作时间每日不得超过 3 小时，但是每月不得超过 36 小时。"

法条链接

《劳动法》第三十八条规定："用人单位应当保证劳动者每周至少休息 1 日。"

节或自然条件限制的行业的部分职工。

工时制度如图 39-1 所示。

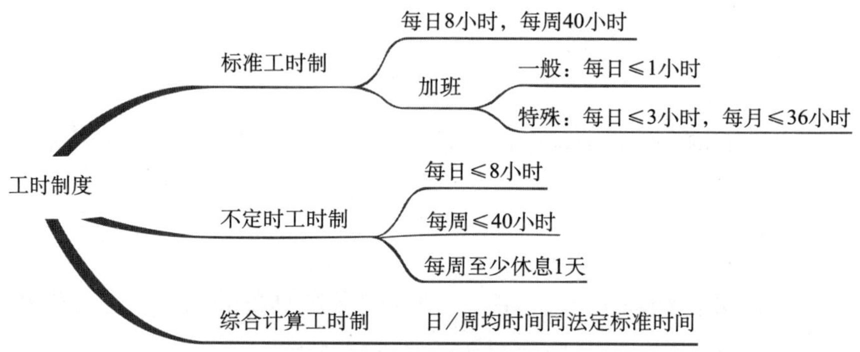

图 39-1　工时制度

2）休息、休假。休息，是指劳动者在任职期间，在法定工作时间以外，无须履行劳动义务而自行支配的时间，包括工作日内的间歇时间、工作日之间的休息时间和公休假日。休假，是指劳动者无须履行劳动义务且一般有工资保障的法定休息时间，主要包括：法定假日如元旦、春节、清明节、劳动节、端午节、中秋节、国庆节等全民节假日，建军节、妇女节等部分公民节日或纪念日和少数民族传统节日等；探亲假、婚假、丧假、产假等；年休假。

为维护职工休息休假权利，调动职工的工作积极性，国务院颁布的《职工带薪年休假条例》明确规定，机关、团体、企业、事业单位、民办非企业单位、有雇工的个体工商户等单位的职工连续工作 1 年以上的，享受带薪年休假（简称年休假）。职工在年休假期间享受与正常工作期间相同的工资收入。职工累计工作已满 1 年不满 10 年的，年休假 5 天；已满 10 年不满 20 年的，年休假 10 天；已满 20 年的，年休假 15 天。具体时长可以用图 39-2 来表示。

同步思考

你能说出我国传统节日和放假天数吗？

图 39-2　年休假时间示意图

国家法定休假日、休息日不计入年休假的假期。年休假在 1 个年度内可以集中安排，也可以分段安排，一般不跨年度安排。单位因生产、工作特点确有必要跨年度安排职工年休假的，可以跨 1 个年度安排。

当职工有法律规定情形之一时（见表 39-1），不享受当年的年休假。

表 39-1　不享受当年的年休假情形

序号	不享受当年的年休假情形
1	职工依法享受寒暑假，其休假天数多于年休假天数的
2	职工请事假累计 20 天以上且单位按照规定不扣工资的
3	累计工作满 1 年不满 10 年的职工，请病假累计 2 个月以上的
4	累计工作满 10 年不满 20 年的职工，请病假累计 3 个月以上的
5	累计工作满 20 年以上的职工，请病假累计 4 个月以上的

（6）劳动报酬。

劳动报酬，是指用人单位根据劳动者劳动的数量和质量，以货币形式支付给劳动者的工资。工资应当以货币形式按月支付给劳动者本人，必须在用人单位与劳动者约定的日期支付。用人单位不得克扣或者无故拖欠劳动者的工资。劳动者在法定休假日和婚丧假期间以及依法参加社会活动期间，用人单位应当依法支付工资。

1）加班工资。用人单位在劳动者完成劳动定额或规定的工作任务后，根据实际需要安排劳动者在法定标准工作时间以外工作的，应当按照一定标准支付高于劳动者正常工作时间工资的工资报酬，具体支付标准如图 39-3 所示。实行计件工资的劳动者，完成计件定额任务后，由用人单位安排延长工作时间的，根据上述原则，按照不低于其本人法定工作时间计件单价的 150%、200%、300% 支付。

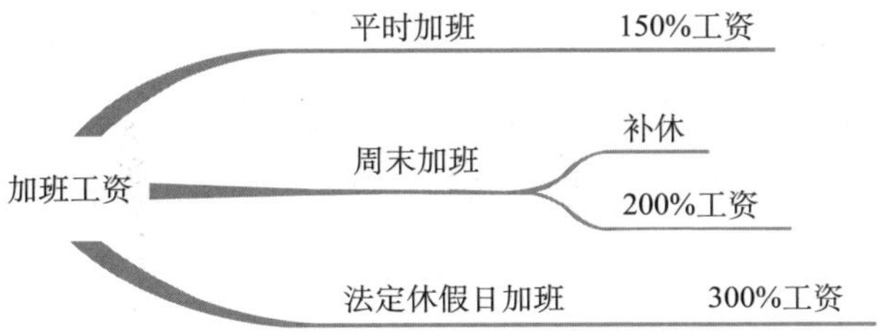

图 39-3　加班工资支付标准

2）最低工资保障制度。国家实行最低工资保障制度，以确保公平分配，保障劳动者及其家庭成员的基本生活，保障劳动力市场健康有序运行。最低工资的具体标准由省、自治区、直辖市人民政府规定，报国务院备案。用人单位支付劳动者的工资不得低于当地最低工资标准。最低工资不包括延长工作时间的工资报酬，以货币形式支付的住房补贴和用人单位支付的伙食补贴，中班、夜班、高温、低温、井下、有毒有害等特殊工作环境和劳动条件下的津贴，国家法律、法规、规章规定的劳动者福利待遇。用人单位低于当地最低工资标

知识链接

单位确因工作需要不能安排职工休年休假的，经职工本人同意，可以不安排职工休年休假。对职工应休未休的年休假天数，单位应当按照该职工日工资收入的 300% 支付年休假工资报酬。

同步思考

赵某日工资为 300 元，2023 年 5 月 1 日至 3 日公司安排其加班，未支付加班费，但安排其节后休息 3 天，请问公司的做法是否正确？如果不正确，如何处理？

准支付劳动者工资的，由劳动行政部门责令限期支付其差额部分；逾期不支付的，责令用人单位按应付金额 50% 以上 100% 以下的标准向劳动者加付赔偿金。

（7）社会保险。

社会保险包括基本养老保险、基本医疗保险、失业保险、工伤保险等。参加社会保险、缴纳保险费是用人单位与劳动者的法定义务，双方都必须履行。

（8）劳动保护、劳动条件和职业危害防护。

劳动保护，是指用人单位保护劳动者在工作过程中不受伤害的具体措施。劳动条件，是指用人单位为劳动者提供正常工作所必需的条件，包括劳动场所和劳动工具。职业危害防护，是指用人单位对工作过程中可能产生的影响劳动者身体健康的危害的防护措施。劳动保护、劳动条件和职业危害防护，是劳动合同中保护劳动者身体健康和安全的重要条款。

（9）法律、法规规定应当纳入劳动合同的其他事项。

用人单位提供的劳动合同文本未载明《劳动合同法》规定的劳动合同必备条款或者用人单位未将劳动合同文本交付劳动者的，由劳动行政部门责令改正；给劳动者造成损害的，应当承担赔偿责任。

（二）可备条款

除劳动合同必备条款外，用人单位与劳动者还可以在劳动合同中约定试用期、服务期、保密义务和竞业限制、补充保险和福利待遇等其他事项。但约定事项不能违反法律、行政法规的强制性规定，否则该约定无效。

1. 试用期

试用期，是指用人单位和劳动者双方为相互了解、确定对方是否符合自己的招聘条件或者求职意愿而约定的考察期间。同一用人单位与同一劳动者只能约定一次试用期，试用期包含在劳动合同期限内。劳动合同仅约定试用期的，试用期不成立，约定的期限就是劳动合同的期限。《劳动合同法》针对滥用试用期、试用期过长等问题做出详细规定，具体如表 39–2 所示。劳动者在试用期的工资待遇不得低于本单位相同岗位最低档工资或者劳动合同约定工资的 80%，不得低于用人单位所在地的最低工资标准。

同步思考

小王毕业后应聘到某公司做销售工作，双方签订劳动合同期限为 2 年，月工资为 5 500 元。合同约定试用期为 4 个月，试用期工资是 3 500 元。小王工作了 3 个月后，公司认为小王不符合录用条件，决定辞退小王。小王后来向当地劳动人事争议仲裁委员会申请仲裁，申请相应的补偿。请分析：该案件中公司有哪些违法行为？

表 39–2　试用期的期限

适用情形	试用期
劳动合同期限＜3 个月 以完成一定工作任务为期限 非全日制用工	不得约定
3 个月≤劳动合同期限＜1 年	≤1 个月
1 年≤劳动合同期限＜3 年	≤2 个月
劳动合同期限≥3 年 无固定期限劳动合同	≤6 个月

2. 服务期

服务期，是指法律规定的因用人单位为劳动者提供专业技术培训，双方约定的劳动者必须为用人单位服务的期间。在劳动关系实践中，用人单位经常通过服务期限协议进行人力资源的合理调配。

用人单位为劳动者提供专项培训费用，对其进行专业技术培训的，可以与该劳动者订立协议，约定服务期。劳动者违反服务期约定的，应当按照约定向用人单位支付违约金。违约金的数额不得超过用人单位提供的培训费用。用人单位要求劳动者支付的违约金不得超过服务期尚未履行部分所应分摊的培训费用。用人单位与劳动者约定服务期的，不影响按照正常的工资调整机制提高劳动者在服务期期间的劳动报酬。

3. 保密义务和竞业限制

用人单位与劳动者可以在劳动合同中约定保守用人单位的商业秘密和与知识产权相关的保密事项。对负有保密义务的劳动者，用人单位可以在劳动合同或者保密协议中与劳动者约定竞业限制条款。竞业限制，是指劳动者在解除或者终止劳动合同后，不能到与原单位生产或者经营同类产品、从事同类业务的有竞争关系的其他用人单位，或者自己开业生产或者经营同类产品。原用人单位在竞业限制期限内可以依照约定按月给予劳动者经济补偿。劳动者违反竞业限制约定的，应当按照约定向用人单位支付违约金。

竞业限制的人员限于用人单位的高级管理人员、高级技术人员和其他负有保密义务的人员。竞业限制的范围、地域、期限由用人单位与劳动者约定，竞业限制期限不得超过 2 年。

头脑风暴

公司派王某到美国接受为期 6 个月的专业技术培训，培训费用为 36 000 元。公司和王某签订了一个服务期协议，约定王某接受培训后必须为公司服务 3 年，否则要向公司支付违约金。如果王某培训后在公司工作满 2 年后想解除合同，那么王某应该支付多少违约金？

法条链接

《劳动合同法》第二十三条规定："对负有保密义务的劳动者，用人单位可以在劳动合同或者保密协议中与劳动者约定竞业限制条款，并约定在解除或者终止劳动合同后，在竞业限制期限内按月给予劳动者经济补偿。劳动者违反竞业限制约定的，应当按照约定向用人单位支付违约金。"

学以致用

赵某和某公司签订了 2 年期限的劳动合同，干了 1 年后，赵某对公司不满意，想要辞职，老板说辞职可以，但是因为赵某没有干够合同约定的2年期限，要赵某交5 000元违约金才给他办离职手续。赵某左右为难，想辞职又不想交违约金，十分郁闷。请问：赵某离职是否应当向公司支付违约金？

分析：《劳动合同法》规定劳动合同中可以设定违约金的情形仅限于两种：一是劳动者违反服务期约定的，应当向用人单位支付违约金；二是劳动者违反竞业限制约定的，应当向用人单位支付违约金。除此之外，劳动者享有辞职的权利，不受劳动合同期限的限制，不支付违约金，但是依法需要提前30天书面通知用人单位。

4. 补充保险

补充保险，是指除了国家基本保险以外，用人单位根据自己的实际情况为劳动者建立的一种保险，它用来满足劳动者高于基本保险需求的愿望，如补充医疗保险、人身意外保险等。补充保险的建立依用人单位的经济承受能力而定，由用人单位自愿实行，国家不作强制的统一规定。

5. 福利待遇

随着市场经济的发展，用人单位给予劳动者的福利待遇也成为劳动者收入的重要指标之一。员工福利主要有：社会保险和住房公积金（五险一金），连续工作满1年后享有带薪年休假，妇女在孕期、产期、哺乳期有相应的假期，国家法定的节假日的假期，患病享有医疗期等，企业还可以和员工约定其他一些福利。

头脑风暴

某公司招聘一名业务经理，张某凭借伪造的大学毕业证书及其他与岗位要求相关的资料，骗得公司的信任，与公司签订了为期3年的劳动合同。半年后，公司发现张某伪造学历证书及其他资料的事实，提出劳动合同无效，要求张某退还公司所发工资，并支付经济赔偿。张某认为公司违反《劳动合同法》的规定，擅自解除劳动合同，应承担违约责任。请分组讨论该案件应如何处理。

三、劳动合同的效力

劳动合同依法由用人单位与劳动者协商一致，并签字或者盖章后即生效，具有法律约束力。

劳动合同的无效，是指当事人违反法律、法规，订立的不具有法律效力的劳动合同。劳动合同的无效及部分无效的情形有以下几种：

（1）以欺诈、胁迫的手段或者乘人之危，使对方在违背真实意思的情况下订立或者变更劳动合同的。

（2）用人单位免除自己的法定责任、排除劳动者权利的。

（3）违反法律、行政法规强制性规定的。

对劳动合同的无效或者部分无效有争议的，由劳动争议仲裁机构或者人民法院确认。劳动合同部分无效，不影响其他部分效力的，其他部分仍然有效。

被确认为无效的劳动合同，尚未履行的不得履行，正在履行的停止履行。劳动合同被确认无效，劳动者已付出劳动的，用人单位应当向劳动者支付劳动报酬。劳动报酬的数额，参照本单位相同或者相近岗位劳动者的劳动报酬确定。劳动合同被确认无效，给对方造成损害，有过错的一方应当承担赔偿责任。

四、劳动合同的履行、变更、解除和终止

（一）劳动合同的履行

劳动合同的履行，是指劳动合同的双方当事人按照合同规定，履行各自应承担义务的行为。劳动合同依法订立即具有法律约束力，当事人必须履行合同规定的义务。

用人单位履行劳动合同时，应保障劳动者劳动报酬权的实现。用人单位应当按照劳动合同约定和国家规定，向劳动者及时、足额支付劳动报酬；用人单位拖欠或者未足额支付劳动报酬的，劳动者可以依法向当地人民法院申请支付令，人民法院应当依法发出支付令；用人单位安排加班的，应当按照国家有关规定向劳动者支付加班费。

劳动合同应依法履行，用人单位应当严格执行劳动定额标准，不得强迫或者变相强迫劳动者加班。劳动者拒绝用人单位管理人员违章指挥、强令冒险作业的，不视为违反劳动合同。劳动者对危害生命安全和身体健康的劳动条件，有权对用人单位提出批评、检举和控告。用人单位变更名称、法定代表人、主要负责人或者投资人等事项，不影响劳动合同的履行。用人单位发生合并或者分立等情况，原劳动合同继续有效，劳动合同由承继其权利和义务的用人单位继续履行。

同步思考

李某大学毕业后到一家外资公司工作，劳动合同书约定的工作岗位是会计，基本工资为 3 800 元，合同期为 2 年。但是 1 年后因一名员工离职，公司将李某的岗位变更为销售员，报酬也改为基本工资 2 000 元，绩效工资随销售业绩浮动。李某不同意，认为自己学的是会计专业，不适合做销售，并且调动岗位应双方协商一致。李某到劳动人事争议仲裁委员会申请仲裁，要求公司继续履行合同。请问：公司能否单方变更劳动合同？

（二）劳动合同的变更

劳动合同的变更，是指当事人双方对尚未履行或尚未完全履行的劳动合同，依照法律规定的条件和程序，对原劳动合同进行修改或增删的法律行为。用人单位与劳动者协商一致，可以变更劳动合同约定的内容。变更劳动合同，应当采用书面形式。变更后的劳动合同文本由用人单位和劳动者各执一份。

知识链接

变更劳动合同，应当采用书面形式；未采用书面形式，但已经实际履行超过 1 个月，且变更后的劳动合同不违反法律、行政法规、国家政策以及公序良俗，也发生劳动合同变更的效果。

（三）劳动合同的解除

劳动合同的解除，是指在劳动合同订立后，劳动合同期限届满之前，因双方协商提前结束劳动关系，或因出现法定的情形，合同一方单方通知对方结束劳动关系的法律行为。

协商解除，又称合意解除、意定解除，是指劳动合同订立后，双方当事人因某种原因，在完全自愿的基础上协商一致，提前终止劳动合同，结束劳动关系。由用人单位提出解除劳动合同而与劳动者协商一致的，必须依法向劳动者支付经济补偿；由劳动者主动辞职而与用人单位协商一致解除劳动合同的，用人单位无须向劳动者支付经济补偿。

法定解除，是指在出现国家法律、法规或劳动合同规定的可以解除劳动合同情形时，无须当事人协商一致，一方当事人即可决定解除劳动合同，劳动合同效力可以自然终止或由单方提前终止。在这种情况下，主动解除劳动合同的一方一般负有主动通知对方的义务。法定解除又可分为劳动者单方解除和用人单位单方解除。

同步思考

钱某在某公司工作了7个月，公司一直没有为钱某办理社会保险登记及缴纳社会保险费。钱某多次向公司主张无果，故提出辞职。公司经理指出，按照法律规定，员工辞职应当提前30天书面提出，钱某辞职不合法。请问：钱某辞职是否合法？公司是否应当向钱某支付经济补偿金？

1. 劳动者单方解除

劳动者单方解除可以分为提前通知解除、随时通知解除和无须告知立即解除三种，具体适用情形如表39–3所示。

表39–3　劳动者单方解除劳动合同的情形

类型	适用情形
提前通知解除	劳动者正常用工，提前30日以书面形式通知用人单位的
	劳动者在试用期内提前3日通知用人单位的
随时通知解除	用人单位未按照劳动合同约定提供劳动保护或者劳动条件的
	用人单位未及时足额支付劳动报酬的
	用人单位未依法为劳动者缴纳社会保险费的
	用人单位的规章制度违反法律、法规的规定，损害劳动者权益的
	用人单位以欺诈、胁迫的手段或者乘人之危，使对方在违背真实意思的情况下订立或者变更劳动合同的
	用人单位在劳动合同中免除自己的法定责任、排除劳动者权利的
	用人单位违反法律、行政法规强制性规定的
	法律、行政法规规定劳动者可以解除劳动合同的其他情形
无须告知立即解除	用人单位以暴力、威胁或者非法限制人身自由的手段强迫劳动者劳动的
	用人单位违章指挥、强令冒险作业危及劳动者人身安全的

2. 用人单位单方解除

用人单位单方解除劳动合同包括过错性辞退、无过错性辞退和经济性裁员三种，具体适用情形如表 39–4 所示。

表 39–4　用人单位单方解除劳动合同的情形

类型	适用情形
过错性辞退	劳动者在试用期间被证明不符合录用条件的
	劳动者严重违反用人单位的规章制度的
	劳动者严重失职，营私舞弊，给用人单位造成重大损害的
	劳动者同时与其他用人单位建立劳动关系，对完成本单位的工作任务造成严重影响，或者经用人单位提出，拒不改正的
	劳动者以欺诈、胁迫的手段或者乘人之危，使用人单位在违背真实意思的情况下订立或者变更劳动合同的
	劳动者被依法追究刑事责任的
无过错性辞退	劳动者患病或者非因工负伤，在规定的医疗期满后不能从事原工作，也不能从事由用人单位另行安排的工作的
	劳动者不能胜任工作，经过培训或者调整工作岗位，仍不能胜任工作的
	劳动合同订立时所依据的客观情况发生重大变化，致使劳动合同无法履行，经用人单位与劳动者协商，未能就变更劳动合同内容达成协议的
经济性裁员	用人单位依照企业破产法规定进行重整的
	用人单位生产经营发生严重困难的
	企业转产、重大技术革新或者经营方式调整，经变更劳动合同后，仍需裁减人员的
	其他因劳动合同订立时所依据的客观经济情况发生重大变化，致使劳动合同无法履行的

知识链接

职工患病或非因工负伤治疗期间，在规定的医疗期间内由企业按有关规定支付其病假工资或疾病救济费，病假工资或疾病救济费可以低于当地最低工资标准，但不能低于最低工资标准的 80%。

学以致用

医疗期，是指企业职工因患病或非因工负伤停止工作治病休息不得解除劳动合同的时限。企业职工因患病或非因工负伤，需要停止工作医疗时，根据本人实际参加工作年限和在本单位工作年限，给予 3 个月到 24 个月的医疗期：

（1）实际工作年限 10 年以下的，在本单位工作年限 5 年以下的为 3 个月；5 年以上的为 6 个月。

（2）实际工作年限 10 年以上的，在本单位工作年限 5 年以下的为 6 个月；5 年以上 10 年以下的为 9 个月；10 年以上 15 年以下的为 12 个月；15 年以上 20 年以下的为 18 个月；20 年以上的为 24 个月。

医疗期3个月的，按6个月内累计病休时间计算；6个月的，按12个月内累计病休时间计算；9个月的，按15个月内累计病休时间计算；12个月的，按18个月内累计病休时间计算；18个月的，按24个月内累计病休时间计算；24个月的，按30个月内累计病休时间计算（见表39-5）。

医疗期计算应从病休第一天开始，累计计算。例如：应享受3个月医疗期的职工，如果从2023年3月5日起第一次病休，那么，该职工的医疗期应在3月5日至9月5日之间确定，在此期间累计病休3个月即视为医疗期满。其他以此类推。

表39-5　医疗期的时长确定表

实际工作年限（年）	本单位工作年限（年）	医疗期（月）	计算时间段（月）	
＜10	＜5	3	6	医疗期 ×2
	≥5	6	12	
≥10	＜5	6	12	医疗期 +6
	≥5且＜10	9	15	
	≥10且＜15	12	18	
	≥15且＜20	18	24	
	≥20	24	30	

3. 用人单位不得解除劳动合同的情形

劳动者有规定情形之一的（见表39-6），用人单位不得解除劳动合同。

表39-6　用人单位不得解除劳动合同情形

序号	用人单位不得解除劳动合同情形
1	从事接触职业病危害作业的劳动者未进行离岗前职业健康检查，或者疑似职业病病人在诊断或者医学观察期间的
2	在本单位患职业病或者因工负伤并被确认丧失或者部分丧失劳动能力的
3	患病或者非因工负伤，在规定的医疗期内的
4	女职工在孕期、产期、哺乳期的
5	在本单位连续工作满15年，且距法定退休年龄不足5年的
6	法律、行政法规规定的其他情形

（四）劳动合同的终止

劳动合同终止一般不涉及用人单位与劳动者的意思表示，只要法定事实出现，一般情况下都会导致双方劳动关系的消灭。有下列情形之一的，劳动

知识链接

月工资是指劳动者在劳动合同解除或者终止前12个月的平均工资。月工资按照劳动者应得工资计算，包括计时工资或者计件工资以及奖金、津贴和补贴等货币性收入。劳动者工作不满12个月的，按照实际工作的月数计算平均工资。

合同终止：劳动合同期满的；劳动者开始依法享受基本养老保险待遇的；劳动者死亡，或者被人民法院宣告死亡或者宣告失踪的；用人单位被依法宣告破产的；用人单位被吊销营业执照、责令关闭、撤销或者用人单位决定提前解散的；法律、行政法规规定的其他情形。

（五）劳动合同解除和终止的经济补偿金

1. 经济补偿金的概念

经济补偿金是用人单位解除或终止劳动合同时，给予劳动者的一次性货币补偿。一般认为，经济补偿金兼具劳动贡献补偿和失业后生活补助的性质。从功能上讲，经济补偿金既可从经济方面制约用人单位的解雇行为，也可以对失去工作的劳动者给予经济上的补偿，解决劳动合同解除后一定期限内劳动者生活保障问题。

2. 经济补偿金的补偿标准

经济补偿按劳动者在本单位工作的年限，每满 1 年支付 1 个月工资的标准向劳动者支付。6 个月以上不满 1 年的，按 1 年计算；不满 6 个月的，向劳动者支付半个月工资的经济补偿。经济补偿金最高数额的限制：劳动者月工资高于用人单位所在直辖市、设区的市级人民政府公布的本地区上年度职工月平均工资 3 倍的，向其支付经济补偿的标准按职工月平均工资 3 倍的数额支付，向其支付经济补偿的年限最高不超过 12 年。

知识链接

劳动者在劳动合同解除或者终止前 12 个月的平均工资低于当地最低工资标准的，按照当地最低工资标准计算。

同步思考

如何区分经济补偿金、违约金和赔偿金？

五、劳动争议处理

（一）劳动争议的含义和范围

劳动争议，是指劳动关系当事人之间因实现劳动权利、履行劳动义务发生分歧而引起的争议，也称劳动纠纷、劳资争议。劳动争议的范围具体如表 39–7 所示。

表 39–7 劳动争议的范围

序号	劳动争议的范围
1	因确认劳动关系发生的争议
2	因订立、履行、变更、解除和终止劳动合同发生的争议
3	因除名、辞退和辞职、离职发生的劳动争议
4	因工作时间、休息休假、社会保险、福利、培训以及劳动保护发生的争议

知识链接

劳动争议由劳动合同履行地或者用人单位所在地的劳动人事争议仲裁委员会管辖。双方当事人分别向劳动合同履行地和用人单位所在地的劳动人事争议仲裁委员会申请仲裁的，由劳动合同履行地的劳动人事争议仲裁委员会管辖。劳动争议申请仲裁的时效期间为 1 年。仲裁时效期间从当事人知道或者应当知道其权利被侵害之日起计算。

续表

序号	劳动争议的范围
5	因劳动报酬、工伤医疗费、经济补偿或者经济赔偿金等发生的争议
6	法律、法规规定的其他劳动争议

法治素养

李某于2022年2月26日入职某电子商务公司，岗位为工程师，双方签订了劳动合同。2023年1月21日，李某得知父亲患癌症晚期，于是通过微信向直属领导张某请假，又通过邮件向领导请假称，“因父亲病重需紧急返乡，特提出请假申请”，请假时间为2023年1月24日至1月30日。当日，李某回家照顾重病父亲。其间，公司要求李某提供有效请假材料，李某亦通过微信提交了父亲病历照片。1月28日，李某的父亲因病重去世。公司却以李某请假未批不到岗，构成旷工为由解除了劳动合同。李某不服解除决定，申请劳动仲裁，劳动人事争议仲裁委员会认定公司解除劳动合同违法。该公司不认可裁决结果，起诉至人民法院。人民法院经审理认为，公司在明知李某父亲重病的情况下，仍以请假材料不全，未经审批为由，要求李某到岗，未体现出以人为本的发展理念，与社会主义核心价值观中友善的要求不符，亦有悖中华民族的传统孝文化，既不合情也不合理。（资料来源：根据微法官资料整理）

启示：习近平总书记2016年5月27日在中共中央政治局第三十二次集体学习时强调，要把弘扬孝亲敬老纳入社会主义核心价值观宣传教育，建设具有民族特色、时代特征的孝亲敬老文化。企业作为社会成员，也应合理承担孝亲敬老的社会责任，对职工照顾父母的孝亲行为予以适当包容和鼓励。本案对于树立孝亲敬老的社会风尚、构建和谐劳动关系具有积极意义，有利于弘扬友善、和谐、文明、法治的社会主义核心价值观。

知识链接

当事人对劳动争议案件的仲裁裁决不服的，可以自收到仲裁裁决书之日起15日内向人民法院提起诉讼；期满不起诉的，裁决书发生法律效力。

（二）劳动争议的解决

解决劳动争议，应当根据事实，遵循合法、公正、及时、着重调解的原则，依法保护当事人的合法权益。

劳动争议解决的方法有协商、调解、仲裁和诉讼。发生劳动争议，劳动者可以与用人单位协商，也可以请工会或者第三方共同与用人单位协商，达成和解协议；当事人不愿协商、协商不成或者达成和解协议后不履行的，可以向调解组织申请调解；不愿调解、调解不成或者达成调解协议后不履行的，可以

知识链接

劳动者可以直接向人民法院提起诉讼的情形：有工资欠条且无其他争议的劳动报酬纠纷；用人单位原因导致无法享受社保待遇要求赔偿损失纠纷；企业合并、分立、上市等改制引发争议；用人单位拒不履行加付赔偿金义务。劳动者直接向人民法院提起诉讼的前提必须是，劳动者和用人单位必须对存在劳动关系、赔偿金额较为明确，不存在其他劳动争议，才能行使诉讼权，否则必须先经过劳动仲裁关，不服仲裁裁决，才能依法提起诉讼。

向劳动争议仲裁机构申请仲裁；对仲裁裁决不服的，除《中华人民共和国劳动争议调解仲裁法》另有规定的外，可以向人民法院提起诉讼。实践中解决劳动纠纷主要通过劳动仲裁和诉讼的途径。

协作创新

大学毕业生田宇于2020年6月1日成功应聘到通天红酒有限责任公司，双方订立了3年期的劳动合同，并约定试用期为8个月。2021年11月1日，公司与田宇签订《培训协议》，约定将田宇送到国外进行专项技术培训2个月，并约定培训结束后田宇再为公司服务5年，如违反服务期约定，田宇须向公司支付违约金。2023年5月底，公司告知田宇，因公司业务调整，其与田宇所订立的劳动合同在2023年5月31日到期后不再延续，田宇无须再继续履行《培训协议》中约定的服务期。田宇认为，其劳动合同期限应当延续至服务期届满，公司终止劳动合同的行为属于违法终止，故提出仲裁申请，要求通天红酒有限责任公司支付违法终止劳动合同赔偿金。请问：

（1）公司与田宇约定的试用期是否合法？为什么？

（2）公司与田宇约定的服务期是否合法？为什么？

（3）公司终止与田宇的劳动合同是否合法？为什么？

专题十四 增进民生福祉 提升幸福指数 ——社会保险

第 40 讲 让人人都享有社会保障 ——认识社会保险

学前思考

某外商独资公司高薪聘用了一位博士毕业生赵某担任副总经理。当时，在谈到工资待遇时，公司说："董事会给你定的工资为 2.2 万元。不过，我们是一家外资公司，之所以工资定得这么高，是因为除了工资以外，再没有其他福利待遇了。像什么医药费报销、养老等问题都得自己解决，公司概不负责。"听了这话，赵某心里盘算道："这个公司给我的工资的确是够多的，可就是将来万一得了什么大病，或者老了怎么办呢？"但他转念又一想："我刚 30 多岁，一般也不会有什么大病，至于养老问题，现在考虑还为时过早。倒不如趁年轻多挣些钱，实惠。"工作以后，赵某为了解除自己的后顾之忧，每月从工资中拿出 1 000 元投保了一份养老保险。

思考：《劳动法》规定的社会保险与保险公司的金融保险有哪些不同？高薪能替代养老保险吗？

思政点滴

党的二十大报告指出："社会保障体系是人民生活的安全网和社会运行的稳定器。健全覆盖全民、统筹城乡、公平统一、安全规范、可持续的多层次社会保障体系。"避免社会保障制度成为固化城乡之间、地区之间的因素。因此，社会保障体系的完善对统筹城乡、实现公平统一意义重大。

在我国，社会保险是社会保障体系的重要组成部分，其在整个社会保障体系中居于核心地位。要回答案例中的问题，我们首先要学习什么是社会保险。

同步思考

在校大学生要不要缴纳社保？在校生购买的医疗保险属于哪种保险？

一、社会保险概述

社会保险，是指国家依法建立的，由国家、用人单位和个人共同筹措资金、建立基金，使个人在年老（退休）、患病、工伤（因工伤残或者患职业病）、失业、生育等情况下获得物质帮助和补偿的一种社会保障制度。社会保险是一种再分配制度，它的目标是保证物质及劳动力的再生产和社会的稳定，它具有以下特征：

（1）强制性。国家通过立法强制实施社会保险制度。用人单位和劳动者必须依法参加社会保险，缴纳社会保险费，双方均不能自愿放弃。

（2）社会性。社会保险具有普遍性，保障对象可以是一切自然人，保障责任和义务体现出社会化，保障功能反映的是公益性。

（3）福利性。社会保险不以营利为目的，而在于保障社会成员的基本生活，是造福于大众的社会公益事业。

（4）补偿性。社会保险是对劳动者所遇劳动风险的补偿，劳动者在年老、患病、残疾、失业、生育等方面丧失劳动能力或劳动机会时，从社会获得物质帮助和补偿。

（5）互助性。社会保险所遵循的是广泛集聚众多资金、分散风险损失的互助共济原则。

法条链接

2011 年 7 月 1 日起施行的《中华人民共和国社会保险法》是我国社保领域的一个纲领性文件。

法治素养

党的二十大报告指出："我们要实现好、维护好、发展好最广大人民根本利益，紧紧抓住人民最关心最直接最现实的利益问题，坚持尽力而为、量力而行，深入群众、深入基层，采取更多惠民生、暖民心举措，着力解决好人民群众急难愁盼问题……"社会保障是保障和改善民生、维护社会公平、增进人民福祉的基本制度保障。近年来，我国社会保障体系建设进入快车道，建成了世界上规模最大的社会保障体系，为人民创造美好生活奠定了坚实基础。截至 2024 年 9 月底，我国基本养老保险参保人数达到 10.75 亿人；截至 2024 年底，基本医疗保险参保人数达 13.26 亿人，覆盖率稳定在 95% 以上……更公平、更可靠、可持续的社会保障体系，托举起人民群众稳稳的幸福。（资料来源：根据人民网资料整理）

启示：社会保障体系是人民生活的安全网和社会运行的稳定器。社会保障体系对于构建社会主义和谐社会、实现社会经济高质量发展具有重要意义。中国特色社会主义道路是创造人民美好生活的必由之路，只有坚持中国特色社会主义，才能够实现中华民族伟大复兴，才能够保证人民群众得到更多实惠，拥有更多的获得感。

法条链接

《社会保险法》第五十八条规定："用人单位应当自用工之日起 30 日内为其职工向社会保险经办机构申请办理社会保险登记。未办理社会保险登记的，由社会保险经办机构核定其应当缴纳的社会保险费。"

微课

让人人都享有社会保障

二、社会保险制度

（一）社会保险制度的三个层次

1. 基本社会保险

基本社会保险，是指国家立法强制实施的社会保障制度，是满足劳动者因遇到劳动风险而产生的基本生活需要的保险制度。它是第一层次，也是最主要的保险方式。其特点包括：一是覆盖面广，适用于各类企业、个体经济组织和与之形成劳动关系的劳动者，以及国家机关、事业组织、社会团体和与之建立劳动合同关系的劳动者；二是标准统一，各地区、各类企业、各种劳动者实行统一的保险项目缴费比例和统一的保险待遇标准；三是强制程度高，基本社会保险是法定的强制保险，保险金统一筹集和使用。

头脑风暴

现如今，随着互联网技术的发展和网络平台的多样化，越来越多的大学生选择灵活就业，例如从事微商、网络主播、网约司机等工作。那么，灵活就业人员是否要缴纳社保？如何参保？缴费标准是多少呢？

2. 单位补充保险

单位补充保险，是指除了社会基本保险以外，用人单位根据自己的经济条件为劳动者投保高于社会基本保险标准的补充保险，也是第二层次的保险。补充保险以用人单位所具有的经济承受能力为前提条件，由用人单位自愿投保。

3. 个人储蓄保险

个人储蓄保险，是指劳动者个人以储蓄形式参加社会保险，它是第三层次的保险。劳动者根据自己的经济能力和意愿决定是否投保，具有自愿性。

（二）社会保险的基本内容

思政点滴

社会保障是构建社会主义和谐社会的一项基础性制度，对调节收入分配、促进社会公平、满足群众需要、保持社会稳定具有重要作用。实现社会和谐，建设美好社会，始终是人类孜孜以求的社会理想。建立健全社会保障体系，是构建和谐社会的前提和必要条件。

社会保险的基本内容就是通常所说的“五险一金”，具体包括：基本养老保险、基本医疗保险、工伤保险、失业保险、生育保险和住房公积金。

社会保险由用人单位与劳动者个人按规定比例缴纳。如果职工与单位发生劳动争议，职工可以申请劳动仲裁，依法维护自己的合法权益。

协作创新

某个体超市新开张，雇用张某等4人当营业员。张某等人工作了一个月后，超市老板王某称他们经试用合格可继续留任。但当张某等人问及签订劳动合同和缴纳社会保险一事时，老板王某却说，超市在市场监管部门登记注册的是个体工商户，职工才五六人，都是临时请来的，是雇佣关系，不存在劳动关系，无须同他们签订劳动合同和缴纳社会保险费，只要按规定支付劳动报酬就行。张某等人不解。

思考：你是否认同超市老板王某的观点？

第 41 讲　单位给你缴纳社保了吗？
——社会保险费

学前思考

张某等 27 人在某矿业公司担任矿工，每年双方签订一次非全日制劳动合同，工资支付周期为每月 26 日至次月 25 日。劳动合同约定每天工作 4 个小时，属于非全日制用工，但实际上张某等人每天工作 6 到 10 个小时不等。2022 年 11 月，公司让张某等人回家待岗等通知，但一直到 2023 年 7 月也没有复工。待岗期间公司没有支付任何劳动报酬。双方就社保、复工及待岗期间的工资待遇等问题发生争议。（资料来源：根据新浪新闻资料整理）

思考：非全日制员工待岗期间，用人单位是否需要为其缴纳社保？

由于“社保入税”的影响，很多企业转而采取非全日制用工，以规避社会保险的风险。那么，签订非全日制劳动合同是否可以不交社保？带着这个问题，我们进入今天的学习内容。

一、基本养老保险

基本养老保险，是指缴费达到法定期限并且个人达到法定退休年龄后，国家和社会提供物质帮助以保证因年老而退出劳动领域者有稳定、可靠的生活来源的社会保险制度。

（一）我国基本养老保险的筹资方式和缴费比例

1. 用人单位的缴费基数和缴费比例

用人单位的缴费基数是单位员工工资总额，缴费比例是 20%，费用全部进入养老保险统筹基金。

2. 职工个人的缴费基数和缴费比例

职工个人一般按照本人缴费工资的 8% 缴费，进入个人账户。

3. 灵活就业人员的缴费基数和缴费比例

灵活就业人员参加基本养老保险的缴费基数可以在全省全口径城镇单位

微课

单位给你缴纳社保了吗？

法条链接

《社会保险法》第一条规定：“为了规范社会保险关系，维护公民参加社会保险和享受社会保险待遇的合法权益，使公民共享发展成果，促进社会和谐稳定，根据宪法，制定本法。”

知识链接

基本养老保险基金由用人单位和个人缴费以及政府补贴等组成。基本养老保险实行社会统筹与个人账户相结合，基本养老金由统筹养老金和个人账户养老金组成。

法条链接

《社会保险法》第二条规定：“国家建立基本养老保险、基本医疗保险、工伤保险、失业保险、生育保险等社会保险制度，保障公民在年老、疾病、工伤、失业、生育等情况下依法从国家和社会获得物质帮助的权利。”

就业人员平均工资的60%至300%之间选择，缴费比例为20%，全部由个人承担，其中12%进入统筹账户，8%进入个人账户。

（二）基本养老保险享受条件与待遇

1. 基本养老保险享受条件

年龄条件：达到法定退休年龄。具体年龄如表41-1所示。

表41-1 法定退休年龄

从事工作及身体状况	法定退休年龄（岁）		
	男	女工人	女干部
一般工作	63	55	58
从事井下、高温、高空、特别繁重体力劳动或其他有害身体健康工作	55	45	
因病或非因工致残，由医院证明并经劳动鉴定委员会确认完全丧失劳动能力的	50	45	

2. 缴费条件

需要累计缴费满15年。参加职工基本养老保险的个人，达到法定退休年龄时累计缴费满15年的，按月领取基本养老金。

3. 职工基本养老保险待遇

对符合基本养老保险享受条件的人员，国家按月支付基本养老金。参加基本养老保险的个人，因病或者非因工死亡的，其遗属可以领取丧葬补助金和抚恤金，所需资金从基本养老保险基金中支付。参加基本养老保险的个人，在未达到法定退休年龄时因病或者非因工致残完全丧失劳动能力的，可以领取病残津贴，所需资金从基本养老保险基金中支付。

二、基本医疗保险

基本医疗保险，又称疾病保险、疾病津贴等，是指劳动者由于患病或非因工负伤后，由社会提供医疗服务或经济补偿的社会保险制度。

（一）基本医疗保险的覆盖范围和缴费方式

1. 覆盖范围

城镇所有用人单位及其职工都要参加基本医疗保险，包括企业、机关、

知识链接

根据2024年9月13日第十四届全国人民代表大会常务委员会第十一次会议通过的《国务院关于渐进式延迟法定退休年龄的办法》，自2025年1月1日起，延迟退休政策开始实施，一般工种男女法定退休年龄规定如下：男职工和原法定退休年龄为55周岁的女职工，法定退休年龄每4个月延迟1个月，分别逐步延迟至63周岁和58周岁；原法定退休年龄为50周岁的女职工，法定退休年龄每2个月延迟1个月，逐步延迟至55周岁。

头脑风暴

有一个网友的留言引发了网络热议："请问社保缴费是缴满15年吗？我最近到一家新公司，人事和我商量说我的社保已经满15年了，可以不用交了，也不影响我退休，而且这样不扣我个人部分，到手的钱还要多一笔。"请思考：这样做是可以的吗？

法条链接

《社会保险法》第十四条规定："个人账户不得提前支取，记账利率不得低于银行定期存款利率，免征利息税。个人死亡的，个人账户余额可以继承。"

事业单位、社会团体、民办非企业单位及其职工。

2. 缴费方式

基本医疗保险费由用人单位和职工双方共同负担。用人单位缴费比例一般控制在职工工资总额的6%左右。用人单位缴纳的基本医疗保险费分为两部分：一部分进入统筹基金，另一部分划入个人账户。职工缴费比例一般为本人工资收入的2%，个人缴费全部进入个人账户。

法条链接

《社会保险法》第三十二条规定："个人跨统筹地区就业的，其基本医疗保险关系随本人转移，缴费年限累计计算。"

（二）职工基本医疗保险的待遇标准

职工基本医疗保险的统筹基金和个人账户按照各自的支付范围，分别核算，不得互相挤占。

（1）个人账户，用于支付门诊费用、住院费用中个人自付部分以及在定点药店购物费用。

（2）统筹基金，用于支付住院医疗费用和部分门诊大病费用。

（三）享受基本医疗保险待遇条件

1. 缴费年限

目前，国家对最低缴费年限尚无统一规定，由各统筹地区根据本地情况自行确定，一般为男职工30年，女职工25年。经济较发达统筹地区规定的缴费年限比较短。

2. 参保职工退休时未达到国家规定的缴费年限

参保职工退休时未达到国家规定的缴费年限的，可以缴费至国家规定的年限。

知识链接

一般来说，社保停止缴费后有3个月缓缴期，即这期间可以暂时不交，此时医保可以正常使用。如果3个月后仍未入职并缴纳社保，这才是真正意义的断缴，此时你的连续缴费时间被清零。有些地区的落户、车牌摇号等业务对社保连续缴纳时间有要求，清零后就要重来。此时医保余额是可以正常使用的。如果第三个月找到了工作并缴纳了社保，可以将中间未缴的2个月在当地社保机构补缴。

三、工伤保险

工伤保险，是指劳动者在工作中或在规定的特殊情况下，遭受意外伤害或患职业病导致暂时或永久丧失劳动能力以及死亡时，劳动者或其遗属从国家和社会获得物质帮助的一种社会保险制度。

（一）工伤保险费的缴纳

职工应当参加工伤保险，由用人单位缴纳工伤保险费，职工不缴纳工伤保险费。这里说的用人单位主要包括中华人民共和国境内的企业、事业单位、社会团体、民办非企业单位、基金会、律师事务所、会计师事务所等组织和有雇工的个体工商户。用人单位应当按照本单位职工工资总额，根据社会保险经办机构确定的费率按时足额缴纳工伤保险费。全国各行业工伤保险的费率幅度为 0.5% ～ 2%，原则控制在 1% 左右。

知识链接

上下班途中可以被认定为工伤的四种情形：（1）在合理时间内往返于工作地与住所地、经常居住地、单位宿舍的合理路线的上下班途中发生工伤的；（2）在合理时间内往返于工作地与配偶、父母、子女居住地的合理路线的上下班途中发生工伤的；（3）从事属于日常工作、生活所需要的活动，且在合理时间和合理路线的上下班途中发生工伤的；（4）在合理时间内其他合理路线的上下班途中发生工伤的。

（二）享受工伤保险待遇的条件

1. 应当认定为工伤的情形

应当认定为工伤的情形具体如表 41–2 所示。

表 41–2　应当认定为工伤的情形

序号	应当认定为工伤的情形
1	在工作时间和工作场所内，因工作原因受到事故伤害的
2	工作时间前后在工作场所内，从事与工作有关的预备性或者收尾性工作受到事故伤害的
3	在工作时间和工作场所内，因履行工作职责受到暴力等意外伤害的
4	患职业病的
5	因工外出期间，由于工作原因受到伤害或者发生事故下落不明的
6	在上下班途中，受到非本人主要责任的交通事故或者城市轨道交通、客运轮渡、火车事故伤害的
7	法律、行政法规规定应当认定为工伤的其他情形

2. 视同工伤的情形

视同工伤的情形具体如表 41–3 所示。

表 41–3　视同工伤的情形

序号	视同工伤的情形
1	在工作时间和工作岗位，突发疾病死亡或者在 48 小时之内经抢救无效死亡的
2	在抢险救灾等维护国家利益、公共利益活动中受到伤害的
3	职工原在军队服役，因战、因公负伤致残，已取得革命伤残军人证，到用人单位后旧伤复发的
备注	职工有第三项情形的，按《工伤保险条例》的有关规定享受除一次性伤残补助金以外的工伤保险待遇

知识链接

职工发生事故或者被诊断、鉴定为职业病的，所在单位应当自事故伤害发生之日或者被诊断、鉴定为职业病之日起 30 日内，向统筹地区社会保险行政部门提出工伤认定申请，如果用人单位未提出认定申请的，受害职工或其近亲属、工会组织在事故伤害发生之日或者被诊断、鉴定为职业病之日起 1 年内，可以向用人单位所在地统筹地区社会保险行政部门提出工伤认定申请。

法治素养

何某系某公司职工，已参加工伤保险，其在工作时间内在工作岗位上突发疾病，经抢救无效后，医院出具居民死亡医学证明书，记载何某死亡。该公司向社保机构提出工伤认定申请，社保机构作出决定书，认为何某自病发到被宣告死亡已超过48小时，不符合《工伤保险条例》关于认定工伤的规定，决定不予认定工伤。该公司不服此决定，向人民法院提起行政诉讼，人民法院判决撤销社保机构作出的决定书。

启示：《工伤保险条例》的立法精神在于最大限度地保障劳动者的权益，使符合工伤认定标准的劳动者尽可能享受相应待遇。本案中，在何某危重之际，其家属坚持抢救、不离不弃，属于人之常情，符合社会伦理道德，不能因此而使其承担由于最终死亡时间超过48小时而不能认定工伤的不利后果。人民法院依法判决撤销不予认定工伤的决定书，彰显了积极抢救生命的基本道德，体现了《工伤保险条例》的立法精神，弘扬了文明、和谐、法治的社会主义核心价值观。

3. 不予认定为工伤的情形

职工因下列情形之一导致本人在工作中伤亡的，不得认定为工伤或者视同工伤：（1）故意犯罪的；（2）醉酒或者吸毒的；（3）自残或者自杀的。

知识链接

用人单位应当自事故伤害发生之日起30日内，申请工伤认定。如果用人单位没有在上述30日内提交工伤认定申请的，在此期间发生的符合《工伤保险条例》规定的工伤待遇等有关费用由该用人单位负担。

学以致用

杨某于2023年5月入职某公司，岗位为保洁员，双方签订了劳动合同。2023年6月，杨某在上班途中发生交通事故，共花费医疗费5万元。公司认为杨某并非因为工作原因受伤，拒绝向工伤部门提出认定申请。2023年9月，杨某自行提出工伤认定申请，区人力资源和社会保障局认定杨某受到的事故伤害为工伤。杨某申请医药费报销时被告知，由于公司未按照规定时间为杨某申报工伤，导致其部分医药费无法通过工伤保险基金支付。（资料来源：根据新浪新闻资料整理）

分析：由于用人单位未在规定时限内申请工伤认定，且未尽到告知义务，导致劳动者该期间的医疗费用不能由工伤保险基金支付，因此用人单位应承担无法报销的该部分医药费。这里需要注意的是，用人单位有申请工伤认定的义务，不能以为缴纳了工伤保险费就万事大吉，不按时履行申请工伤认定义务，仍要承担相应的法律责任。

同步思考

又到毕业时，有大学毕业生经过努力未找到工作，没有收入来源，可以领取失业保险金吗？

四、失业保险

失业保险，是指国家通过立法强制实行的，由社会集中建立基金，对因失业而暂时中断生活来源的劳动者提供物质帮助的制度。

（一）失业保险费的缴纳

城镇各类企业及其职工、事业单位及其职工、社会团体及其职工、民办非企业单位及其职工、国家机关和与之建立劳动合同关系的职工，都必须参加失业保险并按规定缴纳失业保险费。

我国目前失业保险包括城镇企业事业单位失业人员，其中城镇企业人员包括国有企业、集体企业、外商投资企业、私营企业以及其他城镇企业的失业人员。

根据《失业保险条例》的规定，城镇企业事业单位按照本单位工资总额的 2% 缴纳失业保险费，职工按照本人工资的 1% 缴纳失业保险费。职工跨统筹地区就业的，其失业保险关系随本人转移，缴费年限累计计算。

（二）失业保险待遇

1. 领取失业保险金的条件

失业人员符合一定条件的，从失业保险基金中领取失业保险金（见表 41–4）。

表 41–4　领取失业保险金的条件

序号	领取失业保险金的条件
1	失业前用人单位和本人已经缴纳失业保险费满 1 年的
2	非因本人意愿中断就业的
3	已经进行失业登记，并有求职要求的

2. 失业保险金的领取

用人单位应当及时为失业人员出具终止或者解除劳动关系的证明，并将失业人员的名单自终止或者解除劳动关系之日起 15 日内告知社会保险经办机构。失业人员应当持本单位为其出具的终止或者解除劳动关系的证明，及时到指定的公共就业服务机构办理失业登记。失业人员凭失业登记证明和个人身份证明，到社会保险经办机构办理领取失业保险金的手续。失业保险金领取期限自办理失业登记之日起计算，领取期限与其缴费年限相关。具体领取期限如表 41–5 所示。

表 41-5　失业保险金领取期限表

缴费期限 x（年）	领取期限（月）
$1 \leqslant x < 5$	$\leqslant 12$
$5 \leqslant x < 10$	$\leqslant 18$
$x \geqslant 10$	$\leqslant 24$

（三）停止享受失业保险待遇的情形

失业人员在领取失业保险金期间有下列情形之一的，停止领取失业保险金，并同时停止享受其他失业保险待遇：重新就业的；应征服兵役的；移居境外的；享受基本养老保险待遇的；无正当理由，拒不接受当地人民政府指定部门或者机构介绍的适当工作或者提供的培训的。

法治素养

李某在 2022 年 10 月至 2023 年 11 月期间，隐瞒已就业的情况，进行了失业登记，骗取了应当发放给失业人员的失业救济金和医疗保险个人账户共计人民币 20 061.95 元。人民法院对李某骗取失业保险金的案件进行了判决，认定其以欺诈手段骗取失业金，数额较大，其行为已构成诈骗罪，因李某归案后认罪并退回全部赃款，人民法院依法从轻处罚，依照《中华人民共和国刑法》，判处李某有期徒刑 8 个月，缓刑一年，并处罚金人民币 5 000 元。（资料来源：根据搜狐网资料整理）

启示：失业保险金是为失业人员提供的一项基本生活保障，并不是“我交了失业保险，就能享受失业保险金”。我们既要树立依法合规缴纳社保意识，也要树立正确的择业观和就业观。2022 年 6 月 8 日习近平总书记在四川宜宾学院考察时强调：“劳动最光荣，我们的幸福生活是靠劳动创造的，一夜暴富、一夜成名是不现实的。大学生就业要怀着一颗平实之心，综合考虑自身条件和社会需求，防止高不成、低不就。”大学生要以发展的眼光选择就业、以理性的心态对待就业，脚踏实地、努力奋斗，从实际出发，理性选择职业和工作岗位。

五、生育保险

生育保险，是指妇女劳动者因怀孕、分娩导致不能工作，收入暂时中断，国家和社会给予必要的物质帮助的社会保险制度。其宗旨在于通过向职业妇女提供生育津贴、医疗服务和产假，帮助她们恢复劳动能力，重返工作岗位。

（一）享受生育保险待遇的范围

享受生育保险待遇的范围包括参保的职工以及参保职工的未就业配偶。用人单位已经缴纳生育保险费的，其职工享受生育保险待遇；职工未就业配偶按照国家规定享受生育医疗费用待遇。所需资金从生育保险基金中支付。生育保险待遇包括生育医疗费用和生育津贴。

（二）生育保险待遇的内容

1. 生育医疗费用

生育医疗费用包括：生育的医疗费用；计划生育的医疗费用；法律、法规规定的其他项目费用。

2. 生育津贴

生育津贴是指根据国家法律、法规规定对职业妇女因生育而离开工作岗位期间给予的生活费用。职工有下列情形之一的，可以按照国家规定享受生育津贴：女职工生育享受产假；享受计划生育手术休假；法律、法规规定的其他情形。生育津贴按照职工所在用人单位上年度职工月平均工资计发。

头脑风暴

2019年国务院办公厅印发《关于全面推进生育保险和职工基本医疗保险合并实施的意见》，要求各省高度重视，有序推进相关工作。生育保险和职工基本医疗保险合并实施，是党的十八届五中全会和《中华人民共和国国民经济和社会发展第十三个五年规划纲要》明确提出的任务要求，对于进一步完善社会保障体系，确保参保人员待遇，提升管理综合效能具有重要意义。请思考：两险合并，是否意味着生育保险被取消？

协作创新

党的二十届三中全会审议通过的《中共中央关于进一步全面深化改革　推进中国式现代化的决定》对“积极应对人口老龄化，完善发展养老事业和养老产业政策机制”作出系统部署，其中专门提到“培育社区养老服务机构”。截至2023年底，我国60周岁及以上老年人口达到2.97亿，占比21.1%；65周岁及以上老年人口达到2.17亿，占比15.4%，我国已进入中度老龄化社会。我国老年人口基数大、老龄化速度快，养老服务需求也随之快速增长。一项调查显示，我国九成以上老年人倾向于居家养老，发展居家社区养老服务势在必行。党的二十届三中全会提出培育社区养老服务机构，正是直面当前养老服务领域突出问题所作出的关键改革举措。（资料来源：根据新华网资料整理）

思考：为满足“老有所养”，应如何加强培育社区养老服务机构？

参考文献

[1] 高洁，朱小英．经济法基础 [M]．北京：高等教育出版社，2021．

[2] 高庆新，李霞．经济法 [M]．2 版．北京：高等教育出版社，2021．

[3] 黄亚宇，李玉民，潘劲松．经济法 [M]．北京：高等教育出版社，2020．

[4] 何辛．新编经济法实用教程 [M]．9 版．大连：大连理工大学出版社，2021．

[5] 刘泽海，厉敏萍．经济法基础与实务 [M]．北京：人民邮电出版社，2022．

图书在版编目（CIP）数据

经济法基础 / 柳国华，刘明主编 . -- 北京：中国人民大学出版社，2025.5. --（新编 21 世纪高等职业教育精品教材）. -- ISBN 978-7-300-33964-1

Ⅰ .D922.29

中国国家版本馆 CIP 数据核字第 2025EK0483 号

新编 21 世纪高等职业教育精品教材 · 经贸类通用系列

经济法基础

主　编　柳国华　刘　明

副主编　刘诗琪　李　纯　常慧萍

Jingjifa Jichu

出版发行	中国人民大学出版社		
社　址	北京中关村大街 31 号	邮政编码	100080
电　话	010-62511242（总编室）		010-62511770（质管部）
	010-82501766（邮购部）		010-62514148（门市部）
	010-62511173（发行公司）		010-62515275（盗版举报）
网　址	http://www.crup.com.cn		
经　销	新华书店		
印　刷	北京密兴印刷有限公司		
开　本	890 mm × 1240 mm　1/16	版　次	2025 年 5 月第 1 版
印　张	20.5　插页 1	印　次	2025 年 5 月第 1 次印刷
字　数	468 000	定　价	49.00 元